개정판

아동복지의 이해

김연진 | 이상희

태영출판사

머.리.말

아동은 미래사회를 이끌어 갈 차세대의 주역이며 우리의 미래이다. 이러한 아동이 건전하고 바람직한 성장 · 발달하기 위해서는 최적의 생존 조건과 환경을 조성해 주어서 아동이 지닌 잠재능력을 최대한 발휘할 수 있도록 도와주어야 한다. 이러한 노력은 부모나 가정뿐만 아니라 사회나 국가적 차원에서의 아낌없는 지원과 노력이 필요할 것이다.

또한 사회문제를 예방하고 해결하는 가장 근본적인 과제는 보다 바람직하고 효과적인 아동복지를 이루는 일이며, 아동복지는 아동만을 위한 것이 아니라 가정과 사회, 국가 나아가 세계를 위한 길이다.

아동복지는 사회복지의 가장 기본적이고 기초적인 한 분야로서, 사회복지의 초석이라 말할수 있다. 아동복지는 보호가 필요한 아동에 대한 서비스는 물론 사전에 아동문제를 예방할 수 있는 예방적이고 보편적인 서비스를 강화한다면 아동복지와 더불어 가족복지 또 나아가서는 사회복지까지 이루어지게 될 것이다.

본 저서는 금번 개정판을 집필하게 되었는데, **아동복지와 관련된 최신 개정법령과 최근의 통계 및 정책자료**를 중심으로 집필하였다. 본 저서는 총 3부로 구성되었는데, 1부는 아동복지의 이론적 기초부분을, 2부에서는 다양한 아동복지의 실천분야를 다루었으며, 마지막 3부에서는 아동복지의 과제와 전망을 다루었다.

본 저서는 앞으로 우리 사회를 이끌어 갈 미래사회의 주역인 아동을 위해 일하고자 공부하고 있는 유아교육학과, 아동복지학과, 사회복지학과, 보육학과, 아동학과 등 기타 유사학과의 학생들은 물론 아동복지에 관심을 갖고 있는 관련 전문가들을 위해 집필되었다. 본 저서의 출간으로 이들에게 많은 도움이 되었으면 하는 마음이 간절하다. 그리고 계속해서 독자 여러분들의 아낌없는 조언을 겸허히 받아들여 더 좋은 책이 나올 수 있도록 더욱더 노력하겠다.

끝으로 본 저서가 출간되기까지 인내심을 갖고 기다려 주신 태영출판사 김현태 사장님과 무더운 여름날에도 곁에서 항상 기쁜 마음으로 원고정리를 도와 준 홍국형 제자에게 사랑과 고마움을 전하며, 특히 늘 변함없는 마음과 정성으로 편집을 해 주시는 오세복 상무님과 그 외 직원 모두의 격려에 깊은 감사의 마음을 전합니다.

그리고 보다 나은 우리나라의 아동복지를 위해 값없이 희생 · 헌신하고 열정을 다 바쳐 아동복지현장에서 일하고 있는 각계 각층의 아동복지 종사자들과 앞으로 우리나라 아동복지를 함께 열어가고자 하는 모든 분들께 이 책을 바칩니다.

2012년 8월
저자 씀

차 . . 례

제 1 부 아동복지의 이론적 기초

제 2 부 아동복지의 실천 분야

제 3 부 아동복지의 과제와 전망

제 1 부

아동복지의 이론적 기초

제 1 장

현대사회의 변화와 아동복지

제1절 현대사회와 가족의 변화

현대사회의 변화와 더불어 가족도 변하고 있다. 구조적인 측면에서의 핵가족화, 기능적인 측면에서의 민주화, 형태면에서의 매우 다양한 가족 유형이 그것이다.

가족 문제란 포괄적으로 볼 때 사회문제의 하나로 볼 수 있다. 뿐만 아니라 사회문제는 현재의 당면한 문제뿐만 아니라 곧 닥쳐올 미래사회를 예견하여 대비할 준비작업도 아울러 해야 할 것이다. 미래사회에서의 아동을 위한 복지의 방향과 실제는 어떠해야 할 것인가, 또 아동문제의 새로운 치료방법은 과연 있을까, 있다면 무엇일까 등에 관한 내용들을 생각해 보아야 할 것이다.

다음은 현대사회의 가족과 관련된 것을 다룬 신문기사들인데 현대 가족과 아동을 이해하는데 도움이 되리라 생각해 소개를 하도록 한다.

> '현대가족은 일정한 표준형 한 가지로 존재하는 것이 아니라 다양한 형태와 내부적 특성을 가질 수밖에 없다. 따라서 문화적 전통이나 정책 고려를 지나치게 내세워 특정 형태의 가족들(이혼 가족 등)을 도덕적으로 비난하거나 법적 · 행정적으로 차별하는 일은 없어져야 한다'(1994. 12. 20. 동아일보).

오늘날 사회의 변화에 따라 가정도 많은 변화를 하게 되었다. 그 변화를 요약하면 다음과 같다(이대근, 2001).[1]

1. 가정기능의 약화

가정은 인간이 생활하는 기본적인 곳으로 여러 가지 기능을 해왔는데, 현대는 이전에 가정에서 맡아왔던 여러 가지 기능들을 가정 밖에서 치러지게 되었다.

1) 이대근, 아동복지론, 형설출판사. 2001.

신문기사 ①

21세기엔 신가족 등장할 것

-구성원 역할보다는 임무가 우선시되는 가정-

이동원 (가족문화학회장)

"요즘 남편들은 가사와 육아에 많이 참여한다고 하지만 아직도 '바깥일=남편, 집안일=아내'라는 기본틀을 크게 벗어나지 못하고 있어요. 사회는 변했는데 가족은 여전히 예전의 모습을 고수하고 있는 거죠."

가정의 달을 맞아 만나본 가족문화학회장 이동원 교수(이화여대 · 사회학)는 사회가 변한 만큼 가정에 대한 인식변화도 뒤따라야 한다고 강조했다.

이 교수는 "현재의 가정 시스템은 21세기 사회에서는 힘을 잃을 수밖에 없다"며 앞으로는 '역할(role)'보다는 '임무(task)'가 우선시되는 '신가족(New Family)'이 등장할 것으로 내다봤다.

신가족은 80년대 미국의 몇몇 가족학자들이 처음 제시한 개념으로 아버지 역할, 어머니 역할 등 성에 따른 전통적인 역할분담 대신 각 가정의 상황에 따라 설거지, 빨래 등 업무가 나눠지는 「임무」위주로 기능하는 유연한 가족관계가 특징이다.

이교수는 이 같은 신가족이 등장할 수밖에 없는 원인으로 「맞벌이 부부의 증가와 지원시스템의 변화」를 꼽는다.

"아직까지는 전업 주부가 더 많아 취업 주부의 가사나 육아문제는 그야말로 개인사정으로 인식돼 왔죠. 그나마 주부의 사회활동은 시어머니나 친정어머니 등 주변의 지원시스템이 있기에 가능했지만 앞으로는 이런 지원을 기대할 수 없습니다." 이교수는 "우리도 이제 입양, 재혼, 이혼 가족 등이 늘고 있다"며 "미래 사회에서 가정이 살아남기 위해서는 역할과 책임에 대한 재해석은 물론 부족한 부분에 대한 사회적인 지원체제가 필요하다"고 말했다.

동아일보, 96. 5. 27(25)

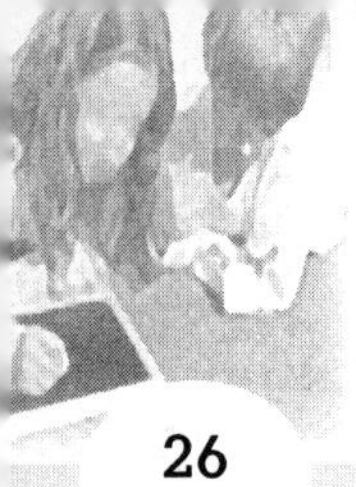

신문기사 ②

대안가족 - 따로 살고 모여 살고

김화성 (동아일보 기자)

새운 가족 모델이 잇따라 등장하고 있다. 「부+모+미혼자녀」의 보편적 핵가족 모델과는 달리 「가족+가족+…」, 「서울 핵가족(아빠 · 자녀)+부산 핵가족(엄마 · 자녀)」, 「(자녀 · 엄마)세대주+아빠 세대주」등 다양한 형태의 모델이 속속 나타나고 있다. 핵가족에 대한 일종의 「대안가족(열린가족)」인 셈이다.

가장 널리 퍼지고 있는 모델은 「공동체 가족」. 문동환 목사가 72년부터 8년간 서울 방학동에서 실험한 「새벽의 집」이 효시다. 문목사 가족을 포함, 13명의 남녀노소가 대가족을 이루고 살았다. 현재 전국에 신앙공동체, 도시노동공동체 등 수십 개의 공동체 가족이 있는 것으로 추정된다. 대부분 공동재산, 공동 육아, 공동 가사 노동 등을 골간으로 하고 있다. 경북 상주의 푸른누리는 무소유 농촌공동체 가족의 대표적인 예이다.

다세대 가족도 있다. 마음에 맞는 가족들끼리 한지붕 밑에서 사는 것. 재산은 공유하지 않아 공동체 가족보다 다소 느슨하지만 심리적 갈등 요인이 적다. 여성학자 오숙희 씨 가족이 한때 서울 망원동에서 다른 가족과 한집에서 생활했던 것이 대표적인 사례이며, 동호인들이나 같은 직업을 가진 사람들끼리인 경우가 많다.

안식년 가족도 있다. 가족구성원의 합의에 따라 일정 기간 자신의 역할에 대해 유예기간을 갖는 것. 남편 또는 아내가 외국에 나가서 공부하는 동안 배우자가 국내에 남아 소득, 육아, 가사 등 모든 생활을 책임지는 형태가 대표적인 예다.

이 중 핵가족은 하나의 핵가족이 제한된 기간 두 핵가족을 이루며 서로 떨어져 사는 경우이다. 서울에서 사는 아빠와 중학생 아들, 부산에서 사는 엄마와 초등학생 딸 등 주말 부부들에게서 흔히 볼 수 있는 것으로 최근에 부쩍 늘었다.

동거 가족도 있다. 소설가 한림화 씨가 대표적인 케이스. 호주제도 등 한국의 불평등한 가족 제도에 항의하기 위해 일부러 법적 미혼모가 된 경우. 10세 아이도 한씨 호적으로 출생 신고했다. 아이 아버지와는 한집에 살지만 서로의 일에는 관여하지 않는다. 부모의 반대 혹은 법적 무관심 때문에 발생하는 경우와는 다른 형태이다.

대안가족은 왜 생기는 걸까. 전문가들은 우리 사회의 다양화와 핵가족이 갖는 가족구성원들의 소외에서 그 원인을 찾는다. 여성들의 권리의식 신장에 따라 남성 중심의 가족 형태에 대한 변화를 모색하는 것도 한몫을 하고 있다는 것이다.

대안가족은 아직은 대부분 실험 단계를 벗어나지 못하고 있는 것도 사실이며, 실패 사례도 많다. 한림화 씨는 대안가족이 늘어나고 있음에도 불구하고 그에 따른 법적, 제도적 뒷받침은 거의 없다며 정부의 관심을 촉구했다.

학계 일부에서는 이러한 대안가족을 넓은 의미의 신가족(New Family)으로 분류하기도 한다. 그러나 일부 학자들은 홀부모 가정, 동성애 가정, 독신 가정 등 특수 가정만을 신가족 개념에 넣는다.

동아일보, 1997. 5. 19(31)

신문기사 ③

[가족의 품으로] 행복은 만들기 나름

이진한, 동정민 기자

AT & T 코리아 전무인 김재원(45 · 서울 양천구 목동) 씨는 지난해 1월 집에 있던 TV를 없앴다. 중학교 2학년과 초등학교 4학년인 아이들과 책을 읽으며 대화하는 분위기를 조성하기 위해서다. "저는 출장이 많은 편인 데다 퇴근해 집에 오면 아이들은 TV에 푹 빠져 있었지요."

가족 간 대화가 없어졌다는 사실을 깨달은 김씨는 바로 TV를 없앴고 거실에 만화, 역사책 등 여러 종류의 책을 마련해 언제든 읽을 수 있도록 했다. 처음엔 드라마나 뉴스 시간이 다가오면 답답하고 땀이 나는 금단현상이 찾아왔다.

김씨는 "아이들이 처음엔 'TV를 안 보니 친구들과 만나도 대화를 따라갈 수 없다'며 투덜거렸다"며 "하지만 지금은 함께 책을 읽거나 산책도 하고, 줄넘기 배드민턴을 하는 등 온 가족이 함께 즐기니까 아이들도 만족스러워하는 것 같다"고 말했다.

"사는 즐거움이란 게 멀리 있지 않더군요. 다들 TV만 볼 땐 퇴근해도 별 낙이 없었는데 이제는 온 가족이 함께 책을 읽고 얘기하며 보내는 시간이 너무 안락합니다. 특히 큰애가 사춘기인데도 책 얘기를 많이 나누다 보니 자연스레 친구 관계나 고민을 꺼내 놓는 등 마음의 벽이 허물어져 가는 느낌입니다."

가족을 삶의 중심으로 복원하려는 노력이 다양한 형태로 펼쳐지고 있다.

지난 일요일 서울 중구 남대문로 5가 일대 쪽방촌에서 가족과 함께 도배 자원봉사를 하던 김선우(48, 서울 서초구 잠원동) 씨는 "아이들과 함께 봉사하는 즐거움에 푹 빠졌다" 며 웃었다. 서울지하철공사 직원인 김씨는 야근이 잦아 딸 혜리(16) 양, 아들 광순(15) 군과 함께 보내는 시간이 거의 없었다.

가끔 일찍 귀가해도 TV나 볼 뿐 대화는 갈수록 막혀 갔다. 그러나 봉사 나온 첫날 김씨의 날렵한 도배 솜씨에 아들이 "아버지도 이런 걸 할 줄 아세요"라며 놀라워했고, 부인과의 연애담과 신혼 초 직접 도배를 했던 이야기를 해 주면서 부자간 대화의 물꼬는 자연스레 터졌다.

박현주(朴泫珠, 29, 여, 서울 서초구 서초동) 씨 가족은 인터넷 가족신문을 만든다. 가족의 대소사, 누가 상을 탔다는 얘기, 취직 인사이동 등의 소식을 정해진 시간까지 막내 삼촌에게 보내면 여기에 돌아가신 할아버지 할머니가 남긴 편지 등을 합쳐서 편집해 e메일로 30여 명의 가족, 친척에게 보낸다. 지금까지 14차례 만들었다.

서로 멀리 떨어져 살고 있는 김영우(金永雨, 28) 씨 가족은 인터넷에 가족카페를 만들었다. 김씨가 군복무 중이던 2004년 4월 아버지의 제의로 만들었는데 가장 부지런히 글을 올리는 사람은 지방에 있는 아버지다. 그러면 출가해 서울에 살고 있는 누나들과 김씨가 댓글을 올린다. 김씨는 "아버지는 독수리 타법이어서 한 줄 치는 데 10분 이상 걸리지만 가장 열성적으로 글을 올린다"고 말했다.

핵가족화에 따라 여가활동을 친척 이웃 등 여러 가족이 함께 어울려 하는 것도 뚜렷한 추세다. 과거의 대가족 대신 '가족 연합'이 등장한 것.

3년 전부터 매주 주말농장을 찾는 손장익(41, 서울 노원구 월계동) 씨는 올해 들어선 사촌과 처가 가족들도 함께 간다. 손씨는 "할아버지가 손자에게 무와 배추 심는 방법을 가르쳐 주면서 즐거워하신다"며 "온 가족이 하나 돼 공감대를 형성한다는 것이 무엇보다 큰 성과"라고 말했다.

가족중심 문화의 확산에 따라 1992년 600가족에 불과하던 주말농장 참여 가족은 현재 수도권에서만도 1만9000여 가족으로 크게 늘었다.

이 같은 '가족 품으로' 추세의 중심에는 30, 40대가 있다.

"예전 세대는 앞만 보고 달려 왔다. 성장을 가정의 앞에 놓았던 것이다. 그런데 가정이 편치 않으면 성장이 흔들린다는 걸 젊은 세대는 깨닫게 됐다. 특히 경제위기를 겪으면서 가족애가 강한 가족은 위기 때 오히려 더 강하게 결속해 위기를 극복하는 반면 그렇지 못한 가족은 사상누각처럼 해체되는 것을 경험했다. 그런 영향으로 사회 분위기가 일, 술, 친구 중심에서 가족중심으로 이동하고 있는 상태다' '(강학중, 가정경영연구소장).

연세대 김재엽(金在燁, 가족복지 정신건강) 교수는 "미국에서도 나이든 부모를 중심으로 자식들이 다시 모이는 추세"라고 전했다. 최근 미국 통계국 보고서에 따르면 조부모 · 부모 · 자녀 등 3대 이상이 함께 사는 가구가 1990년 300만 가구에서 2000년 420만 가구로 38% 증가했으며 두 세대가 함께 사는 가구도 8.4% 늘어났다. 김 교수는 "1960, 70년대 자유분방한 삶을 주창했던 사람들이 노년이 되면서 가족의 결핍이 주는 아픔을 깨닫고 후회하는 경우가 많다"고 전했다.

가족이란 일시적이고 인위적인 제도가 아니라 인간 삶의 행복을 담보하는 핵심 가치라는 깨달음이 널리 확산되고 있는 것이다.

동아일보, 2005. 12. 23

신문기사 ④

무너진 '한국형 가족복지'…이젠 국가가 나설 때

안수찬 기자

〈한겨레〉 선진대안포럼이 '가족'에 눈을 돌렸다. 오늘날 한국 사회에서 가족은 평범한 사람들의 삶이 붕괴하는 또다른 현장이다. 재벌 · 노동 · 미국 · 북한 등 굵직한 주제에 매달렸던 지난 석 달 여의 자리와 구분된다. 진보개혁 세력의 미래를 밝히려는 노력은 가장 가까운 일상의 문제를 푸는 데까지 이르러야 한다는 믿음이 이번 토론회에 깔려 있었다.

김승권 한국보건사회연구원 저출산고령정책연구본부장, 장혜경 한국여성개발원 가족연구센터장, 김호기 연세대 교수, 양현아 서울대 교수 등이 지난 7일 한겨레신문사에서 열린 토론회에 참석했다.

환란 이후 가족간 소득보전 약화……노인 · 아동 큰 타격
복지서비스예산 늘려 가족해체 막을 안전망 갖춰야

"가족이 국가와 시장을 상대로 저지른 최초의 반란이다."

홍경준 성균관대 교수는 최근 가족 해체/변동의 양상을 이렇게 표현했다. 한국 사회의 근원을 뒤흔드는 거대한 변화가 가족을 중심으로 진행되고 있다는 이야기다. "전통사회에서 한국의 가족은 생산과 복지를 제공했다. 근대화 이후에는 저임금 구조를 떠받들고 우수한 인적자원을 공급하는 모태였다." 홍 교수가 말하는 '반란'은 이런 위계구조의 붕괴를 가리킨다. 국가와 시장이 시키는 대로 고분고분 따랐던 가족은 이제 존재하지 않는다.

가족 해체/변동을 심각하게 생각해야 하는 이유가 여기에 있다. 지금까지 진보개혁 세력은 국가-시장-시민사회로 이어지는 삼각축을 중심으로 고민해 왔다. 가족이 그 지평에 들어설 여지가 없었다. 김호기 연세대 교수는 "가족 · 공동체를 중시하는 보수주의와는 달리 진보개혁 세력은 개인을 중시해 왔다"며 "가족이 억압의 공간이라는 인식까지 더해 진보개혁 세력은 대단히 중요한 사회 구성요소인 가족을 제대로 다루지 않았다"고 말했다.

그 사이 가족에선 어떤 일이 벌어졌나. 김승권 한국보건사회연구원 저출산고령정책연구본부장은 다양한 가족 형태의 출현 양상을 분석했다. 동거가족, 독신가족, 무자녀가족, 공동체가족, 맞벌이가족, 기러기가족 등이 대표적이다. 전통적 가족 형태가 다변화되고 있는 것 자체가 '문제적 상황'은 아니다.

진보개혁 세력이 주목해야 할 것은 가족 변동의 구체적 내용이다. "부부 11쌍 가운데 1쌍이 이혼하고 있는데, 이들 이혼 가족의 80% 이상이 (경제적) 한계 계층이다. 유럽의 미혼모는 차별 철폐에 따른 자발적인 것이지만, 한국의 미혼모 대부분은 (사회로부터 소외된) 16~17살의 미성년자다"(김승권 본부장).

이로부터 노인, 여성, 아동 등이 가족의 경계 밖으로 계속 밀려나는 일이 빚어진다. 경계 밖에는 가혹한 시장과 무심한 국가가 기다린다.

김호기 교수는 "근대화 과정에서 국가와 시장의 폭력 앞에 내던져진 개인을 보호해 준 유일한 장치가 가족이었고, 한국에선 '국가복지'가 아니라 '가족복지'만 있었다"고 말했다. 국가복지는 아직 오지 않았는데, 가족복지가 급속히 무너지는 현상이 서민들을 괴롭히는 고통의 실체라는 이야기다.

홍경준 교수는 가족에 대한 국가와 사회의 개입이 절실하다고 지적했다. 부모가 자식을 뒷바라지하고, 자식이 부모를 공양하며, 형제가 서로를 돕고, 다시 부모가 재산을 물려주는 게 '한국형 가족복지'의 핵심이었다. 소득을 서로 보전해 주는게 뼈대다. 홍 교수는 "외환위기 이후 가족간 소득보전 기능이 약화됐다"고 지적했다. 가장 먼저 심각한 타격을 입은 게 노인층이다. 끊어진 소득보전의 고리는 결국 소득보장제도를 통해 사회가 메워줄 수밖에 없다.

그러나 홍 교수는 "더 중요한 것이 보살핌 노동의 사회적 수용"이라고 지적했다. "선진국 복지체제의 여러 특성은 보살핌 노동을 처리하는 방식에 따라 나뉜다. 일정시점까지는 보살핌노동을 시장에서 사고 팔 수 있도록 돕되, 궁극적으로는 공공부문이 보살핌노동을 제공하는 방향으로 전환해야 한다"고 제안했다. 사회경제적 무능력자인 아동 · 노인 등을 누군가는 보살펴야 하고, 그 비용을 사회적으로 해결하려는 노력이 절실하다는 지적이다.

가족의 기능 · 구조 · 형태에 영향을 주는 만큼 가족 역시 사회정책적 대상"이라고 말했다. 핵심은 경제적 문제다. "경제적 부담에 취약한 가족이 등장하고 있고, 이로 인해 다시 취약계층의 빈곤이 더 심각해지고 있다"는 게 그의 판단이다.

문제는 돈이다. 김승권 본부장은 한국 정부가 돈 쓰는 방식을 설명했다. 2001년 현재, 한국의 국내총생산 대비 사회지출 비중은 8.7%다. 경제협력개발기구(OECD) 국가들의 1950년대 이전 수준이다. 2001년 OECD 국가 국내총생산 대비 사회지출 비중 평균은 21.8%다.

최근 관련 예산을 늘리고 있긴 하다. 그런데 그 실체가 다시 씁쓸하다. 98~05년 사이 기초보장예산은 325.7% 증가했다. 의료보장예산은 228.8% 늘었다. 반면 복지서비스예산은 7.12% 증가하는 데 그쳤다. 이 복지서비스 예산이 다양한 가족 해체/변동에 대처할 사회복지서비스의 곳간이다. 가족이 빈곤과 불행의 공간으로 전락한 데에는 이런 숫자들이 숨어 있었던 셈이다. 양현아 서울대 교수는 "해체를 막아주는 사회안전망이 없어서 가족이 취약해지는 것"이라고 말했다.

남은 일은 국가 복지 시스템이 가족복지와 만나는 지점을 만드는 것이다. 김호기 교수는 "재원 마련에 대한 국민적 합의가 이뤄져야 한다"고 말했다. 김승권 본부장도 "사회의 발전과 가족의 발전이 함께 갈 수 있도록 정책적 유도가 필요하다"고 말했다. 진보개혁 세력이 평범한 사람들의 행복을 공언하기 전에 반드시 먼저 풀어야 할 매듭이다.

"저출산이 경쟁력 해쳐……이민정책 도입"
"아이 낳을 수 있는 여건 마련 우선돼야"

〈가족문제 엇갈린 견해〉

참석자들은 가족 해체/변동이 복지 문제와 밀접한 관련이 있다고 입을 모았다. 그런데도 서로의 '눈높이'를 맞추는 데 애를 먹었다. 출발점이 달랐기 때문이다.

김승권 본부장은 주로 국가 · 사회 경쟁력의 차원에서 가족 문제를 주목했다. "저출산 · 고령화는 생산인구 감소, 저축 · 투자감소, 고용창출 미흡 등의 악순환으로 이어져 국가경쟁력을 약화시킬 것"이라고 말했다. 김 본부장은 "하나로 선진국처럼 적극적인 이민정책을 도입할 수도 있다"며 "우수한 자질을 갖춘 이민자를 수용하는 '정책"을 펴자고 제안하기도 했다. 여기서 이민자는 저출산 · 고령화 문제를 푸는 핵심고리다. 한국 사회의 개방성을 높이는 게 관건이다.

양현아 교수는 국가주의를 비판하며 젠더 문제를 집중 거론했다. "가족 해체라는 말에는 '가능한 정상가족이 유지되어 복지를 떠맡기려는 국가의 시선'이 담겨 있다"고 말했다. '국가의 양성화(兩性化)'도 말했다. "국가가 가족 · 저출산 · 고령화 정책을 말할 때 여성을 대상으로 '아이를 낳아라'고 말하기보다, 양성을 주체 삼아 '어떻게 하면 아이를 낳을 수 있을까'라고 말했으면 좋겠다." 젠더 문제에 둔감한 이상, 국가가 재구성되더라도 가족 문제는 반복될 수밖에 없다는 문제의식이 깔려 있다.

홍경준 교수는 두 입장 모두에 대해 비판적 거리두기를 시도했다. 홍 교수는 "70년대 산아제한으로 대표되는 인구정책의 연장선에서 이 문제를 다루는 것이 타당한지 의문"이라고 밝혔다. 아울러 "통한 사회성원의 재생산 방식 자체에 문제를 제기하는 급진적인 젠더의 관점을 논외로 한다면, 사회구성원의 재생산 기능이 축소되는 가족의 변화는 분명 가족해체 현상으로 볼 수 있다"고 밝혔다. 가족 변동보다는 가족 해체라는 문제의식을 수용하면서도 인구 정책이 아닌 복지 정책에 주목하자는 뜻이다.

사회를 맡았던 김호기 교수는 "진보개혁 세력이 큰 담론은 많이 말했지만, 직장 다음으로 많은 시간을 보내는 가족에 대해선 진지한 관심과 성찰을 보여주지 못했다"고 말했다. '담론'의 수준에서 가족 문제를 진보의 영역으로 끌어들이자는 취지였다. 미묘하게 엇갈린 참석자들의 시선은 가족 문제에 대한 한국 사회 논의의 현주소를 드러냈다. 가족을 둘러싼 담론과 정책은 더 깊은 숙성을 기다리고 있는 것이다. 남겨진 시간이 많지 않다는 건 또다른 고민이다.

한겨레신문, 2006. 05. 01

신문기사 ⑤

'본적' 사라져… 이젠 가족등록부

정원수 기자

호주제가 2008년 1월 1일부터 폐지되면서 '가족관계등록부'가 도입됐다.

호주제 아래서는 호적에 호주를 중심으로 가족의 신분 사항이 기재됐지만 이제는 가족 개개인이 새로운 신분등록부를 하나씩 갖게 됐다.

이로 인해 본적도 사라졌고, 개개인이 자신의 신분 관계를 신고하는 곳이 등록 기준지가 된다. 등록 기준지는 본적과 달리 변경이 가능하다.

또 부모가 혼인신고 때 협의만 하면 자녀는 아버지 대신 어머니의 성과 본을 따를 수 있다. 혼인신고를 한 이후라도 법원의 재판을 통해 아버지의 성에서 어머니 성으로 바꿀 수 있다.

그러나 형제자매의 성은 동일해야 하며, 가족 구성원이 아버지와 어머니의 성을 따로 쓰는 것은 허용되지 않는다. 아버지와 어머니의 성을 동시에 사용하는 것도 금지된다.

전 남편과의 사이에서 낳은 자녀들도 새아버지의 성으로 바꿀 수 있다. 단 아이가 만 15세 미만이어야 하고, 친아버지의 동의도 필요하다. 가족관계등록부는 현재 호적을 갖고 있다면 따로 신고할 필요가 없다. 올해 출생한 아이는 출생신고만 하면 자동으로 등록부가 작성된다.

* 출처 : 동아일보 홈페이지, 2008. 01. 02

신문기사 ⑥

[2009 新가족리포트] 신가족의 탄생, 한부모 가정

점차 증가하는 한부모 가정… "싱글 맘 · 싱글 대디 '사회적 편견' 깨야"

정재영 기자

사별, 이혼, 별거, 미혼모 등으로 배우자가 없거나 부모 중 일방이 생계를 책임지는 한부모 가정이 급증하고 있다. 열 집 건너 한 집이 한부모 가정이다. 사회 변화에 따라 새로운 형태의 가족이 보편화하지만 우리 사회는 아직도 그들을 곱지 않은 시선으로 바라본다. 전문가들은 "이젠 부(父)와 모(母)가 모두 있어야 단란한 가족이라는 편견을 버리고 신(新)가족 유형을 받아들이고 대비할 때"라고 말한다.

◆ **한부모 가정 급증 배경** : 15일 통계청은 2005년 국내의 한부모 가정이 136만여 가구에 이른다고 밝혔다. 2000년 112만여 가구에서 20% 이상 급증한 것으로, 전체 한부모 가정의 23%가 서울에 산다. 전체 가족 유형의 절반 이상을 차지하던 핵가족 비율은 2000년 이후 40%대로 뚝 떨어졌다. 반면 자녀 없는 부부 가족 비율은 오히려 늘고 있다. 부부와 자녀만으로 구성된 핵가족은 1960년대부터 급증해 사회문제로 인식됐지만, 이젠 재혼가성, 입양가성, 노인가성, 소년소녀가성, 독신가정, 동거가정 등 새로 나타난 가족유형이 나타나고 있다.

특히 한부모 가정은 여성 의식이 가부장적 사회를 용납하지 않는 쪽으로 변화하고, 이혼에 대한 사회 인식이 달라지면서 점차 늘고 있다. 최근 아빠와 아이가 함께 사는 부자(父子) 가정도 눈에 띄게 늘었다. 2005년 현재 엄마 없이 혼자 아이를 키우는 아빠인 '싱글대디'는 29만여 명에 이른다.

덕성여대 사회학과 박민자 교수는 "한부모 가정의 증가 등 가족 변화는 거부할 수 없는 현상"이라면서 "여성취업이 늘어난 90년대 이후 이혼 증가, 주말가족과 독신가정 등 기존의 가족과 다른 다양한 형태의 가족이 등장하기 시작했다"고 말했다.

현재 부부 10쌍 중 1쌍이 이혼하고, 경제적 이유 등으로 혼인신고를 미루는 부부가 급증하는가 하면, 동거 등 사실혼에 대한 부정적 인식도 변하고 있다. 여성의 경제력 향상, 개인 행복을 추구하는 개인주의적 성향 증대 등도 한부모 가정 증가에 일조한다는 평이다.

◆ **"사회적 편견이 가장 힘들다"** : 전체 한부모 가정 중 '배우자 사망'(사별)에 의한 경우는 1990년 56%에서 2005년 36.6%로 급감했지만, '이혼'에 의한 경우는 1990년 8.9%에서 2005년 29.1%로 껑충 뛰었다. '미혼모'에 의한 비율 역시 증가세다.

열 살 난 아들을 홀로 키우는 '싱글맘' 이모(37)씨는 "직장과 아들의 학교에서 너무 눈치를 줘 이혼한 남편과 호적상 재결합했다"고 털어놨다. 다섯 살 딸과 함께 사는 박모(32 · 여)씨는 "이혼사실을 숨긴 이유로 회사를 그만둔 뒤 재취업이 안 돼 걱정"이라고 밝혔다.

오모(47)씨는 10년 전 아내와 이혼한 뒤 어머니에게 아들을 맡겼다. 결국 "할머니가 엄마라는 게 싫다"는 아들 성화에 못이겨 3년 전 완전한 싱글대디가 됐다. 그는 "형편이 좋은 싱글대디들이 한부모 가정임을 숨기지 말고 공개해야 편견을 깨는 데 도움이 될 것"이라고 밝혔다.

여성사회학사 오한숙희씨는 "이혼은 실령 부모에겐 아니더라도 아이들에겐 여진히 부끄러운 일이 될 수밖에 없는 사회"라며 "사회적 편견이 사라지지 않으면 좌절감을 느껴 냉소적 공격적이 되는 아이들이 늘어날 수밖에 없다"고 말했다. 한부모가 심리적 고통을 호소하며 동반자살하는 사례도 있다는 지적이다.

◆ **"국가 개입' 관련법 개정 시급"** : 전문가들은 '편견을 깨려는 노력'은 물론 아동양육비와 학자금, 보호시설 확충, 복지자금 대출 등 정부지원 확대가 절실하다고 지적한다.

2007년 모 · 부자복지법에서 이름을 바꾼 한부모가족지원법을 개정해서라도 지원대상과 범위를 확대해야 한다는 주장이다. 2005년 현재 전체 한부모 가정의 5~6%인 6만8000여 가구만 이 법 혜택을 보고 있다.

가령 19살과 14살 아들을 둔 한부모는 지원대상에서 제외된다. 현행법상 18세 이상(대학과 군입대 시 22세 이상) 자녀가 한 명이라도 있으면 지원대상에 포함하지 않기 때문이다.

싱글대디를 위한 시설은 전국에서 인천에 있는 '아담채' 한 곳 뿐이다. 반면 싱글맘 지원시설은 99곳에 이르지만 이마저도 전체 한부모 가정 수에 비하면 턱없이 부족하다.

이혼한 싱글맘에겐 친권과 면접교섭권이 관심사다. 고 최진실씨 사건으로 불거진 친권 자동부활 문제와 관련, 중앙대 법대 김상용 교수는 "이번에 사회적 논의를 거쳐 친권제도의 맹점을 바로잡아야 한다"고 강조했다. 친부모라고 무조건 친권을 인정할 게 아니라 친권 심사제도 등 국가 개입이 필요하다는 것이다.

이미 법을 개정해 자녀 권리로도 인정된 면접교섭권도 마찬가지. 면접교섭 의무를 이행하지 않은 비양육친에게 2만5000유로(약 4500만원) 이하의 과태료를 명할 수 있게 한 독일처럼 아이에게 주어진 면접교섭권을 올바로 행사할 여건을 마련해 줘야 한다는 주장이다.

* 출처 : 세계일보 홈페이지(http://www.segye.com), 2009. 02. 15

신문기사 ⑦

◆ 新가족시대가 온다 ◆

예전에 볼 수 없었던 다양한 유형의 가족이 우리나라에도 등장하고 있다. 지긋지긋한 경기 불황에 실질소득까지 줄어들면서 기러기 가족이나 핑크(PINK · Poor Income, No Kids)족, 셀프(Self) 효도족, 불황형 대가족 형태로 살아가는 사람들이 늘고 있다. 시대가 바뀌고 가치관이 달라지면서 대학생 부부나 재혼 가족, 다문화가정도 증가 추세다. 요즘 나타나는 신가족 유형을 소개한다.

▶ 신가족시대의 다양한 가족 유형

New Multicultural Family
신다문화가정
북한이탈주민이 한국에서 만든 가정, 한국 여성-외국 남성 가정

gEEse Family
기러기 가족
대학원 생활이나, 자녀교육을 위해 국내에서 근거리 주말 부부로 사는 가정

Without Family : Single Household
1~2인 가구
돌싱, 골드미스, 미스맘

Filial Duty for One's Own Parents
셀프 효도족
부부가 상대방의 부모보다 본인의 부모에게 각자 효도하는 가족

Marry A gain
재혼가족
황혼재혼으로 구성된 가족

Matraichal Society
모계사회
육아를 이유로 처가살이를 하는 가족

INKS
INK족들(DINK · PINK족)
업무 부담이나 재정적 이유 등으로 아이를 갖지 않는 부부

Large Family in the Recession Era
불황형 대가족
경기가 어려워지자 부모 세대와 합가(合家)한 가족

Young Couple
내학생 부부
주위의 따가운 시선에도 당당한 젊은 부부
〈중략〉
미래에는 어떤 가족이 나타날까?
부메랑 가족 · 재정적 부모 생긴다.
사회가 발달하면서 가족 구조에도 많은 변화가 일어나고 있다. 이른바 '포스트 핵가족(post-nuclear family) 시대'의 도래다.

유엔미래포럼 독일지부 지펑트미래예측기관이 연구한 '미래의 가족' 보고서는 놀라운 가족형태의 등장을 예고하고 있다. 경제적 원인으로 구성원들의 이합집산이 심화되면서 일과 연관된 파트너와의 동거 가족, 부메랑 가족(Boomerang family · 취업해서 독립한 자녀가 실질적으로 돌아온 가족), 재정적 부모(Financial parents · 재정적으로 의존하는 비혈연의 구성원), 크루즈 가족(은퇴하고 정처 없이 떠도는 노인 가족) 등이 등장할 수 있다는 전망이다. 심지어는 정부에서 가족 단위에 제공하는 사회안전망을 활용하기 위해 아무런 정신적 유대관계가 없는 '편리상의 가족'이 등장할 수도 있다.

그렇다면 먼 미래에 가족은 점점 축소되고 해체돼 결국 사라질 수도 있을까. 단언컨대 그럴 것 같지는 않다. '미래의 가족' 보고서도 가족이라는 단위는 절대로 소멸되지 않는다고 말한다. 다만 가족의 분화가 구성원들의 정서에 부정적인 영향을 주는 만큼 사회 안정을 위한 노력이 필요하다. 정부는 대가족 확대를 위한 '가족성' 강화 프로그램을 확대하고 가족의 네트워크 강화를 통해 구성원 간의 동질감을 늘려가야 한다. 일과 가정의 균형을 지키게 함으로써 일에 파묻혀 가족과 소원해지지 않도록 해야 한다. 젊은 층에 대한 주택 지원 확대는 결혼 적령기의 청년들이 제때에 건전한 가정을 만들 수 있는 보금자리를 마련해 줄 것이다.

* 출처 : MK뉴스 홈페이지(http://news.mk.co.kr), 매경이코노미.
제1641호 · 설합본호(2012. 01. 18~31일자)

가정기능이 축소화함으로써 인생의 일생은 '병원에서 태어나서, 보육원에서 자라고, 가정보다 학원에서 공부를 하고, 가사는 시장에 맡기고, 가정의 고유의 휴식기능은 레저산업에 의한 규정에 따라 여가를 보내고 양로원에서 노후를 보내고, 병원에서 죽어간다'라고 말할 수 있다.

2. 핵가족화로 인한 인간관계의 변화

핵가족화가 진행되고 세대간에 걸친 가족원이나 형제자매 관계의 축소화 때문에 나이가 다른 층과의 교류, 여러 사람과의 인간관계 속에서 인격을 단련하고 닦아 가는 기회가 적어지고 있다.

가정 내에서도 개인화 경향으로 생활의 공통성이 상실되고 하숙집화, 동거 이혼상태가 증가하는 것과 같이 부모자식 관계, 부부관계, 형제자매 관계가 공동화해 가는 경향이 짙어져 가고 있다.

3. 저출산으로 인한 아동수의 감소

2004년 우리나라 가임 여성의 1인당 출산율이 OECD 국가의 평균인 1.6보다 낮은 1.16명이었는데, 2006년 다시 1.07명으로 출산율이 떨어졌다는 발표로 사회가 충격에 휩싸이게 되었다. 2007년에 1.26명으로 약간 증가하다가 2008년 감소로 전환되었으며, 인구의 대체수준(replacement level)인 2.1명에는 미치지 못하고 있다.

다음은 우리나라 합계출산율의 연도별 현황이다(보건복지부, 2009).

표 1-1 우리나라 연도별 합계출산율

(단위 : 명, 여자 천명당)

		1970	1980	1990	2000	2005	2007	2008
합계출산율		4.53	2.83	1.59	1.47	1.08	1.26	1.19
모 의 연령별 출산율	20~24세	193.1	135.9	83.2	39.0	17.9	19.6	18.2
	25~29세	320.6	242.7	169.4	150.6	92.2	95.9	85.6
	30~34세	205.7	114.0	50.5	84.2	82.4	102.1	101.5
	35~39세	105.9	40.2	9.6	17.4	19.0	25.9	26.5

주) 합계출산율 : 한 여자가 가임기간(15~49세) 동안 낳을 것으로 예상되는 평균

* 자료 : 보건복지가족부(2009). 2009 보건복지가족통계연보

이러한 저출산의 원인으로 늦게 결혼하거나 독신이 증가하면서 미혼 비율이 높아지고 있다는 점을 먼저 들 수 있을 것이다. 게다가 기혼 여성의 사회 참여가 늘어나면서 출산을 기피하는 현상도 무시할 수 없으며, 기성세대와는 다르게 신세대의 결혼 및 자녀에 대한 가치관이 변하고 양성 평등에 대한 인식 부족과 가정의 소득 및 고용 불안정 등이 저출산을 야기시켰다고 볼 수 있다. 이러한 출산율의 감소로 아동수가 감소하였으며, 핵가족화 현상과 이혼, 단독가구의 증가로 인해 가구수는 증가하였으나 가구원수는 감소하였다.

4. 이혼과 가족해체의 증가

산업화에 따른 경제적 자립력의 증가, 전통적 윤리관의 쇠퇴, 핵가족화로 인한 갈등, 중재자의 부재 등으로 인하여 이혼율이 매년 증가하는 추세이다.

5. 취업모의 증가

영 · 유아기의 자녀를 가진 여성의 취업이 점차 증가하고 있다. 이러한 현상은 과거에는 저소득층에서 많은 비중을 차지하였으나 근래에 와서는 중류계층까지 확산되어 가고 있다. 그것은 고학력 여성들이 소득을 얻기 위해, 혹은 자기실현을 성취하기 위해서, 혹은 이혼과 별거상태의 여성들이 생활유지를 위해 취업에 나서고 있기 때문이다. 이러한 요인들로 말미암아 기혼여성의 취업률이 미혼여성들의 취업률을 능가하고 있는 실정이다.

6. 한부모 및 조손가정의 증가

산업화는 확대가족에서 핵가족 형태로 가족의 구조를 변화시켰으며 정상적인 핵가족 형태의 유지에도 어려움을 발생시키고 있다. 고도산업사회는 이윤추구를 통한 부(富)의 극대화에 있으므로 능력과 기회의 차이에 따른 빈부의 격차가 증가되고 있다. 따라서 빈곤, 산업재해에 따른 가족구성원의 사망, 실종 등의 가정의 기본적인 생활의 유지를 어렵게 할 뿐만 아니라, 가정불화의 요인으로도 작용하기 쉽다. 이에 따라 아동 및 부모의 가출, 이혼, 별거 등으로 인한 가정 해체가 증가하고 있으며, 이로 인해 한부모 가정이나 조손가정이 증가하고 있다.

7. 미혼부모 문제

성개방과 사회변화의 추세에 따라 미혼부모의 수는 점차 증가하고 있고 앞으로도 더욱 증가할 것으로 전망된다. 그러나 미혼부모는 사회적 은닉성이라는 특성 때문에 그 실태를 정확하게 파악하기가 어려운 실정이다.

8. 단신부임의 증가 및 '기러기 아빠'의 등장

기업이나 공직에 근무하는 사람들이 발령에 의해 다른 지방으로 부임하게 되면 그 가족이 모두 따라 옮기기 어려움으로 인해 가족원 일부가 남고 단신으로 부임하는 경우가 많다. 이러한 홀로 부임하는 수가 앞으로 점점 증가할 전망이다.

또한 21세기를 맞이하면서 한국사회의 높은 교육열의 결과로 '기러기 아빠'라는 용어가 등장하게 되었다. '기러기 아빠'란 조기유학의 열풍으로 자녀의 조기유학을 위해 아내와 자녀는 외국으로 나가 있고, 아버지는 유학비용을 벌기 위해 국내에서 직장을 다니며 홀로 지내는 아버지를 의미한다. 그런데 종종 이런 기러기 아빠의 자살, 죽음, 이혼 등 가족 해체 현상을 초래하게 되는 경우가 매스컴을 통해 보도되고 있다. 이러한 현상은 우리 사회의 또 다른 사회문제를 초래하고 있다.

9. 육아불안, 자신감의 상실

핵가족화로 인한 육아기술이나 육아용품들의 개발로 인해 육아에 대해 부모로부터 전승받는 일이 드물어지게 되었다.

또한 매스컴에 의한 많은 육아정보는 부모의 불안을 야기시키고 자신을 상실하는 결과를 초래하고 있다.

10. 아버지로서의 자신감 및 권위상실

직장과 주거의 분리, 통근시간의 장시간화, 단신부임 등으로 인해 아버지와 자녀와의 접촉시간이 감소하고 있다. 또한 자녀도 아버지의 일하는 모습을 볼 기회가 줄어들고 남성상의 모델로서 아버지의 모습을 보기 힘들게 되었다. 아울러 IMF 이후, 최근 경제위기로 인해 조기퇴직이나 명예퇴직으로 4·50대 아버지들이 일자리를 잃게 되고 그에 따른 아버지의 도구적 역할을 상실하게 되었다.

따라서 가정에서 아버지의 존재감이 희박해지거나, 자신감과 권위가 상실되어 가고 있다.

11. 어머니의 육아부담 증가

어머니는 취업이나 사회참가의 증가로 자녀와의 접촉시간의 부족을 고민하는 어머니가 증가하고 있다. 또 남성의 가사, 육아의 참가가 전통적인 스테레오 타입화된 남녀 역할 분담의식과 시간의 부족 등으로 가사에 도움을 주지 못하고 있기 때문에 어머니의 취직과 가사, 새로운 육아의 양쪽을 감당하기 어려운 새로운 문제가 야기되고 있으며 어머니의 부담이 증가하고 있다.

제2절 아동복지와 저출산 문제

1998년 IMF관리체제라는 특수한 상황을 맞은 우리 사회는 여러 가지 혼란과 정체를 맞게 되었다. 즉 실직으로 인한 가정의 경제적 위기는 이혼, 별거 등의 가족 해체를 야기시켰으며, 그로 인해 아동빈곤, 학대 등 아동복지를 위협하는 다양한 사회문제가 대두되면서 그러한 문제가 더 이상 부모나 가정의 문제가 아닌 국가적 차원의 중요한 이슈로 자리잡게 되었다. 이러한 상황에서 우리 사회의 또 다른 문제로 파생된 것이 저출산 문제이다. 2004년 우리나라 가임 여성의 1인당 출산율이 OECD 국가의 평균인 1.6보다 낮은 1.16명이었는데, 2006년 다시 1.07명으로 출산율이 더 낮아졌다는 발표로 우리 사회가 큰 충격에 휩싸이게 되었다.

이러한 저출산의 원인으로 늦게 결혼하거나 독신이 증가하면서 미혼 비율이 높아지고 있다는 점을 먼저 들 수 있을 것이다. 게다가 기혼여성의 사회 참여가 늘어나면서 출산을 기피하는 현상도 무시할 수 없으며, 기성세대와는 다르게 신세대의 결혼 및 자녀에 대한 가치관이 변하고 양성 평등에 대한 인식 부족과 가정의 소득 및 고용 불안정 등이 저출산을 야기시켰다고 볼 수 있다. 그러나 그 무엇보다 가장 현실적인 원인은 출산 및 자녀 양육 비용 및 사교육비의 부담, 양육에 관한 사회적 인프라 구축의 미흡의 원인으로 분석될 수 있을 것이다.

이러한 저출산 문제는 최근에 들어 가장 주요한 사회적, 정책적 관심의 사안이 되고 있으며, 2005년 6월 여성가족부의 출범과 2005년 9월 대통령 직속의 '저출산 · 고령사회위원회'의 출범, 보건복지부의 저출산, 고령화 기본법 제정, 열린우리당과 한나라당에서 육아지원정책 수립 등 연일 저출산과 관련된 정책대안이 나왔다.

특히 보건복지부에서는 '저출산 고령사회 정책본부'를 설치하고 거듭된 정책 토의 끝에 저출산 종합 대책을 발표하였으며, 이러한 대책은 5개 분야로 나눠진다. 즉 미래 세대 육성을 위한 지원 확대, 믿고 맡길 수 있는 육아 인프라 확대, 가정과 일을 양립할 수 있는 근로 환경 조성, 건강한 임신 · 출산에 대한 사회적 책임 강화, 출산 · 가족친화적 사회문화 조성 등으로 나누어 43개의 과제를 추진하고 있다. 그 중 "육아휴직제를 활성화한다(육아휴직제도)"는 과제와 "산전 후 휴가급여를 국가가 지원한다(출산휴가제도)"는 과제는 맞벌이 가정의 가장 현실적인 육아지원 제도이며 이는 간접적인 아동복지제도의 한 부분이라 사료된다. 즉 육아 휴직제를 활성화하고, 산전 후 휴가급여를 국가가 지원함으로써 출산휴가를 정착시키는 일은 아동복지를 이루는 초석이 될 것이다. 왜냐하면 맞벌이 가정에서 특히 아동에게 가장 결정적인 영향을 미치는 어머니가 출산휴가 및 육아휴직 제도를 통해 아동의 생애 초기에 충분한 모성의 역할을 감당할 수 있으며, 이는 아동복지의 첫 단추를 잘 끼우는 일이라 할 수 있다.

어머니는 아동이 최초로 맺는 인간관계의 대상이며, 아동과 강한 정서적 유대를 가지고 있으며, 아동에게 양적 · 질적으로 중요한 영향력을 행사하는 잠재인이므로 이러한 어머니가 제공하는 초기 환경은 아동의 성장과 발달 전반에 중추적인 역할을 한다.[2](이상희, 2003).

특히 대상관계이론에서는 생후 3년까지의 경험이 아동의 성격형성에 결정적인 역할을 하며, 주된 양육자인 어머니라는 대상과의 관계경험이 이후 타인과의 관계패턴의 원형이 된다고 주장한다.[3] 그러므로 출산 후 아동에게 바람직한 모성적 경험을 제공해 주는 것은 건강한 미래 세대 육성에 가장 기본적인 요건이라 할 수 있다. 따라서 출산휴가 및 육아휴직 제도야말로 아동의 생애 초기에 건전한 모성을 제공해 주기 위한 필요 조건이며, 아동복지의 첫 출발점이 되는 제도라 할 수 있다.

제3절 아동복지와 부모역할

아동문제에 대한 아동 자신의 역할은 매우 제한적이고 아동의 개인적 결함은 지엽적

2) 이상희, 母－兒 치료놀이 프로그램의 개발과 효과, 숙명여대대학원 박사학위 논문, 2003.

3) Winnicott, D. W., *Playing and Reality*, London : Tavistock.

인 것이어서 아동만을 대상으로 하는 것은 문제의 해결에 도움이 되지 못한다. 즉 아동의 문제는 아동에 대한 부모의 역할이 상실되었거나 무능력해졌거나 역할의 수행을 기피하거나 또는 역할 갈등으로 인하여 혼란을 일으켜 그 기능을 발휘하지 못할 때 그리고 부모의 역할이 충분히 발휘될 수 있도록 지역사회의 자원이 제공되지 못할 때 발생하게 된다.

카두신(Kadushin)은 아동복지의 문제를 부모와 아동간의 관계에 있어서 역할수행의 기능장애라는 관점에서 파악하고 있다. 즉, 사회적 역할로서의 부모와 자녀간의 권리와 의무관계에 차질이 생길 때 아동문제가 나타난다고 보고 있다. 이렇게 볼 때 아동의 역할은 필연적으로 제한적일 수밖에 없으며, 아동에 대한 부모의 역할이 중심을 이루는 것으로 보고 있다.[4)]

따라서 아동복지와 가족복지는 분리될 수 없으며, 가정의 문제가 해결되어야 아동의 문제도 해결될 수 있기 때문에 부모의 역할을 조성하는 사회적 조직을 유지하고 부모가 가지는 환경적 긴장을 완화시킴으로써 아동문제의 발생을 예방하는 가족복지의 측면, 즉 부모교육적 측면에서 접근하는 것이 바람직하다.

즉, 부모에게 자녀에 대한 책임감을 일깨우고 역할수행을 촉구하는 계몽과 교육이 필요하다는 것이다. 자녀에 대한 지나친 기대와 보호, 간섭, 편애 등 아동문제의 원인이 되는 그릇된 부모의 가치관과 태도 및 행동특성을 수정하기 위한 부모교육이 필요한 것이다.

'문제아 뒤에는 반드시 문제 부모가 있다'는 말을 우리는 흔히 듣는다. 자녀에게 강압적이고 몰이해한 부모는 아동의 성격발달에 있어서 오히려 부모가 없는 경우보다 해악(害惡)을 가져온다고 많은 학자들은 말한다.

문제장면에 부딪치면 자칫 악에 물들기 쉽고 따라서 순간적으로 반사회적 행동을 할 가능성도 없지 않아 있지만 그렇게 되는 근본을 따져보면 어려서부터의 성격형성 내지 적응기제에 어딘가 결함을 쌓아 온 결과라 보겠다. 따라서 아무리 환경이 나쁘더라도 아동의 능력이 이를 극복할 수만 있다면 모든 아동문제, 청소년문제, 사회문제는 한층 감소될 것이며, 어릴 때의 성격에 가장 큰 영향을 끼치는 부모역할의 바람직한 수행을 위한 대책이 또한 마련된다면 진정한 의미에서 아동복지사업이 실천되는 것이다.

4) Kadushin, A., *Child Welfare Services*, pp. 8-13.

제4절 미래사회와 아동의 중요성

경제학자 보울딩(Boulding)은 지금 우리에게 지금의 다른 사람과 사회를 내 몸처럼 생각하는 공간적인 사회와의 동체감뿐만 아니라, 다음의 자손·후손을 내 몸처럼 생각하는 시간적인 후손과의 동체감이 필요하다고 말하면서, '자손과 동체감을 잃고 미래에 관한 적극적인 상념을 잃은 사회는 현재의 문제를 다루는 능력마저 잃게 되며, 머지않아 와해한다는 것을 시사하는 많은 역사적 근거가 있다'고 말한다.

이와 비슷한 얘기를 문화인류학자 미드(Mead)는 옛 전통 사회는 주로 아동이 성인에게 배우는 후견적 문화(後見的 文化)이고, 근대 사회는 아동이나 성인이 주로 동년배에게 같이 배우는 공견적 문화(共見的 文化)라면, 미래의 사회는 주로 성인이 아동에게 배우는 선견적 문화(先見的 文化)로 옮겨가고 있다고 관찰했다. 즉, 지금의 아동들이 지금과는 전혀 다른 세상에 놓이게 될 때의 문제를 미리 짐작해서 거기에 적합하게 오늘의 일을 영위해야 한다. 미래학자 토플러(Toffler)는 예기적 민주주의를 제안한다. 이제 민주주의에서 민의(民意)란 지금 성인들의 욕심, 욕구와 의견 만이 아니라, 지금의 아동들 그리고 아직 태어나지 않은 미래 세대의 욕구와 의견도 예기해서 수렴하는 민주주의라야 한다는 것이다.

이 세상은 현재 세대의 것만은 아니다. 우리는 그 동안 인력(人力), 인간자원, 인간자본이라는 말을 자주 듣기도 하고 쓰기도 했다. 그러나 이 때의 인간자원이니 인력이니 하는 말은 너무 좁게 해석되어 인간이라는 존재를 너무 경제 활동의 수단으로 생각하는 관점에서 보는 개념이어서 약간의 거부감이 없지는 않으나 고도 기술 사회에 들어갈수록 좁은 인력(人力) 개념보다는 넓은 인간개념이 더 중요해진다. 인간개념은 지성, 예술성, 도덕성까지 포함하는 총체적인 방향을 말한다.

그런데 아동 양육 및 교육에는 '긴 세월이 걸린다'는 것이고 이렇게 양육·교육된 효과는 '오래도록 지속된다'는 것이다. 그래서 아동복지에는 장기 투자가 필요하다. 보호·양육자체가 긴 시간이 걸리고 따라서 그 효과가 사회적으로 나타나기에는 10년, 20년 아니 더 긴 세월이 걸린다는 시차성은 너무나 명백하다.

한 번 형성된 인간 자본은 기계나 시설과 같은 물질 자본과 달리 닳아서 못쓰게 되는 소모 현상없이 도리어 시간이 갈수록, 쓰면 쓸수록 그 효용성이 증대되는 성질을 가지고 있다. 따라서 시설 자본보다 인간 자본의 수익률이 유리할 수도 있다. 양육·교육의 효과가 몇 십년을 간다는 말은 동시에 제대로 양육하지 못한 효과와 잘못 교육한 역효과도 몇 십년을 간다는 말도 된다.

연구토의 문제

1. 아동복지의 필요성을 현대사회의 특성과 관련하여 생각해 보자.

2. 저출산·고령화 사회의 문제점은 무엇이고, 어떻게 극복할 수 있을지 생각해 보자.

제 2 장

아동복지의 개념

아동복지란 사회복지의 한 분야로서 아동에 관한 문제나 심리상태를 현상학적으로만 연구하는 순수과학이 아니고 아동의 심리적인 면과 그가 속해 있는 사회조건과의 관계 속에서 아동문제에 대한 가능한 해결방법을 찾아 이들에게 도움을 주고자 하는 응용과학이다. 응용과학은 사실 발견과 인과관계를 규명하는 순수과학의 기초 위에서 성립하고 발전한다. 그러므로 아동복지란 그것의 기초로서 사회복지, 사회사업은 물론이거니와 사회학, 심리학, 인류학, 교육학, 철학, 의학, 생물학 등의 여러 가지 학문의 지식이 필요한 종합과학이다.

아동복지의 구체적인 내용을 학습하기 위해서는 아동복지의 대상인 아동과 아동복지의 기본 개념을 이해해야 한다.

이 장에서는 먼저 아동복지의 실천분야를 결정하는 가치체계인 아동복지의 이념을 살펴보고, 아동복지의 대상을 연령에 따른 범위와 아동문제에 따른 범위로 나누어 살펴본 후, 아동복지의 기본개념으로서 용어의 어원과 정의, 아동복지의 중요성 등을 살펴보고자 한다.

제1절 아동복지의 이념

아동복지의 이념은 아동을 보호했던 단계의 역사적 과정을 거쳐 20세기에 들어와서 비로소 그 정립을 보게 되었다. 아동복지의 이념은 아동을 어떻게 보고, 어떻게 이해하느냐 하는 그 시대, 그 사회의 아동관과 밀접한 관계가 있다. 아동을 성인의 축소물(miniature adults)로 보았던 과거의 아동에 대한 태도로부터 아동에 대한 이해를 과학적으로 하여 아동을 고유한 심리적 욕구 및 인격과 존엄성을 지닌 독립된 개체로 인식하게 되기까지에는 많은 심리학자들의 연구결과로부터 비롯되었다.

루소(Rousseau)는 아동의 천성과 타고난 성질을 중시하는 후세에 영원히 남을 탁월한 교육소설 '에밀(Emil, 1762)'을 발간하였다. 루소의 아동중심사상으로부터 커다란 영향을 받아 바제도우(Basedow), 페스탈로치(Pestalozzi), 유치원의 창시자 프뢰벨(Fröbel) 등도 아동은 성인의 축소물이 아니고 성인과 다른 존재로서, 그들 나름의 독자적인 심리적 과정에 의해 생활하고 있으며, 따라서 그에 적절한 교육과 서비스를 제공하여야 한다

고 주장했다.[1)]

프뢰벨의 '인간교육(1826)', 테인(Taine)의 '유아의 발달(1876)', 다윈(Darwin)의 '한 유아의 전기적 기록(1877)', 프레이에르(Preyer)의 '아동의 정신(1882)' 등의 저서 발간과, 홀(Hall)이 중심이 된 '아동연구 운동'으로 아동에 대한 분명한 개념이 성립되었다.[2)]

그 후 세계 각국에서도 아동에 관한 과학적 연구가 계속되었으며 정상아 이외에 이상아, 문제아에 대해서까지 관심을 갖게 되었다. 이와 같이 아동에 대한 과학적 연구는 물론 이러한 연구결과를 토대로 아동의 복지를 추구하는 사회적 노력이 세계적, 이념적으로 전개되었으니 1909년 미국의 제1차 백악관회의에서 아동보호에 관한 이념을 정립하고자 하였으며, 1930년 제3차 백악관회의에서는 미국의 어린이헌장이 의결 · 발표되었다. 1922년 독일에서는 '독일 아동은 신체적 · 정신적 및 사회적 교육을 받을 권리를 가진다'라고 규정한 아동법을 제정하였고, 1924년 UN의 '아동의 권리에 관한 제네바 선언', 1959년 UN의 '아동권리선언', 1979년 '국제 아동의 해' 등이 아동복지 이념에 대한 중요 골자인 셈이다.[3)]

스웨덴의 아동학자인 엘렌 키(Ellen Key)는 '20세기는 아동의 세기'라고 하여 아동은 건강하게 출생할 권리, 건전하게 육성을 받을 권리, 정상적인 가정생활의 혜택을 받을 권리, 교육을 받을 권리, 정신적 · 도덕적 훈련을 받을 권리, 레크리에이션을 즐길 권리가 있다고 주장함으로써, 아동의 인권과 복지권 사상을 강조하였다.

모든 인간은 생존할 수 있는 권리와 자신의 능력을 최대로 발휘하면서 살아가야 할 것이다. 어떠한 환경과 상태에 있는 사람도 각자가 지니고 있는 힘이 최대한도로 발휘되는 상태에서 존립하게 하는 일, 그것이 인간의 복지이며 사회복지의 목표일 것이다. 아동복지도 아동이 지니고 있는 잠재능력을 최대한도로 발휘시키며, 충실하게 현재를 살아가게 하는 데서 이루어지며, 아동의 건전한 성장과 발달도 도모할 수 있을 것이다. 이것이 아동의 권리이며 이 권리는 아동의 성장 · 발달에 대한 권리인 것이다.

권리란 제 욕구에 대한 사회적 표명이기도 하다. 즉, 제반욕구가 사회에 의하여

---

1) Crow, A. & Crow, L. D., *Educational Psychology*, N.Y. : American Book Co., 1948, p. 6.
2) 성영혜 · 김연진, 아동복지, 동문사, 1998.
3) Fink, A. E., Anderson, C. W. & Merril, B. C., *The Field of Social Work*, N.Y. : Holt, Rinehart & Winston Inc., 1949, pp. 175-81.

인식되고 주장될 때 권리라는 말로 대치될 수 있으며, 따라서 권리의 내용은 욕구로 간주될 수 있는 것이다.

유엔 아동권리선언은 1959년 유엔 제14차 총회에서 채택되었는데 전문화 10개 조항으로 이루어져 있다. 이 조문들은 넓은 의미에 있어서 현대 아동복지의 기본적인 구성요소가 되는데, '아동권리선언'으로 채택된 내용은 다음과 같다.

인류는 아동에 대해 최선의 것을 부여할 의무를 지니고 있으므로 여기에 국제연합총회는 아동이 행복한 생활을 보내며 또한 자기와 사회의 복지를 위해, 본 선언에 열거된 권리와 자유를 향유할 수 있도록 하기 위해, 본 아동권리선언을 공포하며, 또한 양친, 개인으로서의 남녀, 민간단체, 정부 및 지방행정기관 등이 이들 권리를 인식하여, 다음의 원칙에 따라서 이들 권리를 지키도록 노력할 것을 요망한다.

제 1 조 아동은 이 선언에서 열거된 모든 권리를 갖는다. 모든 아동은 어떠한 예외도 없이 자기나 가정의 누구에게서도 그 인권, 피부색, 성, 언어, 종교, 정치적 견해, 국가적 또는 사회적 출신 · 재산 · 문벌 · 기타의 지위로 인하여 차별받는 일이 없이 이들 권리가 부여되어져야 한다.

제 2 조 아동은 특별한 보호를 받으며 또한 건전하며 정상적인 방법 및 자유와 존엄의 상태하에서 신체적, 지능적, 도덕적, 정신적 및 사회적으로 성장할 수 있는 기회나 혜택을 법률 기타의 수단으로써 제공되어져야 한다. 이 목적을 위해 법률을 제정함에 있어 아동의 최선의 이익에 대하여 최대의 고려가 주어져야 한다.

제 3 조 아동은 그 출생시부터 이름과 국적을 가질 권리를 갖는다.

제 4 조 아동은 그 사회보장의 혜택을 받을 권리를 갖는다. 아동은 건전하게 발달하여 성장할 권리를 갖는다. 이러한 목적을 위해 아동과 그 어머니는 출산 전후에 있어 적당한 보호를 포함하는 특별한 보호를 제공해 주어야만 한다. 아동은 적당한 영양, 주거, 오락 및 의료를 제공받을 권리를 갖는다.

제 5 조 신체적, 정신적 또는 사회적으로 장애가 있는 아동은 그 특수사정에 의해 필요되는 특별한 치료, 교육 및 보호를 제공받아야 한다.

제 6 조 아동은 그 인격이 완전하며 조화적 발전을 위해 애정과 이해를 필요로 한다. 아동은 가능한 한 양친의 사랑과 책임하에 또한 어떠한 경우에도 애정과 도덕적 및 물질적 보장이 있는 환경하에서 양육되어야 한다. 유아는 예외적인 경우를 제외하고는 그 어머니로부터 분리시켜서는 안 된다. 사회나 공공기관은 가정이 없는 아동 및 적당한 생활유지의 방법이 없는 아동에 대해서 특별한 양육과 보호해 줄 의무를 지니고 있다. 자녀들이 많은 가정에 속하는 아동을 돕기 위해서는 국가나 기타 기관이 비용을 부담하는 것이 바람직하다.

제 7 조 아동은 교육을 받을 권리를 갖는다. 그 교육은 적어도 초등단계에서는 무상 또는 의무적이어야 한다. 아동은 그의 일반적 교양을 높이며 기회균등의 원칙에 입각하여 그 능력, 판단력 및 도덕적 또는 사회적 책임감을 발달케 하여 사회의 유용한 일원이 될 수 있도록 교육을 받을 수 있게 해야 한다.

아동의 교육 및 지도에 대해 책임을 갖는 자는 아동에게 최선의 유익함을 제공하는 것을 그 지도의 원칙으로 삼아야 한다. 그 책임은 첫째로는 양친에게 있다.

아동은 유희 및 오락을 위한 충분한 기회를 제공받을 권리를 갖는다. 그 유희나 오락은 교육과 동일한 목적을 갖고 지향해야 한다. 사회나 공공기관은 그 권리의 향유를 촉진하도록 노력해야 한다.

제 8 조 아동은 어떠한 상황에서도 우선 보호와 혜택을 받는 사람들 속에 포함되어야 한다.

제 9 조 아동은 어떠한 방임이나 학대 및 착취 등으로부터 보호를 받아야 한다. 아동은 어떠한 형태에서도 매매의 대상이 되어서는 안 된다.

아동은 적당한 최적연령에 도달하기 전에 고용되어서는 안 된다. 아동은 어떠한 경우에도 그 건강과 교육에 유해하거나 또는 신체적, 정신적 또는 도덕적 발달을 가로막는 직업 또는 고용에 종사케 하거나 종사하는 것을 허용하여서는 안 된다.

제 10 조 아동은 인종적 종교적 기타의 형태에 의한 차별을 조장할 우려가 있는 관습으로부터 보호되어야 한다. 아동은 이해, 관용, 국민들간의 우애 · 평화 및 세계시민의 정신으로 또는 그의 힘과 재능을 인류를 위하여 헌신해야 한다는 충분한 의식 속에서 육성되어야 한다.

아동을 위한 세계정상회의(World Summit for Children)가 1990년 9월 29일부터 30일까지 뉴욕 유엔본부에서 개최되었는데 71명의 국가원수를 비롯해 158개국 대표들이 참석하였다. '아동에게 많은 미래를……'이란 캐치프레이즈를 내걸고 사상 처음으로 동서남북을 막론한 국가정상들이 만난 이 회담에서는 '1990년대 아동의 생존, 보호, 발달(Child Survival, Protection and Development)'을 위한 세계선언과 행동계획을 만장일치로 채택하였다.

국제연합에서는 아동권리선언(1959)의 선포 20주년이 되던 1979년을 '세계 아동의 해'로 정하고 '아동권리선언'에서 제시한 바를 이행하도록 촉구하였다.

우리나라에서는 이 해를 '한국 아동의 해'로 정하고 관계법의 정비를 위한 준비에 착수하여 1981년의 아동복지법이 개정되었다.

'세계 아동의 해'가 정해진 후 10년이 지난 1989년 유엔 총회에서는 보다 더 구속력을 가지고 아동의 권리를 보장해 주도록 하기 위하여 '아동의 권리에 관한 국제 협약'을 통과시켰고 1990년 9월부터는 국제법으로써 효력을 발생하게 되었다.

한편 세계 각국은 1924년의 '아동 권리에 관한 제네바 선언'을 기초로 하여 미국은 1930년, 일본은 1951년, 우리나라는 1957년에 '어린이 헌장'을 제정하였다. 우리나라는 1988년에 '대한민국 어린이 헌장'을 전면 개정하였으며, 1989년에는 '청소년 헌장"을 선포하였고 1990년 9월에 '아동의 권리에 관한 국제협약'에 서명하였다.

우리나라에서는 헌법을 기반으로 아동복지법 및 어린이 헌장 등에서 아동복지 이념을 명확히 하고 있다.

우리나라 헌법 제9조에는, '모든 국민은 인간으로서의 존엄성과 가치를 가지며, 행복을 추구할 권리를 가진다. 국가는 개인이 가지는 불가침의 기본적 인권을 확인하고 이를 보장할 의무를 진다.'고 했다. 또 헌법 제 32조 항에는 '모든 국민은 인간다운 생활을 할 권리를 가진다.'라고 되어 있는 바, 모든 국민이 행복을 추구할 권리와 인간다운 생활을 할 권리를 가지고 있음을 명시하고 있다. 따라서 당연히 국민인 아동들도 이와 같은 권리를 갖게 된다.

헌법의 추상적 내용을 구체화시킨 아동복지법에서는 아동복지의 이념을 정립하고 있다. 즉, 동법 제1조에서, '이 법은 아동이 건전하게 출생하여 행복하고 안전하게 자라도록 복지를 보장함을 목적으로 한다.'라고 했으며, 제4조에는 '국가와 지방자체단체는 아동의 건강과 복지 증진에 노력하여야 하며 이를 위한 시책을 시행하여야 한다. 모든 국민은 아동의 권익과 안전을 존중하여야 하며, 아동을 건강하게 양육하여야 한다.'라고 명시하고 있다. 즉, 국가와 국민이 아동을 건전하게 육성할 의무와 아동의 복지와 권리에 관한 이념을 나타내고 있다고 볼 수 있다.

제2절 아동복지의 대상

아동복지는 모든 아동을 대상으로 그들의 복지를 추구하는 전문적, 조직적 활동으로서 그 대상을 구체적으로 분류하면 연령에 따른 대상과 아동문제에 따른 대상으로 나눌 수 있다.

1. 연령 및 특성에 따른 대상

먼저 연령에 따른 아동의 대상과 그들의 심리적 특성을 살펴보면 다음과 같다.

아동의 연령상의 구분은 학자나 관계분야에 따라 조금씩 견해를 달리하고 있다. 우리나라의 경우만 보더라도 아동복지법에서는 '아동이라 함은 18세 미만의 자를 말한다.'라고 규정짓고 있는데, 소년법에서는 '20세 미만의 자를 소년'이라고 규정하고 있다. 또 민법에서는 '만 20세 미만의 자를 미성년'이라고 하고 있으며, 근로기준법에서는 '18세 미만의 자'로 규정하고 있으며, 청소년기본법과 청소년보호법에서는 각각 청소년의 연령을 '9세 이상 24세 이하의 자'와 '만 19세 미만의 자'로 규정하고 있다.

그러나 연령상의 구분을 시도하게 된 기초에는 '미성숙한 단계의 한 시기에 있는 인간'이라는 점이 고려된 것이며, 다만 이 단계의 시기를 어떻게 보느냐에 차이가 있을 뿐이다. '미성숙한 단계'는 인간에 대한 연구를 하는 여러 학문에 의하여 일정한 시기의 인간이 가지는 특성을 기준으로 분류된 것이기도 하다. 생물학·심리학·정신분석학 등의 여러 학설이 특히 인간의 성장 단계를 중심으로 구분하려 하고 있다.

프로이드(Freud)는 발달단계를 구강기(oral stage)·항문기(anal stage)·남근기(phallic stage)·잠복기(latent stage)·생식기(genital stage) 등의 5단계로 구분했다. 이러한 각 발달단계에는 각각 그 나름의 독특한 심리적인 특징을 지니고 있으며, 발달과정에 있어서 환경이 적당하지 않으면 어떤 단계에 고정된다고 한다. 이렇게 되면 개인이 고정된 단계에서 충분히 해결하지 못한 심리적 경향이 이후에 성인이 되었을 때 나타난다는 것이다.

크로우(Crow)에 의하면 정신발달은 자연구조의 변화이며, 이 변화는 3~4세와 12~13세에 현저히 나타나는 반항기를 계기로 해서 3~4세를 유아기, 5세부터 13세까지를 아동기, 14~15세 이후를 성숙기라고 하여 크게 3단계로 나누고 있다.

에릭슨(Erikson)은 프로이드의 전통을 받아, 발달에 중요 역할을 하는 정신기능에 따라 다음과 같이 8단계로 구분하였다.[4)]

제 1 단계　신뢰감 대 불신감(구강기, 0~1세)
제 2 단계　자율성 대 수치심(항문기, 1~3세)
제 3 단계　주도성 대 죄책감(남근기, 3~6세)
제 4 단계　근면성 대 열등감(잠복기, 6~11세)
제 5 단계　자아정체감 대 역할혼미(청년기)
제 6 단계　친밀감 대 고립감(성인기)
제 7 단계　생산성 대 침체감(중년기)

4) Erikson, E. H., *Childhood & Society*, N.Y. : Norton, 1950, pp. 219-234.

제 8 단계 자아통정 대 절망감(노년기)

시기적인 공통적 특징을 기준으로 하여 발달단계를 연령별로 구분하면 다음과 같다.

태아기(胎兒期) : 수정에서 출생까지
신생아기(新生兒期) : 출생에서 약 1개월간
영아기(嬰兒期) : 생후 약 2개월에서 35개월까지
유아기(幼兒期) : 생후 3세부터 5세까지
아동기(兒童期) : 약 6세부터 11세까지
청소년기(青小年期) : 약 12세부터 18세까지

이 모든 발달단계를 볼 때, 인간은 장기간에 걸쳐 의존과 보호를 받으면서 성장·발달한다는 점이며, 특히 신체적·심리적·정신적 자립은 서서히 그리고 연속적인 단계를 거쳐서 성취된다는 것이다. 이러한 점을 고려한다면 아동의 연령적 한계를 생후 18세까지 해당하는 미성숙한 상태에 있는 모든 인간을 총칭하는 것으로 규정함이 바람직하다.

2. 아동문제에 따른 대상

어떤 상태에 있는 아동을 아동복지의 대상으로 할 것이냐의 문제는 상기한 연령층에 있는 모든 아동을 대상으로 할 것이냐, 아니면 특수한 문제나 필요를 가진 아동에 국한하느냐의 문제인 것이다.

아동복지의 발달과정에서 나타나 있는 것은 현대에서 멀면 멀어질수록 대상의 범위가 좁아서, 특수한 상황에 처하거나 문제를 가진 아동에 국한되고 있으며, 현대에 가까우면 가까울수록, 그리고 산업화의 정도가 높을수록 그 범위가 확대되어 가고 있다는 점이다. 어느 국가에 있어서도 고아·기아(방임된 아동)가 초기의 대상이 되었으며 다음으로 빈곤가정의 아동, 그리고 정신 신체상의 장애아동의 순으로 발달되어 왔으며, 오늘날에 와서는 특수한 장애를 가진 아동(아동 본인이 문제를 가지거나, 또는 본인이 문제를 가지지 않아도 문제의 환경에 처해 있거나, 양쪽을 모두 포함한다)은 물론, 모든 아동을 그 대상으로 하고 있다.

모든 아동 또는 문제를 가지지 않은 일반아동을 대상으로 한다고 할 때 그 범위가 너무 넓고 또한 막연하여서 실제상의 의미가 없을 경우가 있다. 이론적으로는, 아동이란 미성숙한 단계에 있기 때문에 누구나 문제를 가질 수 있다는 점에서 모든 아동이 대상으로 될 수는 있겠으나, 구체적인 문제 개념이 없이는 아동복지의 실제적인 대상이 되기에는 어려운 점이 많다. 이런 점을 감안해서, 대부분의 국가에서는 모든 아동을 대상으로 하되, 특히 관심을 가지는 분야를 규정하려고 노력하고 있다. 예를 들면, 미국의 아동복지는 전체 아동의 복리에 관심을 가진다. 그러나 특별히 최상의 발달을 가로막는 그들 가족이나 지역사회의 상태하에서 자라나는 아동들에게 초점을 둔다고 하며, '가로막는 상태'란 다음과 같다.[5)]

① 사회적 · 경제적 또는 파탄된 가정생활과 관련되는 정서적 문제

② 수입보장 · 교육 · 고용기회 · 보건복지 서비스 등 사회적 대비의 결함

③ 부모들이 평소에 대처해 나가지 못하는 아동들의 예외적 혹은 특수한 문제 등으로 구분하고 있다.

김영모(金泳謀)는 아동복지의 대상을 기능면에서 다음과 같이 찾고 있다.[6)]

① 특수한 보호를 필요로 하는 아동들과 관련된 활동, 즉 의존아 · 등한시된 아동 · 비행아를 위한 사업

② 모든 아동들과 관련이 있는 문제와 필요성을 취급하는 활동, 즉 신체적, 정신적 건강이 결핍된 아동에 대한 사업(아동보건소, 오락시설 설치)

③ 부모들을 위한 지도활동, 즉 아동양육과 교육 · 보건교육 · 부모의 의무와 책임에 대한 인식 등

④ 위의 사업내용과 관련된 사회 및 지역사회 제도와 상관된 활동, 즉 아동복지의 대상을 문제아동뿐만 아니라 일반아동 및 그 부모까지 대상으로 삼고 있다.

장인협(張仁協)은 아동복지가 모든 아동을 대상으로 하는 데에는 별 이의가 없지만

5) *Encyclopedia of Social Work*, 1965, p. 138.

6) 성영혜 · 김연진, 아동복지, 1997, p. 22.

중점 대상으로는 요보호아동, 즉 복지에 결함이 있는 아동들이라는 점을 강조하고 있다.[7)]

1) 요보호 상태의 아동을 위한 아동복지사업

① **시설보호** : 아동양육시설, 아동일시보호시설, 아동보호치료시설, 아동직업훈련시설, 자립지원시설, 아동단기보호시설, 아동상담소, 공동생활가정
② **가정위탁보호** : 가정보호, 입양보호
③ **가정지도 및 보호** : 공적부조, 가정지도

2) 경계선상의 아동을 위한 아동복지사업

① 아동상담, 모자상담, 가족상담, 의료상담
② 모자원, 부자원
③ 장기결석아 지도
④ 빈곤아동을 위한 지역아동센터

3) 일반아동을 위한 아동복지사업

① **아동복지** : 어린이놀이터, 어린이공원, 아동회관, 아동도서관, 아동휴게숙박시설, 야영장
② **모자보건** : 임산부의 보건지도, 영 · 유아의 보건지도, 모자건강 센터
③ **아동복지 사상의 보급** : 어린이날, 어버이날

일반적으로 아동복지 실천분야에서 취급되는 내용과 범위는 대체로 부모중심과 아동중심으로 나누어질 수 있으며 원칙적으로 동시에 사업이 진행된다.

i) 부모중심은 부모의 능력을 지지하거나 강화시키는 사업, 아동이 부모에게서 받는 보호를 보완하거나 보상하는 사업, 그리고 부모의 보호를 일부 또는 전적으로 대리해 주는 사업 등이다.

---

7) 성영혜 · 김연진, 전게서, p. 22.

ii) 아동중심은 복지대상의 아동을 다시 요보호 상태에 있는 아동과 일반아동으로 구분하여 요보호 대상의 아동에게는 시설보호사업, 가정위탁사업, 거택보호사업이 있으며, 일반아동에게는 각종 상담사업과 보육시설 및 어린이 놀이터, 아동회관 등을 들 수 있다.

사회복지의 원칙 중의 하나인 보편성과 선정성의 원칙에 의하면, 일반아동을 대상으로 하는 아동복지는 보편주의(universalism)에 따른 것으로서 전체 아동의 교육환경, 놀이환경의 제공 및 의료 서비스 등 전체 세입에서 충당하는 것으로써 예방적 측면을 강조하는 입장에 선다. 선정주의(selectivity)의 원칙은 사회가 법적으로 인정하는 요보호 상태의 아동에게 가장 빠른 시일 내에 종류별로 도움을 주는 것으로서 치료적 측면이 강조되고 있다.

제3절 아동복지의 정의

1. 사회복지와 아동복지

아동복지는 사회사업의 한 실천분야로서 아동의 복지를 직접 · 간접으로 증진시키기 위해서는 사회사업 및 사회복지에 대한 이해가 선행되어야 한다. 사회복지는 사회제도로서 뿐만 아니라 또한 사회의 궁극적 목표가 될 수 있다.

사람들은 개인 또는 공공의 복지를 위하여 노력하는 일련의 사회적 활동을 상호부조 · 자선사업 · 박애사업 · 사회사업 · 사회복지 · 사회정책 · 사회운동이라는 여러 가지 개념으로 표현하고 있다. 일반적으로 상호부조, 자선사업과 박애사업은 전통사회에서 주로 볼 수 있었던 사회복지의 전형적 형태라고 말할 수 있으며, 사회사업 · 사회정책 · 사회복지 및 사회운동은 근세 사회의 전형적인 복지활동의 형태라고 말할 수 있다.

사회사업 · 사회복지 및 사회정책은 사회의 병리현상을 합리적이고 조직적이며 과학적인 방법에 의하여 치료하는 복지활동의 형태이다. 사회사업과 사회복지는 전문사업가 또는 집단 및 국가에 의하여 행하여지는 근대적인 복지활동이다.

이러한 사회복지활동은 일반적으로 사회사업(social work)·사회복지(social welfare) 및 사회봉사(social service)라는 개념으로서 통용되고 있다. 이러한 개념을 사회사업가 또는 학자들은 동일한 것으로 혼용하고 있으나, 이것은 그 의미와 내용에 있어서 커다란 차이가 있는 것 같다.

던함(Dunham)은 사회사업과 사회복지는 다르다고 말하면서, 사회복지는 '인간노력의 광범위한 분야(field)'이고 사회사업은 그러한 분야의 하나의 전문직(profession)이라고 한다. 사회복지는 '가족·아동생활·건강·사회적응·여가·생활수준 및 사회적 관계성과 같은 영역에 있어서 인간의 욕구를 해결하는 데 도와줌으로써 사회적 행복(well-being)의 추진을 위한 조직적 노력'이라고 한다. 그리고 '사회사업은 개인·집단에 관심을 두고, 이것은 보호·치료 및 예방을 포괄한다'고 말한다.[8)]

프리드랜더(Friedlander)는 사회복지를 '개인과 집단을 원조하여 건강상의 만족스러운 기준에 도달할 때까지 행하는 계획적인 사회적 서비스와 그리고 시설의 조직적인 제도'라고 말하였고, 사회사업은 '개인으로 하여금 개인을 집단의 일원으로서 사회적·인간적인 만족과 독립을 성취하도록 원조하여 주고 인간관계에 관한 과학적 지식과 숙련을 기초로 한 전문적 활동'이라고 말한다.[9)] 다시 말하면 전자는 조직적인 제도를 통하여 개인과 다수의 집단을 원조하는데 반하여, 후자는 전문적 방법에 의해서 개인을 치료하는 것이다. 이와 같이 그는 사회복지의 개념이 전문적 사회사업에 비하여 광의의 내용(대상과 방법)을 가지고 있다고 한다.

사회복지의 개념을 전체 사회와의 맥락 속에서 그 기능을 중심으로 하여 정립하고자 한 고전적인 노력을 보인 사람은 윌렌스키(Wilensky)로서, 그는 미국에 있어서 지배적 사회복지의 개념을 잔여적(residual)인 것과 제도적(institutional)인 것의 두 가지 개념으로 파악하고 있다.[10)]

이 두 개념은 아직까지 미국의 사회복지를 잘 나타내고 있을 뿐만 아니라 이 개념적 모델들은 자본주의 사회에서의 복지제도를 묘사함에 있어서 사회복지활동의 양극단

8) Dunham, A., *Community Welfare Organization Principle & Practice*, N.Y. : Association Press, 1967, p. 5.

9) Friedlander, W. A., *Introduction to Social Welfare*, Prentice-Hall Inc., 1955, p. 4.

10) Wilensky, H. L. & Lebeaux, C. N., *Industrial Society & Social Welfare*, N.Y. : Free Press, 1965, p. 138.

간의 연속성을 대표하는 것으로 많이 사용되어 오고 있다.[11)]

잔여적 사회복지는 가족이나 시장경제가 정상적인 기능을 수행하지 못할 때 사회복지가 일시적으로 보완하여 주는 기능을 말하며, 제도적 사회복지는 개인이나 집단이 만족할 만한 수준의 삶과 건강을 누릴 수 있도록 도와주기 위해 만들어진 사회적 서비스를 제도화시켜 수행하는 기능을 말한다.

다시 말하면 잔여적 사회복지의 경우, 혜택을 받는 사람들은 비정상적이고 병리적인 사람들이며, 적응이 잘못된 사람으로 간주되며, 이러한 조건 하에서 사회복지 혜택을 받는 것은 자선을 받게 된다는 치욕감을 갖게 된다.

제도적 사회복지의 경우, 각 개인이 지역사회의 필요와 조화를 이루면서 자신의 능력을 최대한 개발하고 그 자신의 복지를 증진시킬 수 있도록 해 주는 목표를 갖게 된다.

사회복지의 개념은 점차 다음과 같은 방향으로 변화되어 가고 있다.[12)]

① 잔여적 개념에서의 제도적 개념으로
② 자선에서 시민권으로
③ 특수한 서비스에서 보편적 서비스로
④ 최저조건에서 최적조건으로
⑤ 개인적 개혁에서 사회적 개혁으로
⑥ 자발성에서 공공성으로
⑦ 빈민복지에서 복지사회로

2. 아동복지의 정의

원래 복지(welfare)는 안녕(well-being), 행운(good-fortune), 행복(happiness), 번영(prosperity)과 동의어로 쓰이는데 더할 나위없이 좋고 만족스러운 삶의 의미를 함축하고 있다.

아동복지란 '아동'과 '복지'라는 두 용어의 합성어이다. 아동의 영어 단어는 child이고 복지는 welfare이다. 복지인 welfare는 well이라는 부사와 fare라는 동사가 합해진

11) Compton, B., *Introduction to Social Welfare*, Homewood, ILL Dorsey Press, 1980, pp. 25-26.
12) Romanyshin, J. M., *Social Welfare, Charity to Justice*, Random House, 1971, pp. 34-37.

말이다. well은 '잘', '훌륭히', '충분히', '능숙히'라는 의미의 부사이고, fare는 '지내다', '되어 가다'라는 의미의 동사이다. 결국 welfare란 '잘 지내다', '순조롭게 되어 가다'라는 뜻을 가지고 있는데 아동복지를 어원적인 측면에서 보면 아동이 편안히 잘 지내는 상태를 뜻한다고 볼 수 있다.

아동복지란 아동이라고 규정한 연령층에 속하는 사람들에게 영양 · 교육 · 보호의 과정을 통하여 적절한 신체적 · 정신적 및 도덕적인 발전을 기하도록 하는 데 있다(Mangold).[13] 아동의 심신발달에 영향을 주는(여러 가지 환경 조건) 장애를 제거하고, 그것으로부터 아동을 보호하도록 하는 여러 가지 방법을 아동복지라고 한다.

즉, 아동복지는 빈곤, 방치, 유기, 질병, 결함 등을 지닌 아동, 또는 환경에 적응하지 못하는 비행아동들에게만 관심을 두는 것이 아니라 모든 아동이 신체적 · 지적 · 정서적 발달에 있어서 안전하며 행복할 수 있도록 위험으로부터 보호하기 위하여 공사(公私)의 여러 기관에서 실시하는 사회적 · 경제적 · 보건적인 모든 생활을 의미하는 것이다(Friedlander).[14]

행동분야로서의 아동복지는 아동들이 행복하게 살며 그들 생활에서 잠재능력을 최대한도로 발휘할 수 있는 신체적으로 건강하고 건전한 개인들로 성장, 발달할 수 있도록 함을 목적으로 하는 광범위한 활동을 포함하고 있다. 또한 아동복지는 가정생활을 유지 · 강화하면서 건전한 아동발달을 가져올 수 있는 지역사회생활을 영위하게 하는 데 관심이 있다(Social Work Year Book).[15]

넓은 의미의 아동복지는 아동의 건강, 교육, 오락, 노동 등 여러 부문이 아동복지의 내용으로 되어 있다. 따라서 가족 및 사회의 일원으로서의 건전한 성장과 발달을 위해 개인이나 단체에 의해 행해지는 일체의 활동이며, 좁은 의미의 아동복지는 특수한 장애가 있는 아동들을 대상으로 여러 전문가에 의해서 이루어지는 조직적 활동을 의미한다(田代不二男).[16]

코스틴(Costin)은 아동복지를 아동과 그 가족의 복지를 증진시키는 한편 모든 아동과 청소년의 복리증진을 위한 것이라고 하면서 그러기 위해서는 아동복지 사업의 근본

---

13) Mangold, G. B., *Problems of Child Welfare*, 1941, p. 1.

14) Friedlander, W. A., *Introduction to Social Welfare*, 1961.

15) *Social Work Year Book*, 1960년판.

16) 田代不二男, 아동복지개설, p. 1.

목적이 달성되도록 가정생활을 강화해야 한다고 주장한다.[17]

칸(Kahn)은 윌렌스키(Wilensky)의 사회복지의 두 개념을 아동복지에 적용시켜 다음과 같이 설명하고 있다. 기존의 정상적인 사회공급체계가 아동의 욕구를 충족시키지 못할 때 행해지는 것과, 전체 일반아동의 복지사업을 위해 행해지는 것으로 나누어질 수 있으며 전자의 개념을 잔여적인 것으로 후자의 것을 제도적인 것, 즉 학교, 도서관, 공원, 놀이터 등으로 볼 수 있다.[18]

카두신(Kadushin) 역시 아동복지를 넓은 의미와 좁은 의미로 나누어 정의하고 있다. 넓은 의미의 아동복지는 모든 아동들의 행복 및 사회적응을 위해 심리적 · 사회적 · 생물적 · 잠재력을 계발시켜 주기 위한 각종의 방법으로 일반아동과 그 가족을 대상으로 다양한 복지의 주체들이 서로 유기적인 관련 아래에 체계적으로 복지활동을 전개하는 것으로 예방적인 측면이 강조되고 보편주의에 입각한다. 좁은 의미의 아동복지는 특수한 문제, 즉 요구가 있는 아동과 그의 가족에 관련된다. 즉, 이들을 대상으로 전문적인 기관에서 행해지는 특수한 서비스이다. 따라서 아동의 요구가 잘 충족되는 가정이라면 아동복지사업의 필요성은 없게 된다.[19] 예방적이라기 보다 치료적인 측면이 강조되고 선택주의에 입각한다.

우리나라의 사회복지사전에 의하면, 아동복지란 일반적으로 특수한 장애를 가진 아동은 물론 모든 아동들이 가족 및 사회의 일원으로서 육체적으로나 정신적으로 건전하게 성장 · 발달할 수 있도록 지역사회나 사회복지 서비스 분야에 있는 공 · 사 단체나 기관들이 협력하여 아동복지에 필요한 사업을 계획하며 실행에 옮기는 조직적인 활동을 의미한다.

이상과 같은 아동복지의 여러 정의를 통해 볼 때 아동복지의 목적은 아동이 신체적 · 정신적으로 적응하여 자신의 잠재력을 최대로 실현함으로써 행복한 상태가 되도록 하는 것임을 알 수 있다. 또한 아동복지의 대상은 특수한 장애아동은 물론이고 모든 일반아동들이 다 포함되며, 아동복지의 영역은 이념과 이념실현을 위한 사업계획과 그 시행까지가 포함되고 있음을 알 수 있다. 아동복지에서 관심을 갖는 아동의 발달 영역도 한두 영역만이 아닌 모든 발달 영역이 포함되며, 아동복지 사업의 담당기관은 공 · 사 단체나

17) Costin, L., *Child Welfare ; Policies & Practice, MaGraw-Hill*, Inc., 1972, p. 3.
18) Kahn, A., *The Social Scene & Planning of Services for Children*, Social Work, 7(July, 1962 b).
19) Kadushin, A., *Child Welfare Services*, Macmillan Publishing Co., Inc., 1980, p. 6.

기관 혹은 국가 등으로서 사회적인 차원에서 이루어진다는 점을 알 수 있다.

제4절 아동복지의 의의

아동복지의 의의는 아동을 중심으로 하는 복지의 필요성과 그 필요성에 대응한 복지대책의 중요성으로 설명할 수 있다.

1. 아동복지의 필요성

인간발달의 여러 단계에는 각 단계마다 이루어야 할 발달과업과 원리가 있다. 이것으로 인하여 아동을 중심으로 한 복지가 필요하다고 하겠다. 이를 살펴보면 다음과 같다.

1) 아동의 발달과업

아동은 또한 성장 단계 단계 마다에 이루어야 할 발달과업과 원칙이 있다. 각 단계별 발달과업을 유아기, 아동기, 청소년기의 과업으로 나누어 보면 아래와 같다.[20]

(1) 유아기의 발달과업

① 걸음마를 배운다.
② 고체음식을 먹는다.
③ 말을 배운다.
④ 배변훈련을 통해 배변통제를 배운다.
⑤ 성별을 구별하고 이에 따른 성에 관한 예의를 배운다.

20) Havighust, R. J., *Human Development and Education*. N.Y. : Longmens Green & Co., 1953, p. 107.

⑥ 생리적인 안정을 유지할 줄 안다.
⑦ 사회적 · 자연적 현실에 관한 단순개념이 형성된다.
⑧ 부모 · 형제 · 자매 · 타인과의 정서관계를 맺는다.
⑨ 선악을 판단할 수 있으며 양심이 발달된다.

(2) 아동기 발달과업

① 일상적인 활동에 필요한 신체적 기능을 배운다.
② 성장하는 자기 자신에 대한 건전한 태도를 형성한다.
③ 같은 연령의 친구와 사귀는 법을 배운다.
④ 읽기 · 쓰기 · 셈하기의 기본기술을 배운다.
⑤ 일상생활에 필요한 개념을 발달시킨다.
⑥ 양심 · 도덕 · 가치척도가 발달한다.
⑦ 적절한 성 역할을 배운다.
⑧ 사회집단 제도에 대한 태도가 발달된다.

(3) 청소년기의 발달과업

① 자기체격을 인정하고 자기의 성 역할을 인식한다.
② 남녀 동년배의 친구와 새로운 관계를 갖는다.
③ 부모, 또는 다른 성인으로부터의 정서적 독립을 이룬다.
④ 경제적 독립의 필요성을 절실히 느낀다.
⑤ 직업 선정을 하고 그에 맞는 준비를 한다.
⑥ 시민생활에 필요한 지식과 태도를 키운다.
⑦ 사회적으로 책임있는 행동을 원하고 이를 실천한다.
⑧ 결혼과 가정생활의 준비를 한다.
⑨ 행동의 지침으로서 적절한 과학적 세계관에 맞추어 가치체계를 형성시킨다.

위에서 살펴본 모든 발달단계설과 과업이 내포하고 있는 뜻으로서 중요한 것은 각 단계의 과업에 적기성 · 기초성 · 누적성 · 불가역성의 원리라고 말할 수 있는 원칙

이 있어 유아기의 경험과 교육과 아동복지의 중요성을 절실하게 느끼게 한다.[21)]

2) 아동의 발달원리

아동이 출생하여 성인으로 성장해 나갈 때 발달의 원리라는 특성이 내재하고 있다. 아동발달과정에 관여되는 발달원리로는 기초성의 원리, 적기성의 원리, 누적성의 원리, 불가역성의 원리 등이 있다. 이 네 가지의 원리는 독립적이라기 보다는 상호 밀접하게 관련된 것으로 모든 인간발달 영역에서 서로 영향을 미친다.

(1) 기초성의 원리

기초성이란 인간발달의 과업이 초기에 이루어지는데, 이 발달이 제대로 이루어지지 못하면 후일의 발달에 영향을 주게 된다는 것을 뜻한다. 즉, 어릴 때일수록 그 때의 경험 여하가 그 후를 위한 초석적인 의미를 가진다는 원리이다.

예컨대, 출생시 집안이 가난해서 0～1세 1년 동안 영양실조에 빠졌다가 그 후에 넉넉하게 먹고 자란 아이와, 출생시부터 1세까지는 넉넉했다가 1세 때부터 어떤 사유로 가난해져서 1～2세 1년간 영양실조에 빠졌다가 다시 넉넉해진 아이를 비교하면, 같은 양의 영양실조라도 전자, 즉 더 어렸을 때 영양실조에 걸렸던 아이의 경우, 그 후의 발달장애가 더 심하다.

다시 말하면 어릴 때일수록 그 영양호조가 더 중요하다는 뜻이 된다. 이와 같이 지적·정서적·사회적·도덕적 발달을 위한 문화적 자극의 부족, 실조 내지 불협화는 어릴 때에 관계되는 일일수록 그것이 발달에 주는 기초적 장애와 후유증이 크다는 추리가 가능하고 그 실증도 많다. 블룸(Bloom)은 지능의 발달의 경우, 약 50%의 발달이 수태와 4세 사이에, 그리고 약 30%의 발달이 4세와 8세 사이에서 이루어진다고 여러 자료를 토대로 추정하고 있다. 〈세살 때 버릇 여든까지 간다〉는 통속적 판단은 과학적 증거를 가지고 있는 셈이다.

---

21) 정범모, 국가발전과 어린이, 1976, pp. 38-41.

(2) 적기성의 원리

인간의 발달과업에는 발달하기에 가장 적절한 시기가 있어서 그 시기에 그 발달과업이 이루어지지 못하면 다음 발달에 지장을 초래하게 된다.

적기성이란 그 때가 그 과업, 그 학습, 그 경험을 성취할 수 있는 가장 적기적인 기회이며, 이 기회를 놓친다면 다른 때엔 그리 적시적인 효과가 없다는 것이다. 예컨대 프로이드(Freud)나 에릭슨(Erikson), 기타 정신분석학자의 이론에 의하면, 기본적인 양심체제, 또는 도덕성은 주로 1～3세에 걸치는 이른바 항문기에 이루어지는 것이며, 혹이때 잘못되어 왜곡되어 버린 도덕적 성격을 후일에 교정하려면 불가능은 아닐지 모르나, 여간 힘이 드는 것이 아니라고 주장한다. 피아제(Piaget)의 이론에 의하면 0～2세는 감각운동기로, 이 시기의 유아는 모든 감각을 통해 지적 능력이 발달하므로 풍부한 감각 경험과 신체적 동작활동 등은 이 시기가 최적기라고 할 수 있겠다. 이것이 바로 적기성이 작용한 예이다.

(3) 누적성의 원리

누적성이란 아동이 환경결함으로 그의 성장과 발달에 한번 결손이 생기면 그 결손이 다음 단계의 성장발달에도 영향을 준다는 원리이다. 즉, 인간발달에서의 '빈익빈, 부익부'의 기제라고도 말할 수 있다. 즉, 앞 단계에서 잘못되면 다음 단계에서는 그것이 원인이 되어 더 잘못되고, 또 잘못이 누적되어 또 다음 단계에서는 더욱 잘못된다는 기제이다. 반대로 잘된 것이 원인이 되어 다음 단계에서 더 잘되는 것도 누적성의 원리이다. 에릭슨의 성격발달의 첫 단계에서의 '신뢰감 대 불신감'의 형성여부는 그때 그 형성에 가장 중요한 시기라는 동시에, 그것이 모자관계에서 출발하여 부모·형제·가족관계·이웃·친구 관계, 더 나아가서는 급우, 동료, 집단, 국가, 인류에까지 주기적인 인간관계 형성의 과업의 연결에서 누적적으로 작용한다. 한번의 불신은 불신으로 응수받게 되며, 그 때문에 불신은 더 커진다. 한번 어쩌다 공부에 실패하면, 다음 학습에 필요한 것도 모르고 동기도 없어지고, 그 때문에 다음 학습에서는 더 실패하고, 그 결과 오리무중감(五里霧中感)과 동기저하는 더 심해진다.

(4) 불가역성의 원리

불가역성의 원리란 불가회복성이라고 불리어도 좋을 것이다. 발달에는 일종의 '돌아오지 않는 강'의 성질이 있다. 한 단계에서 잘한 것 또는 잘못한 것의 영향이 다음 또 다음 단계에 미치기는 할 망정, 역으로 다음 단계에 잘한다고 해서 그것이 전 단계의 잘못에 영향을 주거나 이를 교정 · 보충하는 데에는 한계가 있다는 것이다. 예컨대, 0~6세 동안 영양 불충분으로 체격이 빈약해졌을 경우 그 후 7~17세 동안 잘 먹여도 체중은 보충하기 쉬우나, 신장은 보충하기 어렵다. 신장은 체중보다 불가역성이 심하다. 일반적으로 적기를 놓치고 기초가 부실할 때 그 결함을 후에 와서 풍부한 대가로 시정하려 해도 잘 되지 않는 한계가 있게 된다. 신체발달과 지적 발달에는 이 불가역성이 상당히 큰 것으로 판명되어 있다. 즉, 빈곤한 영양환경, 문화환경에서 기초와 적기를 놓쳤을 경우, 후에 풍부한 영양과 문화자극을 준다 해도 빈약해진 체격과 지능은 그리 크게 회복되지는 못한다. 정서적 · 사회적 · 도덕적 발달의 경우는 불가역성이 그렇게는 심하지 않을 것 같으나 거기에도 많은 불가역성이 작용한다는 증거는 충분하다.

따라서 아동의 문제는 오늘의 문제이며 내일로 미룰 수 없는 문제이다. 내일의 사회가 밝고 희망차기를 바란다면 아동의 오늘은 바람직하게 구축해야 한다.

부모와 사회와 성인은 이렇듯 무한한 성장과 발달의 가능성이 잠재되어 있는 아동이, 또 적극적이고 동적인 유기체인 아동이 정적으로 머물러 있지 않고 계속적으로 변화하고 발달하도록 환경과 기회를 제공하여 본연의 능력을 다 발휘하여 유익한 삶을 영위할 수 있도록 해 주는 것이 바로 아동에 대한 복지행위일 것이다.

2. 아동복지의 중요성

아동복지의 필요성에 대응한 복지대책은 3가지 관점에서 그 중요한 의미를 지닌다. 첫째 아동 개인의 입장에서 볼 때 한 인간으로서 기본적 생활에 대한 보장이며, 둘째 사회적인 관점에서는 국가발전을 위한 인력의 보호와 육성이며, 셋째 이를 통해 아동에게 해로운 영향을 끼치는 여러 가지 사회문제의 발생을 예방한다는 점이다. 이를 구체적으로 살펴보면 다음과 같다.

1) 기본적 생활의 보장

인간은 만물의 영장이면서도 세상에 처음 태어났을 때는 가장 무기력한 존재이며 어느 동물보다도 가장 긴 보호와 양육을 필요로 하는 존재이다. 따라서 한 인간으로 태어나 제 몫을 다하는 사회적 인간으로 성장 · 성숙하기 위해서는 타인의 도움이 일정한 기간 동안 절대적으로 필요하다.

영아기(0~2세) 동안에는 가장 기본적인 음식섭취와 배설물의 통제도 혼자 힘으로 하기 어려울 뿐만 아니라 언어에 의한 의사소통도 거의 불가능하다.

유아기(2~6, 7세)에는 이러한 기초적인 생활이 어느 정도 가능하지만 아직도 혼자서 지낼 수 없고 외부의 위험에서 벗어날 수 있는 힘도 없고 노동 능력도 없어서 인간발달의 어느 단계보다도 가장 의존적인 시기라 할 수 있다. 그리하여 예전에 이 시기의 아동은 부모와 그 가족에 의해서 기본적 생활이 보장되었으나 현대산업사회에 와서는 여러 가지 사회구조나 가치관의 변화로 부모나 가족이 아동의 양육을 전적으로 책임지기가 힘들게 되었다.

때문에 부모나 그 가족이 당면한 신체적 · 정서적 · 사회적인 어려움으로 인해 양육의 기능을 다하지 못할 경우, 이러한 부모나 가족을 도와 아동이 기본적 생활을 유지하여 건전하게 성장 · 발달할 수 있도록 하는 사회의 노력은 아동복지의 일차적인 중요한 의미이다.

2) 국가의 인력보호와 육성

아동은 나라의 새싹이요, 장래를 짊어질 기둥이라고 이야기하고 있는 바와 같이, 아동은 한 국가의 장래뿐 아니라 세계의 장래에도 깊이 관여된다.

따라서 아동은 지(知) · 덕(德) · 체(體)를 겸비한 인간으로 성장하여야 한 사회와 국가 및 세계의 소망스러운 앞날을 기대할 수 있다. 그리하여 각 나라에서는 아동애호 사상을 고취시킬 뿐 아니라 아동의 복지증진을 위해 각종 교육 · 문화 · 의료시설을 설치하고 이들의 건전육성을 도모하고 있다.

예컨대, 1965년 미국의 존슨 대통령이 빈곤 가정의 아동을 문화실조의 상태로부터 보호하기 위해 헤드 스타트(Head Start) 프로그램을 실시한 것이나, 우리나라에서의 1980년 이후부터 유아교육에 대한 깊은 관심과 이를 위한 정치적 배려는 모든 아동들이 국가 및 세계의 장래에 깊은 영향을 미치는 존재임을 확신하고 이를 보호·육성하려는 것이다.

3) 사회문제의 발생예방

복지란 인간의 욕구를 충족시키거나 사회문제를 해결하기 위한 각종의 서비스를 말한다. 이러한 관점에서 아동을 위한 복지란 아동들이 가지고 있는 욕구를 충족시켜 사회문제를 미연에 방지하거나 해결하기 위한 각종의 활동으로 볼 수 있다.

아동은 성인과 마찬가지로 기본적인 생리적 욕구와 2차적인 문화적 욕구를 함께 가지고 있다. 다시 말하면 아동은 적절한 의식주의 생활을 통해 기본적인 생리적 욕구를 충족해야 한다. 이러한 욕구충족은 부모의 적절한 소득에서 비롯될 수 있다. 또한 필수적인 의료조치를 받음으로써 질병으로부터 보호받으며 고통스럽지 않은 생활을 할 수 있는 욕구도 가지고 있다. 뿐만 아니라 다양한 장난감을 갖고 놀거나 놀이터에서 놀이를 함으로써 즐거움을 누릴 수 있는 욕구도 가지고 있다.

그러나 아동은 스스로 이러한 생리적·문화적 욕구를 충족할 수 있는 능력이 없으므로 부모나 친지 및 사회에서 이러한 욕구를 충족시켜 주지 않으면 안 된다. 만약 이러한 욕구가 적절히 충족되지 않을 경우 건강하고 밝게 자라날 수 없을 뿐 아니라 사회에 유익한 일꾼으로도 성장하기가 어렵다. 결과적으로 심하게 욕구가 충족되지 못하면 각종 질병에 걸리게 되고 청소년으로 자라났을 때 비행과 가출 행동도 하기 쉬워진다.

실제적으로 아동이 가지고 있는 욕구를 적절히 충족시키지 못하는 경우는 빈곤가정, 결손가정에서 많이 발생하며, 또한 이러한 유형의 가족에게서 사회문제가 되는 여러 가지 바람직하지 못한 사건들이 발생하고 있다. 따라서 아동복지는 아동이 자라나 야기시킬 사회문제의 발생을 미연에 방지하기 위해서 필요하며 그 중요성을 가지는 것이다.

연구토의 문제

1. 우리나라에서 넓은 의미의 아동복지, 좁은 의미의 아동복지가 적용되는 실제 사례를 들고, 앞으로 우리나라의 아동복지가 지향해야 할 방향에 대하여 생각해 보자.

2. 우리나라의 아동복지관계법 이외의 법에서는 아동을 어떻게 정의하고 있는지 조사해 보자.

3. 오늘날 일반적으로 우리나라 사람들이 인식하고 있는 아동의 특성이나 개념은 어떠한지 조사해 보자.

제 3 장

아동복지의 역사

아동복지는 그 시대, 그 사회의 경제구조, 가족조직 및 아동의 위치와 관련하여 성인을 어떻게 생각하느냐와 밀접하게 연관되어 있다. 아동의 탄생이 축복의 소산이라고 생각하는 시대에서는 아동복지사업이 아동을 위해서, 아동을 위한 내용으로 편성되어 있고, 아동의 출생을 저주스럽게 생각한 시대와 사회에서는 아동의 복지는커녕 생존조차 유지하기 힘들게 되어 있다.

아동을 위한 복지사업의 역사는 상당히 짧은 셈이다. 그나마 조직적인 체계하에서의 활동은 거의 19세기 이후의 일이고 현대적인 의미에서의 아동복지사업은 20세기의 산물이라고 볼 수 있다.

과거 각 시대의 사업을 훑어보면 나름대로 그 시대 아동들의 문제를 해결하려는 노력의 결정이었음을 알 수 있고, 그 방법이나 성과의 여부에 다소 미흡함이 있음에도 불구하고 아동을 위한 복지증진에 공헌하여 왔다고 할 수 있다. 따라서 아동복지의 발전과정을 살피기 위해서는 시대별로 사회상황을 살펴볼 필요가 있다.

제1절 고대와 영아살해

고대 원시시대에서는 부족이나 종족, 집단의 안전이 무엇보다도 중요시되었으며 아동 개인의 가치와 존엄은 무시되고 아동들이 앞으로 생산이나 종족보존에 기여할 수 있는지의 여부가 생존의 중요한 판정기준이었다. 소속된 집단에서 무가치한 존재로서 버림을 당하는 자로서 첫째로는 영아이며 그 다음으로 병약한 성인이나 별로 도움이 안 되는 노인이었다.

카두신(Kadushin)에 의하면, 아마존 지역의 인디언들은 아기가 태어나면 강물에 그 아이를 넣어 건강한 아이만을 끄집어 내고 그렇지 않은 아이들은 그대로 내버려 두는 생존시험을 했다는 보고나, 비정상아를 죽이는 것은 당연하며 현명한 소치라고 말한 세네카(Seneca)의 말에서 볼 수 있듯이 영아살해, 유기, 낙태, 아동매매는 여러 가지 이유에서 오랜 동안 여러 지역에 걸쳐 자행되었음을 알 수 있다. 여러 가지 이유란

다음과 같다.[1)]

(1) 인구수와 자원간의 평형을 유지하기 위한 수단으로

(2) 기근, 질병, 기타 재난에 대비하기 위한 부모들의 자기 방어수단으로

(3) 먼저 태어난 아이들을 제대로 키우기 위한 수단 등으로

아리스토텔레스(Aristoteles)는 인구조절을 위한 것일 경우 기아보다 낙태가 오히려 낫다고 했으며, 당시 고문관이었던 세네카(Seneca)와 플리니(Pliny)는 영아살해와 기아는 인구조절을 위해 필요한 방법이라고 생각했다. 그 당시 부모들은 포팅(Potting)이라 하여 바구니에 아기를 담아서 강이나 광장에 내다 버리고서 자녀가 없는 사람이 주워 기르도록 하는 관습이 있었는데, 로마를 세운 유명한 로물루스(Roumulus)와 리무스(Remus)도 기아출신이었다.

아동매매도 영아살해 · 기아 못지않게 성행하였는데, 534년 제정된 유스티니아(Justinia) 법전에서는 '극빈한 아버지는 자식을 출생과 동시에 팔 권리를 가진다'는 조항을 명시함으로써 아동매매를 합법화시켰다. 그 후 인간생명을 중시하는 기독교 정신이 서구사회의 기본 가치개념이 되면서 영아살해, 기아, 매매, 낙태가 죄악시되었다. 기독교 정신의 영향을 받았던 콘스탄틴(Constanine) 황제는 기원 후 318년에 '아동을 살해하는 것은 죄다'라는 조항을 콘스탄틴 법전에 명시하면서 부양능력이 없을 때는 다른 사람이 옷과 음식을 제공하여 그 아이를 부양하도록 했었다.

그러나 영아살해와 기아는 18세기까지도 존재하였다. 부모는 아이를 데리고 자다가 깔아 죽이고서는 우발적인 사고라고 주장하거나, 갓난 아이를 덮어 씌워 죽이는 것(overlaping)도 계속 유행하여, 교황 피솔(Fisole)은 아이와 한 침대에 자는 부모에게 벌금까지 부과했지만, 부모들은 아기를 강물에 던지거나 아사(餓死)시키는 방법까지 사용했다.

이와 같은 일이 일어날 수 있었던 것은 당시 사람들이 아이에겐 영혼이 있다고 생각하려 하지 않았고, 아이를 하나의 인격체로 대한 것이 아니라 어른들의 단순한 성관계에 의해 생겨진 귀찮은 존재라고 생각하였기 때문이다. 즉, 이들은 아이를 키우고 돌보는 것이 어른들의 생활에 부담을 주고 성가신 장애가 된다고 여겼던 것이다. 따라서 이 시기에는 아동복지를 위한 이념이나 실천이 거의 없었다고 할 수 있다.

---

1) Kadushin, A., *Child Welfare Services*, pp. 37-38.

제2절 중세 자선사상과 아동복지

중세는 봉건제도의 사회로서 신분적 계층을 중시하며 종교의 영향이 강했던 시기였다. 자선이나 박애사업으로서 대상을 불쌍히 여겨 동정하는 감정에 근거하였다. 중세의 사회구조로선 장원제도를 들 수 있으며 영주와 영민, 국왕과 신하의 주종관계가 엄격한 사회이기도 했다. 아동에 대한 관심은 다만 장원(莊園)을 위한 군사력 · 경제력의 확보 수단으로서만 어떠한 의미를 부여했다. 이는 영주들이 자기권력의 증대 유지를 위하여 농노를 통한 경제력을 쌓고 안전을 목적으로 하는 군사력 강화에 최대의 목표를 두지 않을 수 없었던 당시 상황을 대변하는 것이라고 볼 수 있다.

중세 기독교가 한때 심한 박해를 당하였을 때 구약성서의 자선사상으로부터 나온 종교적 동기의 자선사업이 각 교구의 자선기관(사원숙박소, 구빈원 등)을 통하여 이루어졌는데, 그 내용을 살펴보면 동료신도들 중 수감되어 있는 신자들을 방문하고, 이들에 대한 석방운동을 전개한다든지 고아와 기아를 보호하는 것 등이 자선사업가들이 편 복지활동이었다.

제3절 근대의 구빈법과 아동보호 원칙

근대사회로 들어서면서 상공업의 발달, 산업혁명의 시작과 더불어 봉건제도가 점차 붕괴되면서 자본주의 제도가 탄생하였다. 자본주의 사회에서의 개인주의, 자유주의로 말미암아 자본가 계층과 노동자 계층이 생겨나게 되었고, 노인 · 아동 및 기타 구호를 필요로 하는 약한 자들에 대한 보호 등의 문제가 이 시기의 중요한 사회문제로 등장하게 되었다. 그리고 빈곤은 개인적인 차원에서가 아닌 사회적 · 국가적인 책임이라는 사상이 대두되어 국가에서 이에 대한 해결책을 제시해야 했다.

그 결과 영국에서는 처음으로 국가가 책임을 지는 엘리자베스 구빈법(Elizabethan Poor Law)이 1601년에 생기게 되었고, 이 법에 따라서 아동들이 보호를 받기 시작하였다.

이것은 아동복지에 대한 국가적 책임 인식이 태동하는 계기가 됐다.

이 때의 사회적 배경으로는 ① 가내공업의 발달 ② 위요운동(enclosure movement) ③ 봉건제도의 몰락으로 인한 경제적 무질서와 사회적 혼란 ④ 종래의 자선사업의 실패로 인한 16세기 초의 빈민증가 ⑤ 종교개혁으로 인한 영국수도원의 해체 ⑥ 내쇼날리즘(nationalism)의 대두 등으로 영국의 국가권력은 빈민구제를 국가의 주요 기능으로 생각하게 되었다고 하였다.

즉, 영국은 상기한 제 조건이 동시에 일어남으로써 빈민구제의 사회문제가 대단히 시급하게 제기되었는데 그 상황을 자세히 살펴보면 다음과 같다.

16세기 초에 일어나기 시작한 산업혁명(industrial revolution)이 위요운동을 일으켰다. 비옥한 농토가 목장으로 전환됨에 따라, 수많은 농민들이 농토를 잃어버리고 도시에서 떠돌아다니면서 노동을 하는 사람으로 전락하게 되었다. 따라서 봉건제도의 몰락으로 인해 일자리를 구하기 위하여 정처없이 방황하는 수많은 노동자들이 배출되었고 수도원의 해체는 종래 교회의 울타리 안에서 그나마 구제를 받을 수 있었던 다수의 빈곤자들을 길거리로 내어 버린 격이 되어 그로인한 빈곤문제는 더욱 심각하게 되었다. 이러한 사회적 상황에서 영국은 구걸을 억제하는 법률까지 제정함으로써 더욱 그 비참상을 극심하게 만들었다. 이러한 사회상태를 개선하고자 영국에서는(1536년 이후) 구빈사업을 위한 법령이 제정 · 공포되었다.

엘리자베스 1세 때에 빈곤자와 부랑자에 대한 법령이 많이 나타났는데 이것저것 여러 가지가 생김으로 말미암아 행정관리는 대단한 혼란을 일으키게 되었다. 그리하여 엘리자베스 여왕 말엽, 소위 엘리자베스 구빈법(救貧法)이라 불리우는 법률로 통합하였다. 이것은 1598년에 제정되었던 법률이 1601년에 수정된 것으로, 그 후 300년 이상이나 이 법률은 영국과 심지어 미국에까지 구빈사업의 기본법이 되었다.

이 법률은 수혜지를 세 범주(category)로 나누었는데 ① 노동 가능한 빈민(ablebodied poor) ② 노동 불가능한 빈민(impotent poor) ③ 요보호아동(dependent children)으로 구분하였다. 노동이 가능한 빈민에 대해서는 사업을 제공하고, 만약 이를 거절할 시에는 교수형에 처하거나 또는 투옥하였다. 노동이 불가능한 빈민은 구빈원(救貧院)에 수용하였고, 부모 또는 조부모의 보호를 받지 못하는 아동은 남자는 24세까지, 여자는 21세 또는 결혼할 때까지 도제(apprentice)로 보냈다. 보호를 요하는 아동의 범주는 고아, 기아, 빈곤가정 아동 등으로 정하였는데, 이러한 아동들은 봉사적으로 그들을 받아들일 의사가 있는 시민에게 위탁(무료위탁)되거나 적은 요금을 원하는 자들에게 위탁(유료위탁)되었다.

가사나 기타의 일을 할 수 있는 아동들은 양육료 없이 부양하고자 하는 시민에게 도제로 보내어져 소년들은 거기에서 주인의 직업을 배우게 되며 24세까지 일하지 않으면 안 되었었다. 또한 소녀들은 가사를 배우며 결혼할 때까지 그 집에 계속 머물러 있어야만 했다(직업보도). 아동이 빈곤한 부모나 친척과 함께 지낼 수 있는 경우에는 대마(flax), 삼(hemp), 양모(wool) 등과 같은 재료가 주어져 상공인들을 위한 가내공업을 하며 생활할 수도 있었다(거택구호). 지금으로부터 380여년 전에 오늘날 우리가 사용하는 위탁제도, 직업보도 또는 거택구호사업 등을 창안 실시했다는 점으로 보아 이 구빈법은 가장 중요한 역사적 사실로서 인정받지 않을 수 없을 것이다.

이 시대의 또 다른 특색으로는 근대사회에 들어오면서 민간이 주도하는 자발적인 아동보호사업이 전개되어 종전의 비합리적인 수요 위주의 보호에서 합리적인 분리수용 보호 등으로 점차 발전하게 되었다는 점이다. 즉, 아동들을 병자, 미친자, 성인 범죄자 등과 같이 구빈원에 수용해 왔는데 이 시기에 들어오면서 성인이나 범죄자들과 분리하여 수용하게 되었고 일반 가정에 위탁하는 제도가 생겼으며 교육사상의 진전으로 눈먼 아동, 귀머거리 아동, 벙어리 아동, 정신장애 아동, 심신장애 아동으로 분류하는 등 아동복지 발달사적 견지에서 볼 때 크게 발전하는 시기였다고 하겠다.[2)]

이 시기는 아동보호 면에서는 크게 공헌하였음이 분명하지만 산업혁명으로 인해 봉건제도가 붕괴되고 자본주의 사회가 형성됨에 따라 아동착취 문제가 동시에 나타났다. 즉, 자본가와 노동자 계층이 형성되어 자본가들은 임금이 싼 어린 아동들을 고용하여 노동력을 착취하여 이들의 복지권을 박탈하는 결과를 초래한 것이다.

제4절 현대 아동관과 아동의 권리

아동교육 사상에 새로운 관점을 조명했던 코메니우스(Comenius), 루소(Rousseau), 페스

2) 장인협, p. 47.

탈로치(Pestalozzi) 등은 아동의 자연적 발달, 자발적 발견을 강조하면서 아동은 아동 나름의 독자적 세계를 가진 존재이기 때문에 아동에게 맞는 교육방법이 요구된다고 하였다.

그 후 프로이드(Freud), 에릭슨(Erikson), 피아제(Piaget), 콜버그(Kohlberg) 등 심리학자들의 독자적 연구업적을 통해 아동기의 중요성이 강조되기도 하였다. 이렇듯 활발하게 전개된 아동연구의 움직임 속에서 마침내 아동의 세기인 '20세기'가 도래한 것 이다.

여러 심리학자들의 아동에 대한 연구결과, 아동에 대한 새로운 개념이 정립되었다. 즉, 아동은 이제 더 이상 성인의 종속물도 어른의 축소판도 아닌 하나의 독립된 인격을 지닌 존재임을 선언한 것이다. 또한 모든 아동은 각자의 독자성을 지닌 존재로서 서로 같지 않다는 개인차를 전제로 한다. 아동의 독자성이란 아동 자신의 자기다움을 의미하며 서로 비교될 수 없고 서로 동일한 것이 요구될 수 없다는 뜻이다. 뿐만 아니라 아동은 더 이상 약자, 무능한 자가 아니라 오히려 무한한 잠재능력을 지닌 가능성의 존재로 인정되고 있다. 아동의 지능은 4세까지 약 50% 정도나 발달한다는 연구보고나, 인간의 두뇌세포의 약 80% 정도가 생후 2년 내에 형성된다는 연구결과는 지구의 자원이 고갈되고 있는 현대사회에서 아동은 미래 인력의 자원으로 인식하기에 충분한 근거가 되었다.

세계 각국은 다투어 국가자원으로서 아동의 교육을 촉진시키고, 조기교육을 인력개발의 일환사업으로 실시, 아동교육에 도전하고 있다. 아동은 미래 인력이며 무한의 가능성도 지닌 존재임에 틀림없다.

성인의 부속물이 아닌 고유한 인격체, 독자적 존재, 가능성의 존재라는 현대의 아동관은 자연히 아동법의 제정이나 아동권리선언 등의 제창을 뒷받침하게 되었다.

엘렌 키(Ellen Key)는 '20세기는 아동의 세기'라는 책을 발간하여 '모든 아동은 생명, 보건, 적절한 주거, 교육, 노동으로부터의 자유, 건전한 여가활동, 필요한 경우 공적부조에 대한 권리까지도 보장해 주어야 한다'고 했다. 이러한 목표의 달성은 개인이나 민간단체의 노력과 국가에 의한 제반 법의 제정을 통하여 이루어져 가고 있다.

특히 아동은 양육과 보호를 받을 권리가 있다는 사실에 입각해서 각 국가에서는 이를 뒷받침할 수 있는 법이나 어린이헌장 등을 제정 공포하여 아동에 대한 인식과 책임을 강화하고 있다.

국제적으로는 국제연맹이 1924년에 '아동권리에 관한 제네바 선언'을 선포하기에 이른바, 그 내용은 다음과 같다.[3)]

(1) 아동이 물질적으로나 도덕적 및 정신적으로, 정상적으로 성장하도록 도와 주어야 한다.
(2) 굶주린 아동에게는 먹을 것을, 병든 아동에게는 의료혜택을, 장애가 있는 아동에게는 도움을, 부적응 아동에게는 감화를 주고, 고아나 기아는 수용되어야 한다.
(3) 아동은 어려움에 처했을 때 맨 먼저 구해져야 한다.
(4) 아동에게는 사회보장적인 조치를 취해 주어야 하며 때가 되면 생계를 세울 수 있게 훈련되어야 하며 착취되어서는 안 된다.
(5) 아동은 자신의 재능을 가지고 동포에게 봉사한다는 자각을 갖도록 육성되어야 한다.

즉, 제1조는 보장사상, 제2조는 보호아동의 접근원칙, 제3조는 아동구제의 원칙, 제4조는 자립과 착취에서의 보호, 제5조는 아동육성의 궁극적 목표를 제시해 주고 있다.

이 선언은 제1차 세계대전이 아동의 전인적 복지에 비참한 영향을 미쳤음에 반성해서 기초된 것이었지만 영국의 아동헌장에 비하면 매우 추상적인 것이었다.

제2차 대전 후 1948년 국제연합은 다음의 두 조항을 추가하여 재선포하였다.

(6) 아동은 인종, 국적, 신앙에도 불구하고 보호되어야 한다.
(7) 아동은 그 가족의 전체성을 존중하여 보호되어야 한다.

1959년 국제연합은 다시 전문과 10개조로 된 '아동의 권리'를 선언함으로써 여러 나라의 아동복지가 향상될 것을 촉구하였는데 세계아동의 권리선언은 세계 각국을 대상으로, 아동을 권리 주체로서 인정할 것을 피력하고 있으며 지금까지의 세계의 아동복지 사상의 보급에 많은 영향을 끼쳤다.

더불어 동 선언 제5조에서는 신체적, 정서적, 사회적으로 장애가 있는 아동에게는 특별한 보호가 가해져야 한다고 선언하였는 바, 1971년에는 「정신박약아의 권리」도 선언함으로써 모든 아동이 인간다운 생활을 할 권리를 가지고 있음을 밝혔다.

또한 어린이의 권리장전 또는 마그나 카르타 등으로 묘사되고 있는 '아동의 권리에 관한 국제협약'이 40개국의 비준을 얻음으로써 1990년 9월 2일을 기해 채택된지 단

3) 성영혜, 아동복지, 1984, p. 35.

9개월만으로서 어느 국제인권조약보다도 빠르게 국제법이 된 예이다.

'인류는 어린이들에게 가장 최선의 것을 제공해야 할 의무가 있다'는 전문과 10개 원칙으로 된 어린이 권리선언을 유엔총회가 채택한 것은 39년 전인 1959년 11월 20일이었다. 1948년에 선포된 세계인권선언에 근거하고 있는 아동의 권리선언은 지금까지 국제적으로 아동의 권리수호를 위한 도덕적인 틀이 되어 오고 아동복지의 행동지침이 되어 왔다. 그러나 선언만으로는 개인이나 사회 또는 정부가 법적 책임이나 의무를 가지기에는 부족함을 인식, 유엔인권위원회에서는 세계아동의 해인 1979년 다른 많은 협약에 흩어져 있는 아동을 위한 혜택 및 보호규정들을 포괄적인 규약으로 한데 묶어 초안으로 만들고 10년 동안 다듬은 끝에 아동의 권리선언 30주년이 되는 1989년 11월 20일 유엔총회에서 국제협약으로서 만장일치로 채택되었던 것이다.

국제적으로 아동의 문제는 매우 심각한 상태에 있다. 1억이 넘는 어린이가 집이 없이 거리에서 살고 있으며, 1억 이상의 어린이가 기초교육조차 받지 못하고 있다(이중 60%는 여자 어린이). 그리고 5세 이하의 어린이 약 1억 5천만명이 최빈곤상태에서 영양실조와 질병에 시달리며 살고 있는데 이중 매년 1400만명의 어린이가 죽고 있다.

그러나 이 국제협약의 원리를 각국 정부가 국내법으로 전환시키고 실천하지 않는 한, 그리고 어린이에 대한 지원의 배분을 재고려하지 않는 한, 국제협약 자체만으로 이 수억에 달하는 세계 어린이들의 심각한 문제를 개선할 수는 없다 하겠다. 물론 협약의 내용에 위배되는 법률은 현재 어느 나라에도 존재하지 않지만, 국제협약은 이러한 법률들을 보다 진보적으로 향상시키고 활성화하려는데 있으며 매일 전세계에서 다양한 형태로 일어나는 아동에 대한 무관심, 착취, 학대로부터 어린이를 보호하려는 규범을 정하자는데 있다. 아동의 권리에 관한 국제협약의 업적은 아동의 문제를 국가적, 국제적 의제의 최우선 순위로 끌어올려 놓은 것이다.

아동이 권리를 갖는다고 선포된 지 50년, 이제 아동의 권리는 국제법으로 확정되었으며 이것을 실현시키기 위해서는 각 정부의 비준과 광범위한 대중적 지지가 있어 왔다. 협약을 비준한 국가들은 그 나라의 법률이 협약의 규범에 따르도록 해야 하며 정부는 사설단체나 개인에게 협약준수를 요구할 수 있고, 반대로 각 분야에서는 국가기관들이 협약준수를 법률에 호소할 수 있다.

이 협약을 비준한 나라는 2003년 10월 현재 192개국이다. 한국도 1990년 9월 25일 이 협약에 서명하였고, 1991년 11월 20일 이 조약을 비준하였으며, 1991년 12월 20일에 효력이 발생되었다.

국제협약은 아동의 권리를 54개 조항으로 세분하여 규정하고 있으나 크게 세분하면 다음 세 가지로 구분된다.

첫째, 아동에게는 생존과 발달에 필요한 모든 인간적 · 물질적 지원을 제공받고 또 이를 사용할 권리가 있다. 즉, 아동에게는 이름과 국적을 가질 권리, 보건과 영양을 공급받고 교육을 받을 권리, 그리고 여가 및 놀이를 즐길 권리가 있다. 지체부자유나 고아도 예외없이 이 권리를 누리며 보호받을 권리가 있다.

둘째로, 아동은 모든 유해한 행위로부터 보호받을 권리가 있다. 아동은 부모로부터 격리되어서는 안 되며 노동이나 상업적 · 성적 착취, 육체적 · 정신적 학대와 방임, 전쟁과 재난으로부터 보호받을 권리가 있다.

셋째로, 어린이에게는 자신의 인생에 영향을 미칠 중대한 결정에 대해 알 권리가 있다. 아동은 성장과 더불어 책임있는 성년기에 대한 준비로 사회활동에 참여할 기회를 더욱 많이 가져야 한다.

요약하면, 이 선언은 세계인권선언, 아동복지에 관계있는 전문기관 및 국제기관이 규약 등에 근거해서 '인류는 아동에 대해서 최선의 것을 주어야 할 의무'가 있기 때문에 '양친, 개인으로서의 남녀, 민간단체, 행정기관 및 정부'는 아동의 권리를 인정하여 지켜줄 것을 요청하고 있다. 아동의 출생권, 생존권, 발달권, 행복추구권, 교육권, 오락권, 법적 보장, 사회적 보장 등을 골자로 하고 있다.

제5절 외국의 아동복지

1. 영국의 아동복지

영국에서 아동복지가 확립된 것은 1948년 아동법의 제정 이후라고 볼 수 있다.

1601년 구빈법의 제정으로 아동보호의 원칙이 세워졌으나 산업혁명으로 노동자들이 속출하게 되자 빈곤가정 아동들과 결손가정 아동들이 많아지게 되었다. 자연 구빈법의 개정(1834)이 뒤따르게 되었으며, 개정법에서는 도움을 필요로 하는 아동을 위해 지역학교와 육아원이 설립되었고 맹아와 농아를 교육하기 위한 특수학교가 설립되었다. 개정법의 내용 중 아동과 관련된 것을 보면, 9세 이하 아동의 노동을 금하고 13세 이하 소년의 노동시간을 주 48시간 이내로 제한시키는 등 어린 노동자를 착취로부터 보호하였다. 이와 같은 입법조치는 곧 미국과 유럽에 전파되어 이들의 복지를 보장하는 데 공헌하였다.

산업혁명이 더욱 가속화됨에 따라 가정에서의 자녀양육의 기능이 약화되었으며 방임상태에 놓여지게 되었다. 이러한 상황을 개선하기 위하여 1780년 경부터 일요학교(혹은 유아학교)가 설립 · 보급되어 영국에서의 공교육의 기틀을 마련하는 계기가 되었다. 이 같은 각종 대책도 방임되고 학대받는 아동들을 모두 구제하지 못하자 1884년 런던에 아동학대방지협회가 설립되었고, 이어 1889년 아동학대방지법이 제정되었다.

1906년에는 급식법(meals act)이 제정되어 초등학교의 빈곤아동에게 무료로 급식을 제공하였다. 이듬해인 1907년에는 교육법(education act)이 제정됨으로써 모든 아동에게 의무교육의 혜택을 주었다.

이후 1945년 정부는 아동의 실태를 파악하고 나타난 문제점을 개선하기 위해 커티스(Curtis)를 대표로 하는 위원회를 조직하여 정상적으로 가정생활을 영위할 수 없는 아동에 대한 대책을 강구하기에 이르렀다. 이에 따라 동 위원회는 분산된 아동관련 복지행정 체제를 집중시킬 것, 아동 개개인의 욕구를 중시할 것, 가정을 존중할 것 등을 권고하기에 이르렀다.

1945년에는 가족수당법(family allowance act)이 제정되어 부모의 경제적 · 사회적 지위 등에 관계없이 한 가정에 자녀가 둘 이상으로서 16세 미만의 아동에게는 1인당 매주 수당을 지급하였다.

1948년 아동법(children's act)이 제정되어 부모가 없는 아동, 유기아동, 부모와 떨어져 사는 아동, 특히 아동 부양 능력이 없는 부모, 예를 들면 정신질환자, 정서적 문제를 가지고 있는 자, 알코올중독자, 약물중독자 등의 부모의 자녀들은 지역사회와 공공단체가 부모의 역할을 담당해야 한다는 개념이 확립되었다.

그보다 더 근본적이고 이념적인 아동복지정책의 특색이 이때 나타났으니, 사회보장 제도에 의한 가족강화를 기본원리로 하는 것이 바로 그것이다. 이는 아동을 가능한 한 정상적인 가정환경에 두어 보호하는 것을 최대 목표로 하고 이 목표를 관철하기 위해 국가가 여러 가지 뒷받침을 하도록 되어 있다.

영국에 있어서의 아동에 대한 배려는 처음에는 고아, 부랑아, 유기아의 도제견습, 작업장으로의 입소로부터 시작하여 19세기 특히 그 후반부터 20세기에 걸쳐 노동아동의 보호, 공중위생으로부터의 보호, 의무교육실시, 아동수용시설의 증가 형태로 나타나서 20세기 전반의 근대적인 아동보호 사업으로 전개되었다.

영국의 아동복지는 가정붕괴의 방지와 아동의 가정적인 분위기 속에서의 보호라고 하는 기본선에 의해 추진되고 있다.

2. 미국의 아동복지

미국은 영국으로부터 이주한 사람들에 의해 형성된 나라로서 아동복지를 포함한 전반적인 사회복지 제도는 영국의 영향을 많이 받았다. 즉, 청교도 윤리가 지배적이었기 때문에 노동을 미덕으로 여기고 나태는 죄로 여겼는데, 이는 빈곤의 책임이 개인의 책임이라는 생각을 뒷받침하였고, 구빈법이 벌칙적인 성격을 띠게 만들었다.

미연합법에는 아동복지에 관한 단독법이 없고 사회보장법에 상세히 규정되어 있다. 이것은 미국의 정치제도가 중앙집권제가 아니고, 주(州)의 권한이 크며 기본적인 법률도 주법(州法)으로 이루어져 있는 경우가 대부분이기 때문이다. 따라서 아동관련 복지를 포함한 모든 사회복지가 주를 단위로 하여 독자적으로 발전해 왔다.

미국의 아동복지 사업도 초기엔 종교단체에 의해 설립 · 발전되었다. 미국 최초의 양육원은 1727년 뉴올리언스의 우슬린(Ursuline) 수도원에 의해 세워졌는데 이는 인디언에 의해 부모가 살해당한 고아를 위해서였다. 그리고 최초의 영속적인 보호시설은 1740년 죠지 가이트필드(George Wgitefield)에 의해 조지아주에 세워진 베데스타 고아원이었다.[4] 이와 같이 초기에는 종교단체의 자선사업으로 보호시설이 발달하기 시작하였으며, 점차 시립고아원도 설립되고 많은 시설이 증가하였다.

---

4) Fink, A. E., *The Field of Social Work*, pp. 169-174.

그러나 1850년대 이후 시설에 의한 보호가 아동의 건전한 발달에 도움을 주지 못한다는 생각이 움트기 시작하면서 가정적인 보호방법을 모색하기 시작하였다. 이로써 최초의 원외보호방법(院外保護方法)을 채용한 뉴욕아동구제협회(New York Children's Aid Society)가 1853년 뉴욕에 창설되었다. 이 협회의 취지는 빈곤가정을 보호하는 것으로 위탁사업을 실시하는 데 있었다.

한편 1866년 오하이오 주를 중심으로 아동가정협회가 발족되어 빈곤가정의 아동을 보호하는 운동이 번졌으며, 곧 여러 주로 파급되었다. 1866년과 1873년 매사추세츠 주와 미시건 주에 각각 주립 아동구빈원이 세워져서 공적으로 보호 · 감독하여 가정에 복귀시킴으로써 공적인 차원에서 이들의 복지향상에 공헌을 하였다.

아동노동법은 1895년 제정되었으며 그 내용은 다음과 같다. 즉, 14세 이하의 아동은 근로시킬 수 없다는 금지조항과 야간 작업금지 및 노동시간의 제한규정, 학교에 출석하도록 배려하는 것 등이다. 아동문제에 대한 관심이 전국적인 수준으로 증대된 것은 1909년 제1회 백악관회의(White House Conference) 이후부터라고 할 수 있다. 백악관회의는 매 10년마다 대통령 주재로 열리고 있다.[5)]

제1회 백악관회의에서 루즈벨트 대통령은 아동을 위한 부모역할의 중요성과 가정생활의 중요성을 언급하면서 세 가지 원리를 제시했다.

(1) 가난하다는 이유 때문에 아동이 가정으로부터 이탈되어서는 안 된다.

(2) 가정을 떠나야만 될 충분한 이유가 있을 경우에는 차선책으로 잘 선정된 위탁가정이 바람직하다.

(3) 필요에 의해 시설을 이용할 경우 소숙사제도(cottage system)가 좋으며 아동의 의존성이 나타나지 않도록 해야 한다.

이후 아동문제를 전담하는 아동국(Children's Bureau)이 생겨 아동의 복지, 아동의 문제, 아동발달, 아동의 노동, 비행 등 아동에 관한 모든 것을 연구하였다.

또한 빈곤아동에 대한 주의 구제방법으로서 1911년 미주리 주를 시초로 모성연금제(Mother's Pension)가 제정되었으며, 각 주로 파급되어 1919년에는 39개 주에서 제정되었다. 이 연금제의 목적은 편부모 혹은 적당한 보호자가 없어 적절히 양육될 수 없을 경우 또는 빈곤한 가정의 아동을 대상으로 이들을 가정에 머무르게 하면서 보호하기

5) Ibid, pp. 175-181.

위해 소정의 양육비를 지원해 주는 것이다. 이 제도는 1935년 사회보장법에 의해 공적 부조의 형태로 발전을 보았다(AFDC Program).

1873년 최초의 공립 유아원이 설립된 이래, 연방정부가 아동문제에 관여한 것은 1933년 연방위기구호청(Federal Emergency Relief Administration)과 근로청(Works Project Administration, WPA)을 통하여 보육 프로그램에 공적 재정을 지원한 후부터이다. 이때 세워진 비상대책 유아원(Emergency Nursery School)과 보육시설은 전부 국고금의 지원으로 운영되었다. 이 프로그램들은 점차로 유아교육 시설의 필요성을 크게 부각시킨 계기가 되었다.

1930년 제3회 백악관회의에서는 19개조에 이르는 아동헌장을 채택 · 발표하여 전인적 아동관, 아동의 인격존중, 가정과 아동의 불가분성, 아동복지기관의 중앙과 지방에의 설치, 아동전문 사회복지사의 도입 등을 규정하여 아동복지의 체계적 전문화를 실시함에 이르고 있다.

1940년 제4회 백악관회의에서 루즈벨트(F. Roosevelt) 대통령은 '민주주의는 여러 국면에서 신장되어야 한다. 만약 가정보호의 기회가 결핍된 아동, 건강 · 교육 · 도덕 · 정신발달의 기회가 결핍된 아동이 있다면 민주주의의 발전과 국력의 번영은 상대적으로 약화된다'고 했다.

1950년 제5회 백악관회의는 트루만(Truman) 대통령 때로 주관부처가 정부였으나 연방 지역별로 여러 분야에서 많은 사람들이 다양하게 참가함으로써 시민에 의한 운동이 되었다. 회의 준비 및 프로그램에 참여한 인원이 만 여 명이었으며 특히 21세 이하의 청년 500명이 대표로 직접 참가하였다.

그러나 아동복지사업의 체계가 전국적으로 정비되고 확립된 것은 1935년 제정된 사회보장법(Social Security Act)으로부터이다.

제6회 백악관 회의는 1960년 아이젠하워 대통령(D. D Eisenhower, 제34대)에 의해 소집되었다. 특히 150주년 기념 아동 · 청소년회의(The Golden Anniversary White House conference on Children and Youth)라고 이름을 붙인 이 회의는 약 7,600명이 참가했다. 회의의 주제는 '격변하는 사회, 경제성장 속에서 어떻게 하면 청소년의 창조성, 인간성을 손상함 없이 그 잠재능력을 충분히 발휘할 수 있는 기회를 보장할 수 있는가'였다.

3. 스웨덴의 아동복지

백악관회의는 미국뿐 아니라 전세계적으로 아동복지에 대한 사회적 관심을 환기시킨 중요한 계기가 되었다.

스웨덴은 11～12세기경부터 봉건제도가 성립되었으나 13세기에 들어서서 내란, 페스트, 농촌인구의 격감, 왕과 귀족의 권력증대에 따른 중세(重稅), 부역(賦役), 공유삼림(公有森林)의 지배 등으로 봉건제도가 무너지기 시작하였다. 이와 같은 와중에서 발생한 빈민문제는 사회적으로 주목을 받았다.

체계적인 구빈제도를 성립케 한 것은 구빈에 대한 국가의 책임과 구빈단위의 재편성을 입법화한 1853년의 구빈법이었다. 이러한 스웨덴의 구빈법은 그 발달과정이나 형태면에서 영국의 구빈법과 비슷하며, 영국으로부터 많은 영향을 받았다. 이 법에서 원칙적인 구빈대상은 15세 이하의 아동과 병자, 폐질자인 노동무능력자로 규정하였다.

그러나 계속적인 농업인구의 감소, 산업화 및 공업화에 따른 사회구조의 변화, 노동조건의 악화에 따른 노동자의 문제, 부인과 연소노동자의 증가, 도시인구의 급증, 청소년의 비행 등이 사회문제화되기 시작하였다.

1881년 노동금지법이 제정되어서 이들을 저임금과 장시간 노동으로부터 보호하였다. 왜냐하면 연소자들에 대한 보호는 계속적인 노동력의 공급과 이들의 노동력의 질적 향상을 도모하기 위해 단지 그들을 비인간적인 대우에서부터 구해 준다는 것 이상의 의미를 가지기 때문이다.

이러한 사회상황 속에서 1869년 사회복지정책의 강력한 추진력이 된 사회민주당이 결성되었고, 1901년 노동자 화재보상법이 사회보장의 선구적인 입법으로 제정되었다. 이로써 사회개량에 대한 의식이 싹트기 시작하였으며, 이는 아동복지 측면에도 영향을 주었다. 그 중에서도 청소년 비행에 대한 제도의 개선이 마련되었다.

입양에 있어서 이전에는 아동을 위한 입양이라는 관념은 없었고, 미혼부모의 아이들은 어른들의 죄의 보상으로 비인간적인 대우를 받았으며, 구빈법의 적용대상자로서 최소한의 비용으로 입양되었다. 그러므로 대부분이 만족스럽게 성장할 수 없었고, 입양 1년 이내의 사망률이 높았으므로 1902년 입양아동의 건강과 보건을 위해 입양법을 제정하였다.

1920년 이후에 들어서는 소위 노동불능자에 중점을 두었는데 이러한 관점에 힘입어 아동복지 대책에서도 많은 발전을 보였다. 즉, 1924년 구빈법의 수혜대상으로 취급되어 오던 아동에 관한 법이 독립되어 아동복지법이 제정되었다. 또 아동과 청소년의 보호를 위한 기관이나 시설의 관리 및 설치 추진을 위한 아동복지위원회가 설립되었으며, 이 위원회에는 반드시 부인 한 명이 대표로 포함될 것을 규정하였고, 1902년에 제정된 입양에 대한 감독도 이 위원회가 하도록 하였다.

1930년대 이후는 사회복지 정책의 성립기라고 볼 수 있는데, 1930년 세계경제공황을 전후하여 출산율이 급격히 저하됨에 따라 아동과 모성 및 학교급식에 대한 국가보조 등이 실시되었다. 또 1938년 이후 산전 · 산후에 따른 모자보건 대책과 1955년부터 모든 임부에게 지급되어 온 출산수당이 그것이다.

아동수당은 신체장애인이나 연금지급자의 자녀, 편부모 자녀에 한하여 지급되었으며 부모나 보호자에게 현금으로 지급되었고, 과세의 대상이 되지 않았다. 또 이혼을 했을 경우 부모 중 한 사람이 자녀의 양육비를 지급하지 않을 경우 국가가 이를 대신 지불해 주기도 한다. 한편 아동관계 복지정책 예산이 가족정책 예산의 상당한 부분을 차지하는데 이 중 중요한 것으로는 임산부와 신생아에 대한 상담, 치료, 출산 전후의 휴양, 남편의 군복무기간 중 지급되는 양육수당 등이 있다.

이외에도 부인의 노동력을 효과적으로 이용하기 위해 이러한 부인들의 자녀문제와 관련된 사회적 조처와 서비스가 발달하였다. 즉, 출산 후에 신생아와 함께 지낼 수 있는 9개월 휴가제도와 생후 6개월부터 학교 입학 전 6세까지 부모가 일하는 동안에 아동을 맡길 수 있는 보육시설, 학교 다니는 아동들이 방과 후에 몇 시간을 보낼 수 있는 여가선용의 집, 자신의 집에서 아이들을 맡아서 돌봐주는 가정보육시설, 아플 경우에 간호해 주는 아동 간호사 제도 등이 그것이다. 또한 이 모든 경비에 대해서는 지방자치제에서 지원하고 있다.

한편 스웨덴의 장애아동을 위한 교육적 조치는 20세기 초기에 이르기까지는 구체적으로 실현되지 못하였으나 1952년 장애아학교법(The School Act of Handicapped)의 규정에 따라 7세에서 16세의 모든 어린이에게 교육권을 개방하여 공립학교에 출석하도록 규정하고 있다.[6)]

---

6) 이소희, 유아복지의 이론과 실제, 형설출판사, 1989. p. 99.

이 밖에 보육시설의 운영에 대한 보조를 실시하고 있으며 아동의 휴가여행을 위한 제도적 조치로서 여름 별장이나 휴가 캠프가 지방자치단체 및 민간단체의 지원에 의해 설립되어 있다. 자녀를 동반한 부모들은 일정기간 동안 무료 내지는 적은 비용으로 휴가를 즐길 수 있게 되었다.

기타 아동복지에 관한 사항이나 공적 부조는 1960년에 개정된 아동복지법에 의하여 시행되고 있으며, 정부는 이 분야의 전문인력을 육성하기 위하여 많은 노력을 기울이고 있다. 스웨덴은 복지국가의 전형으로 사회보장의 최소한의 기준을 넘어선 나라로 발전해 가고 있다.

4. 일본의 아동복지

아동복지를 포함하는 일본의 사회복지의 발달은 자선사업－사회사업－후생사업의 단계를 거치고 있다. 이러한 단계는 황실의 인자정신과 가부장제도의 특성에 영향을 받았으며, 특히 사회복지가 성립하는 기반을 근대사회의 자본주의 발달에 두고 있다.[7)]

일본에서 우리나라처럼 혈연공동체인 씨족사회가 성하던 시대에는 씨족 내의 강력한 상부상조 작용 때문에 외부로부터의 특별한 구제수단을 필요로 하지 않았다.

그러나 명치유신을 기회로 봉건사회는 붕괴되고 근대 일본이 탄생되었으며, 이 명치유신은 정치 · 경제 · 사회에 걸쳐 광범위한 변혁을 가져왔다. 특히 경제면에서는 자본주의가 급속히 발전하였으며 동시에 여러 가지 사회문제를 야기시켰다. 즉, 정치적 · 사회적 사정이 변화함에 따라 빈부의 차가 심해졌으며, 특히 빈곤계층에서는 어머니의 취업으로 인해 양육의 결함이 생기기 시작하여 빈민구제와 아동 보호의 필요가 생기게 되었다.

따라서 처음에는 황실 내지는 불교사원에서 주로 고아에 대한 관심을 보였으나 오랫동안 자선사업 성격을 띤 구제에 머물렀다. 명치 4년(1871)에 정부는 기아양육미급여방(棄兒養育米給與方)을 정하고 2년 후에는 아기를 3명 이상 낳은 빈곤 어머니에게는 쌀을 지급하는 급여방(給與方)도 정했다. 이후 전국적 규모의 구제책이 필요하게 되어 1874년 공적 구빈법인 휼구규칙(恤救規則)이 제정되었다.

---

7) 김병하, 특수교육의 역사적 이해, 형설출판사, 1985.

이 규칙은 친족 및 공동체에 의한 상호 부조를 원칙으로 했으며 여의치 않을 경우 국가가 구제한다는 것이었다.

이 사업의 대상으로는 극빈자이되 폐질자, 노약자, 중병자와 13세 미만의 고아에 한정했으며, 이 정책은 소화(昭和)시대까지 50여 년 지속되었다.

명치 후기에 들어서는 산업발전에 대응하는 조치로서 아동복지사업이 활발하게 이루어지기 시작하였으며 선교사들이 밀어주는 힘도 적지 않았다. 일본에서 처음으로 고아원이 설립된 것은 1887년 이시이주지(石井十次)에 의해서였고, 학제(學制)는 이에 앞서 1872년에 공포되었으나 취학률은 매우 낮았다. 1886년에 정부가 대용간이소학교제(代用簡易召學校制)를 인정하자 전국에 빈곤 아동을 위한 학교가 보급되었다.

또한 빈곤가정의 아동을 돌보기 위하여 기독교 선교사들에 의해 1900년에 후다바(仁棄)유아원이 설립되었다. 이 유아원의 기능적 성격은 오늘의 보육소와 흡사하였다. 그 후 계속 민간 독지가에 의해 보육소가 설립되었으며, 1918년 이후에는 공립보육소도 설립되기 시작하였다. 한편 1929년 상호부조를 기초로 한 공적 구빈법으로서 구호법이 제정되었다. 동법에서 휼구규칙(恤救規則)에서 불분명했던 구호방법으로서 구호기관과 구호내용에 관한 사항을 규정하였으며, 그 대상으로 임산부가 더 포함되었다.

제2차 세계대전에서 일본이 패망하자 폐허에서 생활전선으로 뛰어든 어머니들의 아기를 맡기 위하여 보육소의 수요는 급격하게 늘어났으나 당시 정부의 힘이 미치지 못했던 탓으로 보육사업은 주로 민간인의 힘에 의하여 발전되었다. 당시 입소 조건은 생활빈곤자, 근로여성 및 병중이거나 임신 중인 어머니의 자녀들, 혹은 어머니 없는 자녀들로 국한되었다.

보육소는 1947년 아동복지법에 의해 비로소 법률이 정하는 아동복지 시설의 일종으로 인정을 받기 시작하였으며, 그 후 급속한 발전을 거쳐서 오늘날 일본 아동복지사업의 주종을 이루게 되었다.

처음에는 운영에 있어서 국가의 뒷받침이 미약했기 때문에 재산확보를 위한 각종 시위, 진정, 국민대회가 열렸고 '일하는 어머니회' '부인회' 등의 조직적인 운동이 활발하게 전개된 결과 마침내 정부에서 1949년부터 보육소 조치비를 지급하게 되었다.

장애아동을 위해서는 1947년 교육기본법 및 학교교육법에서 의무교육제도의 실시를 확립하였으며, 동법에 장애아동을 위한 특수교육도 의무화할 것을 입법화하였다.

이러한 원칙에 따라 1955년 양호학교 및 특수학급 정비촉진위원회가 발족하였고 이듬해 이에 관한 조치법이 제정되었다. 그 중에서도 특히 정신박약아를 위한 조기교육에 박차를 가하고 있다.

한편 아동문제를 다루는 법률만 하여도 아동복지의 모체가 되는 아동복지법(1947)을 위시하여 모자보호법(1937), 아동부양수당법(1961), 특별아동부양수당의 지급에 관한 법률(1964), 모자보건법(1965), 정신박약아동복지법(1965), 모자 및 과부복지법, 아동수당법(1971) 등이 있다.

제6절 우리나라의 아동복지

1. 근대 이전의 아동복지

고대 우리 사회에서는 아동에 대한 관심은 지대했으나 아동 자신에 대한 권리 및 인격체로서가 아니라 가계를 계승시키기 위한 수단으로서의 보호였다. 따라서 아들이 없을 경우 동성동본 내에서 양자를 삼아서라도 대를 잇게 하였다.

'삼국사기'에 의하면 신라 제3대 유리왕(28년) 때에 환과고독노병(鰥寡孤獨老病 : 홀아비, 홀어미, 고아, 아들 없는 이, 늙은이, 병든 이)을 요보호대상자로 정해 무료급식과 양육을 왕명으로 하였다.

고려시대의 사회제도는 엄격한 신분차별을 지키는 계급사회였다. 이러한 사회에 있어서의 고아수용은 흔히 자기 가정에 노비로 삼는 방편으로 이용하고 또한 고아를 민가에서 수양함을 빙자하여 인신매매, 유괴, 약탈 등을 일삼게 되는 폐단도 없지 않았다. 그러나 고려시대에는 병란과 흉년으로 떠돌아다니거나 구걸하는 아동, 버려진 아동, 빈민가의 아동 등을 사원에서 수용 양육하여 승려 또는 사역승(使役僧)으로 양성하는 일이 성행하게 되었다. 이를 본받아 민가에서도 널리 행하여졌으니, 양육

후에는 대개 양자녀 또는 노비로 삼았다.[8] 10세까지에 한하여 소고무양육자(少孤無養育者)를 관가에서 수양(收養)하다가 연한이 지난 후에는 원에 따라서 거처를 정하여 준 예를 '고려사'에서 볼 수 있다.[9]

조선시대의 아동복지는 제22대 정조(1783년)가 제정한 자휼전칙(字恤典則) 중 유기 및 부랑걸식아동 보호법령에 의해 주로 실시되었다.[10] 제18대 현종 2년(1661년) 이후로는 한성 각 부의 유기아에 대한 관부의 허가제에 의한 민가 수양이 실시되고 이들에 대해서는 옷값도 관급하였다. 그리고 양육하여 10세에 이르면 양육한 사람으로 하여금 그 아이를 사역할 권리를 가지게 하였다. 그 후 제19대 숙종 22년(1696)에는 수양임시사목(收養臨時事目)이 제정 실시되고 이어 제20대 영조 20년(1774)에는 동사목이 속대전 속에 편찬되어 더욱 확립되었다. 위에서 말한 자휼전칙은 이러한 일련의 제도를 집대성하여 정돈한 것이라고 할 수 있다.

자휼전칙(字恤典則)에 보면 서울과 지방에서 흉년이 들어 기근이 심한 해에 유기를 당하여 사방에 호소할 곳이 없는 불쌍한 어린이, 특히 몸을 가리고 입에 풀칠하는 것을 자력으로서는 도저히 할 수 없는 가긍한 어린이와 사방을 떠돌아다니면서 문전걸식을 일삼는 부랑아들을 관가에 유양(留養) 또는 민가에 수양하도록 허락하는 법을 실시하였다.

자휼전칙의 서문에 해당하는 정조전교(正組傳敎)에 보면 다음과 같은 말이 있다. '황년기세(荒年饑歲)에 백성들이 굶주리고 고생하는 것이 왕자(王者)가 구제해야 하지 않는 것이 없지만, 특히 그 중에서도 제일 가긍한 것은 아무도 의지할 곳이 없는 유기아 또는 부랑아들인 것이다. 큰 사람은 타인을 위하여 물을 긷고 짐을 날라주고 하여 생자(生資)를 구할 수 있으나 이 어린아이들은 몸을 가리고 입에 풀칠하는 것을 자력으로 할 줄 모르고 노방(路傍)에 버림을 받아 살려 달라는 듯이 울고 있는 경우, 그 부모가 없거나 또는 있어도 춥고 배고파 같이 살 수 없어 정을 가르고 사랑을 끊고 거리에 버리게 된 아이들일 것이다.

이 어린이들은 어진 사람이 있어 직접 수양하여 양육하면 살 수 있으나 그렇지 않고 시간이 지나가면 죄없이 죽게 되는 수가 많은 것이다. 아! 천지생물의 뜻이 어찌

8) 주정일 · 이소희, 아동복지학, 교문사, 1985, p. 52.
9) 구자헌, 아동복지, 한국사회복지연구소, 1969, pp. 148-149.
10) 구자헌, 사회복지론, 사회복지연구소, 1972, pp. 191-207.

이렇게 값쌀 리가 있으랴.'

요컨대, 수양임시사목이나 자휼전칙은 모두 유기 또는 부랑하는 어린이의 생명을 절대적으로 보호하기 위하여 국가에서 수용보호하거나 또는 민가에서 수양하여 양자녀 또는 노비로 삼는 것을 그 정황에 따라서 허가하는 것을 근본취지로 삼고 있는 것이다. 이런 근본정신은 서기 1601년의 영국의 엘리자베스 여왕의 구빈법의 취지와 대동소이하다고 할 수 있으니 양(洋)의 동서(東西)는 달리하였으나 17세기 경에 있어서의 유기아 또는 부랑아 대책에 있어서 이와 같이 우선 어린이의 생명만큼은 어떠한 방법으로든지 구제해야 한다는 것으로 통하고 있는 것을 알 수 있다.

자휼전칙에 의한 아동복지의 내용을 보면 다음과 같다.

1) 친족부양의 책임

친족부양의 책임에 관해서는 자휼전칙에 행걸아(行乞兒)는 반드시 부모, 친척 또는 주인이 없어 무의무탁(無依無託)한 것을 기준으로 하게 되어 있고 또 제9대 성종 원년(1470)에 편찬된 국초(國初) 이래의 법전인 '경국대전'에도 '춥고 배고파 떠돌아다니며 걸식하는 자 중 친족이 없는 자와 노인으로서 부양할 사람이 없는 자는 의료와 식량을 나라에서 지급하여 구제한다'고 규정함으로써 친족부양 책임을 제일로 정한 것이다. 임시수양사목에도 보면 수양을 원하는 사람이 있을 경우에 그 어린이의 부모의 유무, 부양책임자의 유무 등을 부모, 친척 또는 동리의 장, 이웃사람들에게 상세히 조사하여 사정을 밝힌 후에 진휼청에 보고하여 등록하고 허가를 얻어 시행하도록 규정되어 있다. 그리고 개인에게 정식으로 수양된 어린이라 할지라도 '그 친부모나 친족이 찾아내어 도로 데려가기를 원하는 경우'에는 수양기간 3개월 이내인 경우에 한하여 이를 허가하였다. 그리고 이런 경우에 그 동안 실지로 양육에 소요된 양곡의 전량의 배를 상환하는 것을 부모에게 명함으로써 부모의 부양책임 수행의 태만에 대하여 벌을 주는 것을 잊지 않았다. 부모 · 친족이 도로 찾아가는 것은 그 부양 책임상 당연한 일이요, 그렇기 때문에 그것을 허가하기는 하지만 그동안 수양구활(收養救活)한 양부모의 물질적인 손해에 대해서는 그 부양책임자로 하여금 배상하도록 조처했다. 그리고 아무리 부모 · 친족이라도 타인이 정식으로 수양한 지 3개월이 지나면 어떠한 이유를 불문하고 도로 찾아가려고 하여도 절대로 허가하지 않는 강경책으로 나온 것도 부양책임자의 태만에 대한 큰 경종이 아닐 수 없다.

2) 수양관계의 보호

수양임시사목에 의하면 어린이를 수양하기를 원하는 사람은 그 어린이의 연령, 용모를 적어서 서울이면 당해부(서울의 행정지역 5부) 또 지방이면 각기 군현(郡縣)에 신고하여 공인을 얻어 관에서 정해 주는 대로 수양관계를 확정했던 것이다. 이런 경우에 '자녀를 삼느냐, 영대(永代) 노비로 하느냐, 그 대에 한하여 사역하느냐, 또는 연수를 정하여 사역하느냐'의 결정은 수양을 원하는 희망자의 의견을 참고하되 '그 해의 흉황(凶荒)의 깊고 얕은 정도 또는 수양하는 기간의 길고 짧은 것 등을 참작하여 사목의 규정에 의하여 관에서 이를 결정토록 한 것이다.'

그런데 이러한 엄격한 절차를 밟아서 일단 정식으로 수양관계가 성립한 후에는 그 어린이가 원래 공사의 노비였던 사람이라도 공사의 옛 주인이 이를 도로 찾아가지 못하게 하여 수양관계를 특별히 보호하였던 것이다. 또 그뿐만 아니라 부모·친척이라도 3개월 이내에만 찾아갈 권리를 인정하고 또한 찾아가려면 수양에 소요된 양곡전량(糧穀全量)의 배를 상환하도록 한 것 등은 되도록 새로 작정한 수양부모와 자녀의 관계 또는 새 수양주인과 노비의 관계를 인정한 것으로 만들어 수양을 허가한 본뜻이 달성되도록 하자는 정책적인 뜻이 작용한 것으로 보여진다. 이 정신은 수양임시사목과 자휼전칙에 모두 동일하게 나타나 있다.

다음 어린이의 강탈, 약탈, 유괴 등의 일과 수양을 빙자한 인신매매, 사기 등의 행위는 물론, 수양구활(收養救活)받은 어린이의 도주행위 등은 엄벌주의로 대처할 것을 임시사목에 규정하고 있다.

3) 집단수용의 보호

자휼전칙은 그 본뜻이 부랑걸식하는 유기아에 대하여 이들을 관부에서 수용 양육하는 책임을 세우는 데 있었다. 이 법에 의하면 우선 서울에서부터 시작하여 점차 지방에의 보급을 꾀하였는데 부랑아와 유기아에 대해서는 각기 진휼청의 수용보호 태도에 차별이 있었다.

즉, 유기아에 대하여는 세 살까지에 한하여 풍년이나 흉년을 불구하고 무조건 발견하는 대로 서울이면 진휼청 유접소에, 지방이면 진장(임시구호소)의 설치여부를 막론하고 지방관서의 수용소에서 수용·보호하도록 하였다. 그러나 부랑걸식하는 어린이에 대하여는 반드시 '부모, 친척 또는 주인이 없이 무의무탁한 경우'에 한하여 '서울은 진휼청 유접소에, 지방은 진장을 설치한 곳'으로 보내어 이들을 수용·보호하였다. 그리고 부랑아는 대개 한겨울 추운 때에 한하여 수용·보호하고 봄이 되어 보리의 수확기가 되어 각처에 가서 일해 주고 얻어먹을 수 있게 되면 놓아주는 것이 원칙이었다. 이것은 전칙에 '부랑아는 맥추(麥秋)까지 유양(留養)한다'고 명문으로 규정되어 있다.

부랑아 수용·보호에 있어서 그 수용대상자는 원칙적으로 부모, 친척 또는 주인이 없고 무의무탁한 것을 기준으로 하였다 함은 먼저 말했거니와 그런 아이로 알고 수용했던 아이라 할지라도 유양 후에 부모, 친척 또는 주인집에서 찾아와, 잃었던 아이를 도로 데려가기를 원하는 경우에는 '인근 사람들에게 내역을 상세히 조사하여 의심나는 점이 없게 명백히 밝힌 후' 그 어린이를 내어 주는 것이 전칙의 규정이었다. 그러나 여기에 흥미있는 것은 그 아이를 찾아간 인수자가 가난하여 도로 부랑걸식을 시키게 되는 경우에는 다시 찾아다가 유양하여 재차 유산(流散)하는 폐가 없도록 한 것이다. 이것은 부랑아의 보호정책에 있어서 그 부모, 친척 또는 주인의 부양책임을 중히 여겨 부모, 친척 또는 주인이 있는 아이는 일단 그들에게로 돌려보내지만, 재차 자녀를 유산(流散)시키는 경우는 그들이 부양책임을 다하지 못하는 것이므로 국가가 부양책임을 인수하여 진휼청에서 유양했던 것이다.

2. 근대 이후의 아동복지

근대적인 의미의 사회사업은 자본주의적 사회구조가 낳은 사회문제와 이의 해결을 위한 국민의 사회적 자각에 따라 발달되었는데 우리나라의 경우 개화 이후 점차 도입되어 오늘에 이르게 되었다. 이를 세분하여 살펴보면 다음과 같다.

1) 총독부 시대

갑오경장 이후 외국의 종교단체들이 입국하여 포교를 겸하여 육아 및 구호사업을 실시하였는데 우리나라의 근대적 육아사업의 효시로는 1855년 프랑스 사람 메스트로 신부에 의한 고아구제사업을 들 수 있다. 1880년에는 프랑스 신부 장블랑(Jean Blanc)이 한양에 양로원과 고아원을 처음으로 개설하였다.

한일합방 이후 1921년에는 처음으로 총독부가 제생원(濟生院)이라는 수용시설을 설립하였고, 그해 총독부에 사회과(社會課)가 생겨서 각종 구호사업을 지휘 · 감독하였다. 1930년대에 들어서면서부터 각 지방에 보육원을 비롯한 사회복지시설을 설립하기 시작하여 1939년에는 60개 시설이 전국적으로 설치되었다.

1944년에는 조선총독부 구호령이라는 법령이 제정되었는데, 이 법령에서는 생활이 빈곤한 임산부와 13세 이하의 아동을 대상으로 가택구호(家宅救護)를 원칙으로 한다고 규정하고 있다. 가택구호가 불가능하거나 부적당하다고 인정되는 경우에는 개인가정에 위탁하거나 구호시설에 수용할 수 있도록 조치하였다.

그러나 제2차 세계대전 말기의 극심한 어려움 때문에 일본은 제대로 구호활동을 펴지 못하였으므로 사실상 조선총독부 구호령은 명목적인 것에 불과하였다.

2) 군정시대

1945년 해방을 맞았으나 미군이 진주하여 군정(軍政)을 하였으므로 형식적으로는 일제시대의 법령이 있었으나 실제로는 많은 제약을 받았다.

미군정청의 구호정책의 기초는 일제시대의 유물인 조선구호령의 연장선상에 있으며 무계획적이고 임기웅변적이었다.

해방 후의 혼란된 사회상황에서 거의 빈손으로 월남하거나 외국에서 귀환하는 사람들로 인해 빈곤가정의 많은 아동들이 발생하게 되었는데 이 문제를 국비로 감당하기 어려워 사회의 자발적인 활동을 촉구하여 자선활동에 의한 사회사업을 권장하였고 그 여파로 아동들을 위한 수용 · 보호시설이 증가하게 되었다.

1946년 1월에는 이우선에 의해 최초의 한국인이 세운 고아원이 생겼다. 그해 9월에는 아동노동법규가 공포되어 전세계 문명국가가 채택하는 인도적 · 계몽적 원리에 따라 아동의 노동을 보호하였다. 아동노동법규의 내용은 다음과 같다.

① 14세 미만의 어린이를 공사간(公私間) 상공업에 고용함을 금한다.

② 14세 미만의 어린이는 학교수업 시간 중 누구라도 노동에 종사시키지 못한다.

③ 16세 미만 어린이는 공사(公私)의 중공업 또는 유해한 사업에 종사시키는 일을 금한다.

④ 16세 미만 어린이는 생명 자체가 위험하거나 도덕 또는 건강에 유해한 공사간 사업에 종사시키는 것을 금지한다.

⑤ 노동시간도 16세 미만의 아동은 8시간 이내로, 18세 미만의 아동은 10시간 이내로 규정한다.

그 밖에 생산량, 노동임금, 고용계약의 기한, 어린이의 오락과 교육, 자유 등에 관하여 광범하게 규정해 놓고 당시의 노동부로 하여금 이를 주관하게 하였고 위반자는 군정재판에 의하여 처벌하게 하였다.

3) 대한민국 정부수립 이후

1948년 8월 15일을 기해 대한미국 정부가 수립되었으나 그 이전의 법률이 당분간 적용되었다. 그러나 육아시설이 급증하고 이러한 육아시설의 보호수준이 낮은 것을 염려하여 정부는 1950년 2월 27일에 후생시설 설치 기준을 제정한 후 모든 시설로 하여금 이에 준한 설비를 하도록 강화하고 운영을 충실히 하도록 촉구하였다. 이 시설 기준의 내용을 살펴보면 다음과 같다.

① 가능한 한 소숙사제도(小宿舍制度)[11]를 채택하여 한 집에 20여 명 이하를 수용하고, 시설은 100명 이내로 한다.

② 시설마다 사무실, 직원실, 예배실, 강당, 실내 오락시설을 구비한다.

③ 치료실과 촉탁의사를 둔다.

④ 취사장, 식당, 급수 및 하수시설, 욕실, 정원, 옥외 운동장, 화장실 시설을 둔다.

⑤ 수용아동의 심신건강을 보장하고 개별지도를 한다.

⑥ 영양, 수면, 의류 및 침구의 청결, 교육 등을 철저히 한다.

⑦ 원장과 보모의 자격을 규정한다.

---

11) 소숙사제도(cottage system)란 아동들이 한 사옥을 가정으로 여기고 지낼 수 있는 분위기를 조성하기 위하여 보호자 1인당 연령층이 다른 여러 아동들이 함께 생활하게 하여 가정적인 분위기를 자아내게 하는 제도를 말한다.

⑧ 보모 1인당 영아 5명, 유아 10명, 학령기 아동 20명을 담당하도록 한다.

이 시설기준을 제정한 뒤에 6 · 25동란이 일어났으므로 이 기준은 동란시에 발생한 수많은 고아들의 수용 · 보호를 위한 시설을 설치할 때 지도 및 감독에 적용되었다.

4) 6 · 25동란 이후

동란 휴전 당시 전국의 아동보호 시설의 수는 이미 440개소였고 수용아동의 수는 약 54,000명에 달하였다. 이 밖에도 거리를 배회하는 아동들이 많았다. 따라서 이러한 상황에 대처하여 응급구호에 치중하는 정책이 오래 계속되었다.

그러나 정부의 힘이 고루 미치지 못하자 외국의 각종 원조단체들이 크게 지원하였으며 1960년대에 아동구호를 위하여 투입된 외화는 매년 14~15억원을 헤아렸다. 이러한 가운데 보호시설은 격증하였을 뿐만 아니라 보호시설의 종류도 다양해져서 영아원(3세 미만 아동을 수용), 육아원(3세 이상~18세 미만의 아동을 수용) 외에 모자원, 부랑아 보호시설, 직업보도 시설 등이 설립되었다.

한편 시설장은 재단법인을 설립하고 시장이나 도지사의 인가를 받아 시설을 운영할 수 있게 하였다. 왜냐하면 외부의 원조를 바라고 너도나도 우후죽순격으로 고아원을 세우는 폐단을 통제하기 위해서였다. 뿐만 아니라 수용아동도 마음대로 선정하여 보호할 수 있는 것이 아니라 시 · 읍 · 면장의 보호 의뢰에 따라 수용을 하도록 하였으며, 시설장은 관청의 지도 · 감독을 받아 시설을 운영하도록 하였다.

5) 제 3 · 4 공화국

5 · 16군사정변 이후 새로 들어선 정부는 주로 국토방위와 조국 근대화를 국정목표로 삼았으며 여러 가지 법률을 정비하는 데 많은 노력을 기울였다.

1960년대에 아동복리법(1961), 생활보호법(1961), 미성년자보호법(1961)이 공포되었으며, 1970년대에는 모자보건법(1973), 입양특례법(1976), 소년원법(1977), 특수교육진흥법(1977) 등이 1980년대에 심신장애인복지법(1981)의 공포와 아동복지법(1981)과 생활보호법(1982) 개정, 유아교육진흥법(1982)의 공포, 청소년육성법(1987)과 모자복지법(1989)이, 1991년에 영유아보육법이 추가로 제정 · 공포되었다. 5 · 16혁명 이후 약 20년 동안에

펼쳐진 아동복지사업 중 특기할 만한 주요 사업은 다음과 같다.

(1) 어린이집 설치운영

아동복지법의 제정을 계기로 어린이집(보육시설) 사업이 일반 수용시설로부터 분리되어 일반 가정의 아동을 보호하기 위한 적극적인 시책으로 채택되기에 이르렀다.

분리된 이유는 두 가지로 볼 수 있다. 하나는 보호시설에서 자라난 아동들이 발달상에 장애가 있음을 발견하고 아동은 역시 가정에서 자라나야 한다는 점을 인식했기 때문이고, 다른 하나는 6 · 25동란이 끝나고 10년이 지나도 시설에 수용된 아동의 수가 줄지 않았는데 그것은 어린자녀들 때문에 일을 할 수 없어 생활에 지장을 받거나, 가난해서 도저히 자녀들을 기를 수가 없어서 버려진 아이들이 육아시설에서 보호받는 경향이 있다는 사실에 의해서이다. 따라서 어린이집은 저소득층 취업모의 자녀들이 자신의 가정에서 자랄 수 있도록 그 가정을 돕고자 하는 데에 그 설치 목적이었다.

이와 같은 목적을 달성하기 위해 보육시설을 설치 · 운영할 수 있도록 하는 동시에 시설의 칭호도 '어린이집'이라고 부르도록 권장하였다. 그 결과 어린이집의 수는 해마다 크게 늘어났으며 생활보호 대상자나 맞벌이 부부의 자녀들의 부모가 일터에 나가 있는 낮 동안 돌보아줌으로써 기아예방과 시설 아동의 수가 감소되는 데 공헌하였다.

(2) 거택보호사업 실시

이 사업은 요보호 아동의 발생을 미연에 방지하기 위하여 극빈가정과 모자가족 등 생활이 어려운 사람들을 지원해 주기 위해 실시되었다.

거택보호사업으로는 두 가지의 형태가 있는데 하나는 정부에서 실시하고 있는 보호사업으로 생활보호 대상자와 영세민을 대상으로 거택보호, 시설보호, 자활보호 등으로 분류해서 도와 주는 공적부조(公的扶助)이고 다른 하나는 사회사업기관에 의해 아동복지사업의 일환으로 실시한 생계비보조 · 학자금 지원 · 기타 가족복지사업 등이다.

(3) 불우아동 결연사업 확대

정부가 경제성장으로 국력이 신장되고 국민생활 수준이 향상됨에 따라 불우아동을 돌보아야 할 필요가 있음을 깨닫고 이의 일환으로 불우아동 결연사업을 추진하였다.

사업개시 연도인 지난 1976년 7월에는 전국의 417개소의 아동복지 시설에 약 4만여 명의 불우한 어린이들이 수용 · 보호되었다. 이들 중 약 반수 이상은 외국의 후원자로부터 지원을 받았고, 나머지 아동들은 후원자 없이 정부지원과 일부 비정기적인 외부의 원조에 의존한 채 어려운 생활을 해 왔었다.

따라서 정부는 1976년도에 이 사업을 시작하면서 시설보호 아동 중 후원자가 없는 아동을 1차 대상으로 하여 국내의 뜻있는 후원자와 결연해 주기로 방침을 세우고, 관계기관과 언론기관의 협조를 얻어 대대적인 결연운동을 전개하였다. 이 결과 많은 시설 아동들이 국내 후원자들로부터 교육비의 지원을 받아 학업을 지속하게 되었으며, 주말 또는 연말 · 연시에는 후원자가 결연을 맺은 아동을 가정에 초대하거나 시설을 방문하여 위로해 주었다. 이러한 결연사업은 불우한 아동들에게 가정적 분위기의 따사로움과 인간애의 고귀함을 느끼게 해줌으로써 이들이 정서적으로 밝고 건강하게 자라도록 하는 데 기여하였다.

그러나 이 사업은 민간사회사업 기관을 통하여 부분적으로 시도되어 왔으나 제도적인 뒷받침이 없고 일반 국민의 인식부족으로 실효를 거두지는 못하였다.

6) 제5공화국

제5공화국 이후 특기할 아동복지사업으로는 유아교육이 확대되어 실시되고 있다는 점과 민간 아동복지 단체가 활성화되고 있다는 점을 들 수 있다.

(1) 유아교육의 확대

5세 아동을 기준으로 취원율을 보면, 제5공화국 이전에는 8%에 불과하던 것이 1987년 말에는 57%이다. 이것은 유아교육의 양적인 측면에서 대단한 발전이며 국민의 유아교육에 대한 인식도 높아지게 하였다.

1982년 유아교육진흥법의 공포와 동시에 어린이집은 새마을 유아원으로 개칭되었으며 동법의 적용을 받게 되었다. 또한 보건사회부가 관장하던 보육사업은 이 때부터 내무부의 새마을 사업으로 흡수되어 그 면모를 달리하게 되어 사회사업이라기 보다는 교육의 성격을 띠게 되었다. 다만 빈곤지역이나 소외된 지역에 새마을 유아원을 우선적으로 설립하고 생활보호 대상자의 자녀를 우선 취원시키는 데 역점을 두고 있는 것은 동일하다. 그러나 급작스런 유아교육의 확대로 말미암아 여러 가지 문제점이 파생되었는데, 즉 유아교육 행정체계의 다원화에 따른 비효율성과 교사의 과다양성으로 인한 교사 수준의 저하 등이 그것이다.

(2) 민간아동 복지단체의 활성화

국내의 사회 · 경제수준이 향상됨에 따라 6 · 25동란 이후부터 계속 이루어졌던 외원단체(外援團體) 지원이 종료되거나 그 지원이 약화되었다. 특히 88올림픽의 유치와 성공적인 실시를 계기로 이러한 양상이 더욱 심화됨에 따라 우리나라의 아동복지는 우리가 책임져야 한다는 의식이 고조되었으며, 그 결과 국내 민간 복지단체가 국내의 후원자들의 도움에 힘입어 활성화되었다.

7) 제6공화국

1988년 정권교체와 더불어 아동복지사업 중 보육사업에 커다란 변화가 일어났다. 즉 유아교육진흥법의 법적 효력이 거의 상실되고 새마을유아원이 침체기를 맞이하였다. 이런 시기에 지역사회운동과 함께 방임된 유아를 보호하고 교육할 것을 목적으로 도시의 저소득층 밀집 지역 주민에 의해 자생적으로 비영리 보육시설들이 생겨나기 시작하였다[12]. 이러한 사회적 변화와 요구에 의해 정부는 저소득층 맞벌이 가정의 자립지원과 가정복지 증진을 도모하기 위하여 보육사업을 보다 적극적으로 추진하였다. 1989년 아동복지법 시행령과 시행규칙을 개정하여 보육시설의 설치기준과 운영방법에 대한 세칙을 제시하는 등 보육시설의 법적 근거를 부활시켰으며, 관할부서도 내무부 · 농촌진흥청에서 보건복지부로 일원화되면서 더욱 보육 정책을 활성화시켰다.[13] 그 후 맞벌이 부부의 증가로 정부는 보육에 대한 국가적 책임의 필요성을 인식하고 1991년 영유아보육법을 제정하였다.

또한 1987년 「청소년육성법」이 제정되었으며, 1989년에는 「모자복지법」이 제정되어 종전의 「아동복지법」과 「생활보호법」에 의해 보호되던 모자가정의 어머니가 여성세대주의 자격으로 보호를 받아 모자복지의 향상을 위한 법적 근거가 마련되었다.

12) 양옥승 외, 1996, 각국의 탁아제도비교, 창지사.
13) 이소희 외, 2004, 영유아복지론, 현학사.

1989년 「장애인복지법」이 개정되었고 장애아동을 포함한 장애인에 대해 가족수당을 지급하였으며, 1991년도부터 특수학교 학생에 대해 점심을 무료제공하였다. 또한 생활보호대상자 가정의 아동에 대한 생계보호, 의료보호, 교육보호 등의 사업도 활발히 진행하였다.

또한 아동을 보호의 대상으로만 보는 것이 아니라 적극적인 권리의 주체로 인정하려는 시각을 갖게 되었는데, 즉 1989년 UN총회에서 채택된 "아동의 권리에 관한 국제협약"에 우리나라도 1991년에 서명 비준하게 됨으로써 아동의 최선의 이익과 권리를 고려하게 되었다[14].

8) 문민 정부와 국민의 정부 이후

민주화와 개혁정치의 기치를 걸고 들어선 문민정부의 신자유주의와 세계화정책은 아동복지 분야에서도 민영화, 위탁 경영 등으로 나타났으며, 생산적 복지가 강조되었다. 아동관련 사업으로는 합리적인 입양제도를 마련하기 위해 「입양특례법」(1976년 12월 31일 제정)을 「입양촉진 및 절차에 관한 특례법」(1995년 1월 5일 전문개정)으로 법명 변경 및 전문개정하여 국내 입양의 저해 요인을 제거하고 미비점을 보완하였다[15].

1997년 IMF 사태로 인해 기혼여성이 급격히 증가하면서 영유아의 양육문제가 심각하게 대두되면서 시설에 수용되는 사례가 증가하였다. 또한 '영훈이 사건'을 계기로 아동학대에 대한 심각성을 사회 전반에서 인식하게 되었다. 이런 상황에 발맞춰 2000년 1월에 아동복지법의 전면개정이 이루어졌다. 즉 아동복지시설 및 사업의 종류도 다양해졌으며, 영아시설과 육아시설이 아동양육시설로 통합되었으며, 아동학대와 관련하여 학대의 유형을 명확히 하고, 신고의무화, 긴급조치, 아동보호전문기관의 설치를 규정하였다[16].

한편 1990년대 이후 청소년관련법의 정비가 활발히 이루어져 1997년에는 「청소년 보호법」이 제정 · 공포되었으며, 2000년에는 「청소년의 성보호에 관한 법률」이,

14) 허남순 외, 2002, 한국의 아동복지법, 소화.
15) 함세남 외, 2001, 사회복지역사와 철학, 학지사.
16) 허남순 외, 2002, 한국의 아동복지법, 소화.

2004년에는 「청소년복지지원법」, 「청소년활동진흥법」이 제정되어 시행되고 있다.

그리고 정부조직법 개정으로 2004년 6월 12일부터 영유아 보육사무가 보건복지부에서 여성부(2005년 6월 다시 여성가족부로 출범함)로 이관되었으며, 2004년 1월 29일 전문개정된 영유아보육법의 시행(2005. 1. 30)에 따라 보육서비스의 질적 수준 향상과 보육의 공공성 강화 등을 통해 보육사업이 획기적으로 발전할 수 있는 계기가 마련되었다. 2005년 12월 영유아보육법과 동법 시행규칙의 일부 개정으로 시설장의 국자자격증제 도입과 보육시설운영위원회 설치 의무화로 보육시설운영의 책임성과 투명성을 강화하게 되었어, 보육시설 설치 사전상담제를 실시하여 시설 설치에 따른 민원 불편을 해소하는데 중점을 두었다.[17)]

또한 미국의 Head Start와 영국의 Sure Start, 캐나다의 Fair Start와 같이 빈곤의 악순환 고리를 끊기 위한 시도로 시작된 민간주도의 We Start운동이 2004년 기점으로 시민단체중심의 종합적이고 체계적인 운동으로 발전하였다[18)].

빈곤아동의 전인적 발달을 지원하는 집중적인 사회투자의 일환으로 희망스타트 프로젝트를 2006년 8월에 발표하였는데, 언론이나 지자체의 호응도가 높게 나타났다.

이에 2007년에 전국 16개 지역에 희망 스타트 시범사업을 실시하였다. 그리고 2008년에는 32개지역으로 확대하였다.

2007년도에는 아동발달지원계좌(CDA) 사업과 아동복지교사 사업을 실시하였으며, 2008년에는 아동복지분야를 '가정보호, 지역사회아동보호, 시설보호 및 자립지원' 등 3개의 분야로 나누었으며,[19)] 2012년에는 '보호가 필요한 아동보호, 가정입양지원, 가정위탁보호, 소년소녀 가정지원, 공동생활가정(그룹홈) 운영, 아동급식, 아동복지시설 운영, 보호아동 자립지원, 디딤씨앗통장(CDA), 드림스타트, 아동복지 교사운영, 지역아동센터 운영, 실종아동·장애인보호' 등 14개의 분야로 세분화해서 나누었다.[20)]

---

17) 여성가족부, 2006년도 보육사업안내, 2006.
18) 이순형 외, 2004, 아동복지, 학지사.
19) 보건복지가족부, 2008년도 아동복지사업안내, 2008.
20) 보건복지부, 2012년 아동분야사업안내, 2012.

연구토의 문제

1. 시대에 따라 고대, 중세, 근대, 현대사회의 아동복지 특성은 어떻게 변했는지 생각해 보자.

2. 우리나라의 해방 이후 아동복지는 어떻게 변화하고 있는지 설명해 보자.

3. 가정위탁입양, 시설보호 등 아동복지의 각 분야에서 '아동복지가 발달되었다'는 것을 확인할 수 있는 사례와 역으로 '아동복지가 퇴보되었다'고 볼 수 있는 사례를 조사해 보자.

제 4 장

아동복지의 원칙과 기능

제1절 아동복지의 전제조건

아동복지의 기본 전제 또는 아동복지에 있어서 고려해야 하는 기본요인이라고도 불리우는 이들 여러 요소는 아동복지사업의 기본구조를 구성하는 요인으로서 인식되어야 하며, 무엇보다 우선하여 적용되는 기준이 되어야 할 것이다. 이들 요소에 대한 분류는 학자에 따라 약간의 차이가 있다. 사회사업사전에서는 가족생활, 부모의 보호, 적절한 가정경제와 주거, 건강과 의료보호, 교육, 유희나 교우, 윤리적 표준, 이념과 가치, 교육적 · 직업적 지도, 법적 보호 등을 들고 있다.[1)]

프리더릭슨(Fredericksen)은 부모에 대한 계몽, 가정생활의 보존과 강화, 심신보건 시설의 증진, 경제적 안정, 종교, 교육, 놀이, 위험한 착취에서의 해방, 특수요구를 지닌 아동에 대한 보호를 들고 있다.

엘렌 키(Ellen Key)는 아동의 복지권으로서 튼튼하게 태어날 권리, 건전하게 키워질 권리, 정상적 가정생활을 누릴 수 있는 권리, 교육을 받을 권리, 도덕적 · 정신적 훈련을 받을 권리, 유희나 오락을 즐길 권리를 들고 있으나, 여기서는 프리더릭슨의 전제조건을 기초로 살펴보기로 한다.

1. 부모의 계몽 및 교육

부모로서 자녀양육의 책임에 대한 준비 및 이를 위한 상담과 지도 프로그램이 모든 계층의 부모에게 제공되어져야 한다. 부모교육은 아동을 건전하게 키우기 위한 부모들에 대한 교육으로서 아동발달의 원리, 자녀와의 대화기법, 부모의 역할, 가정환경의 중요성 등을 주지시켜 자녀를 적응적인 인간으로 키우도록 하는데 그 목적이 있다.

적응과정에는 크게 두 가지 면이 있는데, 그 하나는 사회적 욕구나 질서에 수동적으

---

1) Fredericksen, H., *The Child & His Welfare*, pp. 8-12.

로 따라가는 소극적인 면이고, 다른 하나는 욕구의 만족뿐만 아니라, 행동의 수준을 높이고 보다 적극적으로 환경을 창조하고 개조해 나가는 면이다. 이 두 가지 면은 별개의 것이 아니고 두 가지가 서로 병행되어 나타난다. 자기의 만족만을 추구한다든지 또는 자기를 희생시키고 사회에 봉사하는 것과 같은 상태는 진정한 의미의 적응이라 할 수 없다. 적응이란 개인이 욕구를 가지고 그 욕구가 과연 그 환경 속에 만족되느냐 안 되느냐에 따라 일어나는 문제이고, 그 욕구가 충족되지 않을 때에는 부적응 상태가 유발되는 것이다. 예를 들면, 잘 적응하고 있는 학습자의 성격구조는 조화가 유지되며 학습자와 환경과의 바람직한 관계가 성립된다. 자신의 욕구를 충족시킴으로써 행복감에 젖어 능률적으로 행동하며 자발적 · 창조적인 기능을 발휘하게 된다.

적응이란 개인적으로는 행복감에 넘쳐 있고 사회적으로는 여러 가지 문제를 효과적 · 능률적으로 해결하는 것이다.[2)]

따라서 적응은 단순한 순응의 문제만은 아니며 끊임없이 전진하여 개인과 사회의 진보 개선에 공헌하는 것이어야 한다.

2. 가정생활의 강화

가정환경은 아동이 태어나서 최초로 경험하는 생활환경이며, 그 중에서도 부모는 아동의 성장과 발달을 위해 필요불가결한 존재이다. 인간의 발달에서 어린 시절의 경험일수록 중요시되며, 어려서 부모와의 상호작용은 일생을 결정하는 중요한 의미를 갖게 된다. 이미 잘 알려진 이론이나 프로이드(Freud)는 성격형성이론에서, 만 5세 이전에 인간의 성격적 기틀이 형성되고, 그 이후에는 이 기본 기틀에 따라 세분화될 뿐이라고 하면서, 이 시기의 어머니의 양육방식이 아동의 성격형성에 관련이 된다고 했다. 특히 인간이 어머니와 갖는 관계는 2세 전후부터 4세 사이가 결정적 시기(critical period)라고 한다.

1차적인 인간관계인 부모－자녀관계는 애정관계일 뿐만 아니라 권위와 복종관계 또는 지도관계로 볼 수도 있다. 자녀는 부모의 애정에 의존함으로써 최대의 안정감을 얻는다. 그리고 부모의 권위와 지도도 애정이 뒷받침됨으로써 본래의 기능을 다 할

---

2) Gates, A. I., *Psychology for Studies of Education*, N.Y. : Macmillian Co., 1923, p. 627.

수 있는 것이다.

부모와 자녀와의 관계에서 직접적인 것으로는 부모의 상벌 · 칭찬 · 훈계에 따라 자녀의 가치체계와 행동양식이 규정된다. 스테그너(Stagner)는 부모와 자녀와의 애정의 거리(affective distance)는 상을 주면 가까워지는 것이 보통이고 반대로 벌을 주면 심리적 · 애정적 거리가 소원해진다고 밝혔다. 그러나 부모의 처지에서 보면 상과 벌이 엇갈리지 않을 수 없는데 이에 따라 애정의 거리도 접근과 소원이 생기게 된다. 이것이 적당한 범위 내에서 움직이지 않고 지나치게 거리가 가까워지면 의뢰심이 생기고 자기통제(self control)가 어렵게 되며, 또 너무 멀어지면 퇴행적인 행위로서 주의를 끌려고 하는 행동(attention getting behavior)을 일으키거나 심하면 표리부동한 심리상태를 조장하게 된다. 따라서 어린이는 자신보다 연령이나 경험이 많은 사람들 틈에 끼어서 세상에 대한 그들의 안목을 기르는 것이다. 즉, 어린이는 부모와의 관계를 중심으로 하여 가족간의 인간관계에서 자기의 역할을 인식하기 시작한다.

또한 성격형성은 가정에 있어서의 인간관계가 모순이 없이 원만하고 바람직하게 움직여가는 전체로서의 됨됨이(syntality)에 의하여 규정된다. 가정의 됨됨이란 부모가 지니고 있는 독자적인 성격 · 가족의 구성 · 문화적 요인에 의하여 규정되는 것이다. 우리나라에서는 해방 후 전통적인 가족제도의 동요, 개인주의와 대립, 문화형태의 갈등이 커져서 부모 태도의 동요, 학교와 가정의 불균형, 사회조류와의 불균형 등이 확대되어 어린이의 성격형성에 우려할 바가 많다. 부모가 자신의 정서적 불만을 자녀들에게 투사했을 때에 자녀들은 일그러진 성격이 되기 쉽다. 즉, 문제의 부모가 문제의 자녀를 만든다고 하는 바와 같이 부모의 태도가 곧 자녀에게 반영되어 자녀의 성격형성에 미치는 영향이 크다. 어린이의 성격은 부모의 기대에 적응하는 과정에서 형성되어지기 때문에 부모의 태도를 포함한 가정의 분위기는 아동의 성격형성에 중요한 것이다.

그러므로 가정에서나 학교에서나 사회에서 끊임없이 사회성 · 협동성 · 책임감 · 안정감 · 관용성 · 자신감 등이 조화되어 성장할 수 있도록 지도를 해야 한다. 특히 됨됨이가 전일적이고 통합적으로 나타나는 방향으로 이끄는 데에 유의하여야 된다.

쉐퍼(Shaffer)는 전일적이고 통합적인 성격형성의 조건으로 다음의 열 가지를 들었

다.[3)]

(1) 의 · 식 · 주 등 일체의 기본적 습관의 규칙성을 길러야 한다.

(2) 적절한 지도와 건설적인 훈련을 해야 한다.

(3) 지나치게 억압적인 훈련은 삼가야 한다.

(4) 우유부단하고 갈등을 자아내는 지도는 바람직한 성격을 형성하지 못하게 한다.

(5) 바람직한 적응을 하기 위하여 강제적이며 지나치게 급하게 몰아대는 식의 지도방법은 통합적인 성격형성에 지장을 가져온다.

(6) 부모가 신경질적이면 자녀도 역시 부적응 행동의 소유자가 된다.

(7) 가정이나 학교의 분위기가 화목하지 못하고 조화를 이루지 못하면 분위기의 영향을 받아 바람직한 성격이 될 수 없다.

(8) 가정이 파괴되고 불우하면 바람직한 성격이 형성될 수 없다.

(9) 억제하고 금지하는 일이 중심이 되는 지도방법이나 생활의 장은, 문제를 전체적으로 보고 원만히 해결하지 못하게 한다.

(10) 모든 행동에 있어서 정서적으로 적응을 잘하지 못하면 무슨 일을 건설적으로 하려는 의욕과 태도를 기를 수 없다.

따라서 아동의 안정 · 성장 · 발달 · 교육을 위해 부모와 함께 생활하는 가정이 있어야 한다. 가정생활은 문명의 소산 중 가장 높고 아름다운 것이다. 아동은 긴급을 요하거나 부득이한 경우를 제외하고는 가정에서 이탈되어서는 안 된다.

3. 심신건강의 증진

우리나라 아동복지법 제1조에 보면 아동복지법의 목적은 아동이 건강하게 출생하여 행복하고 안전하게 자라나도록 그 복지를 보장함을 목적으로 한다고 되어 있다. 아동복지의 기반은 아동의 건강에 달려 있으며, 아동의 건강관리는 어머니의 건강관리와 밀접한 관계에 놓여 있다.

아동은 모체 내 생활을 마치고 출생하기 때문에 모체는 태아를 건강하게 기르기 위한 유일한 환경이고, 모체의 건강은 직접 · 간접으로 태아의 건강에 영향을 미치게

---

3) Shaffer, L. F., *The Psychology of Adjustment*, N.Y. : Macmillian, 1936, pp. 385-397.

된다. 모체의 건강유지와 증진이 태아의 건강유지와 증진에 크게 관련을 가지고 있다는 것은 모체건강과 영아건강이 각각 독립적일 수 없기 때문이다.

모성건강에서는 임신 중 건강관리(prenatal care), 위생적인 분만개조(delivery care, 병원분만 권장) 및 산후건강관리(post-partum care) 등 일련의 건강지도를 요한다.

프리더릭슨(Fredericksen)은 모체와 영아를 위한 보건사업으로 결혼 전 상담 서비스, 임신 중 건강관리 서비스(임신 중 태아의 정상적인 위치, 유산, 태아의 크기, 영양상태 등의 진단을 지속할 수 있도록 하는 서비스), 분만 전후 보호 서비스(해산 예정일, 위생적인 분만, 산후 안전), 사회사업가를 통한 경제 · 사회적 문제를 가진 임산부를 위한 특별 서비스 등을 제안하고 있다.

제2차 경제개발 5개년 계획에 따라서 1966년 이래 국가보건사업의 중요한 역점의 하나를 모자보호에 두어 왔고, 가족계획사업의 활발한 추진으로 모자보건과 가족계획사업의 총괄적 수행을 시도해 왔다.[4] 1973년에는 모자보건법도 제정 · 공포되어 학동(學童)의 건강유지와 증진에 큰 도움을 주었다.

아동의 신체적인 건강 뿐만 아니라 정신건강의 증진이나 정서의 안녕을 위한 지도는 아동의 선천적인 정서발육과 지적 능력을 가정에서나 지역사회에서 이해하는데 있다. 또 아동들이 주위의 사람들과의 대인관계를 원만히 갖게 하는데 있다. 영 · 유아기의 행동의 문제로부터 후에는 정서적 이상의 예방에 이르기까지 정신건강은 증진되어야 한다.

그러나 의료기관이나 의사가 도시에 편중되어 있어 소도시나 농어촌 지역의 아동들은 보건의료적인 서비스를 더욱 받지 못하는 실정이다. 이들을 위한 적절한 시설 및 정책이 공공의 책임하에 계획되어 신체적 · 정신적 건강을 위한 실질적인 실행이 적극적으로 이루어져야겠다.

4. 경제적 안정

아동에게 안정감을 주기 위해서는 가정에서 생활에 필요한 최저한도의 물질적 욕구가 충족되어야 하며, 아동의 기본적 욕구인 의 · 식 · 주 문제의 해결은 그들의 심신의 발달에 필수적인 요소이다. 그런데 경제적 불안정은 최저한의 아동의 욕구가 충족되

4) 양재모, 모자보건 발전을 위한 방안, 대한의협지, 13권, 7호, 1970, pp. 559-560.

지 않은 상태로 이들의 건전한 성장 · 발달에 장애요인으로서 아동이 심신의 건강뿐 아니라 교육의 기회마저 박탈당하게 되어 아동의 지능이나 정서발달에 큰 상처를 주기 쉽다.

빈곤과 실업은 자본주의 사회에 있어서는 필연적으로 발생하는 사회악이라 한다. 빈곤을 구분하는 기준이나 빈곤으로 전락하는 원인은 매우 다양하다고 하겠으나, 빈곤의 영향은 일반화해서 설명될 수 있겠다. 즉, 빈곤은 무엇보다 심각한 물질적 · 정신적 문제와 직결되어 있으며 보건 · 교육 · 사회 등 모든 분야에서 문제를 야기시키는 원인이 된다고 하겠다.

코울터(Coulter)는 경제적 압박을 해체가족의 범주에 넣고 있으나 경제적 문제자체를 해체로 보기는 곤란한 것 같다. 왜냐하면 해체란 용어가 규범이나 규칙의 파괴를 의미하기 때문이다. 그러나 경제적 빈곤이나 재정적 긴장과 같은 경제적 조건은 가족해체에 큰 영향을 미친다. 그것은 각 가족성원이 자신의 역할과 의무를 수행하는데 가장 큰 장애요인으로 작용할 수 있다.[5] 이혼의 경우 재정적 긴장이, 비행의 경우 빈곤이, 가출의 경우 역시 암스트롱(Armstrong)에 의해 경제적 수준이 매우 낮은 가정적 배경을 가지고 있는 것으로 나타났다.[6]

빈곤의 전통적인 개념은 개인 및 가족의 일차적 요구인 의 · 식 · 주를 제대로 해결하지 못한 상태를 말하였다. 오늘날 빈곤의 개념은 대개 절대적 빈곤과 상대적 빈곤으로 구분하고 종래에는 최저생계비 이하의 상태를 말하였지만 현대적 개념은 그러한 경제적 개념에서 벗어나서 교육 · 건강 · 비행 · 불평등 · 기회 등의 사회적 조건 또는 자원의 결핍상태를 의미하는 경향이 있다.[7] 개인 및 가족이 일상생활을 유지하기 위하여, 그에 필요한 의 · 식 · 주의 결핍뿐만 아니라 그밖의 필요(의료 · 오락 등)를 충족시킬 수 없는 자원의 결핍상태까지도 의미한다.

따라서 가정의 경제적 안정을 도모하기 위해서는 절대적 빈곤과 상대적 빈곤을 총망라한 전체적인 빈곤문제를 해결할 수 있는 각종 복지대책이 마련되어야 한다.

국가에서는 공적부조서비스, 각종 보험혜택, 수당제도를 채택하여 경제적 안정 속에서 성장하도록 해야 한다.

---

5) Mowrer, E. R., *The Family, University of Chicago Press*, 1932, p. 154.

6) Armstrong, C. P., *660 Runaway Boys*, Boston : Richard G. Badger, 1932.

7) Mencher, S., *The Problem of Measuring Poverty*, British Journal of Sociology, 18-1, pp. 1-12.

또한 저소득층 지역에 보육시설을 설치를 하고 초등학교에서는 급식, 진료, 수업료 면제 등과 함께 고용기회의 확대, 최저생활의 확립을 통하여 미래를 약속하여야 한다.

5. 교 육

아동의 권리 중에서 교육을 받을 권리는 으뜸이 되어야 한다. '모든 국민은 능력에 따라 균등하게 교육을 받을 권리를 가진다(헌법 제27조)'는 조항을 보더라도 우리나라의 초등교육은 의무적이며 무상으로 받게 되어 있어 일정 연령에 달하는 아동은 모두 정규적인 교육을 받도록 하고 있다.

민주주의 사회의 특징은 인간의 평등원리에 입각하여 생명의 존중, 자유, 행복을 추구할 권리가 보장되어 있는 사회이다. 개인이 타고난 잠재능력을 최대한으로 신장시키며 이렇게 계발된 능력을 최대한으로 발휘할 수 있도록 사회적 기회가 부여되는 것을 민주사회의 이상으로 하고 있다. 이러한 민주사회 정의를 실현시키는 수단으로서의 역할이 교육에서 기대되고 있다는 관점에서 볼 때 교육의 기회제공은 필연적으로 요구되어진다. 인간은 생리적 유전에서 또 사회적인 특성을 포함하는 모든 속성에서 평등할 수 없지만, 가치적 · 규범적 개념에서 볼 때 인간의 본질적인 존엄성의 차원에서 모든 인간은 평등해야 하며 동시에 동등한 대우를 받아야 된다는 당위적인 명제에 이른다. 인간은 누구나 평등을 요구하고 있다.

민주주의 사회에서 추구하는 평등주의적 이념은 어린이의 인권을 존중하는 사회가치를 아동복지정책이나 아동보호입법을 통하여 제도화하는데 영향을 주었으며, 또한 여성의 사회참여를 정당화하고 제도적으로 보장하는 방향으로 작용하였고, 그리고 무엇보다도 사회 · 경제 · 문화적인 불리한 집단에 대한 기회균등 정책을 추진하는데 이념적인 근거를 주었을 것으로 보인다. 영국에 있어서 플라우덴(Plowden) 보고서와, 그에 따른 정부계획이 불리한 아동(disadvantaged children)이 많은 '교육 우선지역(education priority area)'에 정부의 재정지원을 우선적으로 실시하도록 권고하고 계획하고 있는 것은 평등주의적 정신에 입각하고 있는 것이다.

최근에는 여러 아동발달 심리학자들이 조기교육의 중요성을 강조함에 따라 아동복지 실현의 기본요소 중 하나인 교육받을 권리를 유아기에서 더욱 강조하고 있다.

그리고 미국에 있어서 헤드 스타트 프로그램(Head Start Program)이나, 세사미 스티리트(Sesame Street)와 같은 TV 방송 프로그램도 모두 빈곤한 가정과 문화적 혜택을 못받는 가정의 어린이가 가진 교육적 불리한 조건을 근본적으로 해결하여 평등한 사회를 건설하려는 정치적 목표를 달성하기 위하여 착수되었던 것이다.

학교교육은 교육성취에 주는 영향, 즉 교육효과의 질을 문제삼는 것과 동시에 학교란 근본적으로 학생·교사들과 함께 살고 있는 지역사회로 그들이 학교에 머무는 동안의 건강·행복 등도 함께 문제시해야 할 것이다. 학교가 이 두 가지 역할을 다 수행하기 위해서는 학교의 제반시설을 확보하고 정비함이 무엇보다 선행되어야 할 것이다.

학생들은 그들 일생의 1/4 내지 1/6 정도를 학교에서 보내며 또 교사나 교육행정가들은 더 많은 시간을 학교라는 장소에서 지내게 된다. 비록 학생들의 성적에 미치는 학교시설의 영향이 적고 또 성인이 된 후의 성공기회와 연관이 없다하더라도 자라나는 청소년들에겐 학교 그 자체의 환경이 중요하다.

그리고 학교의 전체환경이 학생과 교사의 생활, 지적 이외의 영역에 미치는 영향은 정확히 측정될 수는 없더라도 밀접한 관계가 있으리라는 것은 분명하다. 우리는 한 학교가 가지고 있는 가능한 한 풍부한 자원을 최대로 활용하는 것이 학교생활을 더 만족스럽게 해줄 것으로 가정할 수 있으며 또한 학교자원이 다양할수록 학생들의 흥미가 희생당하지 않을 확률이 커질 것이다. 즉, 시설이 잘 갖추어진 학교가 학생에게 보다 유익함은 물론이고, 더 중요한 문제는 서로 다른 가정환경과 능력을 소유한 학생들이 학교자원을 어떻게 효율적으로 이용하도록 하는가가 중요한 열쇠인 것이다.

따라서 모든 아동은 그의 능력·필요성·흥미에 따라 교육의 기회가 부여되어야 하며, 자기충족을 얻으며, 불안에서 벗어나기 위해 배우려는 충동은 본능적인 것이다.

이러한 학습기회의 결여는 욕구좌질과 정서적 장애를 초래한다. 특이 학교는 전인격적 교육을 목표로 삼아야 하며 교육시설과 교육 내용의 면에서도 유의해야 한다.

6. 놀이 및 오락

놀이가 아동의 발달에 대단히 중요한 역할을 한다는 점은 이미 잘 알려져 있는 사실이다. 아동들은 놀이를 통해서 여러 가지 발달을 이루어 간다는 것 역시 상식적인 얘기이다. 아동들의 놀이는 단순한 장난이 아니라 곧 귀중한 학습의 기회이고 발달의 기회이다. 놀이를 통해서 아동들은 자신의 경험을 재구성하고, 자기의 생명과 감정을 나타낸다. 또 창의적인 생각을 표현하고 발달시키기도 하고, 억압된 감정을 해소하기도 한다. 놀이는 곧 어린이들의 생활이고 삶의 활력소이다.

프로이드(Freud)는 아동의 놀이를 정신분석학적 입장에서 다음과 같이 설명하였다. '아동은 실생활에서 인상깊게 경험한 모든 일들을 놀이를 통해서 반복한다. 아동은 그렇게 함으로써 억압된 감정을 해소시키고 그것을 반복함으로써 불쾌한 인상을 극복하고 그 상황의 주인공이 될 수 있기 때문이다.[8]

에릭슨(Erikson)은 놀이는 아동의 성장욕구에 의한 것으로 놀이의 가장 중요한 가치는 놀이를 통해 완성감(a sense of mastery)을 맛보게 되는 것이라고 하였다.[9]

피아제(Piaget)는 아동의 놀이는 사고발달의 필연적인 산물로서, 아동들은 놀이를 통해 사물과 사상에 대한 원시적이고도 자기중심적인 그리고 현상적인 관점으로부터 성인의 객관적이고 합리적인 관점으로 발달되어 간다고 주장하였다.[10]

이상 몇몇 학자들의 놀이이론에서 볼 수 있듯이 놀이는 어린이들의 의도적 행동이라기 보다 성장하고 발달하기 위한 필연적 행동임을 짐작할 수 있을 것이다.

아나우드(Arnaud)는 아동놀이에 관한 이론과 연구결과를 종합하여 놀이의 교육적 기능을 다음과 같이 정리하였다.[11]

(1) 놀이는 아동의 인지학습을 조직화하고 활발하게 한다(cognitive learning).

(2) 놀이는 아동의 불안과 정상적인 발달갈등을 극복할 수 있는 힘을 길러준다.(mastering anxieties and normal developmental conflicts).

(3) 놀이는 아동의 자기중심성을 감소시키어 사회화의 기술을 습득시키고 타인에

---

8) Freud. S., *Beyond the Pleasure Principle*, London and Vienna International Psychoanalytical Press, 1922, pp. 15-16.

9) Erikson. E. H., *Childhood and Society*, N.Y. : Norton, 1936.

10) Piaget. J., *Play, Dreams and Imitation in Childhood*, N.Y. : Norton, 1962.

11) 김광웅, 전게서, p. 19(Arnaud, S. H., *Some Functions of Play in the Educative Process*, Childhood Education, Vol. 51, No. 2, 1974, pp. 72-78).

대한 아동의 감정이입을 깊게 한다(lessening native egocentrism).

(4) 놀이는 아동을 추상적 상징화의 세계로 이끌어 줌으로써, 아동들로 하여금 직접 경험하지 않은 상황을 정신적으로 조작할 수 있는 능력을 길러준다(symbolization).

(5) 놀이는 아동의 신체적 활동, 체력 및 신체의 협응기능을 길러주어 신체적 발달에 기여한다(physical development).

(6) 놀이는 아동의 탐색적 활동과 호기심을 자극하고, 어떤 새로운 것에 대한 성취 후에는 다른 것에 도전하게 함으로써 창의적이고 혁신적인 태도를 길러준다(creativity and innovation).

(7) 놀이는 아동들로 하여금 문제해결 능력을 길러줄 뿐 아니라 문제해결 행동을 강화시켜 준다(problem-solving).

(8) 놀이의 세계는 가상적인 것이기 때문에 어린이들은 놀이를 통해서 자신을 자유롭게 표현하게 된다(expression of self).

(9) 놀이는 어린이들의 현실적인 경험을 재구성시키고 통합시킨다(integration of experiences).

아동은 놀이를 통해 자신의 신체기능을 조정하게 되며 물건이나 재료를 활용, 조정하며 한 걸음 나아가서 그들의 생활환경이나 생활상황을 조정할 수 있는 것이다. 또한 꿈이 많고 상상력과 창의성이 풍부한 아동들은 놀이를 통해 자신이 원하는 바를 충족하게 된다. 놀이가 환상의 세계로 도피하게 되며, 현실이나 초자아에서 탈피하게 하는 것은 놀이가 실제가 아니고 흉내내는 것이기 때문에 양심의 가책없이 부정적인 감정을 표현할 수 있고, 불량한 태도나 행동도 자연스럽게 할 수 있는 바탕을 제공하기 때문이다. 억지로 또는 강제로 하는 놀이는 진정한 의미에서 놀이가 아니다. 놀이는 재미있고 아동들이 몰두할 수 있는 것이라야 한다. 놀이가 재미있을 때 아동들은 활기를 띠게 되고 기대하지 않던 상황이나 행동이 배출되어 웃음을 자아내게 한다. 인간생활에 있어서 웃음은 정신적 · 감정적 건강을 유지하는데 중요하며 아동의 성장 · 발달에 필수적인 것으로 간주된다.

어린이에게 놀이가 성장 · 발달의 도구로서 중요하듯이, 청년과 성인에 있어서 오락은 전 생애를 통해 삶의 활력소로서 대단히 중요하다. 더욱이 인간성이 무시되는 산업사회에서 노동의 기계화는 자칫 인간성이 상실된 기계인간을 만들 가능성이 크다. 성인에게 오락은 단순히 문화변동에 적응하기 위해서 뿐만 아니라 신체적 · 정신적 건강을 유지 발전시키기 위한 수단으로서의 의미가 강조되는 것이다. 인간은 직업활동에서 보다 놀이와 오락을 통해서 더욱 적나라해지며 따라서 보다 인간적으로 될 수 있다.

따라서 모든 아동들에게 놀고 성장에 도움이 될 수 있는 지적 · 신체적 관심을 추구할 기회와 또는 적절감, 자기 충족감을 줄 수 있는 기회가 일찍부터 주어져야 한다. 또한 아동들은 여가생활을 건설적으로 활용할 수 있도록 지도를 받아야 하며, 취미를 발전시키고 운동 등에 능동적으로 참여하도록 기회와 지도가 따라야 한다.

7. 노동으로부터의 보호

모든 아동은 연소노동(年少勞動)이나 유해한 환경으로부터 보호되어야 한다. 아동은 사회 규정상 아직도 성장 · 발전하고 보호받아야 하는 완전 독립이 덜된 미성숙한 대상이기 때문이다. 뿐만 아니라 연소노동은 결과적으로 신체의 발달을 저해하며 건강을 위태롭게 하며 지능발달과 장애를 초래하며 인격발달에 나쁜 영향을 미치게 되기 때문이다.

우리나라 근로기준법에도 다음과 같이 명시되어 있다.

(1) 15세 미만인 자(「초 · 중등교육법」에 의한 중학교에 재학 중인 18세 미만인 자를 포함)는 근로자로 사용하지 못한다(제64조).

(2) 임신 중이거나 산후 1년이 경과되지 아니한 여성과 18세 미만자는 신체적인 특수성을 고려하여 도덕상 또는 보건상 유해 위험한 업무에 사용하지 못한다(제65조).

(3) 15세 이상 18세 미만인 자의 근로시간은 1일에 7시간, 1주일에 40시간을 초과하지 못한다(제69조).

(4) 임산부와 18세 미만인 자는 하오 10시부터 상오 6시까지 사이에 근로시키지 못하며 휴일근로도 못한다(제70조).

(5) 여성과 18세 미만인 자를 갱내에서 근로시키지 못한다(제72조).

이상과 같이 법이 규정되어 있음에도 불구하고 많은 근로아동들이 장시간 노동, 저임금, 비위생적인 작업환경, 불량한 기숙사생활, 영양실조 등으로 인해 질병, 비행 등의 각종 사회문제를 제기하고 있다.

따라서 근로아동을 위해서는 사업장에 교육시설 및 기술교육 제도를 마련하여 이들에게 교육적 성취감을 충족시켜 주어야 하겠다. 연소노동의 임금에 대해서는 그 적정선을 찾아 최소한의 생활을 보장하도록 기업주는 힘써야 할 것이다. 또한 이들의 심리적 불안이나 욕구좌절을 막기 위해서는 상담 서비스를 마련하여 가족들과의 관계를 잘 유지하도록 하며, 자신의 문제들을 상의할 수 있도록 해야 한다. 또한 기본적 권리를 박탈당하고 있는 근로아동을 위해서는 법률적 또는 사회적 보호를 줄 수 있는 모든 대책이 계속적으로 강구되어야 하겠다.

8. 특수보호

아동복지가 모든 아동을 대상으로 그들의 복리를 증진시키기 위한 것이라면, 특수아동을 위한 개별적인 특수보호도 마땅히 실시되어야 한다. 즉, 사생아에 대한 법적 · 사회적 보호, 취업모의 자녀에 대한 보육보호 · 위탁보호 및 어머니와의 상담, 지체부자유아 · 맹농아 · 시력 및 청력장애아 · 정신결함아 · 결핵아 · 심장질환아 · 기생충감염아 등에 대한 치료와 보호의 기회, 성격 및 행동장애아에 대한 조기 발견과 치료, 경제적 · 사회적으로 빈곤하며 하층지역에 사는 아동들에 대한 교육, 보건 · 오락 및 문화설비 등을 확보하여 장애아도 정상 일반아동과 균등한 기회와 보호가 제공되어져야 한다.

제2절 아동복지의 원칙

아동을 위한 사회적 봉사는 삼자관계(부모 · 아동 · 사회)의 조화 속에서 가능하게 된다. 또한 이들 삼자는 각기 권리와 의무를 지니게 되며 만일 권리와 역할 간에 갈등이

생기게 되면 아동의 복지는 잘 이루어지지 않게 된다.[12]

특히 권리와 책임의 원칙 이외에도 보편성과 선택성의 원칙, 개발적 기능의 원칙, 포괄성의 원칙, 전문성의 원칙을 아동복지의 원칙으로 삼고 있는 장인협(張仁協)의 원칙론을 소개하면 다음과 같다.

1. 권리와 책임의 원칙

아동을 위한 원칙적인 육성대책의 방향은 아동의 측면, 부모의 측면, 사회의 측면에서 각각의 권리와 책임을 확립하는 것에 그 기반을 두어야 한다. 이 세 가지 측면 중에서 권리나 책임에서 일어나는 부적응 또는 지나친 갈등 등은 아동들로 하여금 어려운 문제점을 갖게 하므로 적절한 상호작용 관계와 균형을 유지해야 한다.

권리와 책임의 원칙은 아동의 측면, 부모의 측면과 사회의 측면으로 나누어 설명되고 있다.

1) 아동의 권리와 책임

아동은 부모의 의사와는 관계없이 독자적인 권리와 관심을 가지고 태어난다. 아동의 권리는 아동의 위치(의존적인 인간, 미성숙한 인간, 보호받아야 할 인간)에서부터 비롯되며, 이런 보호를 통해 아동은 점차 성인사회로 이행한다.

따라서 아동의 권리는 법적으로 규정되어야 하며 아동은 권리뿐만 아니라 책임감도 또한 지녀야 한다. 그들은 성인의 기대를 충족시켜야 하며, 자발적 활동이나 계획 등에 책임있게 참여하여 자신들의 발전의 기회로 삼아야 한다. 아동의 권리선언이나 아동의 권리를 위한 국제협약에서 규정하는 바의 권리를 갖는다.

2) 부모의 권리와 책임

아동의 보호육성을 위한 일차적인 권리와 책임은 부모가 지니게 된다. 부모는 아동의 성장발전에 지대한 영향을 미칠 뿐만 아니라 이와 같은 중요한 역할을 수행할

---

12) Costain, *Child Werfare ; Policies and Practices, Encyclopedia of Social Work*, 1977, pp. 111-114.

수 없을 때에는 자녀들에게 많은 갈등과 부적절감을 불러일으켜 그들로 하여금 비행으로 나아가게 하는 결과를 초래하게 된다.

오늘날 아동복지에 대한 책임이 사회나 국가도 많이 이양되기는 하였지만 일차적 책임은 부모에게 있으며 사회나 국가보다 더 많은 비용을 차지한다.

부모들은 그들의 책임으로서 재정적 지원, 신체적 보호, 정서적 지도 및 기타 부모의 의무를 감당할 수 있어야 하며, 이와 같은 책임을 성실히 수행할 수 있도록 제반 성인 교육시설이 있어야 한다.

3) 사회의 권리와 책임

아동들을 보호하기 위해서 국가는 단속이나 통제력을 행사하여 의무교육에서와 같이 부모를 다스릴 규정을 설정할 수 있고 아동을 고용하는 기업주들에 대한 규정을 부과하고 상인들로 하여금 청소년들에게 술이나 담배를 팔지 못하도록 하는 제반규정을 설정할 권리를 가지고 있는 것이다. 아동의 건전한 육성대책을 위해서 그들에게 보호와 혜택을 줄 수 있는 제반 권한을 행사해야 하는 것이다.

아동들을 위한 국가의 책임은 부모의 자녀양육에 개입하는 일이다. 부모의 보호가 법이 정한 수준 이하일 때, 또는 아동들이 비행이나 범죄에 빠지게 될 때, 즉 아동들이 자기의 본 가정에서 도저히 적응할 수 없을 때 이들로 하여금 위탁가정이나 시설적 보호를 받도록 한다.

특히 국가의 권리나 책임은 다양한 아동복지 대책의 개발을 위해 입법의 권한을 행사하는 일이다. 즉, 제반 법규정을 채택하여 광범위한 실제적 대책을 수립하여 아동복지를 위한 제반 복지시설의 창설과 이를 운영할 수 있는 재정적 근거 등도 마련할 수 있는 모든 책임을 지게 된다.

아동들이 얼마나 훌륭하게 도움을 받을 수 있을 것인가 하는 문제는 사회가 아동들이나 변천하는 세계에 대한 현대적 지식을 얼마나 가지고 있느냐, 권리에 대하여 얼마나 존중심을 가지느냐, 전문적 서비스나 아동들의 요구를 충족시킬 시설들을 위한 적절한 재원을 얼마나 공급하느냐 하는 정도에 달려 있다.

2. 보편성과 선정성의 원칙

아동복지 대책에는 보편성과 선정성이 공평히 적용될 수 있어야 한다. 보편성의 원칙은 일반 아동을 위해 적용되며, 선정성의 원칙은 특수한 요구나 문제를 가진 아동에게 적용된다.[13)]

즉, 보편성이란 전체 아동을 대상으로, 성별이나 부모의 사회계층적 지위에 관계없이 동등한 수준에서 예방적 서비스를 목적으로 사회가 책임을 지고 여러 가지 복지조치를 제도적으로 실시하는 것을 말한다.

보편주의는 구체적으로 각종 보편시여제도(demogrant)를 만들어 내게 하였는데 영국의 아동수당(children's allowances) · 국민보건 서비스(national health service) 등이나 많은 국가들이 실시하고 있는 가족수당 · 무상의무교육 등을 들 수 있다. 보편시여제도는 전체 세입에서 충당되는 것이다. 이러한 세입은 대부분 누진적 과세구조를 통해서 거두어지는 것이기 때문에 이 시여책의 재분배 효과는 상당한 것으로 평가된다.

선정주의는 도움을 필요로 하는, 즉 사회가 법적으로 인정하는 요보호 상태에 빠져 있는 자가 도움을 요청하는 경우에 한하여 가장 조속한 시일 내에 자립할 수 있게 하는 방향으로 시혜하는 것을 목적으로 한다. 선정적 원칙은 그 기본성격에 있어서 시정적이며, 종별적(categorical)이며, 열등처우(less eligibility)의 원칙을 불가피하게 하고 있다.[14)]

다시 말하면 선정주의(selectivity)란 요구가 있는 아동을 대상으로 치료적 서비스를 목적으로 사회가 책임을 지고 문제를 문제별로 분류하여 적절히 대처해 나가는 것이다. 보편주의(universalism)는 전체 아동을 대상으로 예방적 서비스를 목적으로 사회가 책임을 지고 문제별 의식없이 제도적으로 설정해 나가는 것이다. 예를 들면, 입시제도를 포함한 교육환경 개선이라든가 문화시설, 보건 · 건강 · 오락시설들의 확충을 의미한다.

---

13) *Encyclopedia of Social Work*, 1977, p. 113.
14) 박보희, 보편주의와 선정주의, 한국사회복지, 1975, pp. 28-29.

과거 우리나라의 아동복지는 협의적이며 일부 선정된 특수 대상만을 위한 대책에만 급급해 왔다. 앞으로의 아동복지는 좀더 거시적이고 기본적인 측면, 즉 가족복지, 의료복지, 사회보장제도 등에 국가가 전력을 다해야겠다. 그리하여 보호와 치료를 중심으로 하는 보완적 기능의 한계를 탈피하여 전체아동이나 청소년을 대상으로 하는 예방과 개발을 중심으로 보편성을 띤 제1선적 · 제도적 기능이 수행될 수 있는 방향으로 추진해 가야 하겠다.

이를 위해서는 국회나 행정 및 사법부의 보다 많은 관심과 연구 및 어떤 실천적 과업들이 요청되는 것이다.

3. 개발적 기능의 원칙

아동이 가진 능력을 최대한으로 발휘하도록 하는 것으로 이 원칙에는 아동의 사회적 자립과 함께 사회적 기여의 창출이라는 관점이 내포되고 경제적 이익도 관련이 된다.

아동복지 대책으로 개발적 기능원칙이란 과거의 복지지향적 체계에서 개발지향적 체계로 전환 · 적용해야 함을 말한다.

켄달(Kendall)은 개발적 기능에 대해 '목적에서 적극성을 띠고, 접근방법에서 포괄성을 가지며, 대상인구의 각 부분에 관련돼야 하며, 종전까지의 순수한 치료적 혹은 미시적(micro) 수준에서 지역사회적, 국가적, 거시적(macro) 수준까지의 제 복지기능의 관여'[15]라고 주장하고 있다.

앞서 제기된 제도적 변화를 초래하는 것만이 그 개발적 기능의 특성은 아니며, 그것은 국가 전체의 욕구와 문제해결을 위한, 또는 경제개발과 사회개발의 제 조건을 향상시키고 창조하는 일의 기능수행까지 포괄하는 것이다. 이러한 개발적 기능의 원천은 많은 사회 문제들이 기존 사회구조의 성격에서 또는 사회적 · 경제적 변천과정에서 일어난다는 인식에서 연유되고 있는 것이다.

따라서 보다 적극적으로, 전체적으로 또는 다부문적인 접근시도를 통해서 사회문제를 야기시키는 사회구조나 사회변화에 바람직한 변화를 초래하여 국가적 개발체계와의 보조를 촉진시켜야 하는 것이다.

---

15) Kendall, K. A., *Focus on Prevention and Development*, IASSW, 1973, pp. 24-25.

개발적 내용을 가진 과제는 '경제적 성장, 필요의 발견, 사회계획, 변화와 발전에 대한 많은 사람들의 참여, 지도자의 개발, 기관과 집단간의 조정과 협조의 향상, 직원의 훈련과 감독에 관여하는 일'[16] 등과 같이 그 구체적 사항들을 지적할 수 있다. 우리나라의 아동복지사업은 구호적이며 사후 대책적인 기능이 주가 되어온 것이 사실로써, 고아나, 기아, 특별보호를 요하는 아동들의 시설보호와 일부 거택보호 등이 지배적이었다. 그러나 이러한 기능만 가지고는 국가발전이나 경제개발의 역기능 현상으로 나타나는 부정적 요소들에 대처할 수 없다.

따라서 앞으로는 보다 적극적이며 예방적이며 의도적으로 변화를 가져올 수 있는 개발적 기능이 아동들을 위해 수행되어야 하겠다. 오늘날 아동문제가 야기되는 현실은 예방적 대책의 부재현상이나 경제개발 과정에서 야기되는 제 문제에 대하여 적극적인 개발기능의 결여로 비롯된다고 보겠다.

4. 포괄성의 원칙

아동을 위한 복지대책을 강구할 때 여러 서비스를 종합적으로 마련해 주어야 하는 것이다. 아동복지에 관련된 소관부처(보건복지부, 여성가족부, 교육인적자원부, 행정자치부, 법무부, 노동부 등)가 각기 다르므로 인하여 발생되는 어려움을 없애기 위해 유기적인 협조체제가 긴밀히 이루어지도록 해야 한다. 어느 한 측면만을 충족한다고 해서 아동의 복지적 목표가 달성될 수는 없다.

요컨대, 아동복지의 기본전제가 되는 제 요소, 즉 안정된 가정생활, 경제적 안정 · 교육 · 보건 · 노동 · 오락 및 특수보호 등에 대한 프로그램이나 서비스가 포괄적으로 제공되도록, 관련부처 등의 기능이 원활히 소통될 수 있도록 대통령 및 총리 직속하의 아동에 관련되는 각 행정분야를 조정하는 기구를 두어서 아동복지 대책에 포괄적 상호 조정체계가 확립되어야 하겠다.

16) 남세진, 한국사회복지, 1975, p. 21.

5. 전문성의 원칙

아동복지사업이 전문가와 전문기관에서 이루어져야 한다는 원칙이다. 전문성의 원칙은 아동복지사업의 성과를 좌우하는 중요한 원칙적 방향이다. 즉, 아동들의 건전한 성장과 발달을 위해서는 이들을 위한 선문식 인력과 아울러 전문기구가 마련되어야 한다. 아동들의 욕구나 사고 및 행동문제 등에 관한 전문적 지식이나 기술이 없이는 바른 문제해결을 기대하기가 어렵다.

아동복지사업의 전문적 기술이나 훈련제도는 일부 대학에 속한 전문직 분야의 훈련을 받은 사람들도 아동복지 분야에 종사할 수 있는 생활보장이나 영구직으로서의 신분 보장을 받을 수 없기 때문에 이 분야에서의 참여 활동을 주저하고 있는 실정이다.

아동복지학, 사회복지학, 아동학, 교육학, 유아교육학, 보육학, 심리학 기타 아동과 관련되는 학문분야를 전공한 사람들의 활동이 아동정책이나 사업분야에서 과감히 전개되어야 하며, 이밖에 현행 지도자들의 체계적 훈련을 통한 전문직 인력의 투입도 있어야 할 것이다.

많은 아동 관련 단체들이 아동복지를 위한 조직의 목적을 명확히 하고 있지만 그 조직의 목적을 달성키 위한 실제 업무를 담당할 인력은 별로 고려하고 있지 않다. 조직 자체를 위한 행정운영에만 중점적일 뿐 아동복지 프로그램의 기획과 실천을 위한 전문적 지도자에 대한 관심은 대단히 미약하다.

아동 전문직의 지도력을 위한 정부 수준에서의 강한 제도적 보장의 지지와 격려가 수반되어야 하며 지도자를 양성하여 사업의 성과를 거둘 수 있도록 힘써야 할 것이다.

제3절 아동복지사업의 기능

아동복지사업은 아동이 받게 되는 사업(서비스)의 기능이 가정에서 이루어지느냐 아니냐에 따라 이를 중심으로 분류할 수 있다. 아동복지사업은 아동과 부모 사이에 역할 수행의 불이행으로 빚어지는 문제에 대처하기 위한 서비스로, 아동이 가정에서 양육될 수 있도록 부모역할을 지지해 주는 서비스냐, 부적절하거나 부족한 부모역할을 보충해 주는 서비스냐, 아동의 필요에 따라 부모양육을 일시적 혹은 영구적으로 대행, 대리하여 보호해 주는 서비스냐에 따라 지지적 서비스(supportive services)와 보완적 서비스(supplementary services) 그리고 대리적 서비스(substitute services)로 분류하고 있다.

1. 지지적 서비스(supportive services)

지지적 서비스란 아동복지의 제1차 방어선으로, 부모와 아동이 그들 각자의 책임을 효율적으로 수행할 수 있도록 그들의 능력을 지원하고 강화시켜 주는 서비스이다. 다른 서비스와는 달리 아동 자신의 가정에 살면서 받을 수 있는 서비스이며, 이 때 서비스를 제공하는 아동복지기관은 부모나 아동의 역할 수행을 전적으로 대행하기보다는 외부에서 부분적으로 역할기능이 제대로 수행되도록 원조하는 것이다.

즉, 아동으로 하여금 가정에 머물면서 부모와의 좋은 관계를 계속 유지할 수 있도록 상담서비스를 통해 가족들의 기능을 강화시키고 부모－자녀관계의 긴장을 완화시켜 주기 위한 방법이다. 이 때에 서비스가 바로 주어지지 않으면 가족 내에 균열이 일어나 이혼 · 별거 · 유기 등의 문제가 일어날 수 있다.

또한 지지적 서비스는 이미 자녀와 부모로서 가정을 이룬 경우만을 대상으로 하는 것이 아니라 미혼 남녀에게 미리 부모 준비 교육 서비스를 행하여 근본적인 아동복지사업을 하는 것도 포함한다. 지지적 서비스를 제공해 주는 중요한 아동복지기관으로는 예비 부모에 대한 서비스를 통해 문제에 개입하는 가정복지기관과, 아동에 대한 서비스를 통해 문제에 개입하는 아동상담소가 있다. 대체로 지지적 서비스를 필요로 하는 상황을 요약하면 다음과 같다.

(1) 부모－자녀관계에서 어려움이 있어 관계 개선이 필요한 경우

(2) 부모가 자신에게 대하여 부모로서의 역할에 아무런 만족을 느끼지 못하는 경우

(3) 부모가 자녀의 친구 관계가 학교 생활에 문제가 있다고 여기고 관심을 가졌을 경우나 혹은 아동 스스로 그렇게 느낀 경우

(4) 형제간의 갈등이 있는 경우

(5) 불만스러운 부부 관계로 인하여 자녀들에게 행동 장애가 발생할 경우
(6) 결혼 전 남녀가 앞으로의 자녀에 대한 계획과 지식을 원할 경우 등이다.

지지적 서비스의 종류로는 개인적인 면접을 통한 케이스워크 서비스(case work service), 집단 프로그램, 가족치료, 그리고 지역사회 프로그램 등이 있고 지지적 서비스를 제공하는 기관으로는 아동상담소, 가정상담소, 지역사회 정신건강상담소 등이 있다.

이 유형에 포함되는 사업은 아동 및 부모상담, 미혼부모상담, 가족복지사업, 학대 및 방임된 아동을 위한 보호사업 등이 있다.

2. 보완적 서비스(supplementary services)

보완적 서비스란 아동복지의 제2차 방어선으로, 부적절하거나 부족한 부모역할 내지 양육을 보충해 주는 서비스이다. 즉, 가정 및 가족의 형태는 그대로 있으나 부모의 역할이 매우 부적절하므로 가정 외부에서 지원해 주므로 부모의 역할을 대행하거나 도와 주는 것이다. 만약 이 서비스가 제공되지 않아서 어려움이 계속되면 아동은 가정과 부모로부터 분리될 수밖에 없다. 보완적 서비스의 방법으로는 소득보완 프로그램과 같은 경제적 지원과 가사조력사업, 보육사업 등을 들 수 있다.

3. 대리적 서비스(substitute services)

대리적 서비스는 아동복지의 제3차 방어선으로, 아동의 필요에 따라 부모 양육을 일시적 혹은 영구적으로 대행, 대리하여 보호해 주는 서비스이다. 부모－자녀관계가 임시적 또는 영구적으로 해체되었을 때 아동을 다른 가정이나 시설에 있게 함으로써 아동을 보호하는 것이다. 대리적 서비스의 방법으로는 가정위탁 보호사업, 입양사업, 시설보호사업 등을 들 수 있다.

위의 세 가지 기능을 그림으로 살펴보면 다음과 같다.[17)]

17) Kadushin, op. cit., p. 26.

아동복지사업의 구조

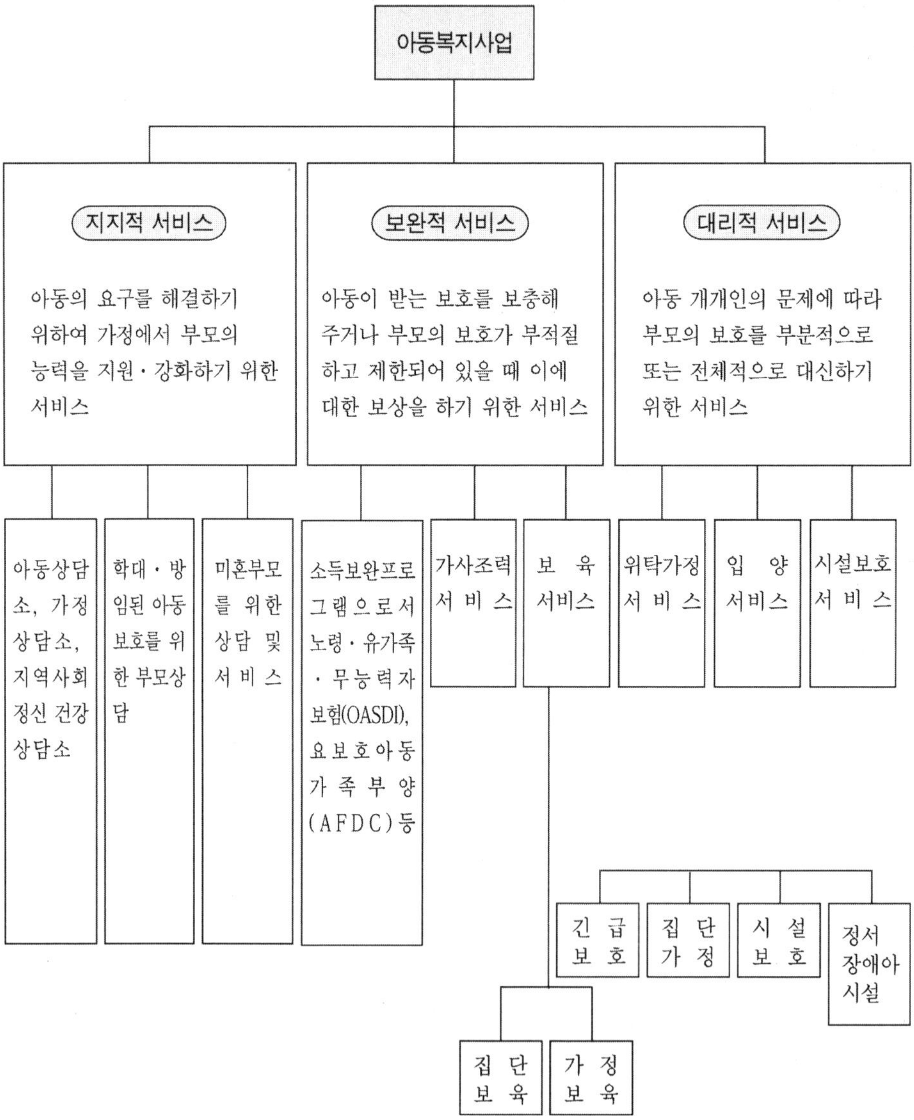
아동복지사업
지지적 서비스
아동의 요구를 해결하기 위하여 가정에서 부모의 능력을 지원·강화하기 위한 서비스
보완적 서비스
아동이 받는 보호를 보충해 주거나 부모의 보호가 부적절하고 제한되어 있을 때 이에 대한 보상을 하기 위한 서비스
대리적 서비스
아동 개개인의 문제에 따라 부모의 보호를 부분적으로 또는 전체적으로 대신하기 위한 서비스
아동상담소, 가정상담소, 지역사회 정신 건강 상담소
학대·방임된 아동보호를 위한 부모상담
미혼부모를 위한 상담 및 서비스
소득보완프로그램으로서 노령·유가족·무능력자 보험(OASDI), 요보호아동 가족부양(AFDC)등
가사조력 서비스
보육 서비스
위탁가정 서비스
입양 서비스
시설보호 서비스
긴급 보호
집단 가정
시설 보호
정서 장애아 시설
집단 보육
가정 보육

연구토의 문제

1. 아동복지 원칙 중 보편성과 선별성의 원칙에 대해 생각해 보자.

2. 아동복지의 목표와 기능에 대해 생각해 보자.

3. 아동복지를 실천하는데 적용되는 원칙 6가지에 대하여 생각해 보자.

제 5 장

아동복지의 실천방법

제 1 절 정책적인 접근방법
제 2 절 전문적인 접근방법

아동복지의 실천방법은 사회복지 내지 사회사업의 한 분야로서 그 방법을 그대로 적용할 수 있다. 왜냐하면 아동복지는 사회복지 내지는 사회사업의 하위영역으로 보기 때문이다. 사회복지의 접근방법에 따라 아동복지의 접근방법도 크게 정책적인 접근방법과 전문적인 접근방법으로 나눌 수 있다.

제1절 정책적인 접근방법

정책적인 접근방법은 아동복지를 구조적・체계적인 입장에서 이해하려는 것이다. 즉, 아동복지의 대상인 문제아동은 사회제도의 결함이나 구조적인 어떤 모순이 있기 때문에 일어나며, 그러한 제도적 결함이나 구조적 모순을 해결하면 곧 아동복지가 이루어질 수 있다고 보는 입장이다. 정책이란 국가차원에서 각종 사업을 추진하기 위한 방점을 설정하는 것이며 아동복지 정책은 아동복지사업을 실시하기 위한 국가의 방침이라고 하겠다.

이러한 관점에서는 사회문제가 나타나게 된 책임을 개인에게 두는 것이 아니라 오히려 국가의 책임에 귀속시키므로 개인적인 문제해결 보다도 국가가 아동복지의 주체가 되어 여러 가지 정책을 통해 행정기관을 통하여 구체화시킨다는 것이 전제로 되어 있는 것이다. 다시 말하면 제도상 결함으로 인하여 형성된 여러 가지 사회문제를 해결하는 사회적 해결책으로 법적・제도적 대책을 아동복지의 본질로 보는 견해이다.

따라서 정책적 방법의 예방적 노력은 그 대상이 전체국민이 되고 이것은 선진국가일수록 충실하게 전개되며 초기 구빈법의 형태로부터 근래 사회보장제도라고 하는 정책까지 제정되어 실시되어 오고 있다.

정책적인 접근방법인 사회보장제도란 모든 사회구성원에게 최저생활을 보장할 뿐만 아니라 발생 가능한 여러 가지 생활상의 위험으로부터 보호하기 위한 공적으로 이루어지는 제도로써 크게 사회보험, 공적부조, 사회복지 서비스 등으로 대별된다.

민주주의가 사회적 연대의식을 그 이념으로 하는 복지국가는 먼저 사회보장제도가 어느 정도 완비된 국가를 말한다. 사회보장(social security)이란 용어가 오늘날 널리 세계 각국에서 사용하게 된 것은 국제노동기구(ILO)의 '사회보장에의 길'과 영국의 '비버리지(Beveridge, 1942) 보고서' 및 프랑스의 '라로끄(Laroque) 계획' 등으로부터라고 볼 수 있다.

비버리지(Beveridge)는 사회보장에 대해 '사회보장이란 실업, 질병 또는 부상으로 인하여 수입이 중단된 경우 또 노령에 의한 퇴직이나 본인 이외의 자의 사망으로 인한 부양의 상실과 출생·사망 및 결혼 등에 관련된 특별한 지출을 보충하기 위한 소득의 보장'[1]이라고 했다.

라로끄는(Laroque) '사회보장의 대상은 전 국민을 포괄하여야 하며 사회보험이나 사회부조는 사회보장 안에서 융합 및 통일되어야 하고 사회보장의 제구성 요소가 통합되어 상호 긴밀한 관계에 있어야 한다'[2]고 했다.

국제노동기구(ILO)에서는 '사회성원이 직면한 일정한 위험에 대하여 적절한 조직기관을 가지고 사회가 설립하는 제도'[3]라고 규정짓고 있다.

이상의 정의에서 사회보장제도의 특징을 살펴보면 다음과 같다.

국가를 구성하는 전 국민을 대상으로 한 제도이고, 국민의 최저생활을 보장하는 제도이며, 국가의 정치·경제·사회·문화의 모든 영역에 있어서 국민의 최저생활을 보장함은 여러 가지의 위험과 사고로부터 보호하는 것을 목적으로 하는 것을 의미하고, 공공의 시설로서 행하며, 사회정책법의 일부문이다.

이러한 사회보장제도는 사회보험(social insurance)과 공적부조(public assistance)로 구성되어 있다. 공적부조제도는 보험금을 부담할 수 있는 능력이 없거나, 보험급여만으로 최저생활의 유지가 곤란한 자들을 위해서 국가가 최저생활을 보장하는 제도로서 주로 자력으로 생활할 수 없는 사회층을 보호대상으로 하는 것이고, 사회보험은 가입자가 보험료를 부담하는 것을 전제조건으로 하여 생활상의 어려움이 발생했을 때 급여를 받는 제도라고 할 수 있다.

1. 사회보험

사회보험(social insurance)은 공적부조와 더불어 사회보장으로 그 중에서도 소득보장

1) Beveridge W., *Social Insurance and Allied Service*, 1942, p. 120.
2) Laroque, P., *From Social Insurance to Social Security*, International Labour Review, Vol. 57.
3) ILO, *Approaches to Social Security*, 1942, p. 83.

의 주요한 방법의 하나가 되고 있는데, 공적부조와 비교할 때 공적부조는 저소득계층을 위한 방법인데 반해 사회보험은 소득이 있는 계층을 위한 방법이며, 사회보험은 사회보장의 하위개념이란 점에서 보장의 개념을 담고 있다. 이에 대한 적절한 정의를 내린다면, 사회보험이란 그 적용대상자의 보험원리에 의거하여 법적 강제성을 갖고서 소득을 보장하는 제도라 하겠다.

여기서 보험원리란 사회의 일정집단을 대상으로 하여 사고의 발생상황에 대응하는 보험료를 부과하고 그것을 재산으로 하여 그 범위 내에서 사고를 보장하는 것을 의미한다. 그리고 사회보험은 원칙적으로 법적 강제성을 갖고 시행하는 것인데 그렇지 않으면 정책 목적이 달성되지 않을 뿐만 아니라 역선택이 생겨나 보험원리가 깨어질 위험이 생겨나기 때문이다.

다시 말하여 사회보험제도의 기본 목표는 노동자, 고용주 및 정부에 의한 기여금(contribution)을 기초로 하여 적립기금(reserved fund)을 세워 경상수지에서 발생하는 부족을 충당할 수 있게 하는 데 있다. 기여금이나 부과금은 임금과 밀접이 관련되어 있어서 임금이 높으면 높을수록 기여금이나 부과금이 높아지는데, 대체로 이 제도는 법적 강제성을 띄고 있으며, 대상 범위가 넓다고 할 수 있다.

이렇게 볼 때 사회보험은 사회조화, 사회평등, 사회평화 등의 '사회성' 공동위험에 대한 공동부담 원칙의 '보험성' 불균형적 생활격차의 축소를 위하여 국가가 이에 개입하여 분배의 공정을 규제하는 '강제성' 국가, 기업주, 고소득층 등의 자금 능력에 따른 부담에 의하여 저소득층의 자금의 부담 경감을 도모하는 '부양성' 등의 특성을 갖는다고 할 수 있다.

아동과 직접 관련되는 사회보험으로는 가족수당(family allowance), 질병수당(sickness allowance) 및 출산수당(maternity benefit) 등이 있다(Kadushin, 1980).

가족수당은 요보호아동이 가정에서 양육되도록 각 아동당 일정수당을 지급하는 것으로서 입양아동이나 위탁아동에게도 친자식과 똑같이 지급한다.

출산수당은 유럽 대부분의 나라에서 시행하고 있는 제도로서 건강보험 안에서 모든 아동과 어머니를 위한 산전 분만, 산후 건강관리를 포함하고 있다.

질병수당은 아이가 아플 때 근로 어머니로 하여금 집에서 아이를 돌보도록 하는 급여제도로서, 불가리아에서는 3세 이하의 어린이에게만 지급되는 등 나라마다 조금씩 형태를 달리하고 있다.

2. 공적부조

공적부조(public assistance)라 함은 개인적 혹은 사적인 부조나 도움 대신에 국가나 공공기관이 도움의 주체가 됨을 의미한다. 즉, 국가 책임 하에 도움을 요하는 사람들에게 무기여급여(noncontributing benefit)를 제공하는 제도를 공적부조라 한다. 미국에서는 공적부조, 영국에서는 국민부조(national assistance), 서독과 프랑스에서는 사회부조(social assistance)로 불리우고 있다. 그리고 우리나라와 일본에서는 생활보호제도가 중심이 되고 있다.

이러한 공적부조가 갖는 특성을 보면 다음과 같다.

첫째, 공적부조는 사회보장체계의 일환으로서 공적인 최저생활보장의 경제부조제도이다.

둘째, 사회조직이나 제도의 변천에 따른 국가책임에 의한 생활보호대책이다.

셋째, 현대 산업사회의 경제불안에 대한 보완책이다.

넷째, 민주주의 정신에 입각한 기본권 존중사상에서 싹튼 제도이다.

다섯째, 인간의 공통욕구를 충족하며 특히 요보호자의 건전한 성장에 이바지할 수 있는 제도이다.

3. 의료보험

의료보험(medical insurance)은 의료보호와 더불어 사회보장의, 그 중에서도 의료보장의 주요한 방법의 하나가 되고 있다.

질병은 단순히 생리적 사고일 뿐만 아니라 사회적 사고이기도 하다. 노동과 빈곤은 질병을 초래하고 질병은 다시 저소득층의 사람으로 하여금 빈곤에 빠지게 하여 빈곤과 질병의 악순환을 반복시키는 것이다.

여기에서 어떤 사회적 수단을 써서라도 이 악순환을 단절하여 질병을 예방치료하여

환자를 사회 복귀시키는 의료보장제의 과제가 등장했는데 자본주의 제도의 항구적 지속과 노동력의 재생산 확보를 위하여 사회의 연대의식을 높이는 중요한 사회제도이다.

제2절 전문적인 접근방법

전문적인 접근방법은 사회문제나 아동문제를 하나의 전문성의 영역에서 다루고자 하는 것이다. 즉, 사회문제의 예방과 치료를 통해서 인간의 만족과 보람을 증진시키고자 하는 아동복지에 대해 전문적인 학문의 영역과 실제적인 분야를 가진 그들 고유의 기술과학으로 정립시키고자 하는 입장이다. 아동복지의 활동영역을 사회전체의 복리나 제도적인 측면에서 구하는 것이 아니라 개별화되고 보다 구체화된 방법으로 그 대책을 구하고자 하는 것이다.

전문적인 접근은 사회사업에서 흔히 기술적인 접근으로 불리는데 이는 각 개인이나 가족 및 지역사회가 부적응, 욕구불만, 또는 문제적 상황에 처해질 수 있다는 것을 주목하여 개인이 거주하고 있는 제반 환경을 개선함으로써 그가 보다 훌륭하게 사회생활에 적응할 수 있도록 정신적 또는 심리적으로 인간을 변화시키는 구체적인 기술이다. 아동을 위한 전문적인 접근방법으로 개별아동복지사업, 집단아동복지사업, 지역아동복지사업 등이 있다.

1. 개별아동복지사업

개별아동복지사업은 사회사업의 기초적인 한 방법이며 동시에 사회사업 실천의 핵심을 이루고 있는 개별사회사업(social case work) 방법을 아동복지사업에 원용한 것 이다.

개별아동복지사업은 곤란한 문제에 처해 있는 사람이나 가족을 개별적으로 개입, 조정함으로써 아동의 욕구와 문제를 해결하는 방법을 말한다. 따라서 개별아동복지사업이란 아동이 안고 있는 여러 가지 문제의 해결을 위해 개별적, 과학적으로 원조하는 전문기술 체계라 할 수 있다.

개별사회사업 이론의 창시자라고 불리우는 리치몬드(Richmond)는 개별사회사업이란 인간과 사회환경 간의 개별적이며 의식적인 조정을 통해서 그 사람의 인격발달을 꾀하려는 제 과정이라고 하였다.4)

1957년 사회사업연감(Social Work Year Book)에 나타나 있는 정의를 보면, 개별사회사업은 사회사업가들이 사회 적응상의 문제를 갖고 있는 사람들을 도와줌으로써 그들 스스로 문제를 발견하고 인식하고 해결할 수 있도록 하는 방법이라고 되어 있다.

퍼만(Perlman)은 개별사회사업이란 사람들이 사회생활을 할 때 일어나는 그들의 문제를 보다 효과적으로 처리해 나가도록 개인을 도와 주는 사회복지기관에서 사용되는 한 과정이라고 했다.5)

이상의 개념에 바탕을 두고 다음과 같은 사항에 역점을 두고 개별아동복지사업을 실천한다.

첫째, 개별아동복지사업의 대상인 아동의 문제는 그 나름대로 특수하며 개별성을 가지고 있다는 점을 인식해야 한다. 예컨대, 같은 증상을 나타내고 있다 하더라도 그 아동의 소질적 조건, 과거 및 현재의 환경, 발달과정 등 아동의 심리적 · 신체적 · 사회적 · 경제적 제 조건은 각각 다르다는 점을 깊이 유의해서 다루어져야 한다.

둘째, 문제를 갖는 아동과 그 사회환경과의 상호작용을 문제로 한다. 사회적으로 미성숙한 아동은 가족을 중심으로 한 환경조건에 강하게 의존하고 있으며, 거기에 좌우되는 비율이 크므로 그것이 아동의 심신에 미치는 여러 가지 영향을 깊이 이해하는 일이 중요하다.

셋째, 개별아동복지사업의 목표는 아동의 인격발달에 저해되는 여러 요인들의 개선과 아동의 적응능력을 강화함으로써 그 인격을 발달시키고자 하는 것이다.

넷째, 개별아동복지사업의 과정은 단지 좋은 결과에만 만족하지 않고 문제해결을 위하여 정확한 원인에 바탕을 둔 충분한 전망을 가지고 의도적 · 심리적인 기초 위에 전개하여야 한다.

즉, 아동들이 지니고 있는 어려운 문제나 부적응 요인을 해결하는 하나의 전문적 기술체계가 개별아동복지사업이라고 할 수 있다.

---

4) Richmond, H., *What is Social Casework* ? 1922, p. 98.

5) Perlman, H., *Social Casework*, Univ. of Chicago Press, 1960, p. 4.

1) 과 정

개별사회사업 과정은 일반적으로 조사(study), 진단(diagnosis), 치료(treatment)의 3단계로 크게 구분할 수 있으며, 본격적인 조사단계 이전에 초기과정으로 인테이크(intake), 접수조사 과정이 포함된다.

(1) 인테이크

기관에 온 내담자에게 사회복지사는 그의 욕구가 무엇이며 그것을 기관에서 충족시킬 수 있는 지의 여부(eligibility)를 먼저 가려낸다. 그런 후 그 기관에서 맡거나 아니면 다른 기관을 알선해 준다.

(2) 조 사

내담자의 문제와 증상을 파악하기 위해 이에 필요한 정보를 면접 · 방문 · 관찰을 통하여 수집하는 단계이다. 조사내용을 구체적으로 보면 성격 · 지능 · 건강 · 가족관계 · 생활환경 · 주거환경 · 교우관계 · 교육수준 등에 관한 모든 자료가 필요하다. 수집된 자료의 정확성을 알기 위하여 내담자와 직접 면접하기도 하고, 내담자와의 면접결과를 확인하기 위하여 그의 친구 · 친척 등을 만나기도 한다. 또한 학교 · 직장 · 행정기관에 비치되어 있는 서류상의 검토도 필요하다.

(3) 진 단

내담자의 수집된 자료를 중심으로 원인을 가려 내고 치료의 필요성과 가능성을 결정하는 단계이다. 진단은 어떤 치료 전략이 가장 타당하며 효과적인가를 결정하기 위해 문제를 분별하는 작업이며 수단인 것이다. 따라서 진단이 정확하면 정확할수록 그 만큼 치료의 성과는 클 것이다.

(4) 치 료

케이스 워크의 최종단계는 치료단계이다. 치료의 방법으로는 직접적 치료와 간접적

치료로 나누어 볼 수 있다.[6)]

직접적인 치료란 내담자의 심리적 측면에 관여하는 심리치료(psychological therapy)로서 내담자로 하여금 현실적 자기평가를 하여 자기통제를 하도록 여러 면으로 지원해 주는 방법이다. 간접적 치료란 사회사업가가 내담자의 환경이나 주위 사람들의 태도를 변화시킴으로써 그의 문제를 해결하고자 하는 방법으로서 환경조정법(environmental modification)이라고 한다.

2) 아동을 위한 개별사회사업

개별사회사업 방법은 아동복지기관 내지 청소년 복지기관에서 그들에게 사용되어져야 함은 물론 그들 주변의 인물들에게도 똑같이 사용되어져야 한다. '문제의 아동은 존재하지 않는다. 문제의 부모가 있을 뿐이다'라고 니일(Neill)이 얘기한 바와 같이 문제아동의 뒤에는 반드시 문제부모가 있기 마련이다.

따라서 아동에 대한 개별면접 외에 그에게 가장 강력한 영향을 미치는 부모에게도 개별사회사업 과정을 활용하여 아동의 문제를 조기 발견하고 치료하는 가운데서 보다 건전한 사회인으로 성장할 수 있도록 한다. 경우에 따라서는 아동의 부모 외에 학교교사, 교우 등을 활용하여 아동을 도울 수 있다.

2. 집단아동복지사업

집단아동복지사업은 사회사업 방법의 하나인 집단사회사업(social group work)을 아동복지사업에 원용한 것이다.

집단사회사업이란 의도적이며 계획적인 집단 경험을 통해서 개인의 사회기능 능력을 향상시키고 또 개인과 집단 및 지역사회의 제반 문제를 효과적으로 처리할 수 있도록 사람들을 돕는 사회사업의 한 방법이다.[7)]

트렉커(Trecker)에 의하면, 집단사회사업이란 사회사업기관 내의 집단회원들이 사회사업가의 도움으로 각종의 프로그램 방법을 통하여 회원 상호간에 또는 다른 사람과의

6) 장인협, 케이스 워크, 남산당, 1975, p. 144.
7) Konopka, G., *Social Group Work*, N.Y : Prentice-Hall, 1963, p. 21.

원만한 관계를 맺도록 도와 주고, 회원들이 자기의 필요와 능력에 따라 발전할 수 있는 기회를 마련하여 주는 과정이며 방법[8]이라고 하였다.

빈터(Vinter)는 집단사회사업은 규모가 작은 대면집단(face to face group) 내에서, 그 집단에 참가한 성원들이 바람직한 변화를 하도록 사회사업가에 의해 활용되는 한 방법이라고 하였다.[9]

집단사회사업이란 인간의 기본적인 욕구인 사회적 욕구, 소속의 욕구, 참여의 욕구에 근거하여 생긴 자연스러운 원조방법이다. 인간은 타인과의 상호작용을 하는 인간관계 속에서 사회성이 향상되며 사회성을 통해 긍정적이고 적극적인 자아개념(self concept)이 형성된다. 집단사회사업은 이와 같은 인간의 기본 욕구를 기초로 여가를 이용하여 도움을 제공함으로써 집단 내의 개개인들의 사회기능 능력 향상을 꾀하는데 목적을 둔다. 따라서 집단사업의 구성은 퍼만(Perlman)이 얘기한 개별사회사업의 구성요소(4P) 외에 집단이 더 추가된다.

집단사회사업은 개별사회사업과 다르게 집단의 상호작용을 통한 집단 역할에 의논하여 문제해결을 시도하는 것으로 집단 구성원이 서로에게 의미있는 영향을 주고받는 것에 의해 소정의 효과를 기대할 수 있다. 따라서 아동을 위한 집단사회사업은 유사한 문제를 가진 아동과 부모를 집단적으로 구성하여 공통적인 이해 아래에서 문제를 해결한다.

집단사업의 기능에 대해 빈터(Vinter)와 하센펠드(Hasenfeld)는 사회화(socialization)와 재사회화(resocialization)로 표현하고 있다.[10] 사회화란, 예를 들면, 은퇴에 대비한 노인을 돕는다든가 결혼한 사람에게 부모 노릇의 기술을 가르쳐 주는 등 사회적 지위에로의 이행을 잘 하도록 돕는 것이다. 재사회화란 탈선이나 이탈된 사람 또는 갈등에 처한 사람, 범법자, 정신장애인들에게 사회생활에 필요한 지식과 기술을 재교육시키는 것이다.

따라서 집단사회사업의 의의는 소머즈(Somers)의 다음과 같은 표현에서 찾을 수 있다.[11] 민주사회의 질서는 그 사회 구성원 각자가 자기가 권리와 의무를 이행할 수

---

8) Trecker, H. B., *Social Group Work : Principles and Practice*, 1963, p. 20.
9) Encyclopedia of Social Work, p. 715.
10) Handbook of the Social Services, p. 457.
11) Ibid, p. 454.

있도록 운영조직된 소집단에 의해 이룩되는 것이며, 사회발전은 시민들의 책임감을 교육시키는 소집단에 달려 있는 것이다.

1) 방법(기술)

집단사회사업은 개인들로 구성된 집단을 통해 집단활동(프로그램)을 이용하여 개개인의 욕구와 능력을 향상시키는데 그 목적이 있으므로 집단사회사업가의 기술은 집단에 대한 모든 이해와 프로그램의 원칙을 바로 알고 활용함으로써 소기의 목적을 달성할 수 있다 하겠다. 먼저 집단과정부터 살펴보기로 한다.

집단과정을 일으키는 힘은 서로간의 인간관계(상호작용)에서 나타나므로 구성원의 수보다는 집단성원들의 결속력과 같은 역학(dynamics)에서 힘이 작용된다. 따라서 집단의 결속력을 높이기 위해서는 성원들간에 상호의존성과 상호작용이 존재해야 한다. 물론 집단의 결속력은 자연집단이냐, 형성집단이냐[12]에 따라 차이가 있을 수 있으나 형성집단으로 시작되었을지라도 활동이 진행되는 도중 결속력을 높일 수 있다. 결속력 없이는 집단이 지속될 수 없다.

결속력을 높이고 집단 내의 갈등을 해결하고 소집단의 이해와 고립자, 지도자 등의 문제를 해결하기 위한 사회사업가의 역할을 빈터(Vinter)는 다음과 같이 제시하고 있다.[13]

① **중심인물로서의 역할** : 집단성원의 동일시 대상과 변화의 원동력을 제공한다.

② **상징적 역할과 대변인의 역할** : 집단성원들에게 건전한 규범과 가치를 상징하는 매개체의 역할이다.

③ **동기조성과 자극의 역할** : 동기조성과 자극을 통해 개인성원이 자신의 목표와 과제를 정의하도록 한다.

④ **행정가의 역할** : 행정적인 기술을 사용함으로써 집단성원들의 역할을 조정한다.

집단의 결속력은 또한 집단활동 내용이 프로그램에 의해서도 강화된다. 프로그램이란 집단 내에서 이루어지는 모든 것(언어적인 토론이든, 비언어적인 활동이든)으로서 어떤 행사

---

12) 자연집단 : 회원 자신들이 스스로 조직한 집단, 친구집단 · 취미집단 등.
형성집단 : 회원 아닌 다른 사람에 의해 구성된 집단, 치료집단 · 교육집단 등.

13) 문인숙, '집단사회사업', 현대사회복지론, 한국복지정책연구소, 1982, p. 262.

그 자체만을 말하는 것이 아니라, 그것을 위한 준비단계에서부터 종료 후 평가까지의 전과정을 의미하는 것이다. 집단활동의 성과는 사회사업가의 능력에 따른 프로그램에 따라 좌우될 수 있을 것이다. 프로그램은 집단사회사업의 핵심적 요소로서 집단경험의 내용을 결정하는 부분이며 이것을 통해 성원간의 단결과 협력태도가 이룩된다.

2) 아동을 위한 집단사회사업

아동을 위한 집단사회사업은, 인간의 기본적인 욕구인 집단에의 소속, 참여의 욕구에서 나온다. 그 중에서도 특히 유아기, 아동기, 청년기는 친구들과의 관계를 처음 맺는 시기이며 친구들과의 상호작용을 통해 자아개념이 형성되는 시기이다. 일생을 통해 자기자신에 대한 주체성은 자아개념에 달려 있으며 자아개념은 다른 사람(가족, 친구, 교사 등 영향을 미친 사람)과의 관계에서 비롯된다. 따라서 아동들이 집단경험을 효과적으로 하기 위해서는 전문적인 훈련을 쌓은 집단사회사업가의 지도하에 의도적으로 집단경험의 기회를 제공하여 자주적, 민주적인 인간으로 성장・발달시켜야 한다.

아동을 위한 집단사회사업이 이루어지고 있는 장소로는 유치원, 어린이집, 학교, 각종 보호시설, 어린이회관, 어린이클럽, YMCA, YWCA, 소년・소녀단 등 아동 및 청소년이 있는 모든 기관이 해당된다.

집단사회사업은 아동을 대상으로 한 YMCA, YWCA 등의 기관으로부터 시작되었다.

3. 지역아동복지사업

지역아동복지사업이란 지역사회 조직사업(C.O : community organization)이라는 사회복지의 한 방법을 아동복지사업에 원용한 것이다. 지역사회 조직사업은 개별사업이나 집단사업이 개인이나 집단을 대상으로 활동하고 있는 것에 비해 그 지역사회 전 주민의 편리와 복리를 위해 노력하고 있는 방법이다.

크라머(Kramer)와 스펙트(Specht)는 지역조직과 지역개발은 주민의 복지를 위한 직접적인 방법이며 사회계획(social planning)은 간접적인 방법이라고 한다.[14)]

지역개발은 지역사회 문제를 해결하기 위해 주민을 조직하고 동원하여 해결하고자

---

14) *Handbook of Social Services*, p. 472.

한 것이며 사회계획은 지역 내의 기관과 조직의 일을 통합하고 조직하는 데 주력한다. 다시 말하면 공·사 기관의 태도, 구조, 기능, 자원, 의사결정 양태, 정책, 활동에 변화를 초래하고자 노력하는 것이다. 따라서 사회사업에서 말하는 지역은 지리적 공동체뿐만 아니라 공통된 기능이나 특수한 이익을 가지고 있는 이익집단의 복리를 위한 활동까지도 포함된다.

로스(Ross)에 의하면 C.O.는 지역사회가 그의 요구나 목표를 발견하여 이에 순위를 정하며, 목표달성을 위한 확신과 의지를 발전시킨다. 또한 목표를 달성하기 위하여 내적·외적 자원을 발견하여 작용을 가하고, 지역사회에 있어서 협동적·공동적인 태도와 실천을 증진시키는 과정을 의미한다[15)]고 하였다.

위의 정의들을 요약하면, 지역사회 조직사업(C.O.)이란 지역 내의 문제를 주민들이 사회문제에 대해 지역사회의 내·외자원을 동원하여 스스로 해결할 수 있도록 측면에서 도와 주는 기술방법이라고 할 수 있다.

1) 방 법

지역주민들의 자발적인 참여로 계획이 세워졌으면 목표 달성을 위한 구체적인 방법(기술)이 제시되어야겠다. 계획대로의 성과를 거두기 위해서는 방법상 고도의 기술이 요구되며, 던햄(Dunham)은 다음의 9가지를 C.O.의 기술로 제시하고 있다.

① **계획**(planning) : 일반적인 계획 범위, 프로그램 개발, 조정 수준의 향상과 유지 및 활동을 포함한다.

② **프로그램의 운영**(program operation) : 사회변화의 영향없이 공공보건과 복지기관에 봉사하는 지역사회나 그 이상의 프로그램의 운영을 말한다.

③ **사회발견과 조사**(fact finding and research) : 지역사회 조직계획과 프로그램 개발과 관련된 사실 발견으로 이는 순수한 사회조사보다는 운영적인 조사이며 사회복지 프로그램이나 사회사업 실천에는 관계가 없다.

④ **공적 관계**(public relations) : 사회복지 욕구, 프로그램 및 서비스의 설명, 즉 일반적·특수적인 공공의 일이나 집단을 개발하고 유지하는 것을 말한다.

15) Ross, H. G., *Community Organization*, 1955, p. 39.

⑤ **기금확보와 배당**(fund-raising and allocation) : 기금확보의 노력은 집단 및 개별적으로 증액을 하는 것으로 기금의 예산과 배당은 기관의 집단을 위하여 증가한다.

⑥ **지역사회 개발**(community development) : 지역사회 개발을 위한 노력은 지역사회 욕구해결과 자기결정, 자조 및 협동에 대한 태도를 개선 발달시키기 위하여 지역사회 주민과의 협조체계와 관계가 되어 있다.

⑦ **근린집단사업**(neighborhood work) : 보통 저소득 지역의 하나 혹은 그 이상의 도시 근린집단이나 구(區)의 주민집단과 함께 사업하는 것을 말한다.

⑧ **사회행동**(social action) : 지리적 수준에서 법률적인 관찰, 분석, 그리고 증진 혹은 절차상의 사회행동이나 직접적인 행동을 수행하는 것이다.

⑨ **기타**(miscellaneous) : 지역사회조직과 지역사회개발을 위하여 교육하고 또 자문을 실시하는 것을 말한다.

2) 지역사회조직사업의 기관과 프로그램

앞서 지역아동복지사업 정의에서 보았듯이 지역조직사업은 지역 내의 주민들의 문제와 이념적 집단의 문제를 같이 취급한다. 핀크(Fink)는 C.O.의 기관을 다음과 같이 열거하고 있다.[16]

○ 사회복지공동모금회
○ 사회복지협의회
○ 지역복지협의회
○ 사회사업시설연합회
○ 종별 사회사업시설연합회
○ 사회봉사 교환소
○ 각종 사회사업회의 또는 대회
○ 각종 사회복지위원회, 심의회, 연구회
○ 사회방법 제정, 개정의 청원 · 진정 등

16) Fink, A. E., *The Field of Social Work*, 1963, pp. 504-524.

3) 아동을 위한 지역아동복지사업

아동들이 신체적 · 정신적으로 건전하게 성장 · 발달하기 위해서는 가정환경은 물론 그 주변환경도 건전해야 한다. 아동들에게 좋지 못한 영향을 미치는 유해환경(사회병리 현상, 문화병리 현상, 도시화, 산업화 등으로 인한 제문제)에 내해서는 모든 성인들이 힘을 합해 원인과 실태를 파악하고 개선책을 마련하고 건의하며 스스로 모범을 보임으로써 모든 우리의 아동들이 밝고 건강하게 자랄 수 있도록, 그리하여 사회가 명랑해 지도록 지역단위로 노력해야겠다.

아동복지사업의 실천방법으로서 개별아동복지사업, 집단아동복지사업, 지역아동복지사업의 3가지 방법을 들 수 있다. 그러나 실제 아동복지사업을 전개하는데 있어서는 3가지 방법이 따로 전개되어서도, 될 수도 없으며 상황에 따라 실천 방법은 물론 정책적인 접근방법도 동시에 활용되어야 목적 달성을 할 수 있을 것이다.

연구토의 문제

1. 아동을 대상으로 하는 집단을 계획하고, 실제 운영을 하기 위해서는 각 집단의 목적에 따라 구체적으로 어떠한 내용이 고려되고, 준비되어야 하는지 생각해 보자.

2. 아동에 대한 실천적 접근에서 '놀이'와 '집단'을 활용하는 근거를 논의해 보자.

3. 아동복지 전문가 및 종사자의 정책참여가 미치는 긍정적, 부정적 영향을 유아교육개혁 과정과 관련하여 논의해 보자.

제 6 장

아동복지정책과 아동복지관계법

아동복지정책은 정부가 아동복지사업을 추진하기 위한 방침을 설정하는 것이며, 아동복지사업이나 제반 문제에 대한 의사결정에 활용되는 정부의 지침, 법규, 행동계획 등을 의미한다. 즉 아동복지정책이란 “아동복지를 위한 행동 노선과 계획”이라 할 수 있으며, 아동복지사업을 수행하는 데 필요한 지침과 방향을 설정하거나 계획하는 것이라고 할 수 있다.[1)] 그러므로 아동복지정책에서는 아동복지사업을 위한 종합적인 규정이나 법, 제도 등을 총체적으로 다룬다. 이 장에서는 아동복지정책의 개념과 우리나라 아동복지 정책의 추진방향 및 내용에 대해 살펴보고, 다음으로 아동복지와 관련된 여러 가지 관계법에 대해 다루고자 한다.

제1절 아동복지정책

1. 아동복지정책의 개념

아동복지정책의 개념을 다루기에 앞서 ‘정책(policy)’의 개념에 대해 살펴보면, “정책이란 수립된 계획(standing plan)” 또는 “특정한 목적을 달성하기 위해 필요한 행동과 관련된 원칙”이라고 정의 내려진다. 즉 정책이란 국가적 차원에서 계획된 각종 사업을 추진하기 위한 방침을 설정하는 것이다[2)].

그러므로 아동복지정책이란 정부차원에서 계획된 각종 아동복지사업을 추진하기 위한 국가의 방침이다. 일반적으로 아동복지정책의 구성요소로는 복지의 대상인 아동(child), 아동복지정책의 궁극적인 목표인 복지(welfare) 그리고 아동복지(child welfare)를 실현하기 위한 수단인 정책(policy)으로 이루어지는데, 이는 사회복지정책의 한 영역이라고 볼 수 있다. 아동복지정책은 아동복지를 구현하기 위한 정부의 지침과 행동노선 및 계획이라 할 수 있으며, 여러 가지 아동복지사업을 수행하기 위한 원칙과 방향을 정하거나 계획하는 데 지침이 되는 정부의 조직화된 장단기 노력의 표현이라 정의 내릴 수 있다.

---

1) 도미향 외, 아동복지론, 2006, 공동체, p. 94.
2) 도미향 외, 전게서, p. 93.

2. 우리나라 아동복지정책

1) 우리나라 아동복지정책의 추진방향

먼저 2006년 우리나라 아동복지정책의 추진방향을 그림으로 나타내면 다음의 [그림 6－1]과 같다.

아동복지정책 목표 : 아동의 권리신장

이행과제	단 위 과 제
아동 안전사고에 대한 근본적·효과적 대응	① 아동안전 관련 인프라 구축으로 안전한 성장지원 ② 가정 내 안전사고 예방추진
권리사각지대 해소 등 아동권리의 획기적 신장	① 학대아동의 위험군별 차등 대응체계 및 방임 아동에 대한 조기발견·지원체계 구축·운영 ② 실종아동 찾아주기 사업의 전략적·지속적 전개 ③ 아동권리에 대한 지속적 모니터링 및 연구개발 체계 구축
아동보호 관련 실질적 전달체계 구축	① 아동보호 통합서비스 체계 구축 ② 아동권리 제고 및 아동안전 환경 조성체계 마련
가정위주의 아동보호 정책 추진	① 국내입양 활성화 및 입양사후관리 강화 ② 가정위탁사업의 적극 추진 ③ 가정친화적인 공동생활가정 운영 확대
지역사회 아동복지 서비스 확대	① 지역아동센터 지원확대 및 운영내실화 ② 아동급식 내실화 추진 ③ 아동복지시설 기능다양화 추진

**아동이 가정과 지역사회에서 행복하게 살며,
존중받고 안전하게 성장하는 사회 실현**

[그림 6－1] **2006년 아동복지정책의 추진방향**

※ 출처 : 보건복지부 아동정책과, 2006년도 아동복지사업안내, p. 1.

2006년도 아동복지정책의 주요시책 방향을 그림으로 나타내면 다음과 같다.

2006년 주요시책 방향

◈ **조기투자(early investment) 위주의 아동서비스 제공**
☞ 아동의 안전하고 건강한 성장여건 조성
☞ 예방적 서비스 강화로 사후적 서비스 수요의 감소

◈ **가정중심의 아동복지서비스 제공을 통한 아동이 행복한 사회 구현**
☞ 보호가 필요한 아동에 대한 가정친화적 보호기능 강화
☞ 지역사회 저소득층 아동을 위한 지원체계 강화

⇧

2005년 정책성과 평가 및 시사점

◈ 아동정책을 통한 저출산 사회 대응책 마련
☞ 실종아동의 조기발견 · 보호 시스템 구축, 관계부처 · 민간 공동의 「어린이 안전 종합대책」 마련 등 인프라 구축
☞ 지역아동센터 설치확대, 가정위탁사업 운영 내실화, 급식대상 아동 확대 등으로 요보호아동 지원 강화
⇒ 아동의 건강하고 안전한 성장여건을 마련하여 저출산 시대 인구의 질적 성장을 적극도모

[그림 6－2] **2006년 아동복지정책의 주요시책 방향**

※ 출처 : 보건복지부 아동정책과, 2006년도 아동복지사업안내, p. 2.

2) 우리나라 아동복지정책의 내용

보건복지부 아동정책과에서 발간한 2006년도 아동복지사업안내에 제시된 아동복지정책의 내용을 정리하면 다음과 같다[3].

---

3) 보건복지부 아동정책과, 2006년도 아동복지사업안내, pp. 3-6.

(1) 아동의 안전사고에 대한 근본적 · 효과적 대응 정책

1 아동안전 관련 인프라 구축으로 아동의 안전한 성장 지원

① 소비자보호원과 MOU 체결하여, 아동의 안전에 대한 효과적인 협조체계를 마련한다.

② 응급실 데이터 확보 등 선진국 수준의 안전사고 통계를 작성하고 안정사고의 원인에 따른 근본적인 안전대책을 마련한다.

※ 어린이 안전종합정보망 및 아동안전통계 마련 등을 위한 「어린이 안전정보센터」 설립 검토

2 가정 내 안전사고 예방 추진

① 소비자보호원에 접수되는 아동 안전사고의 60% 이상이 가정에서 발생한다는 보고를 통해 볼 때 아동의 안전사고 대부분을 차지하는 가정 내 사고의 원인별 예방대책을 마련한다.

② 가정 내 사고예방을 위한 국민 대토론회를 개최한다.

- 이와 관련한 캠페인을 전개하고, 교육 및 홍보자료를 배포하는 등 대국민 홍보활동을 전개한다.
- 올바른 정보제공과 집중홍보를 통해 아동안전사고에 대한 사회적 주의를 환기시킨다.

(2) 권리사각지대 해소 등 아동권리의 획기적 신장을 위한 정책

1 실종아동 찾아주기 사업의 전략적 · 지속적 전개

① 실종아동 찾기 공익 광고, Mobile 서비스 등 기업의 다양한 사회 공헌을 유도한다.

② 미신고시설 등 실종 아동의 발견 가능성이 높은 기관이나 시설에 대한 주기적 합동 점검을 지속적으로 전개한다.

2 아동권리에 대한 지속적 모니터링 및 연구개발체계 구축

① 아동정책조정위원회 운영에 내실화(전문가 회의를 통한 과제 발굴 추진)

② UN 아동권리협약 이행 모니터링 및 아동권리연구를 위한 센터 설치 · 운영을

검토한다(보사연, 대학연구소 등).

③ 어린이날 및 어린이주간 행사의 기획, 추진, 모니터링 등 전 과정에 아동이 직접 참여할 수 있는 방안을 추진한다.

(3) 아동보호 관련 실질적 전달체계 구축

1 아동보호 통합서비스 체계 구축

취약지역 대상 영유아를 위한 보호서비스와 방문간호서비스를 연계하고, 아동건강상담, 학대 및 방임예방 등 통합서비스 지원체계를 구축한다.

2 학대아동의 위험군별 차등 대응체계 및 방임아동에 대한 조기발견·지원체계 구축·운영

① 방임의 예방 및 조기발견을 위해 "저소득 고위험군 아동 가정방문서비스" 시범사업을 추진한다.

② 아동보호전문기관을 확대(39→41개소)하고, 아동학대 예방홍보(복권기금 5억) 사업을 병행하여 추진한다.

3 아동권리 제고 및 아동안전 환경 조성체계 마련

① 아동위원 활동을 지원하고, 지역사회에서 아동권리와 안전에 대한 실질적 모니터링 역할을 수행한다.

② 「Ombuds-Person」 및 「Ombuds-Kids」 운영을 통해 아동권리와 안전에 대한 모니터링을 강화한다.

(4) 가정위주의 아동보호정책

1 국내입양 활성화 및 입양 사후관리 강화

① 혈연중시 국민의식 개선을 위한 대국민 홍보활동을 전개하여 국내입양 활성화 및 국외입양의 점진적인 감소를 추진한다.

- 입양의 날(5. 11) 및 입양주간(5. 11~17)행사 실시

② 해외입양인 뿌리 찾기, 모국방문, 취업알선 등을 통한 해외입양인 사후관리 서비스를 강화한다.

2 가정위탁사업의 적극 추진

① 아동의 안전과 위탁가정의 심리적 · 경제적 부담경감을 위해 위탁아동 상해보험료 지원한다.

• 16천명을 대상으로 1인당 연간 10만원을 지원

② TV, 라디오 등의 대중매체를 통한 가정위탁사업 홍보를 강화한다(4억원, 복권기금).

3 가정친화적인 공동생활가정(그룹홈) 운영 확대

① 보호아동에게 가정과 같은 주거여건을 제공하여, 아동이 가정적인 분위기에서 안전하게 성장하도록 그룹홈을 지원한다(2005년 60세대 → 2006년 120세대로 확대 운영).

② 학대 · 빈곤아동 상담 · 치료 · 보호기능 강화를 위한 아동보호전문기관 아동상담소 등과 유기적인 연계 · 협력체계를 구축한다.

③ 저소득 및 농어촌 등 취약지역의 학대 · 빈곤아동에 대한 보호 및 양육을 위한 공동생활가정 전세자금을 지원한다(총 132세대, 78억원 지원).

(5) 지역사회 아동복지 서비스 확대 정책

1 지역아동센터(공부방) 지원 확대 및 운영 내실화

① 아동보호, 학습, 급식, 문화활동 등을 제공하는 지역아동센터의 지원 대상을 확대한다(2005년 800개소 → 2006년 902개소로 확대).

② 저소득 및 농어촌 등 취약지역의 아동을 위한 시설기준 미달 지역아동센터(공부방)에 전세자금을 지원한다(총 160개소, 89억원).

③ 지역사회아동 보호 · 교육 · 상담 · 문화 · 생활지도를 위한 운영 프로그램을 개발하고 보급한다.

2 아동급식 내실화 추진

① 단체급식소(지역아동센터, 사회복지관 등)를 포함한 아동급식 제공기관을 확대한다(2005년 986개소→2006년 1,084개소).

② 민 · 관이 참여하는 '아동급식위원회'의 운영에 내실화를 기한다.

• 급여대상자 선정 및 급식방법 등 아동급식위원회 기능을 강화한다.

※ 전국 234개 시 · 군 · 구 중 216개 자치단체 구성 · 운영 중(92%, '05년 말 현재)

3 아동복지시설 기능 다양화 추진

① 아동보호 · 양육기능 위주에서 지역사회 빈곤아동 상담 · 보호, 학대예방, 방과후 지도 서비스 등을 추가 제공하는 시설로 운영을 추진한다.

② 기존 아동복지시설 공간 및 전문인력을 최대한 활용하여 시설기능 다양화를 추진한다.

※ 아동복지시설 기능 다양화 방안에 대해 연구용역('05. 4~12월)

다음의 〈표 6-1〉은 2008년도 아동복지사업의 주요 내용이다[4].

표 6-1 2008년 아동복지사업 주요내용

1. '07년에 별도 통보되던 지침을 사업안내에 포함	· 아동발달지원계좌(CDA) 사업안내('07. 3월) · 아동복지교사 사업안내('07. 4월) · 아동급식 지원대상자 조사매뉴얼('07. 10월) · 소년소녀가정 등 전세주택지원업무지침(건교부) · 가정위탁아동상해보험료 업무처리 안내('07. 1월) · 새올행정시스템 사용 매뉴얼(행자부
2. '08년 예산내역에 의한 집행기준 변경	· 지역아동센터 운영비(개소당) : ('07) 월 200 → ('08) 220만원 ※ 지원대상 : ('07) 1,800 → ('08) 2,088개소, 수능공부방은 지역아동센터로 전환 · 공동생활가정(그룹홈) 지원 - 지원대상 : ('07) 176 → ('08) 248개소 - 인 건 비 : ('07) 16,949 → ('08) 17,454천원 · 시설기능보강비 - 아동복지관 설치(신규, 2개소) : 2,208백만원 - 자립지원시설 개보수(신규) : 900백만원 · 희망스타트 - 지원대상 : ('07) 16 → 32개 지역, 지원단가 3백만원/지역, 년
3. "아동복지"분야를 3편으로 편제를 재구성	· '가정보호, 지역사회아동보호, 시설보호 및 자립지원'의 3개 절로 구분 · 각 절별 사업 성격에 맞게 목차 재구성

4) 보건복지가족부, 2008년도 아동복지사업안내, p. 9.

제2절 아동복지관계법

1. 아동복지관계법의 개념

아동복지관계법은 아동복지사업을 실천하기 위한 사회적 책임을 명문화한 것으로서, 아동복지사업 실천의 근거가 된다. 이러한 아동복지관계법은 아동과 가족의 욕구와 요구에 부응하는 각종 사회복지대책을 제공하는 근거가 된다. 따라서 아동은 한 나라의 국민으로서 누려야 할 여러 가지 권리, 곧 헌법에서 규정하고 있는 행복추구권(10조), 평등권(11조), 신체의 자유권(12조), 교육권(31조), 인간다운 생활을 할 권리(34조), 쾌적한 환경에서 생활할 권리(35조), 보건권(36조) 등을 보장하기 위해 그 하위법으로서 아동복지관계법을 제정 및 시행하도록 조치하고 있는 것이다.

아동복지관계법은 형식적 의미의 아동복지법과 실질적 의미의 아동복지관계법으로 구분하여 살펴볼 수 있다[5]. 형식적 의미의 아동복지법은 법의 외적 형식을 갖춘 제반 법규로써 아동복지법을 의미한다. 이에 반해 실질적 의미의 아동복지관계법이란 법의 명칭에 관계없이 법의 내용, 목적, 기능에 따라 그 법규범에 내재하는 공통된 법 원리를 도출하고 그 법원리에 근거하여 아동복지법의 개념을 파악하는 것이다.

2. 아동복지관계법의 체계 및 현황

아동복지관계법의 체계는 사회복지관계법의 하위체계로서 아동복지와 관련된 법의 총체 또는 아동복지의 직접 · 간접적으로 관련이 있는 법을 말한다. 아동복지관계법의 체계를 구분한 최초의 시도는 장인협 · 오정수(1994)에 의해 이루어졌는데, 아동복지정책 분야에 따라 7가지로 구분하였다. 이러한 7가지 체계에 따라 우리나라의 현행 아동복지관계법을 구분하면 다음과 같다.

---

5) 장동일, 1999, 사회복지법의 이해, 학문사.

① **아동복지와 직접 관련된 법** : 아동복지법, 영유아보육법, 모부자복지법, 모자보건법, 입양촉진 및 절차에 관한 특례법, 청소년 기본법, 청소년복지지원법, 청소년활동진흥법, 실종아동 등의 보호 및 지원에 관한 법률, 가족관계의 등록 등에 관한 법률, 다문화 가족지원법

② **공적부조 및 사회복지서비스와 관련된 법** : 국민기초생활보장법, 사회복지사업법, 재해구호법, 의료급여법, 장애인복지법, 장애인 · 노인 · 임산부 등의 편의증진 보장에 관한 법률, 장애인고용촉진 및 직업재활법, 장애인기업활동촉진법, 가정폭력방지 및 피해자보호 등에 관한 법률, 성매매방지 및 피해자보호 등에 관한 법률, 저출산 · 고령사회기본법

③ **보건 · 위생과 관련된 법** : 지역보건법, 보건의료기본법, 공공보건의료에 관한 법률, 정신보건법

④ **교육과 관련된 법** : 유아교육법, 교육기본법, 특수교육진흥법, 평생교육법, 학교급식법, 학교보건법

⑤ **노동과 관련된 법** : 근로기준법, 직업안정법, 최저임금법, 장애인고용촉진 및 직업재활법

⑥ **사회보험과 관련된 법** : 공무원연금법, 국민연금법, 산업재해보상보험법

⑦ **법무와 관련된 법** : 민법, 호적법, 형사소송법, 소년법, 가사소송법

그리고 외국의 아동복지관계법은 〈표 6－2〉와 같다.

표 6－2 외국의 아동복지관계법

국 가 명	법 명
일 본	아동복지법, 정신박약아동복지법, 아동수당법, 소년법 및 소년원법, 신체장애인복지법, 모자 및 과부복지법, 모자보건법, 특별아동부양수당의 지급에 관한 법
스웨덴	아동복지법, 장애아학교법,
영 국	아동법, 아동수당법, 아동학대방지법,
미 국	아동노동법, 아동영양법, 아동학대예방 및 처우법, 소년법, 모자연금법 청소년처우 및 비행예방법, 가족지원법
독 일	청소년보호법

또한 김만두(1991)의 사회복지법 체계 구성원리를 바탕으로 현행 우리나라의 아동복지관계법의 체계를 나타내면 [그림 6－3]과 같다.

- 아동복지 관계법
  - 아동복지의 조직 및 인력에 관한 법률
    - ① 보건복지부와 그 소속기관 직제
    - ② 여성가족부 직제
    - ③ 사회복지사업법
    - ④ 각종 복지법 중 행정기관 및 인력에 관한 규정
    - ⑤ 지방자치법 중 관련규정
    - ⑥ 이외 관계부처법 중 아동·청소년 복지조직에 관한 법
  - 아동복지와 직접 관련이 있는 법
    - ① 아동복지법
    - ② 영유아보육법
    - ③ 교육기본법
    - ④ 유아교육법
    - ⑤ 특수교육진흥법
    - ⑥ 청소년기본법
    - ⑦ 청소년보호법
    - ⑧ 아동·청소년복지지원법
    - ⑨ 청소년활동진흥법
    - ⑩ 청소년의 성보호에 관한 법률
    - ⑪ 한국 청소년 연맹육성에 관한 법률
    - ⑫ 국민기초생활보장법
    - ⑬ 입양촉진 및 절차에 관한 특례법
    - ⑭ 모부자복지법
    - ⑮ 모자보건법
    - ⑯ 장애인복지법
    - ⑰ 가족관계의 등록 등에 관한 법률
    - ⑱ 다문화가족지원법
    - ⑲ 가정폭력 방지 및 피해자보호 등에 관한 법률
    - ⑳ 성폭력 범죄의 처벌 및 피해자보호 등에 관한 법률
    - ㉑ 실종 아동 등의 보호 및 지원에 관한 법률
    - ㉒ 이외 관계법 중 사회보장 및 복지서비스에 관한 법
  - 아동복지의 재정과 관련이 있는 법
    - ① 복지법 중 비용 및 재정에 관한 규정
    - ② 사회복지사회기금법
    - ③ 지방재정법
    - ④ 보조금관리법
    - ⑤ 각종 조세법률 중 관계규정

[그림 6-3] **아동복지관계법의 체계**

연구토의 문제

1. 아동복지정책을 가족복지정책과 함께 논의해야 하는 이유에 대해 생각해 보자.

2. 아동이 생활하는 가정을 지원함으로써 아동의 복지를 도모하는 제도들은 무엇이고, 어떠한 장점을 갖는지 대해 생각해 보자.

3. 아동복지분야에서 관련법이 어떻게 제정되었는지에 대하여 생각해 보자.

제 7 장

아동복지시설 및 아동복지 종사자

제 1 절 아동 · 청소년복지시설의 종류
제 2 절 아동복지 종사자
제 3 절 아동복지시설의 현황

일반적으로 아동복지시설은 부모를 잃었거나 부모로부터 양육을 받을 수 없는 고아, 기아, 장애아, 결손가정, 빈곤가정의 아동과 같은 요보호아동들을 대상으로 이들의 생활, 치료 및 재활 등의 서비스를 제공하는 생활의 장으로 정의할 수 있다.

이를 카두신(Kadushin)은 '아동과 무관한 성인들의 보호 하에 아동 집단의 공동생활을 위한 하루 24시간의 서비스를 제공하는 주거시설'로 정의하였다.

오늘날 시설은 설립 및 운영주체에 따라 공립시설과 사립시설로, 대상아동의 연령과 장애유무에 따라 영아원, 육아원, 특수시설 등으로, 시설이용 방법에 따라 수용보호시설 및 통원시설로, 시설이용 기간에 따라 일반시설 및 일시보호시설로, 이용자의 비용수납 유무에 따라 유료시설과 무료시설 등으로 분류한다.

과거에는 아동을 위한 복지사업을 뜻있는 사람들에 의하여 요보호상태에 있는 아동들을 중심으로 한 치료적인 대책으로서 주로 시설에 의존하여 왔다. 따라서 시설은 아동을 위한 복지사업의 전형적인 형태로 간주되어 왔다. 그러나 근래에 와서는 이러한 사업의 방향이 요보호아동 뿐만 아니라 모든 아동을 위한 방향으로 전환되고 있다.

아동 · 청소년복지기관 및 시설은 아동을 건전하게 육성하기 위해 사회적 책임의 일환으로 전개되는 사회적 보호 및 배려의 한 형태로서 아동의 복지를 보장하는 역할을 하며, 대개의 경우 19세 미만의 아동과 그 부모와 가족이 함께 사용할 수 있도록 설치되어 있다.

본 장에서는 아동복지시설의 종류와 아동복지 종사자의 역할, 자질 및 자격, 그리고 우리나라 아동복지시설의 현황과 대책방안에 대해 살펴보고자 한다.

제1절 아동복지시설의 종류

아동복지시설은 크게 복지시설, 교육시설, 놀이 · 휴양시설 및 수련시설 등 3가지 유형으로 대별할 수 있다.

1. 복지시설

1) 시설의 종류

(1) 아동복지법에 규정되어 있는 시설

아동이 이용할 수 있는 복지시설은 크게 생활시설과 이용시설로 나뉘며, 이것은 아동복지법 제66조에 규정되어 있는데 이러한 시설의 종류와 그 설치 목적은 다음과 같다.

[1] 아동복지 생활시설

① **양육시설** : 보호가 필요한 아동 · 청소년을 입소시켜 보호, 양육 및 자립지원을 제공하는 시설

② **일시보호시설** : 보호가 필요한 아동 · 청소년을 일시보호하며, 아동 · 청소년에 대한 앞으로의 양육대책을 수립하고 필요한 조치를 행하는 시설

③ **보호치료시설** : 비행을 행하거나 할 우려가 있는 아동 · 청소년으로서 보호자가 없거나 친권자나 후견인이 입소를 신청한 아동 · 청소년, 가정법원, 지방법원소년부지원에서 보호 위탁된 아동 · 청소년, 학대로 인해 부모로부터 일시 격리되어 치료가 필요한 아동 · 청소년 등에게 적절한 보호 및 치료를 행하는 시설

④ **공동생활가정** : 보호가 필요한 아동 · 청소년에게 가정과 같은 환경을 마련하여 보호를 행하는 시설

⑤ **직업훈련시설** : 아동 · 청소년복지시설에 입소되어 있는 15세 이상의 아동 · 청소년과 생활이 어려운 가정의 아동 · 청소년에 대하여 자활에 필요한 지식과 기능을 익히게 하는 시설

⑥ **자립지원시설** : 아동 · 청소년복지시설에서 퇴소한 자에게 취업 준비 기간 또는 취업 후 일정기간 보호하여 자립을 지원하는 시설

⑦ **아동 · 청소년쉼터** : 가출아동 · 청소년에게 일시적인 생활지원과 상담 및 보호, 가정 · 사회로의 복귀, 중 · 장기적인 자립, 문제행동의 수정과 심리치료 등을

제공하는 시설

[2] 아동복지 이용시설

① **아동 · 청소년상담소** : 아동 · 청소년과 그 가족의 문제에 관한 상담 · 치료 · 예방 및 연구 등을 행하는 시설

② **지역아동 · 청소년센터** : 지역사회 아동 · 청소년의 보호 · 교육, 활동기회 제공, 상담, 지역사회와의 연계 등을 통해 아동 · 청소년의 건강한 성장을 지원하기 위한 종합적인 아동 · 청소년 복지서비스를 제공하는 시설

③ **아동 · 청소년복지관** : 지역사회 아동의 건전육성을 위하여 심신의 건강유지와 복지증진에 필요한 서비스를 제공하는 것을 목적으로 하는 시설

위의 아동 · 청소년복지시설은 각 시설의 고유업무 외에도 다음의 사업을 실시할 수 있도록 규정하고 있다.

① **가정지원사업** : 지역사회 아동 · 청소년의 건강한 발달을 위하여 아동 · 청소년 · 가정 · 지역주민에게 상담 · 조언 및 정보를 제공해 주는 사업

② **주간보호사업** : 부득이한 사유로 가정에서 낮 동안 보호를 받을 수 없는 아동 · 청소년을 대상으로 개별적인 보호 · 교육을 통하여 아동 · 청소년의 성장과 발달을 도모하는 사업

③ **전문상담사업** : 학교에 적응하지 못하는 아동 · 청소년 등을 대상으로 올바른 인격형성을 위한 상담 · 치료 및 학교폭력예방을 실시하는 사업

④ **학대피해아동보호사업** : 학대받은 아동의 발견 · 보호 · 치료 및 학대의 예방 등을 전문적으로 실시하는 사업

⑤ **공동생활가정사업** : 보호가 필요한 아동 · 청소년에게 가정과 같은 환경을 마련하여 보호를 행하는 사업

⑥ **방과 후 지도사업** : 방과 후 보호가 필요한 아동 · 청소년의 성장과 발달을 위하여 보호 · 교육하는 사업

⑦ **가정보호사업** : 보호가 필요한 아동 · 청소년에게 입양상담, 위탁보호 상담, 위탁부모 발굴 및 사후관리 등의 서비스를 제공하는 사업

(2) 장애인복지법

장애인복지법 제58조에 규정되어 있는 장애인복지시설의 종류는 다음과 같다.

① **장애인생활시설** : 장애인이 필요한 기간 생활하면서 재활에 필요한 상담·치료·훈련 등의 서비스를 받아 사회복귀를 준비하거나 장애로 인하여 장기간 요양하는 시설

② **장애인지역사회재활시설** : 장애인복지관, 의료재활시설, 체육시설, 수련시설, 공동생활가정 등 장애인에게 전문적인 상담·치료·훈련 등을 제공하거나 여가활동 및 사회참여활동 등에 필요한 편의를 제공하는 시설

③ **장애인직업재활시설** : 일반 고용이 어려운 장애인이 특별히 준비된 작업환경에서 직업훈련을 받거나 직업생활을 영위할 수 있도록 하는 시설

④ **장애인유료복지시설** : 장애인이 필요한 치료, 상담, 훈련 등 편의를 제공받고 이에 소요되는 일체의 비용을 시설운영자에게 납부하여 운영하는 시설

⑤ **그 밖에 대통령으로 정하는 시설** : 장애인 생산품 판매시설(시행령 제 36조)

위에 열거된 4가지 장애인 복지시설안에 포함되는 장애인복지시설의 종류와 기능이 동법 시행규칙 제41조와 관련한 〈별표 4〉에 제시되어 있는데, 다음의 〈표 7-1〉과 같다.

표 7-1 장애인복지시설의 종류(제32조 관련)

구 분	시설의 종류 및 기능
1. 장애인생활시설	가. 장애유형별 생활시설 : 장애유형이 같거나 또는 유사한 장애를 가진 사람들을 입소 또는 통원하게 하여 그들의 장애유형에 적합한 의료·교육·직업·심리·사회 등 재활서비스와 주거서비스를 제공하는 시설 나. 중증장애인요양시설 : 장애의 정도가 심하여 항상 도움이 필요한 사람을 입소하게 하여 상담·치료 또는 요양서비스를 제공하는 시설 다. 장애영유아생활시설 : 6세 미만의 장애영유아를 입소 또는 통원하게 하여 보호함과 동시에 그 재활에 필요한 의료·교육·심리·사회 등 재활서비스를 제공하는 시설

2. 장애인지역사회 재활시설	가. 장애인복지관 : 장애인에 대한 각종 상담 및 사회심리 · 교육 · 직업 · 의료재활 등 장애인의 지역사회생활에 필요한 종합적인 재활서비스를 제공하고 장애에 대한 사회적 인식개선사업을 수행하는 시설 나. 장애인의료재활시설 : 장애인을 입원 또는 통원하게 하여 상담, 진단 · 판정, 치료 등 의료재활서비스를 제공하는 시설 다. 장애인주간보호시설 : 장애인을 주간에 일시 보호하여 장애인에게 필요한 재활서비스를 제공하는 시설 라. 장애인단기보호시설 : 장애인을 일정기간 보호하여 장애인에게 필요한 재활서비스를 제공하는 시설 마. 장애인공동생활가정 : 스스로 사회적응이 곤란한 장애인들이 장애인복지 전문인력에 의한 지도와 보호를 받으며 공동으로 생활하는 지역사회 내 소규모 주거시설 바. 장애인체육시설 : 장애인의 체력증진 또는 신체기능 회복활동을 지원하고 이와 관련된 편의를 제공하는 시설 사. 장애인수련시설 : 장애인의 문화 · 취미 · 오락활동 등을 통한 심신수련을 조장 · 지원하고 이와 관련된 편의를 제공하는 시설 아. 장애인심부름센터 : 이동에 상당한 제약이 있는 장애인에게 차량운행을 통한 직장 출 · 퇴근 및 외출보조 기타 이동서비스를 제공하는 시설 자. 수화통역센터 : 의사소통에 지장이 있는 청각 · 언어장애인에 대한 수화통역 및 상담서비스를 제공하는 시설 차. 점자도서관 : 시각장애인에게 점자간행물 및 녹음서를 열람하게 하는 시설 카. 점서 및 녹음서 출판시설 : 시각장애인을 위한 점자간행물 및 녹음서를 출판하는 시설
3. 장애인직업재활 시설	가. 장애인작업활동시설 : 작업능력이 극히 낮은 장애인에게 주기능으로 작업활동 · 일상생활훈련 등을 제공하여 기초작업 능력을 습득시키고, 부기능으로 작업평가 및 사회적응 훈련 등을 실시하는 시설 나. 장애인보호작업시설 : 직업능력이 낮은 장애인에게 주기능으로 직업훈련 및 일거리 등을 제공하여 보호적 조건에서 생산활동에 참여하게 함으로써 이에 상응하는 노동의 대가를 지급하고, 부기능으로 직업알선 등을 실시하는 시설 다. 장애인근로작업시설 : 직업능력은 있으나 사회적 제약 등으로 취업이 어려운 장애인에게 주기능으로 근로의 기회를 제공하여 생산활동에 참여하게 함으로써 최저임금 이상을 지급하고, 부기능으로 직업알선 등을 실시하는 시설 라. 장애인직업훈련시설 : 직업훈련을 받고자 하는 장애인에게 주기능으

	로 직업평가 · 사회적응 훈련 및 직업훈련 등을 일정기간 실시하여 직업능력을 향상시키고, 부기능으로 직업알선 및 사후 지도 등을 실시하는 시설 마. 장애인생산품판매시설 : 주기능으로 장애인 생산품의 판매활동 및 유통을 대행하고, 부기능으로 장애인 생산품에 관한 상담 · 홍보 · 판로 개척 및 정보제공 등을 실시하는 시설
4. 장애인유료복지시설	장애인생활시설로서 장애인에게 필요한 치료, 상담, 훈련 등 편의를 제공하고 이에 소요되는 일체의 비용을 입소한자로부터 수납하여 운영하는 시설

(3) 영유아보육법에 규정되어 있는 시설

영유아보육법 제10조에 규정되어 있는 어린이집의 종류는 다음과 같다.

① **국 · 공립어린이집** : 국가 또는 지방자치단체가 설치 · 운영하는 어린이집
② **법인어린이집** : 사회복지사업법에 의한 사회복지법인이 설치 · 운영하는 어린이집
③ **직장어린이집** : 사업주가 사업장의 근로자를 위하여 설치 · 운영하는 어린이집(국가 또는 지방자치단체의 장이 소속공무원을 위하여 설치 · 운영하는 시설을 포함한다)
④ **가정어린이집** : 개인이 가정 또는 그에 준하는 곳에 설치 · 운영하는 어린이집
⑤ **부모협동어린이집** : 보호자들이 조합을 결성하여 설치 · 운영하는 어린이집
⑥ **민간어린이집** : 제1호 내지 제5호에 해당하지 아니하는 어린이집

(4) 한부모가족지원법에 규정되어 있는 시설

한부모가족지원법 제19조에 규정되어 있는 시설은 다음과 같다.

① **모자보호시설** : 생활이 어려운 모자가족을 일시적으로 또는 일정 기간 보호하여 생계를 지원하고 퇴소(퇴소) 후 자립 기반을 조성하도록 지원하는 것을 목적으로 하는 시설
② **모자자립시설** : 자립이 어려운 모자가족에게 일정 기간 주택 편의만을 제공하는

것을 목적으로 하는 시설

③ **부자보호시설** : 생활이 어려운 부자가족을 일시적으로 또는 일정 기간 보호하여 생계를 지원하고 퇴소 후 자립 기반을 조성하도록 지원하는 것을 목적으로 하는 시설

④ **부자자립시설** : 자립이 어려운 부자가족에게 일정 기간 주택 편의만을 제공하는 것을 목적으로 하는 시설

⑤ **미혼모자시설** : 미혼 여성의 임신 · 출산 시 안전 분만 및 심신의 건강 회복과 출산 후 아동의 양육 지원을 위하여 일정 기간 보호하는 것을 목적으로 하는 시설

⑥ **미혼모자 공동생활가정** : 출산 후의 미혼모와 해당 아동으로 구성된 미혼모자가족이 일정 기간 공동으로 가정을 이루어 아동을 양육하고 보호할 수 있도록 지원하는 것을 목적으로 하는 시설

⑦ **모자 공동생활가정** : 독립적인 가정생활이 어려운 모자가족이 일정 기간 공동으로 가정을 이루어 생활하면서 자립을 준비할 수 있도록 지원하는 것을 목적으로 하는 시설

⑧ **부자 공동생활가정** : 독립적인 가정생활이 어려운 부자가족이 일정 기간 공동으로 가정을 이루어 생활하면서 자립을 준비할 수 있도록 지원하는 것을 목적으로 하는 시설

⑨ **미혼모 공동생활가정** : 출산 후 해당 아동을 양육하지 아니하는 미혼모들이 일정 기간 공동으로 가정을 이루어 생활하면서 자립을 준비할 수 있도록 지원하는 것을 목적으로 하는 시설

⑩ **일시보호시설** : 배우자(사실혼 관계에 있는 자를 포함한다)가 있으나 배우자의 물리적 · 정신적 학대로 아동의 건전한 양육이나 모의 건강에 지장을 초래할 우려가 있을 경우 일시적으로 또는 일정 기간 그 모와 아동 또는 모를 보호함을 목적으로 하는 시설

⑪ **여성복지관** : 모자가족과 미혼여성에 대한 각종 상담을 실시하고 생활지도, 생업지도, 탁아 및 직업보도(직업보도)를 행하는 등 모자가족과 미혼여성의 복지를 위한 편의를 종합적으로 제공하는 것을 목적으로 하는 시설

⑫ **한부모가족복지상담소** : 한부모가족에 대한 조사, 지도, 시설 입소(입소) 등에 관한 상담 업무를 수행할 것을 목적으로 하는 시설

2) 복지시설의 설치

복지시설은 국가 지빙자체단체가 설치할 수 있으며, 국가 또는 지방자치단체외의 경우에는 관할 시장, 군수, 구청장에게 신고하여 설치할 수 있다. 이러한 보호시설의 설치 및 운영 등에 필요한 사항은 보건복지가족부령으로 정한다.

3) 생활시설에서의 보호

생활시설에서의 보호는 일시보호와 장기보호로 나눌 수 있으며, 시설에 수용 · 보호하지 아니하고서는 적절한 발달을 보장하기가 힘들다고 판단될 때 실시된다. 따라서 입소를 결정할 경우, 전문적인 판단이 요구된다.

즉, 본인 및 보호자가 시설에 의한 보호조치를 희망하는지, 또는 시설의 목적이나 기능이 이들의 요구를 충족시킬 수 있으며, 소기의 효과를 기대할 수 있는지 하는 점 등이다. 이러한 결정은 관계법령에 준하게 되며, 결정단계에서 전문가와의 상담을 거치게 되는데, 이러한 과정에서 장기보호와 일시보호의 적절성 여부를 판단하고 조치하게 된다.

한편 경우에 따라서는 시설에 의한 보호조치가 합당하다고 여겨지더라도 보호자가 동의하지 않을 때에는 적극적인 설득을 통하여 아동의 발달을 최대한 보장해 주도록 노력할 필요가 있다. 또 보호의 목적이 달성되었다고 판단되었을 때에는 규정된 행정절차에 따라 퇴소시켜야 한다.

2. 교육시설

1) 교육시설의 종류

유아를 위한 교육시설은 유아교육법에 규정되어 있는 유치원과 영유아보육법에 규

정되어 있는 어린이집의 2종류가 있다. 여기서 어린이집(educare center)은 보호(care)와 교육(education)의 기능을 모두 포함하는 시설이므로 보호시설과 교육시설에 모두 속한다고 볼 수 있다.

(1) 유치원

유치원의 종류는 유아교육법 제7조에 의해 다음과 같이 구분된다.

① **국립유치원** : 국가가 설립 · 경영하는 유치원
② **공립유치원** : 지방자치단체가 설립 · 경영하는 유치원(설립주체에 따라 시립유치원과 도립유치원으로 구분할 수 있다)
③ **사립유치원** : 법인 또는 사인이 설립 · 경영하는 유치원

또한 유아교육법 제2조 4호, 5호, 6호에 유치원 운영제를 3가지 즉 반일제, 시간연장제, 종일제로 나누어 규정하였는데, 다음과 같다.

① '반일제'라 함은 1일 3시간 이상 5시간 미만의 교육과정을 말한다.
② '시간연장제'라 함은 1일 5시간 이상 8시간 미만의 교육과정을 말한다.
③ '종일제'라 함은 1일 8시간 이상의 교육과정을 말한다.

(2) 어린이집

어린이집이란 보호자가 근로 또는 질병 기타 사정으로 영유아를 보호하기 어려운 경우에 보호자의 위탁을 받아 영유아를 보육하는 시설을 말한다. 이러한 어린이집의 종류는 다음과 같다.

① **국 · 공립어린이집** : 국가 또는 지방자치단체가 설치 · 운영하는 어린이집
② **법인어린이집** : 사회복지사업법에 의한 사회복지법인이 설치 · 운영하는 어린이집
③ **직장어린이집** : 사업주가 사업장의 근로자를 위하여 설치 · 운영하는 어린이집(국가 또는 지방자치단체의 장이 소속공무원을 위하여 설치 · 운영하는 시설을 포함한다)
④ **가정어린이집** : 개인이 가정 또는 그에 준하는 곳에 설치 · 운영하는 어린이집

⑤ **부모협동어린이집** : 보호자들이 조합을 결성하여 설치 · 운영하는 어린이집
⑥ **민간어린이집** : 제1호 내지 제5호에 해당하지 아니하는 어린이집

2) 교육시설의 설립

(1) 유치원

유아교육법 제8조에 의하면 사립유치원의 설립에 대한 규정이 다음과 같이 제시되어 있다.

① 유치원을 설립하고자 하는 자는 시설 · 설비 등 대통령령이 정하는 설립기준을 갖추어야 한다.
② 사립유치원을 설립하고자 하는 자는 특별시 · 광역시 또는 도교육감(이하 '교육감'이라 한다)의 인가를 받아야 한다.
③ 사립유치원을 설립 · 경영하는 자가 유치원을 폐쇄하거나 대통령령이 정하는 중요사항을 변경하고자 하는 경우에는 교육감의 인가를 받아야 한다.

또한 유아교육법 제9조에 의하면 유치원은 초 · 중등교육법 제2조의 규정에 따른 초등학교 · 중학교 및 고등학교에 병설될 수 있다고 규정되어 있다.

(2) 어린이집

영유아보육법 제12조, 13조, 14조에 어린이집 설치에 대한 규정이 다음과 같이 제시되어 있다.

제12조 (국 · 공립어린이집의 설치 등) 국가 또는 지방자치단체는 국 · 공립어린이집을 설치 · 운영하여야 한다. 이 경우 국 · 공립어린이집은 제11조의 규정에 의한 보육계획에 따라 도시저소득주민밀집주거지역 및 농어촌지역 등 취약지역에 우선적으로 설치하여야 한다.

제13조 (국 · 공립어린이집 외의 어린이집의 설치) ① 국 · 공립어린이집 외의 어린이집을 설치 · 운영하고자 하는 자는 시장 · 군수 · 구청장의 인가를 받아야 한다. 인가받은 사항

중 중요사항을 변경하고자 하는 경우에도 또한 같다.

② 제1항의 규정에 의한 인가에 관하여 필요한 사항은 보건복지가정부령으로 정한다.

제14조 (직장어린이집의 설치 등) ① 대통령령이 정하는 일정규모 이상의 사업장의 사업주는 직장어린이집을 설치하여야 한다. 다만, 사업장의 사업주가 직장어린이집을 단독으로 설치할 수 없을 때에는 사업주 공동으로 직장어린이집을 설치 · 운영하거나, 지역의 어린이집과 위탁계약을 체결하여 근로자 자녀의 보육을 지원하거나 또는 근로자에게 보육수당을 지급하여야 한다.

② 제1항의 규정에 의한 어린이집의 설치 · 위탁계약 및 보육수당의 지급에 관하여 필요한 사항은 보건복지가정부령으로 정한다.

3) 교육시설의 이용

교육시설의 이용을 유치원과 어린이집으로 나누어 살펴보면 다음과 같다.

(1) 유치원

유아교육법 제 2조에 의해 만 3세부터 초등학교 취학전까지의 어린이가 취원할 수 있음을 규정하고 있다.

(2) 어린이집

영유아보육법에 의한 어린이집의 입소 대상은 영유아로 규정하고 있다. 다만 보건복지부장관, 시 · 도지사 또는 시장 군수는 중앙보육위원회 또는 지방보육위원회의 의결을 거쳐 입소대상을 12세까지 연장할 수 있다. 그리고 다음과 같은 경우 우선적으로 어린이집을 이용할 수 있게 규정되어 있다.

① 「국민기초생활보장법」에 따른 수급자
② 「한부모가족지원법」 제5조의 규정에 의한 보호대상자의 자녀
③ 「국민기초생활보장법」 제24조의 규정에 의한 차상위계층의 자녀
④ 「장애인복지법」 제2조의 규정에 의한 장애인 중 보건복지가족부령이 정하는 장애등급 이상에 해당하는 자의 자녀

⑤ 그 밖에 소득수준 등을 고려하여 보건복지가족부가 정하는 자의 자녀

3. 놀이 · 휴양시설 및 수련시설

1) 놀이 및 휴양시설의 종류

아동들이 이용할 수 있는 놀이 · 휴양시설은 아동복지법에 규정되어 있는 아동전용시설이 있다. 아동전용시설은 아동에게 건전한 놀이와 오락, 기타 각종 편의를 제공하여 심신의 건강을 유지 · 증진하고 정서를 함양시키는 것을 목적으로 하는 시설로서 어린이 공원, 어린이 놀이터, 아동회관, 체육 · 연극 · 영화 · 과학실험전시시설, 아동휴게 · 숙박시설, 야영장 등이 있다.

2) 놀이 및 휴양시설의 이용

아동복지법에 규정된 놀이 · 휴양시설로서의 아동전용시설은 누구나 이용할 수 있으며, 아동이 이용할 수 있는 문화 · 오락시설 · 교통 기타 서비스시설 등 대통령령이 정하는 바에 의하여 아동의 이용편의를 고려한 편익설비를 갖추어야 된다.

또한 아동복지법 제17조 제2항의 규정에 의하여 국가 또는 지방자치단체가 설치한 아동전용시설 기타 아동이 이용할 수 있는 시설에 있어서는 다른 법령에 특별한 규정이 있는 경우를 제외하고는 그 시설을 이용하는 아동에 대하여 그 입장료와 이용료를 받지 아니한다고 규정하였다. 다만 부득이한 사정이 있는 경우에는 어린이날과 국경일을 제외하고는 그 시설의 관리기관이 당해 시설을 설치한 기관의 장의 승인을 얻어 이를 징수할 수 있으며, 시장 · 군수 · 구청장은 아동전용시설 기타 아동이 이용할 수 있는 시설을 설치 · 운영하는 자에게 그 시설을 이용하는 아동에 대한 입장료와 이용료 등을 제1항의 규정에 준하여 감면하도록 권장할 수 있다.

3) 수련시설

청소년활동진흥법 제10조에 규정되어 있는 수련시설은 다음과 같다.

① **청소년수련관** : 다양한 수련거리를 실시할 수 있는 각종 시설 및 설비를 갖춘 종합수련시설

② **청소년수련원** : 숙박기능을 갖춘 생활관과 다양한 수련거리를 실시할 수 있는 각종 시설과 설비를 갖춘 종합수련시설

③ **청소년문화의집** : 간단한 수련활동을 실시할 수 있는 시설 및 설비를 갖춘 정보·문화·예술중심의 수련시설

④ **청소년특화시설** : 청소년의 직업체험·문화예술·과학정보·환경 등 특정 목적의 청소년활동을 전문적으로 실시할 수 있는 시설과 설비를 갖춘 수련시설

⑤ **청소년야영장** : 야영에 적합한 시설 및 설비를 갖추고 수련거리 또는 야영편의를 제공하는 수련시설

⑥ **유스호스텔** : 청소년의 숙박 및 체재에 적합한 시설·설비와 부대·편익시설을 갖추고 숙식편의제공, 여행청소년의 활동지원 등을 주된 기능으로 하는 시설

그 외 수련시설이 아닌 시설로서 그 설치목적의 범위에서 청소년활동의 실시와 청소년의 건전한 이용 등에 제공할 수 있는 시설인 '청소년이용시설'이 있다.

제2절 아동복지 종사자

아동복지 종사자라고 하면 아동복지사업에 종사하는 모든 사람을 일컫지만 법률적으로 해석하면 아동복지법 시행령에 규정된 시설장, 총무, 의사, 간호사, 조산원, 영양사, 보육사, 상담지도사, 직업훈련교사, 아동복지 지도원, 상담요원, 임상심리 상담원 등을 말하며 이 밖에도 유아교육법과 영유아보육법 및 청소년기본법에 의한 유치원·어린이집 교사와 청소년지도사, 청소년상담사가 있으며, 특수교육진흥법에 의한 특수교육시설의 특수교사가 포함된다.

1. 아동복지 종사자의 역할

아동복지사업은 역사적으로 볼 때 박애정신을 가진 사람들에 의하여 헌신적으로 이루어져 왔으며, 대부분 종교적 배경을 가진 사람들이었다. 그러나 현대사회에 들어서면서 아동들이 가진 문제의 성격이 다양화되고 그 정도가 심화됨에 따라 자선이나 연민에만 의존할 수 없게 되었다. 따라서 인간애와 함께 고도의 지식과 기술을 겸비한 전문가로서의 종사자를 요구하게 된 것이다.

일반적으로 아동복지 관련 종사자는 자신이 소속되어 있는 기관의 목적을 이루기 위해 합당한 일을 수행하게 된다. 즉, 아동 및 그들의 가정이 가지고 있는 여러 가지 장애와 문제를 예방하고 경감시키거나 제거하는 역할을 담당하게 된다.

아동위원은 아동복지시설 종사자는 아니며 명예직으로서 자원봉사자의 성격을 띤다. 아동위원은 관할구역 안의 아동에 대하여 그 생활실태 및 가정환경을 상세히 파악하고 아동복지에 필요한 원조와 지도를 하게 된다. 아동위원의 자격으로서는 별도의 법적 규정이 없으나 해당 지역사회 실정에 밝고 아동복지에 열의가 있으며 아동복지에 관한 학식과 경험이 풍부할 것이 요구된다.

2. 아동복지 종사자의 자질

아동복지 종사자는 심신이 건강하고 아동을 무엇보다도 사랑하며 이해와 봉사정신을 가져야 한다. 이것은 아무리 복지실현의 방법이 과학화되어 있어도 이들에 대한 깊은 이해와 사랑의 실천 자세가 중요하기 때문이다. 이 중에서도 유아교육 교사들은 교육 프로그램의 수행을 위해 유아발달 및 여러 유아교육이론에 관한 대학 수준의 전문적인 준비를 갖추어야 한다. 또 해당 연령집단을 지도해 본 실제경험이 요구된다.

따라서 자격, 지위에 상관없이 이전에 그 연령의 아동을 가르친 적이 없는 교사들은 그들이 한 집단의 아동들을 책임질 수 있기 전에 아이들과의 경험을 나누거나(교육실습) 경험자들의 조언을 들을 필요가 있다.

3. 아동복지 종사자의 직무와 자격

아동복지 종사자의 직무와 자격은 교육기본법, 유아교육진흥법, 영유아보육법, 아동복지법 및 기타 관련법에 규정되어 있다.

아동복지 종사자는 전술하였듯이 인간애와 전문성을 동시에 갖추고 또 조화를 이루는 것이 중요하다. 그런데 대개 자격을 논할 때는 학력이나 경력을 우선적으로 고려하는 수가 많은데 이는 객관적인 평가가 용이하기 때문이다.

아동복지관계법에 의해 설치된 종사자의 종류는 매우 다양하며 종사자의 자격기준 등은 각각의 관계법에 규정되어 있다.

1) 아동복지법에 의한 종사자의 자격기준과 배치기준

아동복지법에 규정되어 있는 종사자로는 시설장, 총무, 보육사, 생활복지사 또는 상담요원, 직업훈련교사, 임상심리 상담원 등이 있다.

(1) 자격기준

아동복지법 시행령 제13조와 관련한 [별표 4]에 아동복지시설 종사자의 직종별 자격기준이 제시되어 있으며, 그 내용은 다음의 〈표 7－2〉와 같다.

표 7－2 아동복지시설 종사자의 직종별 자격기준(제13조관련)

직종별	자격기준
시설장	1. 「사회복지사업법」에 의한 사회복지사 3급 이상의 자격을 가진 자 2. 학대아동보호사업과 관련된 기관에서 3년 이상 근무한 경력이 있는 자 3. 7급 이상 공무원으로서 국가 또는 지방자치단체에서 사회복지사업에 관한 행정업무에 5년 이상 종사한 경력이 있는 자 4. 「의료법」에 의한 의사면허를 가진 자로서 3년 이상 진료경력이 있는 자 5. 「정신보건법」에 의한 정신보건전문요원의 자격을 가진 자로서 사회복지업무와 관련하여 5년 이상 종사한 경력이 있는 자 6. 「영유아보육법」에 의한 보육교사 1급자격을 가진 자로서 아동에 관련된

	사회복지업무에 5년 이상 종사한 경력이 있는 자 7. 유치원, 초등학교 또는 중등학교 교사자격증을 가진 자로서 사회복지사업에 5년 이상 종사한 경력이 있는 자 8. 직업훈련교사, 간호사, 영양사로서 사회복지사업에 5년 이상 종사한 경력이 있는 자
총무	1. 「사회복지사업법」에 의한 사회복지사 3급 이상 자격을 가진 자 2. 학대아동보호사업과 관련된 기관에서 1년 이상 근무한 경력이 있는 자 3. 9급 이상 공무원으로서 국가 또는 지방자치단체에서 사회복지사업에 관한 행정업무에 3년 이상 종사한 경력이 있는 자 4. 「정신보건법」에 의한 정신보건전문요원의 자격을 가진 자로서 아동복지업무와 관련하여 3년 이상 종사한 경력이 있는 자 5. 「영유아보육법」에 의한 보육교사 1급자격을 가진 자로서 아동에 관련된 사회복지업무에 3년 이상 종사한 경력이 있는 자 6. 유치원, 초등학교 또는 중등학교 교사자격증을 가진 자로서 사회복지사업에 5년 이상 종사한 경력이 있는 자
보육사	1. 「사회복지사업법」에 의한 사회복지사 3급 이상 자격을 가진 자 2. 「영유아보육법」에 의한 보육교사 자격을 가진 자 3. 고등학교 또는 이와 동등 이상의 학력이 있다고 인정되는 자 4. 유치원, 초등학교 또는 중등학교교사 자격을 가진 자
생활복지사 또는 상담지도원	1. 「사회복지사업법」에 의한 사회복지사 3급 이상 자격을 가진 자 2. 유치원, 초등학교 또는 중등학교교사 자격을 가진 자 3. 「영유아보육법」에 의한 보육교사 1급 자격을 가진 자 4. 제2조 제2항의 규정에 의한 아동복지지도원이 될 수 있는 자격을 가진 자
직업훈련 교사	1. 「근로자직업능력개발법」에 의한 직업능력개발훈련교사 자격을 가진 자 2. 학원의 설립·운영 및 과외교습에관한법률에 의한 학원강사의 자격을 가진 자
임상심리 상담원	「고등교육법」에 의한 대학 또는 이와 동등 이상의 학력이 있다고 교육과학기술부장관이 인정하는 학교에서 심리학을 전공하여 졸업한 자
자립지원 전담요원	1. 「근로자직업능력개발법」에 따른 직업능력개발훈련교사 자격을 가진 자 2. 「사회복지사업법」에 따른 사회복지사 3급 이상의 자격을 가진 자 3. 초등학교 또는 중등학교 교사 자격을 가진 자 4. 대학 또는 이와 동등 이상의 학력이 있다고 교육과학기술부장관이 인정하는 학교 졸업자(다른 법령에서 이와 동등 이상의 학력이 인정된 자를 포함한다)로서 아동복지 또는 사회복지 관련 학과를 졸업하고 1년 이상 아동복지에 종사한 경력이 있는 자

(2) 배치기준

아동복지법 시행령 제13조와 관련한 [별표 4]에 제시된 아동복지시설 종사자의 직종별 배치기준은 다음의 〈표 7－3〉과 같다.

표 7－3 아동복지시설 종사자의 직종별 배치기준(제13조관련)

1 법 제16조 제1항 각호의 규정에 의한 고유업무에 필요한 종사자 수

<table>
<tr><th colspan="2">직종별 / 시설별</th><th>시설장</th><th>총무</th><th>의사(또는 촉탁의사)</th><th>간호사 또는 간호조무사</th><th>사무원</th><th>영양사</th><th>보육사</th><th>생활복지사</th><th>직업훈련교사</th><th>상담지도원</th><th>임상심리상담원</th><th>조리원</th><th>위생원</th><th>보안요원</th><th>자립지원전담요원</th></tr>
<tr><td rowspan="3">아동양육시설</td><td>아동 30인 이상</td><td>1인</td><td>1인</td><td>1인</td><td>1인</td><td>1인(아동 50인 이상인 경우에 한함)</td><td>1인(아동 50인 이상인 경우에 한함)</td><td>· 0~2세까지 : 아동 3인당 1인(3인 초과시 1인 추가)
· 3~6세까지 : 아동 7인당 1인(7인 초과시 1인 추가)
· 7세 이상 : 아동 10인당 1인(10인 초과시 1인 추가)</td><td>아동 50인 이상 1인(50인 초과시 1인 추가)</td><td>-</td><td>필요인원</td><td>1인(아동 50인 이상인 경우에 한함)</td><td>1인</td><td>1인</td><td>-</td><td>1인</td></tr>
<tr><td>아동 30인 미만 10인 이상</td><td>1인</td><td>-</td><td>-</td><td>-</td><td>-</td><td>-</td><td>2인(아동 20인 초과시 1인 추가)</td><td>-</td><td>-</td><td>-</td><td>-</td><td>-</td><td>-</td><td>-</td><td>1인</td></tr>
<tr><td>아동 10인 미만</td><td>1인</td><td>-</td><td>-</td><td>-</td><td>-</td><td>-</td><td>1인</td><td>-</td><td>-</td><td>-</td><td>-</td><td>-</td><td>-</td><td>-</td><td>-</td></tr>
<tr><td>아동일시보호시설</td><td>아동 30인 이상</td><td>1인</td><td>1인</td><td>1인</td><td>1인</td><td>1인(아동 50인 이상인 경우에 한함)</td><td>1인(아동 50인 이상인 경우에 한함)</td><td>· 0~2세까지 : 아동 3인당 1인(3인 초과시 1인 추가)
· 3~6세까지 : 아동 7인당 1인(7인 초과시 1인 추가)</td><td>아동 50인 이상 1인(50인 초과시 1인 추가)</td><td>-</td><td>필요인원</td><td>1인(아동 50인 이상인 경우에 한함)</td><td>1인</td><td>1인</td><td>-</td><td>-</td></tr>
</table>

								·7세 이상 : 아동 10인당 1인(10인 초과시 1인 추가)								
	아동 30인 미만 10인 이상	1인	-	-	-	-	-	2인(아동 20인 초과시 1인 추가)	-	-	-	-	-	-	-	-
	아동 10인 미만	1인	-	-	-	-	-	1인	-	-	-	-	-	-	-	
아동보호치료시설	아동 30인 이상	1인	1인	1인	1인	1인	1인	아동 20인당 1인(20인 초과시 1인 추가)	1인	필요인원	-	1인	1인	-	2인(아동 40인 이상)	1인
	아동 30인 미만 10인 이상	1인	-	-	-	-	-	1인(아동 20인 초과시 1인 추가)	-	-	-	-	-	-	-	1인
	아동 10인 미만	1인	-	-	-	-	-	1인	-	-	-	-	-	-	-	-
아동직업훈련시설	아동 30인 이상	1인	1인	1인	1인	1인	1인	아동 20인당 1인(20인 초과시 1인 추가)	1인	필요인원	-	-	1인	-	-	1인
	아동 30인 미만 10인 이상	1인	-	-	-	-	-	아동 20인당 1인(20인 초과시 1인 추가)	-	-	-	-	-	-	-	1인
	아동 10인 미만	1인	-	-	-	-	-	1인	-	-	-	-	-	-	-	-
자립지원시설	아동 30인 이상	1인	1인	-	-	1인	-	-	-	-	1인	-	-	-	-	-
	아동 30인 미만 10인 이상	1인	-	-	-	-	-	-	-	-	1인	-	-	-	-	-
	아동 10인 미만	1인	-	-	-	-	-	-	-	-	-	-	-	-	-	-
아동단기보호시설	아동 30인 이상	1인	1인	1인	1인	1인	1인	·0~2세까지 : 아동 3인당 1인(3인 초과시 1인 추가) ·3~6세까지 : 아동 7인당 1인(7인 초과시 1인 추가)	아동 50인 이상1인(50인 초과시 1인 추가)	-	필요인원	-	1인	1인	-	-

								·7세 이상 : 아동 10인당 1인(10인 초과시 1인 추가)								
	아동 30인 미만 10인 이상	1인	-	-	-	-	-	2인(아동 20인 초과시 1인 추가)	-	-	-	-	-	-	-	-
	아동 10인 미만	1인	-	-	-	-	-	1인	-	-	-	-	-	-	-	-
아동상담소	아동 30인 이상	1인	1인	-	1인	1인	-	-	-	-	필요인원	1인	-	-	-	-
	아동 30인 미만 10인 이상	1인	-	-	-	-	-	-	-	-	필요인원	-	-	-	-	-
	아동 10인 미만	1인	-	-	-	-	-	-	-	-	-	-	-	-	-	-
아동전용시설	아동 30인 이상	1인	-	-	-	1인	-	-	필요인원	-	-	-	-	-	-	-
	아동 30인 미만 10인 이상	1인	-	-	-	-	-	-	필요인원	-	-	-	-	-	-	-
	아동 10인 미만	1인	-	-	-	-	-	-	-	-	-	-	-	-	-	-
아동복지관	아동 30인 이상	1인	-	-	-	1인	-	-	-	-	1인	1인	-	-	-	-
	아동 30인 미만 10인 이상	1인	-	-	-	-	-	-	-	-	1인	-	-	-	-	-
	아동 10인 미만	1인	-	-	-	-	-	-	-	-	-	-	-	-	-	-

[2] 법 제16조 제2항의 규정에 의한 종합시설의 종사자 수

법 제16조 제1항 각호의 규정에 의한 아동복지시설을 종합시설로 설치한 경우에는 제1호의 규정에 의한 시설별 종사자를 각각 배치하여야 한다. 다만, 시설장은 겸임할 수 있다.

③ 법 제16조 제3항의 규정에 의한 아동복지사업에 필요한 종사자 수

① **법 제16조 제3항 제1호 내지 제3호의 규정에 의한 사업** : 상담지도원 또는 생활복지사(사회복지사 자격있는 자에 한한다) 1인 이상을 추가로 배치 · 운영하여야 한다. 다만, 이용하는 아동이 10인 미만이거나 고유업무 외에 실시하는 사업이 1개인 경우로서 기존에 배치된 상담지도원 또는 생활복지사가 사회복지사의 자격을 갖추고 있는 경우에는 그러하지 아니하다.

② **법 제16조 제3항 제4호의 규정에 의한 사업** : 상담지도원(제17조제2항의 규정에 의한 상담원의 자격이 있는 자에 한한다) 1인 이상을 추가로 배치 · 운영하여야 한다. 다만, 고유업무 외에 실시하는 사업이 1개인 경우로서 기존에 배치된 상담지도원이 제17조 제2항의 규정에 의한 상담원의 자격이 있는 경우에는 그러하지 아니하다.

③ **법 제16조 제3항 제5호의 규정에 의한 사업** : 생활복지사(사회복지사의 자격이 있는 자에 한한다) 1인 이상 및 보육사 1인 이상을 추가로 배치 · 운영하여야 한다.

④ **법 제16조 제3항 제6호의 규정에 의한 사업** : 제1호의 표에 따른 지역아동센터 종사자(시설장은 제외한다)를 추가로 배치 · 운영하여야 한다.

2) 영유아보육법에 의한 종사자의 자격기준과 배치기준

영유아보육법에 규정되어 있는 보육교직원의 자격기준과 배치기준은 다음과 같다.

(1) 자격기준

영유아보육 법 제21조에 규정되어 있는 어린이집의 원장 및 보육교사의 자격기준은 시행령 제21조의 [별표 1]에 제시되어 있는데, 다음과 같다.

별표 1 <개정 2005. 6. 23>

어린이집의 원장과 보육교사의 자격기준(제21조 관련)

1. 어린이집 원장의 자격기준

가. 일반기준

(1) 보육교사 1급 자격을 취득한 후 2년 이상의 보육 등 아동복지업무 경력이 있는 자

(2) 「유아교육법」에 의한 유치원 정교사 2급 자격을 취득한 후 5년 이상의 보육 등 아동복지

업무 경력이 있는 자

(3) 유치원 원장의 자격을 가진 자

(4) 「초·중등교육법」에 의한 초등학교 정교사 자격을 취득한 후 5년 이상의 보육 등 아동복지업무 경력이 있는 자

(5) 「사회복지사업법」에 의한 사회복지사 1급 자격을 취득한 후 5년 이상의 보육 등 아동복지업무 경력이 있는 자

(6) 「의료법」에 의한 간호사 자격을 취득한 후 7년 이상의 보육 등 아동복지 업무 경력이 있는 자

(7) 국가 또는 지방자치단체에서 7급 이상의 공무원으로 보육 등 아동복지업무에 5년 이상 근무한 경력이 있는 자

나. 가정어린이집

(1) 일반기준에서 정한 자격을 갖춘 자

(2) 보육교사 2급 이상의 자격을 취득한 후 2년 이상의 보육업무 경력이 있는 자

다. 영아전담어린이집 : 만 3세 미만의 영아만을 20인 이상 보육하는 시설

(1) 일반기준에서 정한 자격을 갖춘 자

(2) 간호사 자격증을 취득한 후 5년 이상의 아동간호업무 경력이 있는 자

라. 장애아전담어린이집 : 「장애인복지법」 제29조의 규정에 의하여 장애인으로 등록된 영유아만을 20인 이상 보육하는 시설

-일반기준에서 정한 자격을 갖춘 자로서 다음 각호의 어느 하나에 해당하는 자

(1) 대학(전문대학을 포함한다)에서 장애인복지 및 재활관련학과를 전공한 자

(2) 장애아어린이집에서 2년 이상의 보육업무 경력이 있는 자

(3) 보건복지가족부령이 정하는 장애아보육 직무교육을 받은 자

마. 「고등교육법」 에 의한 대학(전문대학을 포함한다) 또는 법 제21조 제2항 제2호의 규정에 의한 교육훈련시설이 운영(위탁 또는 부설 운영을 말한다)하는 어린이집

-어린이집을 운영하는 대학의 전임강사 또는 교육훈련시설의 전임교수 이상으로서 보육관련 교과목에 대하여 3년 이상의 교육경력이 있는 자

2. 보육교사 등급별 자격기준

등급	자격기준
보육교사 1급	1. 보육교사 2급 자격을 취득한 이후 3년 이상의 보육업무 경력과 보건복지가족부장관이 정하는 승급교육을 받은 자 2. 보육교사 2급 자격과 보육관련 대학원에서 석사학위를 취득한자로서 1년 이상 보육업무 경력과 보건복지가족부장관이 정하는 승급교육을 받은 자

보육교사 2급	1. 전문대학 또는 이와 동등 이상의 학교에서 보건복지가족부령이 정하는 보육관련 교과목 및 학점을 이수하고 졸업한 자 2. 보육교사 3급 자격을 취득한 이후 1년 이상의 보육업무 경력과 보건복지가족부 부장관이 정하는 승급교육을 받은 자
보육교사 3급	고등학교 또는 이와 동등 이상의 학교를 졸업한 자로서 보건복지가족부령이 정하는 교육훈련시설에서 소정의 교육과정을 수료한 자

※ 비고

1. '보육 등 아동복지업무 경력'이라 함은 다음의 어느 하나에 해당하는 경력을 말한다.
   가. 「영유아보육법」에 의한 어린이집 또는 보육정보센터에 근무한 경력
   나. 「유아교육법」에 의한 유치원에서 근무한 경력
   다. 「아동복지법」에 의한 아동복지시설에서 근무한 경력
   라. 「장애인복지법」의 규정에 의한 장애영유아생활시설에서 장애아동과 관련된 업무에 종사한 경력
   마. 「유아교육법」 및 「초·중등교육법」에 의한 특수학교(유치원 및 초등학교 과정)에서 특수학교교원으로 근무한 경력
   바. 법률 제7120호 유아교육법으로 폐지되기 전 「유아교육진흥법」에 의한 새마을 유아원에 근무한 경력
   사. 위의 가.~바.의 아동복지업무를 수행하는 시설 등에서 간호사로 근무한 경력
   아. 국가 또는 지방자치단체에서 7급 이상의 공무원으로 보육 등 아동복지에 관한 행정 업무에 근무한 경력
2. '보육업무 경력'이라 함은 다음의 어느 하나에 해당하는 경력을 말한다.
   가. 「영유아보육법」에 의한 어린이집 및 보육정보센터에서 근무한 경력
   나. 「유아교육법」에 의한 종일제 유치원에서 원장, 원감, 교사로 근무한 경력
3. '아동간호 업무 경력'이라 함은 병원 소아과나 신생아실, 보건소 모자보건센터, 초등학교 보건실 등에서 근무한 경력을 말한다.

(2) 배치기준

영유아보육법 시행규칙 제10조와 관련한 [별표 2]에 제시된 보육교직원의 배치기준은 다음의 〈표 7－4〉와 같다.

표 7－4 보육교직원의 배치기준

별표 1 <개정 2005. 12. 12>

보육교직원의 배치기준(제10조 관련)

1. 어린이집에 두어야 하는 보육교직원과 그 수
   가. 어린이집의 원장 1인. 다만, 영유아 20인 이하를 보육하는 시설은 어린이집의 원장이 보육교사를 겸임할 수 있다.
   나. 보육교사
      (1) 만 1세 미만의 영아 3인당 1인을 원칙으로 한다.
      (2) 만 1세 이상 만 2세 미만의 영아 5인당 1인을 원칙으로 한다.
      (3) 만 2세 이상 만 3세 미만의 영아 7인당 1인을 원칙으로 한다.
      (4) 만 3세 이상 만 4세 미만의 유아 15인당 1인을 원칙으로 한다.
      (5) 만 4세 이상 미취학 유아 20인당 1인을 원칙으로 하며, 이 경우 유아 40인당 1인은 보육교사 1급 자격을 가진 자이어야 한다.
      (6) 취학아동 20인당 1인을 원칙으로 한다.
      (7) 장애아 보육은 장애아 3인당 1인을 원칙으로 하되, 장애아 9인당 1인은 특수교사 자격소지자로 한다.
   다. 간호사
      영유아 100인 이상을 보육하는 시설의 경우 간호사(간호조무사를 포함한다. 이하 같다) 1인을 두어야 한다.
   라. 영양사
      영유아 100인 이상을 보육하는 시설의 경우 영양사 1인을 두는 것을 원칙으로 하되, 어린이집 단독으로 영양사를 두는 것이 곤란한 때에는 동일 시·군·구의 5개 이내 어린이집이 공동으로 영양사를 둘 수 있다.
   마. 취사부
      영유아 40인 이상 80인 이하를 보육하는 시설의 경우 취사부 1인을 두며, 영유아 매 80인을 초과할 때마다 1인씩 증원한다.

바. 그 밖의 종사자

시설의 규모와 특성에 따라 의사(또는 촉탁의사), 사회복지사, 사무원, 관리인, 위생원, 운전기사, 치료사 등의 종사자를 둘 수 있다.

사. 어린이집의 원장이 간호사 또는 영양사 자격이 있는 때에는 간호사 또는 영양사를 겸직하게 할 수 있다.

2. 보육교직원의 복무

가. 어린이집의 원장은 전임이어야 하며, 다른 시설의 업무를 겸임할 수 없다.

나. 보육교사의 근무시간은 평일 8시간을 원칙으로 하고, 그 밖에 전후로 연장되는 시간은 어린이집의 원장과 보육교사가 교대 근무하며, 초과근무수당을 지급하여야 한다.

다. 보육교직원의 휴가는 보육 공백을 최소화할 수 있도록 순번제로 실시하고, 보수교육, 출산휴가 등으로 공백이 생기는 경우에는 대체교사를 배치하여야 한다.

3) 유아교육법에 의한 종사자의 자격기준

유아교육 시설의 교원에는 원장, 원감, 교사를 의미하는데 이들의 자격 정도는 교원의 자질을 객관적으로 판단하는 기준이 되며, 동시에 유아교육 시설의 질적 수준을 판단하는 중요한 요인이 된다.

우리나라 유치원 교원의 자격기준은 유아교육법 제 22조 제1항, 제2항과 관련한 [별표 1], [별표 2]에 제시되어 있는데, 다음과 같다.

표 7-5 원장 · 원감자격기준(제22조제1항 관련)

종별 \ 자격	자격기준
원장	1. 유치원의 원감자격증을 가지고 3년 이상의 교육경력과 소정의 재교육을 받은 자 2. 학식 · 덕망이 높은 자로서 대통령령이 정하는 기준에 해당하는 자로서 교육과학기술부장관의 인정을 받은 자

원감	1. 유치원 정교사(1급)자격증을 가지고 3년 이상의 교육경력과 소정의 재교육을 받은 자 2. 유치원 정교사(2급)자격증을 가지고 6년 이상의 교육경력과 소정의 재교육을 받은 자
비고 : 원장 · 원감, 초 · 중등교육법의 규정에 의한 교장 · 교감, 교육장 · 장학관 · 장학사 · 교육연구관 · 교육연구사의 경력연수는 교육경력연수로 볼 수 있다.	

표 7-6 교사자격기준(제22조제2항 관련)

자격 / 급별	자격기준
정교사 (1급)	1. 유치원 정교사(2급)자격증을 가진 자로서 3년 이상의 교육경력을 가지고 소정의 재교육을 받은 자 2. 유치원 정교사(2급)자격증을 가지고 교육대학원 또는 교육과학기술부장관이 지정하는 대학원의 교육과에서 유치원 교육과정을 전공하여 석사학위를 받은 자로서 1년 이상의 교육경력이 있는 자
정교사 (2급)	1. 대학에 설치하는 유아교육과 졸업자 2. 대학(전문대학 및 이와 동등 이상의 각종학교를 포함한다)졸업자로서 재학 중 소정의 보육과 교직학점을 취득한 자 3. 교육대학원 또는 교육과학기술부장관이 지정하는 대학원의 교육과에서 유치원 교육과정을 전공하고 석사학위를 받은 자 4. 유치원 준교사자격증을 가진 자로서 2년 이상의 교육경력을 가지고 소정의 재교육을 받은 자
준교사	1. 유치원 준교사 자격검정에 합격한 자
비고 : 1. 원장 · 원감, 초 · 중등교육법의 규정에 의한 교장 · 교감, 교육장 · 장학관 · 장학사 · 교육연구관 · 교육연구사의 경력연수는 교육경력연수로 볼 수 있다. 2. 이 표 중 전문대학에는 종전의 초급대학 · 전문학교 및 실업고등전문학교를 포함한다.	

그 외 유치원에는 교육과정 운영상 필요한 경우에 제20조 제1항의 규정에 따른 교원 외에 강사, 기간제 교사 또는 명예교사 등을 두어 유아교육을 담당 또는 보조하게 할 수 있다(유아교육법 제23조). 이러한 강사, 명예교사에 대한 자격기준은 유아교육법 시행령 제27조와 관련한 [별표]에 제시되어 있는데, 다음의 〈표 7-7〉과 같다. 강사와

명예교사의 임용은 국·공립유치원의 경우에는 원장이, 사립유치원의 경우에는 법인 또는 사립유치원 경영자가 각각 임용한다. 다만, 사립유치원의 경우에는 법인의 정관 등이 정하는 바에 따라 그 임용 권한을 원장에게 위임할 수 있다(유아교육법 시행령 제27조).

표 7-7 강사 등의 자격기준(유아교육법 시행령 제27조 관련)

강사	명예교사
1. 전문대학 졸업자 또는 이와 동등 이상의 학력이 있는 자로서 유아교육과 관련되는 분야를 전공한 자 2. 전문대학 졸업자 또는 이와 동등 이상의 학력이 있는 자로서 유아교육과 관련되는 분야에 2년 이상 실무경력이 있는 자 3. 제1호 내지 제2호 외의 자로서 교육감이 따로 정하는 자격기준에 해당하는 자	유치원규칙 또는 법인의 정관 등이 정하는 자격기준에 해당하는 자

4) 청소년기본법에 의한 종사자의 응시자격기준 및 배치기준

청소년기본법에 규정되어 있는 종사자로는 청소년지도사와 청소년상담사가 있다. 청소년지도사와 청소년상담사의 응시자격기준과 배치기준은 다음과 같다.

(1) 응시자격기준

청소년지도사 자격검정의 등급별 응시자격기준은 청소년기본법 시행령 제20조 제2항과 관련한 [별표 1]에 제시되어 있는데, 그 내용은 다음의 〈표 7-8〉과 같다.

표 7-8 청소년지도사 자격검정의 등급별 응시자격기준(제20조제2항 관련)

등급	응시자격기준
1급청소년 지도사	2급청소년지도사 자격 취득 후 청소년활동 등 청소년육성업무 종사경력이 3년 이상인 자
2급청소년 지도사	1. 대학졸업(예정)자 또는 이와 동등 이상의 학력이 있는 자로서 2급청소년지도사 자격검정에 필요한 과목 모두를 전공과목으로 이수한 자 1의 2. 2005년 12월 31일 이전에 대학을 졸업하였거나 이와 동등 이상의 학력을 취득한 자로서 별표 1의 2의 규정에 의한 과목을 이수한 자 2. 대학원의 학위과정 수료(예정)자로서 2급청소년지도사 자격검정에 필요한 과목 모두를 전공과목으로 이수한 자 2의 2. 2005년 12월 31일 이전에 대학원의 학위과정을 수료한 자로서 별표 1의 2의 규정에 의한 과목 중 필수영역 과목을 이수한 자 3. 대학 졸업 또는 이와 동등 이상의 학력이 있다고 다른 법령에서 인정받은 후 청소년활동 등 청소년육성업무 종사경력이 2년 이상인 자 4. 전문대학 졸업 또는 이와 동등 이상의 학력이 있다고 다른 법령에서 인정받은 후 청소년활동 등 청소년육성업무 종사경력이 3년 이상인 자 5. 3급청소년지도사 자격 취득 후 청소년활동 등 청소년육성업무 종사경력이 2년 이상인 자 6. 고등학교 졸업 또는 이와 동등 이상의 학력을 인정받은 후 청소년활동 등 청소년육성업무 종사경력이 8년 이상인 자
3급청소년 지도사	1. 전문대학 졸업(예정)자 또는 이와 동등 이상의 학력이 있는 자로서 3급청소년지도사 자격검정에 필요한 과목 모두를 전공과목으로 이수한 자 1의 2. 2005년 12월 31일 이전에 전문대학을 졸업하였거나 이와 동등 이상의 학력을 취득한 자로서 별표 1의 2의 규정에 의한 과목을 이수한 자 2. 전문대학 졸업 또는 이와 동등 이상의 학력이 있다고 다른 법령에서 인정받은 후 청소년활동 등 청소년육성업무 종사경력이 2년 이상인 자 3. 고등학교 졸업 또는 이와 동등 이상의 학력이 있다고 다른 법령에서 인정받은 후 청소년활동 등 청소년육성업무 종사경력이 3년 이상인 자

그리고 청소년상담사 자격검정의 등급별 응시자격기준은 청소년기본법 시행령 제23조 제2항과 관련한 [별표 3]에 제시되어 있는데, 그 내용은 다음의 〈표 7-9〉와 같다.

표 7-9 청소년상담사 자격검정의 등급별 응시자격기준(제23조제2항관련)

등급	응시자격기준
1급 청소년 상담사	1. 대학원에서 청소년(지도)학 · 교육학 · 심리학 · 사회사업(복지)학 · 정신의학 · 아동(복지)학 분야 또는 그 밖의 총리령이 정하는 상담관련분야(이하 '상담관련분야'라 한다)를 전공하고 박사학위를 취득한 자 2. 대학원에서 상담관련분야를 전공하고 석사학위를 취득한 후 상담 실무경력이 4년 이상인 자 3. 2급청소년상담사로서 상담 실무경력이 3년 이상인 자 4. 제1호 및 제2호에 규정된 자와 동등 이상의 자격이 있다고 보건복지가족부령이 정하는 자
2급 청소년 상담사	1. 대학원에서 상담관련분야를 전공하고 석사학위를 취득한 자 2. 대학 및 다른 법령의 규정에 의하여 이와 동등한 학력을 인정받는 기관에서 상담관련분야를 전공하고 학사학위를 취득한 후 상담 실무경력이 3년 이상인 자 3. 3급청소년상담사로서 상담 실무경력이 2년 이상인 자 4. 제1호 내지 제3호에 규정된 자와 동등 이상의 자격이 있다고 보건복지가족부령이 정하는 자
3급 청소년 상담사	1. 대학 및 「평생교육법」에 의한 학력이 인정되는 평생교육시설의 상담관련분야 졸업(예정)자 2. 전문대학 및 다른 법령의 규정에 의하여 이와 동등한 학력을 인정받는 기관에서 상담관련분야를 전공하고 전문학사를 취득한 자로서 상담 실무경력이 2년 이상인 자 3. 대학 및 다른 법령의 규정에 의하여 이와 동등한 학력을 인정받는 기관에서 상담관련분야가 아닌 분야를 전공하고 학사학위를 취득한 후 상담 실무경력이 2년 이상인 자 4. 전문대학 및 다른 법령의 규정에 의하여 이와 동등한 학력을 인정받는 기관에서 상담관련분야가 아닌 분야를 전공하고 전문학사를 취득한 후 상담 실무경력이 4년 이상인 자 5. 고등학교를 졸업하고 상담 실무경력이 5년 이상인 자 6. 제1호 내지 제4호에 규정된 자와 동등 이상의 자격이 있다고 보건복지가족부령이 정하는 자

(2) 배치대상 및 배치기준

청소년기본법 시행령 제25조 제2항과 관련한 [별표 5]에 제시된 청소년지도사와 청소년상담사의 배치대상 및 배치기준은 다음의 〈표 7-10〉, 〈표 7-11〉과 같다.

표 7-10 청소년지도사의 배치대상 및 배치기준(제25조제2항 관련)

배치대상	배치기준
청소년 수련관	· 1급청소년지도사 1인, 2급청소년지도사 1인, 3급청소년지도사 2인 이상을 두되, 수용인원이 500인을 초과하는 경우에는 500인을 초과하는 250인 마다 1급, 2급 또는 제3급 청소년지도사 중 1인 이상을 추가로 둔다.
청소년 수련원	· 2급청소년지도사 및 3급청소년지도사를 각각 1인 이상을 두되, 수용정원이 500인을 초과하는 경우에는 1급청소년지도사 1인 이상과 500인을 초과하는 250인 마다 1급, 2급 또는 제3급 청소년지도사 중 1인 이상을 추가로 둔다. · 지방자치단체에서 폐교시설을 이용하여 설치하고 특정 계절에만 운영하는 경우에는 청소년지도사를 두지 아니할 수 있다.
유스 호스텔	· 청소년지도사를 1인 이상 두되, 숙박정원이 500인을 초과하는 경우에는 2급청소년지도사 1인 이상을 추가로 둔다.
청소년 야영장	· 청소년지도사를 1인 이상 둔다. 다만, 설치 · 운영자가 동일 시 · 도안에 다른 수련시설을 운영하면서 청소년야영장을 운영하는 경우로서 다른 수련시설에 청소년지도사를 둔 때에는 그 청소년 야영장에 청소년지도사를 별도로 두지 아니할 수 있다. · 국가 · 지방자치단체 그 밖에 공공법인이 설치 · 운영하는 청소년 야영장으로서 청소년수련거리의 실시없이 이용의 편의만 제공하는 경우에는 청소년지도사를 두지 아니할 수 있다.
청소년 문화의집	· 청소년지도사를 1인 이상 둔다.
청소년 특화시설	· 2급청소년지도사 및 3급청소년지도사를 각각 1인 이상 둔다.
청소년 단체	· 청소년회원 수가 2,000인 이하인 경우에는 1급청소년지도사 또는 2급청소년지도사 1인 이상을 두되, 청소년회원 수가 2,000인을 초과하는 경우에는 그 초과하는 2,000인 마다 1급청소년지도사 또는 2급청소년지도사 1인 이상을 추가로 두며, 청소년회원 수가 10,000인 이상인 경우에는 청소년지도사 수의 5분의 1 이상은 1급청소년지도사로 두어야 한다.

표 7-11 청소년상담사의 배치대상 및 배치기준(제25조제2항 관련)

배치대상 청소년시설	배치기준
법 제46조에 따른 기관	· 1급청소년상담사 또는 2급청소년상담사 3인 이상을 두고, 3급청소년상담사 1인 이상을 둔다.
법 제46조의 2에 따른 기관	· 2급청소년상담사 또는 3급청소년상담사 1인 이상을 둔다.
「청소년복지지원법」 제14조에 따른 청소년쉼터	· 청소년상담사 1인 이상을 둔다.

제3절 아동복지시설의 현황

아동복지법상 아동복지시설은 아동양육시설, 아동일시보호시설, 아동보호치료시설, 아동직업훈련시설, 자립지원시설, 아동단기보호시설, 아동상담소, 아동전용시설, 아동복지관, 공동생활가정, 지역아동센터 등으로 구분되는데, 다음 〈표 7-12〉와 같이 2010년 말 현재 280개소에 17,119명이 보호를 받고 있다(보건복지부 홈페이지: 2010년 하반기 아동복지관련 통계자료).

표 7-12 아동복지시설수 및 보호아동 현황

(2010년 12월 31일 현재)

구분	계	개인양육 시설	양육 시설	자립지원 시설	보호치료 시설	일시보호 시설	직업훈련 시설	종합 시설	아동 상담소	전용 시설
시설수 (개수)	280	25	238	12	11	14	2	3	7	3
아동인원 (명)	17,119	340	15,787	235	495	402	69	131	·	·

* 자료 : 보건복지가족부 아동복지과

1980년대 이후 전체 아동인구의 감소에 따른 요보호아동의 감소로 아동복지시설은 수용아동이 정원에 미달되어 재편의 필요성이 대두되고 있다. 따라서 아동복지시설이 변화하는 욕구에 부응할 수 있도록 관련 제도를 개선하고 아동시설의 보호방법을 종래의 대규모 수용보호의 형태에서 소규모 가정단위의 보호방식으로 전환하는 발상이 필요하다.

연구토의 문제

1. 아동복지기관을 정부, 민간기관, 시설의 종류에 따라 토론해 보자.

2. 바람직한 아동복지 종사자의 역할과 자질에는 어떠한 것이 있는지 생각해 보자.

3. 아동복지분야 종사자가 다른 사회복지분야의 종사자와 달리 부가적으로 요구되는 자질에 대해 생각해 보자.

4. 시설종사자의 잦은 교체는 아동에게 정서적 불안정을 초래케 만드는데, 시설종사자들의 안정성과 전문성을 높일 수 있는 방안에 대해 생각해 보자.

제 2 부

아동복지의 실천 분야

제 8 장

아동을 위한 가족복지사업

'훌륭한 가족복지는 최고의 아동복지이다(Good family welfare is the best child welfare)'라는 말이 의미하듯이 가정의 복지는 곧 아동의 복지다. 따라서 아동복지를 따로 생각하기에 앞서 가족복지를 강화함으로써 아동문제를 예방할 수 있고 아동복지의 실천적인 측면에서는 문제아동의 치료보다는 전체아동을 대상으로 한 아동복지사업을 전개할 수 있을 것이다. 따라서 아동과 가정은 따로 떼어 생각할 수 없는 불가분리의 관계로서 아동을 위해 가족복지를 먼저 설정해야 한다. 가족의 정상적 복지기능이 존재하여야 사회적 요구와 문제를 해결하는데 가장 경제적이고 효과적인 것이 된다.

제1절 가족복지사업의 개념

가족복지(family welfare)는 한 마디로 가족의 행복을 유지시키는 것을 말한다. 모든 국민은 인간다운 생활을 할 권리를 가진다는 헌법(제32조)의 기본이념에 입각하여 가족생활을 보장하는 사회적 제 노력(제도적, 정책적, 기술적 서비스)을 총칭하는 말이다.

가족복지의 개념을 협의로 해석할 때에는 보통 가족복지사업(family social work, family social welfare, family welfare, family service)이라고 하는데 현실적으로 가족이 처한 생활상의 곤란, 즉 빈곤, 질병, 실업, 가족관계의 붕괴 등으로 가족원 개개의 존엄성이 상실되고 가족생활이 중대한 위기에 직면한데 대해서 가족의 문제를 해결하고 가족생활을 강화시키기 위한 사회적 조직활동을 의미한다.

이러한 가족복지사업이 다른 사회복지 분야와의 차이점은 아동복지, 노인복지, 부녀복지 등은 그 대상으로 특정인을 취급하는데 비하여 가족복지는 '가족을 전체(family as a whole)'로서 취급하는 것이다.

블랙붐(Blackburm, 사회사업사전, 1965)에 의하면 가족복지란 가족생활을 보호・강화하며 가족원으로 하여금 사회인으로서의 기능을 다 할 수 있도록 도와 주는 서비스 활동을 말한다. 또 위트너(Witner)는 가족복지에 대해 가족들이 생활해 나가는데 있어서의 어려운 문제(역할수행 능력)를 취급한다고 하였다. 즉, 일시적 빈곤의 압력이나 자원의 결핍 및 가족 내의 인간관계의 결합을 도와 주는 활동을 말한다.

미국 사회사업가협회(사회사업사전)에서 정의한 가족복지의 주된 목적은 가족구성원의 대인관계 능력을 향샹시키고 가정생활의 적극적인 가치를 더욱 살려 가족원 각자가 건전한 인품을 형성·발달시키고 나아가서 사회적 기능을 만족스럽게 성취하도록 기여함에 있다고 한다.[1]

캐머만과 칸(Kamerman & Kahn, 1978)의 정의를 보면 국가가 가족에 관해 실시하는 모든 정책을 가족정책이라고 정의하여 그 개념을 광범위하게 정의하고 있지만, 국내의 여러 학자들의 기존의 가족복지에 관한 논의를 보면 주로 사회보장제도 내에서 사회보험과 공적부조 그리고 사회복지 서비스(아동, 노인, 장애인, 여성관련 서비스)를 통해 가족에 관한 정책을 고찰하고 있다.[2]

기존의 복지정책 및 서비스는 아동과 여성, 노인 및 장애인 등 복지수혜자 대부분이 가족의 구성원인 개인이었으므로 가족에 관한 대책이라는 종합적 접근이 미약했었다. 따라서 미국의 경우 이에 관한 부정적인 측면을 강조하면서(예를 들면, AFDC) 가족정책의 필요성을 강조한다. 특히 미국은 개인주의를 기반으로 한 청교도적 개척정신을 바탕으로 유럽의 국가들에 비해 사회복지의 잔여적 유형을 유지해온 자본주의 국가의 대표적 형태로 가족의 욕구보다는 개인의 욕구를 우선하여 최저수준의 복지를 유지해 왔다.

가족복지에 관한 조흥식의 정의를 보면, 가족복지란 첫째, 목적면에서 국민의 생활권의 기본이념에 입각하여 가족의 행복을 유지시키고자 하는 것이며, 둘째, 주체면에서 가족을 포함한 사회구성원 전체가 되며, 셋째, 대상면에서 가족구성원 개개인을 포함한 '한 단위로서의 가족전체'가 되며, 넷째, 범위 면에서 사회복지의 한 분야로 본다.[3]

가족복지라는 개념은 첫째, 복지의 이론개발에서 창조된 이념형일 수도 있으며, 둘째, 현장에서 욕구조사 및 운영상의 문제로 드러난 실제적이며 구체적 개념이기도 하다.

결론적으로 가족복지란 기존의 아동, 노인, 여성 및 장애인과 같이 가족의 구성원이 되는 개인을 대상으로 하는 복지정책 및 서비스를 포함한 가족전체를 단위로 하는 정책 및 서비스를 말하며, 복지의 주체는 국가 및 사회 전체가 되고, 그 대상은 좁게는

1) NASW, *Social Work Yearbook*, NASW, Inc., 1960, p. 309.
2) 성영혜 외 3인 공저, 현대사회와 가족복지, 숙명여자대학교 출판부, 1997.
3) 조흥식 외, 가족복지학, 나남, 1997.

요보호 대상가족과 넓게는 모든 가족이 되는데 가족이 지닌 욕구와 문제가 구체적인 대상이 된다. 아울러 복지의 내용은 교육, 조세, 인구, 주택, 의료 등 가족복지 관련 분야이며, 좀 더 구체적인 의미에서의 가족복지의 내용에는 사회정책의 일부분으로서의 가족복지정책과 전문가에 의한 사회복지 서비스가 있다.

가족을 대상으로 하는 복지가 이루어지기 위해서는 첫째, 기존의 개인 대상 복지에 가족적 관점을 반영하는 방향으로 수정, 보완을 요구하며, 둘째, 새로운 가족복지정책이나 서비스의 개발을 요구한다.

가족복지가 추구하는 목표 역시 사회적 산물의 하나로 절대적인 개념이 아니다. 한 사회의 경제, 정치 및 역사적 배경에 따라 그 목표에도 다양한 변화가 있을 것으로 본다. 그러나 기본적으로 염두에 두어야 할 가족복지의 목표를 개념적으로 구성해 보면 다음과 같다.

첫째, 가족복지는 개인 및 가족의 안녕을 도모해야 한다. 즉 가족의 문제와 욕구를 해결하는 것을 목표로 한다.

둘째, 가족복지는 사회문제 해결에 기여하며, 사회의 변화를 유도할 수 있어야 한다. 인간이 끊임없이 추구해온 가치, 즉 평등과 자유의 개념을 실현하는 수단이 되며 이를 통한 사회변화를 유도할 수 있어야 한다.

제2절 가족복지의 필요성

가족은 사회의 기본 단위로서 인간의 문화전달과 인간으로서의 성장, 발달에 필요한 모든 것을 가르치고 양육하는 1차적이고 기초적인 집단이다. 가족 생활은 청소년 문제를 비롯한 사회의 모든 문제에 직접 영향을 미치므로 가족 기능의 강화와 가족 역할의 증대를 가져오게 하는 정책이 절실히 요망되는 것이다. 이러한 정책의 하나가 바로 가족복지인데, 가족복지는 한 마디로 가족의 행복을 유지시키는 것을 말한다. 모든 국민은 인간다운 생활을 할 권리를 가진다는 기본 이념에 입각하여 가족 생활을 보장하는 제도적, 정책적, 기술적 서비스와 같은 제반 사회적 노력을 총칭하는 말이다.

가족에 대한 논의는 시간과 공간을 초월하며 사회적 관심의 대상이 되어 왔으며,

특히 사회 정책과 관련하여 가족에 대한 관심은 가족구성원의 인격 형성에 중요한 영향을 주는 교육, 환경, 보건, 노동, 문화 등의 복지적 차원에서 뿐만 아니라 국가 발전에의 참여와 미래 세대의 육성이라는 측면에서 중요한 국가의 정책 과제로 부각되어 왔다.

사회에서 가족구성원 개개인의 특수성과 중요성이 부각된 것은 산업화 이후의 일인데, 특히 산업화가 가족 제도와 가족 생활에 미친 영향은 지대하다. 산업화에 의한 도시화, 자녀수의 감소와 핵가족화, 교육 기간 및 취업을 위한 준비 기간의 연장, 각종 산업 재해와 사고, 조기 정년, 수명의 연장, 가족 해체 등의 원인으로 가족에 대한 관심이 부각되면서 가족 전반에 대한 사회적 책임 또한 강조될 수밖에 없었고, 이에 대한 국가의 책임도 더욱 클 수밖에 없었던 것이다. 서구 사회에서는 1960년대 이후 가족문제의 심각성과 가족 해체의 현상이 눈에 띄게 나타나는 것은 아니지만 가족 해체의 조짐이 보이며, 가족과 관련된 다양한 문제들이 사회문제로 부각되고 있다.

지금까지의 가족 연구는 가족을 하나의 고립된 공간으로 보고 개인을 분석 단위로 해서 가족성원들 간에 어떠한 사회심리학적 역동성이 일어나고 있는가에 초점을 맞추어 왔다. 그 결과 가족 생활에 영향을 미치는 가족 외적 요인에 대한 거시 사회적 요인에 대한 관심이 상대적으로 부족했으며, 지나치게 경험적인 연구를 강조하다보니 가족 연구는 역사적이고 비교적인 관점을 결여하게 되었다.

이러한 관점은 가족 연구를 정태적이고 보수적인 방향으로 이끌어갔으며, 가족의 기능으로서 사회적 규제와 통합에 초점을 맞추는 동시에 가족성원들 간의 동질성을 지나치게 강조하는 결과를 가져왔다. 더불어 예상되는 변화는 개별 가족의 힘으로는 감당하기 어려운 기능, 곧 기혼 여성의 취업률 증가로 인한 자녀 양육의 문제라든가 노인 봉양과 같은 제반 사회 보장 기능을 국가, 사회 단체 및 지역 사회가 적극 개입하여 가족의 부담을 덜어 주리라는 것이다.[4)]

가족문제는 포괄적으로 볼 때 사회 문제의 하나로 볼 수 있다. 사회문제란 대체로 영향력 있는 집단이 특정한 사회 현상을 두고서 그것이 사회 가치관을 저해한다고 규정할 때 존재하며, 그런 현상은 다수의 사람에게 영향을 미치며 따라서 공동의 노력

4) 다케토시 외(1987), 현대가족복지론, 김성천 역, 이론과 실천, 1991.

에 의해서만 해결될 수 있는 것(Sullivan and Thompson, 1988)으로 간주된다. 이렇게 볼 때 가족문제는 영향력 있는 집단에 의해 사회 가치관을 저해하고 있다고 판단되고, 다수의 사람에게 영향을 미치며 공동의 노력에 의해서만 해결될 수 있는 가족들의 현상이라고 할 수 있다. 여기서 영향력 있는 사람이란 가족구성원 뿐만 아니라 가족 외부 사람들도 포함된다. 따라서 가족 문제는 가족 자신뿐만 아니라 사회의 공동 노력으로 해결될 수 있는데, 사회의 공동 노력의 대표적인 주체로는 국가 및 민간 조직을 들 수 있다. 민간 조직으로는 각종 사회복지기관과 단체들 및 종교기관을 들 수 있다.

한 나라의 복지제도가 얼마나 양질의 것인가를 평가하려면 그 나라의 가족 정책을 살펴보아야 할 것이다. 이는 가정이 사회와 경제의 기본구성단위이며 현재와 미래의 노동력을 생산/재생산하는 원초적 책임을 맡고 있기 때문이다. 오늘날 선진자본주의 나라들 중에서 유독 미국과 일본이 후진국으로 불리는 결정적인 이유를 따지고 보면 보편적인 가족 정책이 없는 탓이다.[5]

가족은 점차 소멸되는 제도라기보다는 사회의 변화에 따라 다양하게 변화, 적응해 가는 제도라고 할 수 있으며 가족구성원의 개인에게 필수적인 기능을 수행하고 있는 제도라고 하겠다. 이러한 인식은 1970년대 이후 유럽 및 미국에서도 시작되어 각 국가별로 가족에 대한 정책 및 복지대책들이 연구되며, 진행되고 있다. 우리나라의 경우 1980년대에 들어와서 보건사회부의 부녀아동국이 가정복지국으로 개편되어 가족이 복지의 대상으로 되기 시작하면서 공적인 차원에서 가정복지의 개념(현재 보건복지부 산하 사회복지정책실의 가정복지심의관)이 도입되었다[6]고 볼 수 있으나 이것으로 가족복지가 이루지고 있다고 단정할 수는 없다.

이미 가족 구조나 가치적 측면에서 많은 변화가 있었지만 '국가나 제도가 법률을 미처 마련하지 못해 일어나는 현상'을 정책 및 제도 지체 현상이라고 한다.[7] 가족의 변화가 하나의 현실이라고 한다면 그에 관한 복지적 연구는 정책 및 제도의 지체 현상을 해결하는데 기여한다고 본다. 따라서 가족을 단위로 하는 가족 복지의 필요성은 학문적으로나 사회적인 차원에서 고려해야 할 부분인 것이다.

---

5) 김종일, 경제와 사회, 1992, 재인용.
6) 이재경, 가족변화와 가족복지, 청주시 사례를 중심으로, 한국가족론, 여성한구사회연구회, 까치, 1990.
7) 한국여성개발원, 가족상담사업 활성화 방안에 관한 연구, 1991.

제3절 가족문제의 유형과 아동과의 관계

가정은 그 자체가 하나의 체계인 동시에 전체 사회체계의 한 하위체계를 이루고 있다. 그러므로 사회체계의 구조적 변화는 가족체계의 구조에도 영향을 미치게 된다.

가족은 개인들의 육체적 복지와 함께 가장 깊은 정서적 욕구를 충족시키며 자녀들의 사회화를 위한 생활교육과 훈련, 그리고 가계의 공동운영을 담당하는 중요한 기능을 해왔다.[8] 그러나 현대가족은 산업화, 도시화 및 가치관의 변화로 가족구조 및 가족형태의 변화를 가져왔다. 핵가족화는 전통사회의 확대가족[9]의 많은 의무로부터 해방시켜 주었으나 동시에 확대가족의 경제적 보장과 사회적 지원을 상실하게 하였다.[10] 따라서 전통가족의 가족간의 상부상조하는 복지적 기능의 상실로 일어나는 가족문제를 해결하기 위한 조치로서 가족복지 정책이 제기된다.

가족복지는 과거 가족이 수행하였던 전통적 기능을 유지・보완・대치하기 위한 노력이다. 부모교육과 상담은 부모의 역할의무를 수행하기 위하여 자기의 능력을 강화시키는 노력이고 보육과 가사조력 서비스는 어머니가 수행한 자녀양육과 가정관리의 기능을 보완하기 위한 것이며 가족정책(예컨대, 구미에서 볼 수 있는 분만수당, 아동수당, 소득지원, 가족수당, 보육시설 등)은 가족문제를 예방하기 위한 것이다.

문제가족의 유형과 아동과의 관계를 살펴보면 다음과 같다.

1. 저소득가족

빈곤가정을 정의하는 기준은 빈곤선이다. 빈곤선이란 인간다운 생활을 유지하는데 필요한 최소한의 생계비를 말한다. 빈곤가정이 아동양육의 측면에서 문제가 되는

8) 이효재, 가족과 결혼, 1975, p. 295.

9) 확대가족 : 부부와 기혼의 자녀로 구성되어 있거나 그 이상의 세대(조부모, 증조부모 등)로 구성되어 있는 경우.

10) Sullivan, T. J., et al., *Social Problems : Divergent Perspectives*, N.Y. : John Wiley and Song, 1980, p. 223.

것은 최저 생계비 미만의 저소득으로 인하여 아동의 성장과 발달에 필요한 영양, 보건, 교육 등의 기회가 결핍된다는 점이다.

빈곤한 가정의 아동들은 가정에서의 보건, 교육, 복리문제 등에서 소홀히 다루어지며 가정에서 유기, 이탈되거나 비행 또는 범죄에 이르는 근본 원인이 된다.

2. 한부모가족

한부모가족이란 양쪽 부모 중 한쪽의 사망, 이혼, 별거, 유기 등으로 인하여 어느 한쪽 부 또는 모와 그 자녀가 살게 되는 가족으로 이전에는 '편부모가족', '편친가족', '모자세대', '부자세대', '결손가족'이라는 용어로 사용되어 왔다. 그러나 이러한 용어들은 부정적이고 결손의 의미가 강하게 나타나서 보다 긍정적인 의미의 용어로서, '한부모 가족'이라는 용어로 대체하여 현재 사용하고 있다. 한부모가족의 형태는 모와 자녀로 이루어진 모자가족과 부와 자녀로 이루어진 부자가족으로 나뉠 수 있으며 그 발생원인에 따라 사망, 이혼, 별거, 유기가족, 미혼모가족 등으로 구분할 수 있다.

우리나라의 「모・부자가족복지법」에 의하면 이러한 한부모가족을 '모・부자 가정'으로 사용하고 있는데, 그 정의를 살펴보면 "배우자와 사별 또는 이혼하거나 배우자로부터 유기된 자", "정신 또는 신체의 장애로 인하여 장기간 노동능력을 상실한 배우자를 가진 자", "미혼자(사실혼 관계에 있는 자를 제외한다)" 등으로서 모 또는 부가 세대주(세대주가 아니더라도 세대원을 사실상 부양하는 자를 포함한다)로서 18세 미만(다만 취학시는 20세 미만)의 자를 양육하는 가정을 말한다.

또한 '2005년도 모・부자복지사업안내'에 의하면 위의 기준 이외에 배우자의 생사가 분명하지 아니한 자, 배우자 또는 배우자 가족과의 불화 등으로 인하여 가출한 자, 배우자의 해외 거주, 장기 복역 등으로 인하여 부양을 받을 수 없는 자 등이 모・부자 가정 지원대상에 포함되어 있다.[11)]

우리나라 여성가족부에서 제시한 '2006년도 모・부자복지사업 추진방향'에 의하면 저소득 모・부자가정, 미혼모 등에 대한 내실있는 지원으로 보호대상자의 생활안정 및 자립기반 조성을 목표로 재가 저소득 모・부자가정 지원 내실화, 모・부자복지시

---

11) 보건복지부, 2005년도 모・부자복지사업안내, 2005.

설 운영 활성화, 미혼양육모를 위한 자립지원 강화를 위한 사업을 실시하고 있다[12].

(1) 모자가족

배우자의 사별, 이별, 행방불명 등의 이유로 동거하지 않는 18세 이상 60세 미만의 여자와 18세 미만의 자녀만으로 구성된 가족을 말한다.

모친이 생업에 종사할 경우가 많으며, 수입은 적고, 취업은 불안정하며, 노동조건도 좋지 않아 낮은 생활수준이다. 더욱이 부친의 결손, 모친 부재는 가족의 교육기능을 저해하고 아동들의 사회화 기능이 저하되어 부랑, 비행 등에 빠지기 쉽다.

(2) 부자가족

부자가족의 경우는 경제적 곤란이 모자가족보다 적지만, 가족원의 정서적 안정의 기둥인 모친이 없으므로 아동의 정서적 불안정은 보다 심하다.

3. 아동가족

18세 미만의 자 만으로 구성되는 가구를 말하는데 이들 형태의 가구 아동들에게는 극심한 빈곤이나 정서 불안정이 수반된다.

4. 고령가족

의학의 발달과 생활수준의 향상으로 평균수명이 점점 연장되고 있다. 노령 인구율은 해마다 증가하고 있으며, 변화가 빠른 현대사회 속에서 노령층은 그들의 역할과 지위를 상실하고 있을 뿐 아니라 핵가족 제도에서 오는 생활변화로 소외당하여 가고 있다.

5. 이주가족

많은 농촌인구가 도시지역으로 이주하고 있는데 이들은 숙련된 기술을 갖고 있지

12) 여성가족부, 2006년도 모・부자복지사업안내, 2006. p. 5.

않으므로 적절한 직업을 구하기 힘들다. 따라서 빈곤하게 되고 빈민지역에 정착할 수밖에 없게 된다. 특히 이러한 빈민지역 가정에서는 노동을 심하게 하고 영양을 제대로 섭취하지 못하여 전염병이나 질병에 걸리기 쉽다.

6. 다자녀가족

다자녀가족은 비경제 활동 연령층에 속하면서 부양자의 부양부담을 가중시키는 요인으로서 경제적 압박 요인이 된다. 더욱이 자녀들의 성장과정에서 갈등과 욕구불만, 부모로부터의 애정결핍 등의 문제가 생기기 쉽다.

7. 다문제가족

다문제가족은 항상 사회적, 개인적, 경제적 문제를 복합적으로 지니지만 그렇다고 복합적인 문제를 가진 가족이 반드시 문제가족은 아니다. 문제가족의 생활은 외면적으로는 빈곤, 불결, 무질서, 무계획 등이지만 중요한 것은 이들의 외부 환경적 조건과 내면적인 생활태도가 같이 관련되어 있는 점이다.

8. 다문화가족

다문화가족이란 국제결혼처럼 서로 다른 인종이 결합된 가족을 의미하는데, 이는 한 가정 안에서 다른 문화적 배경을 갖고 있는 사람들 사이의 결합이라는 측면에서 '문화적 요소'를 보다 강조하는 특징을 갖고 있다. 특히 우리나라에서는 최근 급증하고 있는 한국 남성과 저임금 국가 출신 여성과의 매매혼적 성격을 띄는 결혼을 통해 이루어진 가정을 의미하는데, 문화적 차이로 인해 가족간의 갈등과 그 사이에 태어난 자녀의 부적응 문제로 인한 여러 가지 문제가 가족문제를 넘어 사회문제로 초래되어 왔다. 이에 다문화가족 구성원이 안정적인 가족생활을 영위할 수 있도록 함으로써 이들의 삶의 질 향상과 사회통합에 이바지함을 목적으로 2008년 3월 21일에 '다문화가족지원법'이 제정되고 9월부터 시행되었다. 그러나 아직도 다문화가족과 관련된 문제들은 매스컴을 통해 자주 보도되고 있으며, 국가적 차원에서의 보다 제도적인 보호와 지원이 철저히 이루어져야 할 것이다.

제4절 가족복지의 대상

가족복지의 대상은 물론 가족이다. 그러나 좀 더 구체적으로 가족의 무엇이 복지의 대상이 되는지에 관해서는 사회복지의 대상에 관한 논의를 빌어 정리할 수 있다. 김영모(1991)의 사회복지의 대상에 관한 내용을 바탕으로 가족복지의 대상을 규정하면 다음과 같다.

사회복지의 대상은 사회문제와 사회적 욕구이다. 따라서 가족복지의 대상은 국가와 가족의 입장에서 본 가족의 문제와 가족의 욕구라고 할 수 있다. 가족의 욕구가 충족되지 않는다면 이는 가족의 문제 또는 사회문제가 되므로 욕구와 문제는 밀접한 관련이 있다.

가족의 욕구는 가족이 지닌 물질적 및 정신적 욕구로써, 소득, 보건, 주택, 교육 및 기타 문화적 욕구와 사회참여 등 사회적 욕구가 있으며, 정신적 욕구는 가족이 지닌 정신적인 갈등 및 역기능 등으로 인한 가족위기 등을 들 수 있다. 따라서 가족의 문제는 이러한 가족의 욕구가 충족되지 않은 상태에서 가족이 당면하게 되는 빈곤, 실업, 분배의 불평등 문제, 기회의 불평등 문제 및 비행, 범죄, 약물중독, 가족결손 및 해체, 가족갈등 등을 들 수 있다.

따라서 가족의 욕구란 소득과 의료, 교육, 주택 및 조세정책에 의한 욕구해결뿐 아니라 전문적 사회복지 서비스로 인한 해결 가능한 욕구 모두를 포함한다.

또한 가족의 문제는 빈곤과 같은 경제적인 문제와 각종 질병과 장애와 같은 의료 및 심리적 문제, 이혼, 미혼부모, 독신가족 등 가족구조상의 문제 등으로 구분할 수 있다.

다른 한편으로, 가족복지의 대상은 가족의 구조와 기능 그리고 가족의 주기에 따라 분류할 수 있다.

먼저, 가족복지의 대상은 가족전체라는 사실을 전제로 해야 한다. 기존의 복지는 아동, 청소년, 여성, 노인, 장애인 등 가족의 구성원 개개인이 그 대상이 되어 왔으므로 이는 엄밀한 의미의 가족복지였다고 할 수 없다. 따라서 가족복지의 대상은 이와는 구별된 '전체로서의 가족'에 대한 접근이 요구되며, 구체적으로 가족복지의 대상은 다음과 같은 세 가지의 기준에 의해 분류할 수 있다.[13)]

첫째, 가족의 구조상의 특성에 따라 가족복지의 대상이 규정되는 것으로 맞벌이가족, 미혼부모가족, 이혼 및 재혼가족, 소년소녀가족, 노인단독가족, 핵가족 등 가족의 구조상의 다양화를 고려하여 각 가족이 지닌 특성에 따라 복지개입을 달리 하는 경우를 말한다.

둘째, 가족 기능상의 문제에 의한 대상의 규정으로, 학대 및 알코올중독이나 약물중독 청소년 비행 및 실직으로 인한 소득의 상실 등 가족이 지닌 병리적이거나 경제적인 측면에서 기능상의 결손을 경험하는 가족과 장애로 인한 심리적 및 의료적 문제를 겪고 있는 가족이 그 대상으로 규정될 수 있다.

셋째, 가족의 주기에 따라 가족은 다양한 변화와 문제 또는 위기를 경험할 수 있다. 부부만의 시기, 자녀출산 및 양육기, 미취학 아동기, 학동기, 청소년기, 독립기, 중년기, 노년기 등 가족생활주기에 따라 가족구성원인 개개인은 물론 가족자체가 당면하게 되는 복지욕구는 다양하다.

그러나 가족복지의 대상은 구체적으로 가족복지가 이루어지는 과정에서 국가의 정책이나 법 그리고 행정조직에 따라 그 대상이 규정된다. 현행 한국의 가족복지의 대상은 요보호대상자 중심의 가족구성원인 개인이며, 가족문제란 빈곤과 이로 인한 소득의 상실 및 질병 아울러 자녀양육 문제 및 여성의 모성보호 문제 그리고 노후대책 문제와 장애인 가족문제 등으로 분리, 제한되어 있다. 따라서 현행 한국의 가족복지는 가족을 대상으로 하는 복지의 개념없이 단순히 가족의 중요성을 선언적으로 강조하면서 서비스의 측면에 있어서는 요보호대상자 중심으로 잔여적 성격의 복지모형을 보이고 있는 것이 특징이다.

결론적으로 가족복지의 대상은 가족이 지닌 욕구와 문제로써, 이는 가족의 구조, 기능 및 생활주기에 따라 다양하게 나타날 수 있는 욕구 및 문제인 것이다.

---

13) 성영혜 · 송주미, 가족복지에 관한 이론적 고찰, 한국가족복지학 제2권 1호, 1997.

제5절 가족복지사업의 기능

가족복지사업의 기능은 보는 견해에 따라 다소 차이가 있을 수 있다. 몇 가지 견해를 소개하면 다음과 같다.

장인협은 가족복지사업의 기능을 사회적 조건의 개선이나 향상을 위한 정책이나 제도 수립에 적극 참여하고, 가족의 분열을 사전에 예방할 수 있는 지역사회보호(community care)나 거택보호를 개발하는 것, 핵가족에 수반되는 문제점을 사전에 예방하기 위한 가족생활교육(family life education)을 수행하는 것이라 하였다.[14]

김덕준 등은 가정을 위한 서비스의 제공, 교육적 활동에 참가, 전문교육을 위한 참여 및 공헌, 사회조사에 참가, 사회 환경의 개선을 가족복지사업의 기능으로 보고 있다.[15]

그리고 미국의 펠드만(Feldman)과 쉐르츠(Scherz)의 견해를 보면 가족원이 가진 잠재력을 극대화하여 그들의 생활주기에 닥칠 위험과 건강에 잘 대처하기 위한 예방적 기능, 발생한 문제를 최초의 형태와 영향으로 바꾸는 기능, 관련된 가족을 빨리 회복시키는 효과적 치료기능으로 나누어 고찰하고 있다.

이상에서 보는 바와 같이 가족복지사업의 기능에 관한 학자들의 견해는 공통점을 가지고 있음을 알 수 있다. 그리고 오카무라(岡村重夫)는 가족복지의 기능을 조직적이고 체계적으로 설명하고 있는데 다음과 같다.[16]

첫째, 의뢰적 기능으로 가족문제의 진단에 기초해서 가족복지기관이 직접적으로 어떤 구체적인 서비스를 베푸는 것이 아니고 그 문제에 대해서 가장 효과적인 서비스를 줄 수 있는 지역사회의 자원을 발견하여 사례를 소개하고 활용하도록 돕는다.

둘째, 조정적 기능으로 가족복지기관은 가족 전체를 서비스의 단위로 하고 가족 전체가 가족으로서의 기능을 발휘하도록 하는데 목적을 두고 원조한다. 동일가족에

14) 장인협, 사회복지개론, 한국사회개발연구소, 1981.
15) 김덕준 외 4인, 신사회사업개론, 한국사회복지연구소, 1970.
16) 岡村重夫黑川昭登, 가족복지론(東京 : ミネルヴァ書房), 1972.

대해서 가족복지기관 이외의 다른 전문분업적 기관인 의료기관, 아동상담소, 부녀상담소, 보건소, 학교, 직업안정기관에서 가족생활의 일부나 혹은 가족의 일원을 대상으로 원조를 하는데 이러한 각종의 기관에서 베푸는 다수의 서비스가 상호 모순되지 않고 통합적으로 일관성이 있어서 대상자의 가족 전체의 복지를 이루는데 조화적 효과를 가져오도록 한다.

셋째, 개발적 기능인데 지역사회 활동이나 소집단 활동, 그리고 개별적 활동을 통하여 각 가족에 있어서 모든 가족성원이 그 지위에 맞는 역할을 실행하는 기회, 능력, 태도를 발전, 촉진시키는 기능이다. 여기서 말하는 지역사회 활동이라고 하는 것은 매우 중요한 의미를 가지고 있는데, 즉 그 지역사회 내에 여러 가지 사회적 자원, 예컨대 사회보장제도, 주택문제, 복지시설, 교육시설, 법제의 개선 등을 사회행동(social action) 및 지역주민의 자발적 협력을 보조해서 이룩하게 하는 것을 의미한다.

넷째, 회복적 기능으로 가족이 정상적인 기능을 발휘하도록 그 장해요인인 빈곤, 실업, 질병, 신체적 및 정신적 장애, 중독, 양친의 장시간 노동 등의 환경적인 요인과 부부불화, 형제간의 갈등 등 인간관계의 문제를 가진 가족구성원과 가족을 직접 원조하여 줌으로써 가족역할이나 책임을 수행하여 가족기능을 회복시킨다. 이러한 회복적 기능에는 공적부조에 의한 원조와 아동상담소 지도, 직업지도 및 알선, 주택알선, 가임보조(家賃補助), 가정지도(家政指導) 및 가족계획지도, 가족진단 및 가족치료를 통해서 달성할 수 있다.

위에서 몇 가지 학설을 소개한 바와 같이 가족복지사업의 기능은 일반적으로 말하는 사회복지의 기능인 치료적 기능, 의뢰적 기능, 개발적 기능, 예방적 기능을 다 포함하고 있다. 이렇게 볼 때 가족복지사업의 기능은 제도적, 정책적인 거시적인 노력과 기술적, 방법적인 미시적이고 보충적인 제 노력을 경주하지 않으면 안 된다는 것을 알 수 있다.

제6절 가족복지의 실천방법

사회복지실천 방법은 크게 거시적 실천방법과 미시적 실천방법으로 나누어 볼 수 있다. 그리고 이 둘 간의 관계는 상호 밀접한 관계를 바탕으로 발전되어야 한다. 가족복지의 실천방법 역시 마찬가지이다. 가족복지의 방법은 가족에 관한 복지정책과 법을 바탕으로 이를 운영하는 행정조직을 통해 개별가족에게로 전달되어야 하는데, 이때 전문적 복지지식과 기술을 지닌 전문가에 의해 복지서비스가 이루어져야 한다.

따라서 거시적인 측면에서 가족복지는 가족을 단위로 하는 정책을 수립해야 하며, 가족복지법을 새로 만들거나 아니면 가족의 사회복지관련법에 가족의 개념을 강화시키는 방안을 검토해야 하는 것 그리고 가족복지 전달체계를 확립하기 위해 공공복지 전달체계를 재정비하는 것 등이 주요 방법으로 제시되고 있다.

첫째, 가족복지정책은 가족을 대상으로 하는 국가의 사회보장제도를 가장 대표적인 예로 들 수 있는데, 소득보장, 의료보장, 주택보장 및 사회복지서비스에 대한 국가의 방침은 곧 가족복지정책의 기반으로 제공될 수 있다. 따라서 가족복지정책에서 고려해야 할 가족을 대상으로 하는 소득, 의료, 주택 및 사회적 서비스의 구체적인 내용을 살펴보면 다음과 같다.[17)]

① **소득보장** : 생활보호, 모자모호, 소년소녀가장보호, 취업알선, 국민연금, 노령수당, 아동수당 또는 가족수당, 고용촉진, 경로우대, 세제감면, 직업보도 등
② **의료보장** : 의료보호, 의료보험, 의료지원, 건강진단, 가정간호 등
③ **주택보장** : 영구주택, 주택임대 등
④ **사회적 서비스** : 상담서비스, 보육서비스, 미혼부모를 위한 서비스, 성폭력 보호서비스, 재가서비스, 가정봉사제, 탁노서비스, 노인회관 및 노인교실, 윤락자 선도, 학대보호 서비스, 복지관 이용, 결혼서비스, 위탁 및 입양서비스 등

둘째, 가족복지행정은 가족복지의 정책을 그 대상인 가족에게 구체적으로 복지혜택이 전달되게 하는 과정을 의미하는 것으로 공공조직, 즉 한국의 경우 보건복지부 및 행정자치부를 중심으로 그 전달체계가 정비되어 있다.

셋째, 가족복지관련법은 정책과 행정의 근간이 되는 것으로, 한국의 경우 〈표 8-2〉 가족관련 사회복지사업법의 주요내용 및 제정시기에서 보는 바와 마찬가지로 가족이

---

17) 공세권 외, 가족결원의 유형별 특징과 가족정책의 접근방법, 한국보건사회연구원, 1995.

아닌 가족구성원 개개인에 관련된 법으로, 일부에서는 이를 개정하여 가족의 개념을 강화, 적용시키도록 해야 한다고 제안하고 있으며, 일부(공세권 외, 1995 ; 박병호 외, 1996 ; 최일섭 등, 1995 등)에서는 독자적인 가족복지법을 제정하여 가족관련 복지사업을 통합시키자는 의견이 있다. 가족복지사업을 수행하는 데 있어 근간이 되는 기본법을 제정하는 것은 중요한 일이나, 법 제정에 앞서 가족을 고려한 복지에 대한 합의와 이를 강화, 적용시킬 수 있는 다양한 방법들에 관한 충분한 논의가 이루어져야 할 것이다. 단순히 법만을 제정하는 것은, 이를 적절히 집행하는 과정에 관한 부수적 조치가 없을 경우 유명무실하기 때문이다.

또한 2007년 5월 17일에 제정되고, 2008년 1월 1일부터 시행된 '가족관계의 등록 등에 관한 법률'에 따라 기존의 호주제가 폐지되고, 대신 이를 대체할 새로운 가족관계 등록제도가 마련되어서 기존의 호적을 대신할 가족관계등록부가 도입되었다. 가족관계등록부의 특징은 1인당 하나의 등록부가 작성되며 가족관계, 기본적 신분사항, 입양 등에 관한 사항이 기록된다는 것이다. 그 주요 내용은 현행 호주 중심의 호주제가 폐지되고 가족개인별로 '1인 1적' 형태의 가족관계등록부를 사용하며, 아버지 성(姓)과 본(本)을 따르는 부성주의 원칙이 아버지 성과 본을 따르는게 원칙이긴 하나, 협의 시 어머니 성(姓)과 본(本)을 따를 수 있게 하였고, 자녀의 성과 본 변경이 불가하던 것이 아버지 또는 어머니의 청구로 법원의 허가를 받아 변경이 가능케 되었다. 친양자 제도에 있어서 친생부의 성과 본을 유지하던 것이 친양자로 입양을 하면 양부의 성과 본으로 변경되도록 하였다.

그리고 최근 급증하고 있는 한국 남성과 저임금 국가 출신 여성과의 매매혼적 성격을 띠는 결혼을 통해 이루어진 다문화가족 구성원이 안정적인 가족생활을 영위할 수 있도록 함으로써 이들의 삶의 질 향상과 사회통합에 이바지함을 목적으로 2008년 3월 21일에 '다문화가족지원법'이 제정되고 9월부터 시행되었다.

표 8-2 가족관련 사회복지사업 관련법의 주요 내용과 제정 및 개정시기

법률 명칭	주요 내용	제정 및 개정
국민기초생활 보장법	생활이 어려운 자의 최저생활보호 및 자활지원	1999년 제정

아동복지법	보호를 필요로 하는 아동(18세 미만)의 시설보호 및 자립지원	1961년 제정 1981년 전문개정(법명변경) 2000년 전문개정
노인복지법	노인(65세 이상)에 대한 시설보호사업 및 노인의 보건복지증진사업	1981년 제정 1989년 전문개정 1997년 전문개정
장애인복지법	장애인에 대한 재활보호 및 각종 복지서비스	1981년 제정 1989년 전문개정(법명변경) 1999년 전문개정
한부모가족지원법	한부모가정의 복지급여, 자활지원 및 시설보호	2007년 개정 2008년 2월 타법개정
영유아보육법	영유아에 대한 심신의 보호와 건전한 교육의 보육서비스 지원	1991년 제정 2004년 전문개정 2008년 일부개정
가정폭력방지 및 피해자 보호 등에 관한 법률	가정폭력 예방 및 가정폭력 피해자에 대한 보호 및 지원	1997년 제정 2007년 일부개정 2008년 타법개정
가족관계의 등록 등에 관한 법률	기존의 호적을 대신할 가족관계 등록 제도에 관한 사항	2007년 5월 17일 제정
다문화가족 지원법	다문화가족 구성원의 삶의 질 향상과 사회통합을 위한 지원	2008년 3월 21일 제정

다음으로 미시적인 측면에서는 일선 현장에서 이루어지는 전문가에 의한 복지서비스의 확립으로 그 방안으로는 전문가의 양성 및 다양한 복지 프로그램의 개발 및 재정의 확보와 민간참여의 확대 등을 들 수 있다. 복지프로그램은 가족의 구조와 기능면에서 다양해진 가족복지의 욕구에 따라 빈곤가정은 물론 병리 및 결손가족에 대한 상담서비스 개발과 일반가족의 문제를 예방하고 건강한 가족유지를 위한 가족생활교육 및 삶의 질 향상을 위한 각종 프로그램까지 서비스의 선진화를 강조하고 있다.

이러한 가족복지의 구체적 서비스를 카두신(Kadushin)의 서비스 분류를 근거로 가족에게 적용하면 다음과 같다.

① 가족에 대한 지지적 서비스(supportive service)는 가족의 기능 일부를 지지하고 보완

하는 서비스로 가족상담 서비스와 가족치료, 가족생활교육 및 부모교육 서비스가 예이다.

② 가족에 대한 보완적 서비스(supplementary service)로 가족 기능의 일부를 보충해 주는 서비스로 보육서비스, 가사조력원 서비스, 노인과 장애아동 및 장애인을 위한 재가서비스 등을 들 수 있다.

③ 가족에 대한 대리적 서비스(substitute service)로 가족의 기능을 대리하는 서비스로서 입양이나 가정위탁서비스, 노인 및 장애인이나 아동을 수용하는 시설보호서비스 등을 들 수 있다.

연구토의 문제

1. 우리나라 가족복지의 과제 및 발전방향은 어떻게 나아가야 하는지 생각해 보자.

2. 문제가 있는 가족의 아동에 대한 개입에서 아동중심 개입과 가족중심 개입의 장단점을 비교해 보시오.

3. 문제가 있는 가족의 아동에 대하여, 거시적, 중범위적, 미시적인 차원에서 개입할 수 있는 방안에 대해 생각해 보자.

제 9 장

학교사회사업

제 1 절　학교사회사업의 개념 및 목적
제 2 절　학교사회사업의 대상 아동
제 3 절　학교사회사업의 역할
제 4 절　학교사회사업의 모형
제 5 절　학교사회사업의 과정
제 6 절　학교제도 내의 사회복지 서비스

아동기의 전 생활의 대부분은 학교에서 교사와 친구들과 함께 보내게 된다. 사회의 축소판으로서의 학교는 아동의 문제가 사회에 직면해서 처음 발현되는 곳이며, 또한 아동이 가정·사회의 문제를 모두 학교로 가져오는 곳이기도 하다.[1] 또한 오펜하이머(Oppenheimer)는 1924년에 학교는 아동복지사업의 최대 전략 장소[2]라고 하였으며, 소년범죄 방지의 가장 핵심적이고 실천적인 장으로서 학교를 설정하여 아동에게 적절한 서비스를 제공함은 아동복지의 예방적·기능적인 면에서나, 전 아동을 대상으로 그의 잠재능력을 최대로 신장시키는 교육의 목적적인 측면에서나 공히 바람직한 아동복지의 분야이다. 전 아동의 잠재능력의 최대신장은 국력배양과 맥을 같이 하여 고려해 볼 때 국가발전의 생산적이고 활동적인 참여자로서의 임무수행에도 가장 적절한 분야라고 할 수 있겠다.

제1절 학교사회사업의 개념 및 목적

존슨(Johnson)은 학교사회사업에 대해, 학교에서 아동이 그의 능력과 기능을 성취함에 있어서 방해가 되는 사회적·정서적 문제를 아동이 극복하도록 돕기 위해 수행되는 활동[3]이라고 하였다.

코노프카(Konopka)는 학교사회사업은 아동이 사회적·정서적 문제를 가지고 있어서 학교에서 기대하는 기능과 목표를 달성하지 못할 때 이를 도와 주는 노력[4]이라고 하였다.

미국의 사회사업연감(1960)에서는 학교사회사업은 학교활동 계획의 일부로서 아동이 학교에 적응하는데 곤란한 사회적·정서적 문제아를 원조하는 것이라고 밝히고 있다.

---

1) Costin, L. B., *Social Work Services in Schools : Historical Perspectives & Current Directions*, Washington D.C. : NASW, 1978, p. 8.

2) Costin, L. B., *Childwelfare : Policies & Practice*, N.Y. : McGraw-Hill Books Co., 1972, p. 86.

3) *Social Work Year Book*, N.Y. : NASW, 1962, p. 19.

4) Konopka, p. 280.

오팔 보스톤(Opal Boston)은 '학교사회사업이란 어떤 학생 개인이 학교생활에서의 정상적인 학습활동을 방해하는 어떤 정서적인 문제를 가지고 있을 때 이의 해결을 도와주는 노력으로서 이것은 인간의 행동에 대한 지식이 증가함에 따라 발전되었다'라고 정의하였다. 이것은 구체적으로 심리학적인 도움, 정신의학적인 도움, 출석문제의 해결, 직업에 대한 상담까지도 포함한다.

한편 학교사회사업의 궁극적인 목적은 학생에게 자신감을 키워 주고, 계속적으로 배울 수 있는 준비를 시키며, 닥쳐오는 변화에 대한 적응력을 키워 주는 것이라고 하여 정서와 성격 문제의 초점에서부터 벗어나 학생 자신들로 하여금 '스스로 배우게 하고', '생각하게 하며', '문제해결을 하게' 하는 학생의 능력을 도와 주는 것이다.[5] 즉, 학생 개개인이 자신의 잠재력과 능력을 최대한 개발할 수 있도록 도와 주고, 모든 학생이 미래의 건전한 사회구성원으로 성장할 수 있도록 최적의 교육환경을 제공해 주는 것 이다.

학교사회사업의 목적을 좀더 구체적으로 살펴보면 다음과 같다.

① 취약학생이나 학교부적응 학생은 물론 모든 학생들이 자신의 교육적 욕구에 적합한 교육을 받을 수 있도록 공평한 교육기회를 제공하는 것이다.

② 공평한 교육기회를 보장받은 모든 학생들이 학교생활에 잘 적응하며 자신의 심리, 사회적 기능을 향상시킬 수 있도록 전문적인 심리치료와 사회복지서비스를 제공하는 것이라고 할 수 있다.

③ 학생들이 총체적인 삶의 질을 향상시켜 궁극적으로 학생복지를 실현하는 것이며, 이를 통하여 학교가 전인교육의 교육목적을 달성할 수 있도록 도와 주는 것이다. 학생들의 삶의 질을 향상시키기 위해서는 최적의 학교환경을 조성하는 것이 중요한 일이며 최적의 학교환경이란 학업과 성적 향상에 도움을 주는 교육시설이나 기자재가 완비된 물리적 환경을 의미하는 것 외에는 학생들이 안전하고 즐거운 학교생활을 영위할 수 있는 심리적, 사회적 환경을 의미한다.

---

5) Johnson, W. F. et al., *Pupil Personal and Guidance Services*, McGraw-Hill Co., 1961, p. 161.

제2절 학교사회사업의 대상 아동

루스 스멜리(Ruth Smalley)는 학교사회사업가가 다루는 학생 문제를 다음과 같이 요약하였다.

1. 학교생활의 실패

학교생활의 실패는 출석문제, 학업부진, 성적불량, 학교생활의 흥미결여, 좋지 못한 학업태도 등을 들 수 있는데 그 원인으로서는 교사와 학생과의 만족스럽지 못한 관계, 소속감의 결여, 교사의 이해부족, 학생의 무능력, 부모의 무관심, 교사의 업무과잉 등의 학생 자신, 교사, 가족책임의 복합적인 요인이라 볼 수 있다.

학업부진은 학교생활의 실패에 가장 뚜렷한 증상이다. 학업부진아의 경우는 학교자체로나 교육제도 내에서 나아가 지역사회의 여러 사회자원이 요청되는데 특수한 진단방법과 치료방법을 동원한 교과활동이 있어야 할 것이다.

2. 공격적이고 반사회적 행동

부모나 교사에 대한 반항심으로 인해 학교체제에 대한 조소적 태도를 지니며, 의식적으로 학교규범을 어기고 집단이탈 행동을 한다.

공격적이고 반사회적인 행동은 학교생활 실패의 원인이 되며 자신의 인격적 · 사회적 문제는 공격적 · 반사회적 행동의 문제이다. 이러한 행동은 부모의 억압으로 인한 열등감, 과잉보호로 인한 의존성과 불안정 상태, 부모의 사랑이나 지지를 받지 못한 불평등한 취급을 받는 학생들의 퇴행적인 관심을 끌기 위한 것이라고 할 수 있다. 이 반사회적 행동은 사회부적응으로 좌절감에서 생기는 행동이므로 장기적인 대책이 요구되며, 특히 징계적 태도보다 발생요인과 성격요인을 파악해서 치료계획을 세워 접근해야 할 것이다.

3. 퇴행적 행동

퇴행적인 행동은 심한 관심을 끌기 위한 행동으로 어린애 같은 행동이나 유치한 장난을 해서 주위의 관심을 끌거나 공부시간에 집중이 안 되고 산만한 분위기를 만들고, 정서적으로 불안정을 보이는데 이는 부모의 무관심이나 냉담 속에 자랐거나 가족관계상 원만하지 못한 가정, 가정의 파탄, 부모로부터의 거부, 주위로부터 인정을 받지 못한 불만이나 갈등을 내포하고 있다.

4. 사회적으로 바람직하지 못한 행동

괴상하고 사회적으로 바람직하지 못한 행동은 부적응 문제에서 오는 것으로 백일몽, 정서불안, 공포, 퇴행적 행동과 도벽, 가출, 성적 이상 행동, 낭비까지 포함한다. 신경증(neurosis)이나 신경적인 성격도 포함되는 것으로 정신의학적인 치료가 요구되기도 한다.

5. 무단결석

모든 경우에서 최후로 나타나는 극단적인 형태로 더 이상 학교환경에서 남아 있을 힘을 상실한 결과이다. 학교라는 조직체에서 이탈한 아동은 비행의 길로 빠져들기 쉽다.

무단결석은 이상의 문제와는 다르게 학교제도 내에서 일어나는 학교사회사업가의 중요한 당면 문제이다. 이런 문제는 첫째, 가정이 기본적으로 교육에 대하여 무관심하거나 절대적이라서 학교를 가치없는 체계로 인정하고, 둘째, 부모가 무의식적으로 결석을 조장하는 공생적인 관계(symbiotic relation), 자녀를 무의식으로 거부하거나 증오하는 결과이며, 셋째, 학교나 교사에 대하여 너무 엄격하고 불쾌한 경험을 하거나 무관심에 대한 실망, 넷째, 공포증을 비롯한 학생의 정서적인 문제 등에서 기인된다. 이런 문제가 심하면 정신의학적인 치료가 요구될 때도 있다.

6. 병이나 천대로 인한 신체적 결핍

맹아, 농아, 지체장애아, 정신지체아, 성격장애아, 발달장애아, 언어장애아 등을 들 수 있는데 이런 문제는 특수교육에 의해서 보호되고 있으나 이들을 위하여 이용할 수 있는 모든 시설의 설치와 그 이용을 돕는 제도적 개선과 협력을 갖는 일이다.

이상의 여러 문제는 학교사회사업의 대상이 되고 있는데 이들은 교육학적, 정신의학적, 사회복지의 기능간의 유기적인 협력에서만 그 해결이 가능하게 된다. 이것은 교육체계에서 주로 이루어지는 것이나 그 원인적인 요소가 가정적, 사회경제적, 교육제도적 학생 자신의 요인이 복합적으로 작용하고 있기 때문이다.

한편 Ford와 Lerner는 이러한 문제를 청소년의 발달체계의 맥락에서 발생된다고 주장하면서, 청소년기의 문제를 해결하기 위해서도 어떠한 동일체계 안에서 해결책이 나와야 한다고 하였다. 그러므로 어떤 특정한 청소년행동 문제 또는 발달상의 문제에 대한 해결책은 개인, 가족, 지역사회 및 사회 문화적 맥락의 수준에서 체계에 들어가야 해결될 수 있을 것이다.

보다 구체적으로 학교사회사업의 대상이 되는 아동의 예는 다음과 같이 요약할 수 있다.

① 대인관계에 문제를 보이는 학생들로서 폭력행동, 비사교적 행동, 교사나 성인의 권위에 대항하는 행동 등을 나타내는 학생
② 심리, 정신적 문제를 갖고 있는 학생들로서 우울, 소외, 공포, 불안, 자살기도 등을 보이는 학생
③ 학교규칙을 위반하는 학생들로서 장기결석, 등교거부, 잦은 지각, 무단조퇴, 수업불참, 복장불량 등의 행동을 하거나 근신, 정학을 받은 학생
④ 가정 환경적인 문제를 갖고 있는 학생들로서 결손가정, 이혼, 재혼, 빈곤, 입양, 소년소녀 가정의 학생
⑤ 부모가 아동양육에 문제를 보이는 학생들로서 학대나 방임을 받는 학생
⑥ 위기상황을 보이는 학생들로서 갑작스런 심리적, 행동적 변화를 보이는 학생
⑦ 학습부진을 보이는 학생들로서 지적 능력은 있으나 학업목표를 달성하지 못하는

학생

⑧ 비행이나 범죄행위를 하는 학생들로서 폭력, 가출, 본드흡입, 불량서클 가입, 임신 등의 비행행동을 하는 학생들이다.

아울러 학교 부적응 학생과 더불어 취업학생이나 일반학생의 심리치료와 사회복지 서비스의 제공, 학교가 전인교육의 장이 되도록 환경조성을 돕고 교사들이 교육에만 전념할 수 있도록 지원하는 등 교사와 학교환경도 그 대상의 범주에 포함된다.

이러한 아동을 위한 학교에서의 복지대책으로, 상담, 통학 편의제공, 휴게시설, 식당, 매점의 설치 등과 학교급식 서비스, 학교보건 서비스, 교육복지 서비스, 직업지도, 직업상담, 정신의학적 서비스 등을 들 수 있다.

제3절 학교사회사업의 역할

교육은 책임있는 시민으로서 생활방식을 유지시키면서 복잡한 직장에서의 성공적인 적응을 위해 기본적이고 필수적인 것이다.[6] 또는 한 나라의 자유와 안전은 그 나라 청년들이 그들의 잠재능력을 최대로 교육받지 못할 때 위협을 받게 된다고 했으며, 이러한 교육의 중요한 목적을 실천하기 위해서는 모름지기 학교사회사업의 역할이 필연적으로 요구되는 것이다.

존슨(Johnson)은 학교사회사업가를 특정아동과 일반아동에 대한 역할을 들고 있다. 전자인 특정아동을 위해서는 문제를 지닌 아동 및 그들의 부모에 대한 개별사회사업, 문제아동들과의 정기적 혹은 수시 회합, 교사 및 지역사회 기관과의 협력, 교사, 교장, 직원과 협의하여 아동을 간접적으로 돕는 일을 한다. 한편 후자인 일반아동을 위해서는 학교행정, 기타 위원회의 참여, 부모 또는 교사들과의 교육활동, 지역사회 계획단체에 의하여 학교사회사업가가 학교를 대표함으로써 학교와 지역사회를 연결하는 역할을 한다.

학교사회사업가의 역할 및 명칭은 다양하게 부여되었으며 현재도 뚜렷하게 통일된

6) Lichter, S. O. and others, *Prevention of School Dropouts*, School & Society 90, 1962, pp. 159-168.

학교사회사업가의 자격 및 채용기준이 제시되고 있지 않은 실정이다. 예를 들면, 초기에는 학교사회사업가를 방문교사라고 하였으며, 미국의 어떤 주에서는 지금도 이 명칭으로 부르고 있다. 또 다른 지역에서는 가정－학교의 방문자로 부른다든가 출석사무원, 교사, 아동전문가, 부모조정자로, 또 어떤 주에서는 학교사회사업가의 자격증을 요구하지 않는 곳까지 있어 학교사회사업의 어려움을 잘 반영해 주고 있다.

이와 같이 필수적이고 중요한 학교사회사업이 명칭도 다양하게, 역할도 다양하게 되어 있는 것은 아마도 교육을 주목적으로 삼는 학교에서 수행되어야 한다는 점과 도움이 필요한 아동을 학교사회사업가가 먼저 발견하기보다는 교사가 먼저 발견해서 학교사회사업가에게 인계하기 때문인 것으로 생각된다.

이런 제대로 갖추어지지 않은 여건 속에서도 학교사회사업은 꾸준히 성실히 발전되어 학교사회사업가의 자격을 아래와 같이 규정하고 있다. 즉, 사회복지의 전문훈련을 받아야 하고 아동 및 부모와 함께 일할 수 있는 능력을 소유해야 한다. 그리고 유머감각, 문제해결 능력, 융통성 및 지역사회의 자원에 대한 지식도 가지고 있어야 한다.[7)]

사회복지사의 역할(NASW)에서는 학교에서의 문제해결을 위한 기능을 수행하기 위하여 지녀야 할 학교사회복지사의 역할을 치료적 서비스(remedial function), 위기해결 서비스(crisis resolution function), 발달적 서비스(developmental function)의 세 범주로 분류하고 있다.[8)]

치료적 서비스에서의 학교사회복지사의 역할은 자원을 조사하여 아동의 욕구를 충족시켜 주는 것으로서 이 때의 자원은 가정 내의 자원, 지역사회기관 내의 자원, 주정부·연방정부의 자원이 다 동원된다.

위기해결 서비스는 아동과 부모를 대상으로 가정적 문제를 개별적으로 또는 집단적으로 상담함으로써 문제의 인식, 문제의 원인, 자원의 동원과 해결 및 평가방법이 포함된다. 위기해결 서비스를 받아야 할 문제유형을 보면 아동학대와 방치, 약물복용, 자살, 가정 내의 폭력, 성문제 등으로서 긴급하게 도움을 제공해야 하는 것들 이다.

발달적 서비스에는 교육과 공동연구가 포함된다. 교육은 아동의 발달단계에 따른 신체적·정서적·사회적 여러 정보를 제공하는 것과 학교－가정－사회와의 상호관

---

7) Friedlander and Apte, *Introduction to Social Welfare, Englewood Cliffs*, N.J. : Prentice Hall Inc., 1980, p. 235.

8) *NASW Standards for Social Work Services in Schools*, Washington D. C. : NASW, 1978.

계 속에서 일어날 수 있는 문제에 대한 정보를 제공하는 것이다. 공동연구는 이러한 문제들을 관계자들과 함께 토의하여 특수아동에게 뿐만 아니라 모든 아동에게 알맞은 서비스를 제공하는 것이다.

그리고 코스틴(Costin)은 개개 학생들의 정서적 문제와 대인적인 적응에 초점을 둔 전통적인 활동보다는 학교사회사업이 필요로 하는 더 많은 활동을 제시하였는데 오늘날 학교사회복지사의 책임의무를 다음과 같이 말하고 있다.

① 학교사회복지사는 학생들에게 직접적인 사회사업서비스를 용이하게 하고 특별한 학생에 대해서는 직접적인 사회사업서비스를 제공해야 한다.

② 학교사회복지사는 특별한 집단의 절박한 욕구에 초점을 두고 이들 학생의 옹호자로서 활동해야 한다.

③ 학교사회복지사는 청소년의 복지에 직접적인 영향을 주는 학교정책 형성과 지역사회의 협력적인 관계를 개발하는 것을 돕고, 계획된 서비스에 접근법을 시행하기 위한 문제 상황과 문제의 복잡성을 학교행정가와 의논해야 한다.

④ 학교사회복지사는 학생들이 자유롭게 배우고 학습할 수 있도록 동기화하는 분위기를 만드는 데 필요한 기술에 대하여 교사들과 상의해야 한다.

⑤ 학교사회복지사는 학교 학생과 그의 가족들에게 보다 효과적인 지역사회 서비스를 촉진시키고, 사회복지 프로그램과 자원의 지역사회 조직화에 변화를 갖는 것을 돕기 위하여 학교와 사회사업의 결정적인 분야와 법적인 서비스 실제간에 건설적인 연락관계를 조성하고 개발해야 한다.

⑥ 학교사회복지사는 학생과 학교에 대한 효과적인 관심을 전하기 위하여 학부모와 지역사회 집단을 조직화하고 학교와 지역사회와의 관계에서 건설적인 힘으로 활동해야 한다.

⑦ 학교사회복지사는 학생지도를 위한 전문적인 팀(카운슬러, 심리학자, 간호사 등) 가운데 학생 측면에서 여러 전문직들의 다양한 기술을 협력케 하는 지도력을 발휘해야 한다.

제4절 학교사회사업의 모형

학교사회사업이 새로운 원조체계로서 기능하기 위해서는 학교체계와의 원활한 접근성, 필요한 원조의 적시성과 전문성, 제공되는 서비스의 포괄성의 세 가지 기본적 특성을 갖고 있어야 한다.

이러한 특성을 고려할 수 있는 학교사회사업의 조직모형은 학교사회사업가의 소속조직과 배치형태를 기준으로 한 다음의 세 가지이다.

첫째, 가장 중점적으로 논의되고 있는 학교기반(school-based)의 조직모형이다. 이는 학교단위별로 학교사회사업가을 배치하고 이들이 기존의 상담 교사들과 협력하여 학생들의 문제에 대처해 나가도록 하는 모형이다.

둘째, 지역사회복지관기반(community agency-based)의 조직모형이다. 이것은 기존의 지역사회복지관이 인근지역의 특정학교와 연계하여 실천해 나가는 것으로 현재 사회복지관에서 수행하고 있는 활동형태에 해당된다.

표 9-1 학교사회사업 조직모형 비교

	학교중심 조직모형	기관중심 조직모형	관할구역 조직모형
학교와의 관계	1개교－1사회복지사	1개교－1개관 연계	다수의 학교－1개팀 (구역특성 : 학교수 결정)
소속조직	배치된 학교	학교와 연계 맺는 기관	관할구역 상급교육기관
학교사회사업가 배치	1학교 1인	1학교 1인, 팀구성	팀 구성 : 순회방문
제도화 관련 고려사항	자격요인 : 별도 법률 규정 필요	자격요건 : 별도규정 불필요, 학교연계 규정 필요	교원자격 불필요, 관할 교육청내 관련조직 규정 필요
특 성	학교내 활동 용이 접근성 보장	외부자원 개발, 연계유용	한 학교 몰입이 힘듦

* 출처 : 이상균, 조성희, '학교사회사업 : 새로운 전문영역으로서의 가능성', 1998.

셋째, 관할구역기반(jurisdiction-based)의 조직모형이다. 이는 일정한 지역규모별로 학교사회사업 담당부서가 설치되어 프로그램을 수행하는 것으로 학교중심모형에서 파생된 것이다.

우리나라에서 학교와 지역사회기관 조직모형의 경우 시범학교와 지역사회복지관을 중심으로 수행되고 있으며, 이를 주요 조직모형으로 논의하고 있기에 양쪽 모형을 중심으로 그 장·단점을 살펴보면 다음의 〈표 9-2〉와 같다.

표 9-2 학교기반모형과 지역사회복지관 모형의 실천적 측면에서의 장단점

	학교기반의 사회사업	지역사회기반의 사회사업
장점	· 학교참여, 체계이해, 교사로부터 수용 · 학교의 직원으로 활동 : 사무실, 행정실, 전화 등 시설, 집기활동 용이 · 위기대처 가능, 학생접근 용이 · 외부기관, 사회복지사 연결시 학교대표 · 부모의 대변/지지자로 활동	· 학교개입 없이 부모들 비밀보장 조언 · 학교 압력자유, 균형있는 사정 가능 · 동료자문, 사회사업 실천의 초점 유지 · 지역사회기관들과의 협력 개발 기회, 지속적인 접촉 · 학교로부터의 부적절한 의뢰 거부
단점	· 학교 책무담당, 시간활용 자율성 제한 · 학교행정체계에서 사회복지사 통제, 감독, 학교분위기나 압력 영향 · 학교사회사업가가 학교와 동일시하거나 학교와 부정적 관계를 맺게 될 경우, 가족과 원활한 관계를 맺기 어렵다. · 학교체계가 지역사회의 아웃리치를 부정적으로 받아들일 경우, 학교체계 내부에 국한된 활동만 수행 · 전문적 활동과 관련 없는 일 수행가능	· 학교 일원으로 수용되기 힘들어, 정체성 역할 확립에 어려움 · 위기에 대한 즉각적 대처 부족 가능 · 학교 일과 시간 동안의 자발적인 신청제한 · 학교지원 인력 접촉유지 위한 시간, 노력 · 학교공식 연락체계, 행정체계로부터의 소외 · 교사 자발적인 접촉 불가능, 문제예방 위한 비공식적 기회 상실 가능 · 학교를 방문 시 지나치게 많은 일 수행, 우신순위가 셔지는 일 수행 발생 가능

* 출처 : 이상균, 조성희, '학교사회사업 : 새로운 전문영역으로서의 가능성', 1998.

이처럼 양쪽 모형이 갖는 장·단점은 결국 학교사회사업가가 갖는 전문적 자율성의 확보와 학교체계에 대한 접근성의 정도에 따라 결정된다고 할 수 있다. 학교사회사업가의 전문적 자율성이란 학교사회사업가가 학교의 교육방침에 대해서 또는 특정사안에 대한 학교행정체계나 다른 전문직의 압력이 어느 정도 독립적일 수 있느냐를 의미한다.

학교체계에 대한 접근성은 학교사회사업가가 학교체계를 이루는 다양한 하위체계(학생, 교사, 부모)에 대해 얼마만큼 자유롭게 접근할 수 있느냐의 문제와 관련되어 있다.

이러한 두 가지 속성은 어떤 단일 모형에서 완전히 충족되기는 어렵다. 각 모형들이 병행되어 실시되는 형태로 제도화를 추진하여 상호보완적인 관계를 가질 수 있도록 고려해야 할 것이다. 그러나 현재 지역사회복지관 모형 중심으로 이루어지고 있는 초등학교 학교사회사업의 경우, 교사의 생활지도의 부담을 덜고 보다 체계적으로 접근하기 위해서는 학교중심 모형으로 발전해야 할 것이다.

제5절 학교사회사업의 과정

1. 학교사회사업의 계획과정

1) 목적설정

초기에는 교직원들과의 신뢰관계 형성에 주력하면서 사회사업 서비스에 대한 공식적, 비공식적 재가를 획득하기 위해 노력해야 한다.

2) 정보수집

다음과 같은 정보를 수집해야 한다.

① 학교에서 실천하고 있는 교육철학에 대한 지식
② 교육과 학생관련 현행 법규에 대한 지식
③ 지역사회 욕구와 자원에 관한 사정은 지역의 역사, 인구학적 특성, 지역 내 기구 · 기관, 정치제도, 시민조직, 사회복지기구, 지역언론 등에 관해 정보를 수집한다.
④ 학교사회사업가는 학교를 주된 실천장소로 활동을 하기 때문에 학교의 특성 및 욕구와 자원에 관한 사정을 통해 학교에 관한 전반적인 지식을 확보해 두어야

한다. 구체적으로는 학교의 역사, 내적 · 외적 설비, 조직 구조, 가르치는 직원과 가르치지 않는 직원, 학생집단, 커리큘럼, 특별반 제도 유무, 특별 프로그램, 과외활동, 학급규모, 학급구성 등에 관한 정보가 포함된다.

⑤ 학교와 지역사회와의 관계분석

⑥ 사회사업가 자신의 기술과 능력

3) 업무에 관한 조정

행정담당자와 일하는데 있어 학교사회사업의 우선순위를 결정하고 자원을 연결시키는데 있어 사회복지 서비스에 대한 우선순위를 결정한다. 각 학교가 지닌 독특한 욕구를 충족시키기 위한 목표조정과 개입계획에 관한 조정 등을 하게 된다.

일반적으로 학교사회사업가의 주된 업무는 다음과 같다.

① 학생의 담임교사와의 면담

② 학교위주의 업무

③ 학생을 위한 진단과 치료사업

④ 심리조사

⑤ 부모교육

⑥ 여러 가지 조사 및 훈련업무

4) 평가 및 피드백

학교사회사업가는 교육행정담당자에게 매년 계획실행에 대한 진행사항을 보고하고 매년말 평가 및 계획을 통해 업무를 보고하며 신년 계획 등을 통해 평가, 피드백 과정을 거치게 된다.

2. 사정단계

1) 문제의 진술 및 규명

문제의 진술 및 규명단계는 먼저 학교사회사업의 대상이 되는 문제를 누가 의뢰했고 누구에 의해 의뢰되어졌나, 학생에 의해 인지된 문제는 무엇인가, 문제가 일어난 장소는 집 · 교실 · 동료집단 중 어디인가, 이 문제가 맨처음 발생한 때는 언제이며 얼마나 오랫동안 이 문제상황이 지속되었나 등을 파악하는 단계이다.

2) 정보수집

이 단계는 지역사회, 학교, 학급, 가족, 개인 등 관련된 체계로부터 정보를 수집하는 단계이다.

(1) 학교 및 학급

학교 및 학급관찰은 학생에 대한 정보수집의 중요한 수단이 된다. 학교 풍토, 학교 및 학습 분위기, 학생들 사이의 규칙, 학생－교사, 학생－동료관계, 시험 분위기 등으로 Sociogram이나 Eco-map을 그려보는 것도 도움이 된다.

(2) 가 족

주로 가족면접을 통해 정보를 수집하게 된다. 가족구성원 개개인의 관심 및 욕구, 가족의 강점과 약점, 민족적 배경, 가족구조, 가족역사(특히 발달단계), 가족기능(의사소통, 역할수행, 의사결정 유형, 가족의 대처기제, 자녀양육 방식 등) 가족의 감정 및 반응에 관한 자료를 수집한다.

(3) 학생 개인

학생과의 개별면담이나 교사의 기록, 행동에 대한 관찰 등을 통해 개인별 신상정보, 가치관, 자신 및 인간관계에 대한 견해, 행동의 강점이나 약점, 학생이 현재 받고 있거나 알고 있는 서비스 및 자원의 내역 등에 관한 자료를 수집한다. 운동장, 복도, 교실 등에서의 학생관찰 학교사회사업가는 학교에서 매일매일의 생활을 통해 청소년을 관찰할 수 있다.

(4) 사실(사건)의 규명

학교사회사업의 대상이 되는 사실(사건)을 규명하는 단계이다.

예를 들어, 학원폭력 사건을 규명하기 위해 학교사회사업가는 학교폭력 가해자, 피해자는 물론 보호자와의 구체적인 연계를 가지고 사실을 규명할 수 있어야 한다. 또한 학교사회사업가는 학교폭력 등의 위기에 처한 학생들(가해자든 피해자든)을 확인, 규정하기 위해 교사나 직원들과 협력할 수 있어야 한다. 학원폭력은 애정결핍, 안정감 부족, 가족지지의 결핍, 교사의 기대에 부응할 능력의 부재, 자기 통제력 부족, 대처기술의 부족, 적합한 역할 모델과 친구의 부족, 사회로부터의 고립과 합법적 노력을 통해 얻어지는 성취감의 부족 등 다양한 원인에 의해 복합적으로 발생하기 때문에 학교폭력의 원인이 사회적 기술 개발이 지체되었거나 적합한 역할 모델의 상실에 있다고 확인, 판단되면 사회기술훈련 프로그램 등을 통한 적합한 개입전략을 세울 수 있어야 한다. 폭력의 원인이 지역사회 상황과 박탈감과 관련된다고 판단되면 이 같은 상황을 개선할 수 있도록 지역사회 내 여러 기관과도 협력할 수 있어야 한다.

3. 개입과정

학교사회사업가의 개입은 초점이 되는 학생 개인 뿐 아니라 중요한 대상이 될 수 있는 가족, 교사, 행정담당자, 급우들을 변화시키는 데에도 개입하게 된다. 개입활동은 클라이언트로 하여금 환경을 변화시키는 방식을 발견할 수 있도록 원조하고 이전에 없었던 자원을 필요로 하는 사람들에게 연결시켜 주는 역할을 하게 된다. 나아가서는 클라이언트로 하여금 문제해결, 대처능력을 좀더 효과적으로 개발, 지지, 유지할 수 있도록 자원을 조정하고 클라이언트가 사회적으로 기능할 수 있도록 사회, 환경정책에 영향을 주며 이를 위해 관료체계 내에서의 사회행동도 계획, 이행하게 된다.

4. 평가과정

질문지, 관찰, 면담, 검사, 척도측정, 자기보고서, 출석카드 등을 통해 학교사회사업가의 개입효과를 평가한다.

제6절 학교제도 내의 사회복지 서비스

모든 취학연령 아동에게 빠짐없이 교육의 기회를 제공하기 위해서는 아동의 생활조건 전반에 걸친 고려가 있어야 하겠다. 그것은 아동의 학교생활은 아동의 가정생활과 분리해서 생각할 수 없기 때문이다. 교육상의 책임을 완수하기 위해서는 아동의 다른 생활분야에 대한 책임도 요망된다. 따라서 교육기관 내에서 아동의 생활복지를 지켜주기 위해서 다양한 서비스의 제공이 수반되어야 하겠다. 즉, 교육제도 내에 사회복지 기능을 받아들임으로써 오늘날 교육제도는 새로운 면모를 가질 수 있을 것이다.

교육제도 중에 채택되어야 할 사회복지 서비스는 모든 학생에게 개방된 일반적 서비스와 아동이나 부모의 개별적 조건에 따라 제공될 수 있는 특수 서비스로 대별된다.

영국에서는 학생들을 위한 복지 서비스로서, 학교급식 서비스(school meal service), 학교보건 서비스(school health service), 심신장애아 특별서비스(special services for handicapped children), 교육복지 서비스(education welfare service), 직업지도를 시행하고 있다.

연구토의 문제

1. 학교사회복지사의 역할을 청소년상담사, 학교심리사, 전문상담교사 등 인접 전문직과 비교한 후 각 전문직마다 고유하게 수행하는 역할에는 어떤 것이 있는지 생각해 보자.
2. 한국 학교사회복지의 역사가 주는 함의는 무엇인지 생각해 보자
3. 한국 중 · 고등학생들이 가장 많이 호소하는 문제 상황을 파악하고 학교사회복지 실천을 통해서 이를 예방하거나 조기에 개입하는 방안을 모색해 보자.

제 10 장

근로아동을 위한 아동복지사업

압력에 의한 일이든, 도구적인 일이든 또는 목적적인 일이든 간에 일을 한다는 것은 인간의식의 오랜 역사적 중심내용을 점유하고 있다. 먼저 일과 일한다는 것은 다르다는 것에 주목하고자 한다.

일은 비개인적인 것이고 객관적인 것이다. 그러므로 그것은 어떤 과제이며 논리가 있고 분석과 종합과 통제를 요구하는 것이다.

일한다는 것, 즉 작업이란 근로자들의 활동을 말한다. 그것은 개인활동이며 그렇기 때문에 휴머니티의 문제로 간주되어진다. 그것은 논리적이라기보다는 역동적인 것이며 생리적 측면과 심리적 측면을 갖는다. 그리고 사람은 그것을 통하여 사회에 접근하여 권력관계가 이루어지며 경제적 기초가 정립되어간다. 인간은 작업활동을 통하여 자기를 실현시키게 된다.

어떤 사람에게 있어서 작업은 만족의 원천이 되며 그리하여 과제의 논리를 훌륭하게 적용한다. 또 한편 어떤 사람에게는 불만과 불평과 슬픔이 근원이 될 수도 있을 것이다. 그것은 우울한 생활과 되는 대로의 작업일 수도 있으며, 전직(轉職)의 연속일 수도 있고 무직(無職)의 시작일 수도 있을 것이다. 그것은 개인적 성취의 역행일 뿐만 아니라 인간역량의 낭비를 의미하는 것이다.

직무만족과 생산성과의 관계는 계속적인 관심의 대상이 되고 있다. 일반적으로 직무에 만족한 사람은 일반생활에도 더욱 만족하여 아울러 신체적 · 정신적 건강이 더 좋고 직장에도 오래 있어 이직(離職)의 빈도가 적다고 말한다.

'작업의 생산성이 없는 근로자의 개인적 만족은 실패작이다. 그러나 근로자의 성취를 파괴하는 생산적인 작업도 마찬가지로 실패작이다. 그 어느 것도 오랫동안 견딜 수 없다'는 드루커(Drucker)의 말은 곧 작업능률과 인간적 성취와의 관계를 설명하고 있다.

근로청소년은 이들이 청소년이기 때문에 주변인(marginal man)이고 따라서 어떻게 사회화되느냐에 의해 정상적인 평균인이 되기도 하고 이탈된 탈선인이 되기도 하며, 또한 생산계층이기 때문에 분배과정에서 소외되기 쉬운 취약계층이기도 하다.

제1절 근로아동의 개념

우리나라에서 '아동'이라 함은 각종 법령의 규정에 따라 그 연령에는 차이가 있으나 기존 아동복지법상 아동은 18세까지를 지칭하며, 2008년 10월 입법예고된 「아동복지법」에서는 19세 미만의 청소년을 지칭한다. 그러나 근로기준법에 의하면 모든 아동 중에서도 15세 미만은 고용이 금지되어 있으므로, 15세 미만의 아동은 근로아동에서 제외된다. 그러므로 근로아동은 15세 이상~18세까지(또는 20세)의 아동만이 해당 된다.

근로아동은 연령적으로 의무교육을 마친 15세 이상의 아동이므로 심리학적으로는 유아기가 끝난 층이며 사회학적으로는 의존적인 시기에서 독립적인 성인기로 연결되는 과도기에 위치한 시기이다. 그러나 우리나라의 교육체계를 고려해 볼 때 근로아동은 고등학교에 해당하는 청소년으로 취학의 기회를 가정상 · 경제상 등 여러 가지 이유로 놓치거나 얻기 어려운 상황에서, 취업을 하여 근로활동을 하고 있는 아동이다.

여기서 최저 취업연령에 관해 외국의 경우 나라마다 성별이나 직업의 종류, 윤리 및 건강상 위해 여부, 가구 소득실태에 따라 최저 12세부터 15세까지 다양하게 규정하고 있다. 예를 들어, 후진국이나 개발도상국은 12~14세로, 선진국의 경우에는 15세로 규정하는 것이 일반적이다(우재현 외, 1998).

특히 국제노동기구(ILO) 산하 국제노동협의회(ILC)는 취업허가 최저연령협정 제5호에서 근로청소년을 14세로 규정하였고, 경제협력개발기구(OECD)는 청년층 경제활동인구를 15세 이상으로 정하였다. 우리나라의 경우에도 1997년 개정 근로기준법에서 13세를 15세로 상향조정하였다.

한편 랜디스(Landies)의 분류에 의하면 13세~18세(또는 20세)의 아동은 청소년기에 해당하는 연령으로서 우리나라에서도 실제로는 이 연령의 근로아동은 근로청소년에 포함하여 취급하고 있는 실정이다(표 10-1 참조).

표 10-1 각종 법령상 청소년의 명칭 및 취급 구분

명 칭	취급 구분	연 령	법 령	
아동 · 청소년	의무교육의 학령	6~14세	교육기본법	제8조 제1항
	혹사금지	16세 미만	형법	제274조
	곡예, 접객 등 금지	19세 미만	아동복지법	제9조
	요보호	19세 미만	아동복지법	제2조
근로소년	사용금지	15세 미만	근로기준법	제64조
	근로시간 제한	15~18세	〃	제69조
	연소(年少) 선원	15~17세	선원법	제92조
	야업 및 휴일의 제한	18세 미만	근로기준법	제70조
	근로계약 대리금지	18세 미만	〃	제67조
범법소년	소년	20세 미만	소년법	제2조
	촉법소년	14~19세	〃	제4조
	범죄소년	12~19세	〃	제4조
	우범소년	12~15세	소년원법	제8조
	연소소년	16~22세	소년원법	제8조
	소년수형자	20세 미만	행형법	제32조
미성년자	간음, 추행	13세 미만	형법	제305
	형사미성년	14세 미만	형법	제9조
	선서무능력	16세 미만	형사소송법	제159조
	관람금지	18세 미만	공연법	제22조
	행위무능력	20세 미만	민법	제5조
청소년	청소년 육성 · 활동 · 복지 · 보호대상	9~24세	청소년기본법	제3조
	유해매체물 · 유해약물 · 유해업소로부터의 보호	만 19세 미만	청소년보호법	제2조
	특별지원 청소년, 청소년증 발급대상	9~24세	청소년복지지원법	제2조

* 출처 : 청소년 교육의 문제와 해결방안(한국교육학회 교육연구회 ; 1977 ; p. 87)에서 재구성.

제2절 근로아동의 특성

근로아동은 사회적 학습과정에 놓여 있는 세대이면서 동시에 현실적으로 경제활동에 참여하고 있는 근로자 계층이라는 두 가지 속성을 지닌다. 다시 말해 근로아동들은 개인적인 욕구·기대와 사회적 현실이나 기대와의 사이에 조화를 이루는 자아정체감을 형성하기 위해서 사회적 학습과정을 마무리해야 할 단계에 놓인 사람이면서 동시에 개인적으로는 생활에, 사회적으로는 생산성에 직결되는 경제활동에 참여하는 근로자 계층으로서 경제적·사회적 관심을 받기에 충분한 위치에 있는 사람들이다(이철위, 1985).

근로아동은 가정적 배경이나 다른 이유로 상급학교에 진학하지 못하고 가정생활에 있어서 책임의 분담자로 힘겨운 노동생활로 가족의 생계를 보조하면서 자기의 미래를 개척해 나가는 이중고를 겪고 있다고 볼 수 있다. 근로아동은 주로 도시의 저변 근로계층의 자녀들이나 농촌에서 단독으로 도시에 이주한 이들이며 동년배의 청소년에 비해서 교육수준이 낮은 편이다. 근로아동은 가정적이나 사회적으로 다른 일반 청소년들에 비해 보호를 받지 못하는 실정이므로 주변의 나쁜 영향을 더 많이 받고 있다. 또한 일반청소년과는 달리 자아확립의 요구가 좌절당하고 심리적으로 억압되며 현실을 부정하고 인생에 대한 회의감을 가질 가능성이 더 높다(김명기, 1999). 그러므로 이 시기에 있는 근로아동들의 건전한 인격형성과 정서발달 및 선행 향상의 복지, 교육적 지도는 아주 중요한 과제인 것이다.

이미선(1997)은 근로아동의 특징을 다음과 같이 요약하였다.

1. 강한 교육적 성취감

근로아동은 가정적, 경제적 여건미비로 충분한 교육의 기회를 얻지 못했기 때문에 항상 지식에 대한 욕구불만 속에서 생활하고 있기 때문이다.

2. 경제적 강압감

가정경제의 과중한 책임부담과 자기생활에 대한 경제적 부담에 비해 수입이 부족하거나 충분치 못하여 항상 경제적인 생활에 쫓기고 있다.

3. 자아확립의 욕구좌절

근로노동자들은 과중한 노동시간과 불규칙한 변화로 자기의 시간을 가질 수 없고 후생시설 및 복지제도의 미비로 건전한 여가시간을 가질 수 없어 자아확립을 할 수 없는 상태에서 노동을 하고 있다.

4. 심리적인 억압

노동조건의 부당성, 자유스런 인간관계의 결핍, 인격의 무시, 수입의 부족, 교육의 부족 등으로 열등감을 갖고 있는 이들은 심리적으로 불안정하고 또 억압되어 있다.

5. 현실을 부정한 생에 대한 회의감

이들의 현실 부정적인 현상은 주어진 환경 아래서 자기부정적인 면과 사회나 기성세대에 대한 부정으로 볼 수 있다. 전자에 대한 부정은 회의감을 가지면 생에 대한 부정으로 염세주의 사상 등에 빠지게 되고, 후자에 대한 부정을 사회에 대한 반항으로 나타나 사회적인 문제를 일으키는 범죄로 나타나기 쉬울 수도 있다.

전술한 근로아동들의 특성으로 인해 근로아동들이 일반 청소년들과는 전혀 이질적인 사회적 존재라고 여기면 안 된다. 그들도 다른 청소년들과 마찬가지로 아동과 성년 사이의 과도기적 시기에 겪는 문제와 경험들을 공유하며 유사한 사회화과정을 거쳐 성장해 가는 것이다. 다만 주된 생활영역이 학교가 아닌 사업장이며 노동을 통해 생계를 벌거나 보조한다는 나름의 입지나 환경이 그들의 생각과 태도에 차이를 가져올 가능성이 열려 있으므로 이들에 대한 사회적인 관심과 제도적 뒷받침이 중요하다.

제3절 근로아동법의 제정

산업혁명 이후 확대된 연소노동자의 보호문제가 부녀자 노동문제와 더불어 점차 사회적으로 논의되기 시작되어 연소자의 노동을 제한하는 입법이 채택되었다.

근로아동에 대한 법적 보호는 18세기 말 영국에서 발달하기 시작했다. 1767년 한웨이법(Jonas Hanways Acts)에 의해 연소아동의 보호문제가 대두되었으며, 섬유 공업지대에서 질병이 유행하자 이를 계기로 1802년에 공장법이 제정 · 공포되었다. 이어서 영국에서는 1833년 9세 이하 아동의 노동을 금하고 13세 이하의 소년의 노동시간을 1주 48시간 이내로 제한시키는 등 연소노동자를 착취로부터 보호하는 법을 제정하였다.

1847년 마침내 10시간 노동법(Hindleys Ten Hours Bill)의 성립을 보았다. 이와 같은 영국의 연소노동아동을 위한 보호입법은 유럽과 미국에 파급되었다.

미국의 아동노동법은 1895년 이후에 각 주(州)의 주법으로 제정되었으며, 내용은 대개 다음과 같은 것이었다.

① 14세 이하 아동의 고용금지
② 14세부터 16세 사이의 근로아동의 고용조건의 규정
③ 아동의 야간작업 금지 및 노동시간의 제한 규정
④ 최소한의 학교 출석 규정

미국의 아동노동 방지운동은 아동노동위원회, 노동조합, 부인노동조합연맹, 소비자동맹 등의 각종 기관과 주노동국에 의해 전개되었으며, 1904년 전국아동노동위원회가 조직되어 근로아동의 복지증진을 위한 여러 가지 활동을 주도하였다.

또한 국제적 움직임으로는 1919년 국제노동기구(ILO)가 중심이 되어 근로아동을 보호하는 협약을 채택하여 각국에 권고한 바 그 주요 내용은 각각의 근로분야에서의 아동의 최저연령 규정과 야간 작업금지, 체격검사규정 등이다.

우리나라는 1946년 군정시 아동노동법규를 처음으로 공포 · 시행하였고 이듬해 이

를 발전시킨 미성년자 노동보호법을 제정 · 공포하였다. 이 법의 목적은 미성년자를 위험한 직업 또는 과중한 노동으로부터 보호하여 아동의 건전한 발달과 정당한 이익을 보장하는 데에 있었고 12세 이하 아동의 고용을 절대 금지하였다. 14세 미만의 아동은 자가생산업에 조력하는 일 외에는 공장, 여관, 음식점, 사무소 등에 고용되는 것을 금지하였다.

또한 18세 미만의 아동에게 중공업 등 과중한 노동을 요하는 직종에의 고용을 제한하였으며, 근로시간은 16세 미만은 매주 6일, 매일 7시간 이내로 하고 18세 미만은 매주 6일, 매일 9시간 이내로 규정하였고 적당한 휴식시간을 제공하도록 하였다.

이 법은 1953년 현행 근로기준법의 제정으로 폐지되었으나 독립 초기 우리나라 근로아동 보호를 위해 많은 공헌을 하였다.

제4절 우리나라의 근로아동을 위한 특별보호법

일반 근로자와는 달리 연소근로자는 성장 과정상 신체적 · 정신적인 특성을 지니고 있다. 18세기 이후 형성된 자본주의 사회에서는 연소근로자들은 단순노동의 값싼 노동력 제공자로서 비교적 장시간 근로하며 좋지 못한 작업환경 속에서 경제활동에 참여해 왔다. 이러한 연소근로자들의 보호를 위하여 각 나라에서는 나름대로 보호법을 제정하여 근로조건 개선 및 복지향상을 위해 노력하고 있다.

1948년 대한민국 헌법이 제정되어 근로조건의 기준이 법률로 정해진 이후 1953년 근로기준법 제정 제5장에서 여성과 소년의 보호에 관한 사항을 규정하고 있다. 따라서 현행 헌법 제32조 제4항, 제5항을 근거로 구체화된 근로기준법 제5장 중 연소근로자 보호 규정을 살펴보면 다음과 같다.

1. 최저연령과 취직인허증(제64조)

15세 미만인 자(「초 · 중등교육법」에 의한 중학교에 재학 중인 18세 미만인 자를 포함)는 근로자로 사용하지 못하게 하고 있으며 다만 대통령령이 정하는 기준에 따라 노동부장관의 취직인허증을 소지한 자는 취직이 가능하도록 하고 있다. 그리고 취직 인허증은 본인의 신청이 있으면 의무교육에 지장이 없는 직종에 한하여 발급해 주고 있다.

2. 사용금지(제65조)

임신 중이거나 산후 1년이 경과되지 아니한 여성과 18세 미만자는 신체적인 특수성을 고려하여 도덕상 또는 보건상 유해 위험한 업무에 사용하지 못하게 하고 있으며, 임산부가 아닌 18세 이상의 여성에 대해서도 임신 또는 출산 기능에 유해하거나 위험한 사업에 사용하지 못하게 규정하고 있다. 사용금지 직종으로는 동법 시행령 제40조와 관련한 [별표 4]에 다음의 〈표 10－2〉와 같이 규정하고 있다.

표 10－2 임산부 등의 사용금지 직종(제40조 관련)

구분	사용금지직종
임신 중인 여성	1. 「산업안전기준에 관한 규칙」 제59조와 제60조에서 규정한 둥근톱으로서 지름 25센티미터 이상, 같은 규칙 제61조와 제62조에서 규정하는 띠톱으로서 풀리(Pulley)의 지름 75센티미터 이상의 기계를 사용하여 목재를 가공하는 업무 2. 「산업안전기준에 관한 규칙」 제5편 제3장과 제4장에 따른 정전작업, 활선작업 및 활선 근접작업 3. 「산업안전기준에 관한 규칙」 제6편 제2장 제3절에서 규정한 통나무비계의 설치 또는 해체업무와 제6편 제5장에 따른 건물 해체작업(지상에서 작업을 보조하는 업무를 제외한다) 4. 「산업안전기준에 관한 규칙」 제6편 제3장 제3절에서 규정하는 터널작업, 같은 규칙 제439조에 따른 추락위험이 있는 장소에서의 작업, 같은 규칙 제452조에 따른 붕괴 또는 낙하의 위험이 있는 장소에서의 작업 5. 「산업보건기준에 관한 규칙」 제58조 제4호에 따른 진동작업 6. 「산업보건기준에 관한 규칙」 제69조 제2호 및 제3호에 따른 고압작업 및 잠수작업 7. 「산업보건기준에 관한 규칙」 제108조에 따른 고열작업이나 한랭작업 8. 「원자력법」 제97조에 따른 방사선 작업 종사자 등의 피폭선량이 선량한도를 초과하는 원자력 및 방사선 관련 업무

	9. 납, 수은, 크롬, 비소, 황린, 불소(불화수소산), 염소(산), 안화수소(시안산), 2-브로모프로판, 아닐린, 수산화칼륨, 페놀, 에틸렌글리콜모노메틸에테르, 에틸렌글리콜모노에틸에테르, 에틸렌글리콜모노에틸에테르 아세테이트, 염화비닐, 벤젠 등 유해물질을 취급하는 업무 10. 사이토메갈로바이러스(Cytomegalovirus)·B형 간염 바이러스 등 병원체로 인하여 오염될 우려가 짙은 업무, 다만, 의사·간호사·방사선기사 등으로서 면허증을 소지한 자 또는 양성 중에 있는 자를 제외한다. 11. 신체를 심하게 펴거나 굽힌다든지 또는 지속적으로 쭈그려야 하거나 앞으로 구부린 채 있어야 하는 업무 12. 연속작업에 있어서는 5킬로그램 이상, 단속작업에 있어서는 10킬로그램 이상의 중량물을 취급하는 업무 13. 그 밖에 노동부장관이 「산업안전보건법」 제7조에 따른 산업안전보건정책심의위원회(이하 "정책심의위원회"라 한다. 이 표에서 같다)의 심의를 거쳐 지정하여 고시하는 업무
산후 1년이 경과되지 아니한 여성	1. 납, 비소를 취급하는 업무. 다만, 모유수유를 하지 아니하는 여성으로서 본인이 취업 의사를 사업주에게 서면으로 제출한 경우에는 그러하지 아니한다. 2. 2-브로모프로판을 취급하거나 노출될 수 있는 업무 3. 그 밖에 노동부장관이 산업안전보건정책심의위원회의 심의를 거쳐 지정·고시하는 업무
임산부가 아닌 18세 이상의 여자	1. 2-브로모프로판을 취급하거나 노출될 수 있는 업무. 다만, 의학적으로 가임 가능성이 전혀 없는 여성의 경우에는 그러하지 아니하다. 2. 그 밖에 노동부장관이 산업안전보건정책심의위원회의 심의를 거쳐 지정·고시하는 업무
18세 미만인 자	1. 「산업보건기준에 관한 규칙」 제69조 제2호 및 제3호에 따른 고압작업 및 잠수작업 2. 「건설기계관리법」, 「도로교통법」 등에서 18세 미만인 자에 대하여 운전·조종면허 취득을 제한하고 있는 직종 또는 업종의 운전·조종업무 3. 「청소년보호법」 등 다른 법률에서 18세 미만 청소년의 고용이나 출입을 금지하고 있는 직종이나 업종 4. 교도소 또는 정신병원에서의 업무 5. 소각 또는 도살의 업무 6. 유류를 취급하는 업무(주유업무는 제외한다) 7. 2-브로모프로판을 취급하거나 노출될 수 있는 업무 8. 그 밖에 노동부장관이 정책심의위원회의 심의를 거쳐 지정하여 고시하는 업무

3. 연소자 증명서(제66조)

18세 미만자에 대하여는 이를 고용하는 사업주가 그 연령을 증명하는 가족관계 기록사항에 관한 증명서와 친권자 또는 후견인의 동의서를 의무적으로 비치하도록 하고 있다.

4. 근로계약 대리금지(제67조)

친권자 또는 후견인은 미성년자의 근로계약을 대리할 수 없도록 하고 있다. 이것은 친권자 또는 후견인이 자신의 이익을 위하여 미성년자를 불리한 업무에 취업시키는 것을 방지하기 위함이다.

5. 임금청구(제68조)

미성년자의 임금은 독자적 청구권을 인정하고 있다.

6. 근로시간(제69조)

15세 이상 18세 미만자의 근로시간은 1일에 7시간, 1주일에 40시간을 초과하지 못하게 하고 있으며, 다만 당사자간의 합의에 의하여 1일에 1시간, 1주일에 6시간 한도로 연장할 수 있도록 하고 있다.

7. 야업 및 휴일 근로의 제한(제70조)

임산부와 18세 미만자는 하오 10시부터 상오 6시까지 사이에 근로시키지 못하며 휴일근로도 못하게 되어 있다. 다만 노동부장관의 인가를 얻은 경우는 예외로 허용되나, 인가를 얻기 이전에 근로자의 건강 및 모성보호를 위하여 그 시행여부와 방법 등에 관하여 당해 사업 또는 사업장의 근로자 대표와 성실하게 협의하여야 한다고 규정하고 있다.

8. 갱내 근로금지(제72조)

여성과 18세 미만자는 갱내에서의 근로를 일체 금지하고 있는데 이것은 갱내의 근로환경 위험과 외부와의 차단 때문이다. 다만, 보건 · 의료, 보도 · 취재 등 대통령령이 정하는 업무를 수행하기 위하여 일시적으로 허용할 수 있다.

제5절 근로아동을 위한 정책

역사를 통하여 아동은 가정생계의 협력자 및 보조자로서 노동력을 제공해 왔다. 이러한 노동력 제공자인 근로아동은 가정에서 역할의 중요성 뿐 아니라, 미래의 중요한 인적자원이라는 점, 현재는 일선에서 활약하고 있는 산업의 역군이라는 점에서 중요한 의미를 지니고 있다. 따라서 근로아동의 보호육성은 개인의 능력향상과 국가적인 면에서 강조되어야 한다. 그러므로 이들의 보호육성을 위해서는 그들의 발달특성에 맞는 근로환경적인 요인을 고려한 종합적인 복지대책이 사회정책적인 차원에서 전개되어야 한다.

현재 우리나라의 근로아동을 위한 대부분의 정책은 목표지향적 방식(goal attain- ment process)이라기보다는 문제해결 방식(problem solving process)의 성격을 띠고 있어, 아동의 욕구나 기대 입장, 처지가 반영되어 있는 것이라기보다는 성인의 판단과 주장이 관철되어 있는 경향이 짙다.[1)]

이러한 정책은 아동의 자아실현을 도와줄 수 있는 정책이 될 수 없으므로, 아동의 현재생활과 장래를 위해서는 아동의 입장과 욕구와 기대를 기초로 하는 정책이 수행되

1) 박종삼, 청소년을 위한 사회정책, 한국사회복지협의회, 84 겨울 p. 26.
이철유, 한국청소년관계 제도의 실상과 과제, 유네스코한국위원회 청년연구, 1982.

어야 한다.

즉 첫째, 동기부여를 하여서 사회전체에 대해 긍정적인 태도를 갖도록 교육을 하며, 둘째, 실력향상의 기회가 마련되는 정책으로 셋째, 기회부여를 통하여 높은 동기를 갖고 쌓아온 실력을 발휘하고 인정받으며 보상받을 수 있는 제도의 확립이 필요하다.

1. 취업활동을 위한 사업

1) 직업안정 제도의 확립

취업할 능력이 갖추어진 아동에게 제공되어야 하는 직업지도, 직업상담, 촉진 등의 서비스와 실제 취업하고 싶어도 불충분한 교육으로 취업을 못하는 아동을 위한 여러가지 직업훈련법을 실제로 활발히 활동되도록 전개해야 한다.

2) 직업상담과 지도

아동이 취업을 하는데 있어 직업상담과 지도는 선행되어야 하는 것이다. 최근의 직업전문화에 따른 직업 종류의 다양화는 직업에 대한 상담과 지도를 아동에게 필수적인 것으로 만들었다. 그러므로 아동이라는 특수한 욕구와 기대를 현실과 잘 연결시킬 수 있도록, 또한 직업에 대한 자기의 감정과 태도를 충분히 발표하여 자신의 장래에 대한 대책과 방법을 정립하도록 교육적 심리적인 도움을 주어야 한다.

현재 노동부 산하에 있는 상담원제도는 근로아동을 위해 확대되고 증원하여야 하는 필수적인 선행제도이다.

3) 직업훈련

직업의 전문화에 따라 고유의 기술소유가 취업을 용이하게 하기 때문에 빈곤한 가정이나 불우한 환경에 처해있는 아동에겐 그들의 소질이나 적성에 따라 직업훈련을 받을 수 있는 기회를 제공해 주어야 하고 그에 따른 숙박장소, 교통편의 등을 원조해 주어야 한다.

2. 일반 교육기회의 확대를 위한 사업

근로아동들의 대부분은 가정의 경제적 빈곤으로 학업을 중단하였기 때문에 교육기회로부터 강한 소외감을 갖고 있다. 이에 정부는 근로청소년 복지증진책의 일환으로 1977년 3월 1일부터 정규교육과정인 산업체 특별학급 및 부설학교를 설치·운영함으로써 산업현장에서 적합한 교육을 받을 수 있는 기회를 부여하여 산업역군의 긍지와 사기를 진작시키며 이들의 복지증진 및 생산기술의 향상과 산학연계체제의 확대를 도모하고 있다.

산업체 특별학급이란 산업체에 근무하는 청소년에 대한 중학교 또는 고등학교 과정의 교육을 위하여, 산업체에 인접한 중·고등학교에 중·고등학교 과정의 학급을 설치·운영하는 제도로서 현행 교육법상 중·고교의 야간부와 유사한 교육형태이고, 산업체 부설학교는 입학 희망자가 매년 2학급 이상 되는 사업체 또는 2개 이상의 사업체가 전자의 요건에 해당되는 경우 공동으로 학교를 설립·운영하는 것으로 교육법(제103조의 4, 제107조의 4)에 의한 정규 중·고등학교 과정과 동일한 형태이다.[2]

여기서 산업체는 상시 100명 이상의 근로자를 고용한 산업체로 한정했으나 1983년부터 전 산업체에 확대하여 실시하고 있고 비생산직 근무 청소년의 경우에도 산업체장의 취학동의서를 제출받아 입학시킬 수 있다.

그리고 산업체 부설학교는 1,000명 이상의 근로자를 고용하고 있는 산업체가 소속 근로청소년을 위해 교육의 기회를 부여할 목적으로 설치, 운영하는 교육제도로써, 별도의 학교법인 설립없이 기업체의 경영주가 설립하는 것이며, 교육법에 의한 정규 중·고등학교 과정과 동일한 교육 유형이다.

산업체에 근무하고 있는 근로청소년들에게 교육의 기회를 주기 위해 근로청소년의 교육을 위한 특별학급 등의 설치 기준령이 1977년 2월 28일 대통령령 제 8462호로 공포되었으며, 문교부령 제406호(1977년 3월 16일)로 산업체 근로청소년을 위한 특별학급 등의 설치기준령 시행규칙이 공포되어 현재 특별학급 및 산업체 부설 중·고등학교가 설치, 운영되고 있다.[3]

---

2) 문화체육부 청소년 정책실편, 청소년백서, 문화체육부, 2000.

3) 교육법전편찬회, 교육법전, 교육부, 1996.

3. 근로환경시설 개선을 위한 사업

근로아동을 위한 환경조건에서 개선이 필요한 부분은 다음과 같다.

1) 작업 환경

정부는 1981년 '산업안전보건법'을 제정하여 재해예방 교육실시, 유해위험 사업장의 설치, 이전, 변경, 심사 등을 하여 사업장 무재해 운동을 확산시키는 한편 정기적으로 작업환경 측정을 의무화하고 있는 한편 근로자들의 건강을 위하여 특수건강진단을 연 2회, 근로자 일반건강진단을 연 1회 이상 실시하도록 하고 있으며, 근로자 일반건강진단 비용은 1995년 5월 1일부터 의료보험재정에서 부담하도록 하고 있다. 또한 사업장 내 각종 복지시책에도 관심을 가지고 그 확충을 적극 권장, 유도하고 있다.

한편 근로아동들의 가장 큰 관심사이면서 불만의 요인은 저임금이다. 임금교섭의 조기타결과 하후상박의 원칙에 의한 임금구조 개선에 역점을 두어 인력의 비효율적인 배분과 계층간의 격차시정을 지도하며 상습체불임금 취약사업장의 사용자 재산을 추적하여 체불을 예방하고 청산에 철저를 기하여 근로청소년이 불이익을 받지 않도록 배려하고 있다.

그리고 구체적으로 작업환경에서 개선되어야 할 부분은 다음과 같다.

① 고용체제의 개선과 기본생활 보장을 위한 최저임금 제도

② 작업시간 및 작업량의 적정화

③ 안전위생 및 기타 복지여건의 개선

2) 주변환경의 개선과 정화

① 주변 사회환경의 정화와 근로아동을 위한 공공시설 및 문화시설의 증설

② 정서함양을 위한 환경조성과 교육

③ 근로아동에 대한 국민의 올바른 이해와 관심

④ 부유층, 지도층의 깊은 관심과 협조

⑤ 근로아동과 지도 감독자와의 올바른 인간관계 형성을 위한 개선
⑥ 매스컴을 통한 건전 문화 조성

3) 기업 이념의 재고 및 기업가의 협조

① 악덕업주의 연소근로자 혹사 및 착취에 대한 제재
② 부실기업 제거 및 양심적 기업의 지원 육성
③ 근로아동 보호에 대한 여러 가지 협조

이러한 세부 사항 각각에 따른 정부차원에서의 보다 적극적인 개선활동은 근로아동의 복지를 향상시킬 수 있는 방법이 된다.

4. 근로아동을 위한 건전육성사업

1) 문화활동지원

(1) 근로자문화예술제 개최

근로자의 문화예술 활동을 지원하여 자아실현의 기회를 제공하고 각종 문화생활의 혜택을 주기 위하여 1980년부터 매년 근로자문화예술제를 개최하고 있다. 참가자격은 모든 사업장에 종사하는 근로자로서 동예술제를 미술, 음악, 연극, 문학 등 4개 부문으로 나누어 실시되고 있으며 1999년부터는 특별행사로 '근로자문화큰잔치'를 개최하고 있다. 근로문화예술제는 근로복지공단이 주관하고 문화관광부, 한국노총, 한국경영자총협회 등이 후원하고 있으며, 미술부문은 한국 노동협회, 음악부문은 KBS가 공단과 공동주관하고 있다.

(2) 근로청소년회관의 주요사업과 교육과정

근로청소년회관에서 공통적으로 운영 중인 주요사업 및 교육과정은 다음과 같다.[4]

4) 서울시립근로청소년복지관편, 근로청소년복지관 종합발전계획보고, 서울시립근로청소년복지관, 2000.

① **일반 교양교육사업** : 시 · 도의 근로아동을 대상으로 노동관계법, 경제, 사회, 문화 등 사회활동교육, 인간관계교육 및 현장견학 등을 실시하여 직업인으로서의 가치관 정립을 목적으로 하고 있다.

② **취미교육사업** : 근로아동의 건전한 여가선용을 위하여 보통 3개월 과정으로 주 1~2회 이상 꽃꽂이, 요리, 사진, 공예, 지점토, 서예 등 실생활에 필요한 다양한 취미교육을 통해 근로아동의 자기소질 계발, 욕구충족의 기회를 부여하고 있다.

③ **그룹활동**(문예활동지원) : 문학, 합창, 등산, 봉사활동 등 다양한 취미활동으로 근로아동들이 매년 정기적인 발표회 등 행사를 통해 자신의 잠재능력을 최대한 발휘할 수 있도록 그룹활동을 활성화해 나가고 있으며, 이를 통해 애사정신, 협동심 배양에 이바지함을 목적으로 하고 있다.

④ **단기전문과정** : 지역소속 대학 등 교육기관과 협조, 교류 및 지원으로 가정복지대학, 일요교양대학, 독서대학 등을 설치하여 6개원 이상의 교육을 실시하고, 상급학교의 교육기회를 상실하여 상대적으로 소외감을 가진 근로아동들에게 전문적인 지식을 습득할 기회를 열어 주고 실생활에 필요한 지식을 습득케 하는데 목적이 있다.

⑤ **상담사업** : 근로아동들의 취업, 신상문제, 가정법률, 이성문제 등 고충상담을 위하여 회관 내에 상담실을 설치, 전문상담원을 고정 · 배치하여 근로아동들의 심리적 부담을 덜어 주고 문제해결을 적극적으로 도와주어 건전한 생활을 할 수 있도록 하고 있다.

(3) 근로아동을 위한 연극공연

수준높은 현대감각의 연극을 공연하여 근로아동들에게 정서함양과 종합예술을 접할 수 있는 기회를 제공함으로써 이들에게 자긍심을 고취시키고 상대적 소외감을 해소시키고 있다. 이 사업은 1985년부터 해마다 전국의 10개 도시를 순회하여 공연하며 1999년에는 전국 14개 지역에서 뮤지컬 '이집트왕자 죠셉'을 공연하여, 92,578명에게 좋은 반응을 얻었다.

2) 근로아동의 기능 증진

(1) 지방기능경기대회 개최

우수한 청소년 기능인을 발굴, 포상함으로써 지역사회에 기능을 개발, 보급하고 기능수준의 향상을 도모할 뿐만 아니라 이들의 사기를 진작시키고 근로의욕을 고취시키기 위해 지방기능경기대회를 개최하고 있다. 1999년에는 4월에 16개 시・도별로 602개 직종에 6,324명이 참가한 가운데 개최되었다.

(2) 전국기능경기대회 개최

지역간 기능수준의 평준화를 도모하는 한편 범국민적인 기능인 우대풍토를 조성하고 국제기능올림픽대회의 예선적 성격을 탈피하여 우리나라 교육직종과 산업현장에서 필요로 하는 첨단기능을 추가하며, 전 기능인 중에서 최고의 기능인을 선발하는 등 기능인을 위한 국가적 제전으로 발전시켜 나가기 위해 전국기능경기대회를 매년 개최하고 있다. 2008년에는 9월 25일부터 9월 30일까지 경상북도 구미, 경주, 포항 3개 시에서 개최하였다.[5)]

(3) 국제기능올림픽대회 참가

회원국 간의 기능을 겨룰 뿐만 아니라 직업훈련을 장려하여 상호간의 기능교류를 촉진시키고 각국의 직업훈련제도 및 그 방법에 대한 정보를 교환하기 위하여 개최되는 국제기능올림픽대회에 우리나라는 1967년 처음 출전한 이래 2007년 제39회까지 계속 참여하였다. 또한 1977년부터 2007년까지 1993년과 2005년을 제외하고 계속 종합우승함으로써 기능 한국의 위업을 과시하였다.[6)]

---

5) 제43회 전국기능경기대회 홈페이지(http://www.skills43.or.kr)

6) 국제기능올림픽대회 한국위원회 홈페이지(http://skill.hrdkorea.or.kr)

연구토의 문제

1. 우리나라의 경우 근로아동을 위한 아동복지사업에는 어떤 것들이 있는지 조사해 보고, 어떠한 역할을 하는지 생각해 보자.

2. 근로아동을 위한 아동복지사업의 개념에 대하여 생각해 보자.

3. 우리나라의 시간제 취업(파트타임 고용) 근로아동의 현주소는 어떠한가? 또한 이들을 위한 정부의 정책과제에 대해 토론해 보자.

제 11 장

미혼부모를 위한 아동복지사업

미혼모는 사회에서 인정해 주는 혼인절차를 거치지 아니한 상태에서 임신하게 됨으로써 가족과 친구, 친척의 눈을 피해 가출을 하게 되며, 설상가상으로 미혼부는 책임을 회피하고 행방을 감춰 소식을 알 수 없는 경우가 대부분이다. 따라서 미혼모는 그에게 닥친 모든 문제들을 혼자 해결하여야만 한다.

그녀는 신체적인 변화와 함께 불안이 심화되며 거처할 곳의 문제와 분만에 대한 공포, 분만비용에 대한 문제, 태어날 아기의 양육 문제, 자신의 장래에 관한 문제 등 누군가의 도움이 없이는 감당하기 어려운 위기에 직면해 있다. 또한 학업을 중단하거나, 직장을 포기해야 하는 경우까지 생기므로 심리적, 정서적, 경제적, 신체적, 사회적 문제, 즉 복합적인 위기상황에 놓여 있다 하겠다.

제1절 미혼부모사업의 개념

미혼부모란 법적으로 혼인하지 않은 남녀가 성관계를 맺어 아기를 낳아 부모가 된 사람을 말하며 복지사업의 대상이 되는 미혼모의 개념은 미혼으로서 아기를 낳은 여자와, 기혼녀가 별거하거나 이혼하였거나 과부로서 혼외의 아기를 낳은 여자를 모두 포함한다.

따라서 미혼부모사업이란 미혼부모가 경제 사회적인 입장에서 뿐만 아니라 정신적 · 육체적으로 긴박하게 직면하고 있거나 앞으로 당면하게 될 문제를 해결해 주거나 적절한 도움을 주어 문제해결을 위한 각종 대책을 말한다.

미혼모는 아기를 그들이 기를 수 없는 경우가 대부분으로서 그 사생아 또는 미혼부모 자체와 더불어 사회에 여러 문제를 야기시킨다. 즉, 미혼부모의 사생아들은 입양이라는 사회의 일차적 보호를 제공받지 못하면 기아가 되고 그들의 생존은 사회의 책임 여하에 달리게 되며, 부모로부터 버림받음과 사회적으로 인정받지 못함, 애정결핍 등으로 열등감과 죄의식에 빠져 비뚤어지기 쉽다. 따라서 그들의 부모와 마찬가지로 비행청소년, 문제아가 되어 또 다시 사회에 많은 문제를 야기시키고 그 자신 또한 불우한 전철을 재차 밟을 우려가 다분히 있는 것이다.

그러므로 미혼부모의 문제는 당대에만 그치는 것이 아니라 2세가 성장할 때까지 많은 사회 · 경제적 비용이 소요되어야 하며, 미혼부모가 개인적으로 치러야 할 정신심리적, 사회 · 신체적 대가도 크지만 투입되어야 하는 사회적 비용과 대가도 크다고 할 수 있다.

제2절 미혼부모의 발생 원인

로즈(Rose)는 미혼모의 원인을 규명하는데 있어서 사회 · 문화적 측면에서 다양한 시도를 해야 한다고 말하고 있으며, 그녀를 둘러싸고 있는 배경을 살펴보아야 한다고 주장한다.[1]

미혼모는 우연히 갑자기 되는 것이 아니고 그럴만한 충분한 이유가 있었기 때문에 발생한다.[2] 미혼모가 임신하는 것은 정서적 갈등의 한 증상이며 자신의 정서적 문제를 임신으로 해결하려는 경우이다.[3]

헤조그(Herzog, 1965)는 미혼모가 발생하는 원인으로 낮은 지능, 결손가정, 지역적인 역동성과 미혼모 개인의 심리적인 문제를 들고 있다.

한국여성개발원(1985)은 미혼모의 낮은 교육 정도, 결손가족, 가족의 낮은 소득, 부모의 폐쇄적인 성 태도, 낮은 자아정체감, 그리고 친구의 개방적인 성 태도가 미혼모 발생의 요인이 된다고 하였다. 또 허남순(1986)은 개인의 성격적 요인, 개인의 가정적 요인, 개인의 성에 대한 태도, 개인의 성과 피임에 대한 지식 등을 들었다.

발생 요인도 사회변천에 따라 그 경향을 달리하고 있는데, 카두신(Kadushin)에 의하면 1930년 세계 경제 대공황을 전후해서는 결손가정이나 성격적 · 도덕적 부적응에 기인하였고, 제2차 세계대전을 전후해서는 전후의 사상적 · 정신적 해이와 그에 따른 가족

---

1) Zietz, Dorothy, *Child Welfare : Services and Perspectives*, N.Y. : John Wiley and Sons, 1962, pp. 114-115.

2) Roberts, R. W., *The Unwed Mother*, N.Y. : Harper and Row Publisher, 1966, p. 35.

3) Millar, M. V., *Casework Services for the Unmarried Mother*, N.Y. : Family Services Association of America, 1955, p. 33.

의 병리현상에 기인하였고, 1960~1970년에 들어서는 사회적인 인구이동 상태나 산업구조에 의해 발생하는 경향이 있다고 하였다. 그리고 오늘날에 와서 미혼모의 문제는 하나의 특별한 현상으로는 설명할 수 없는 복합적인 현상으로 이해되고 있다.

이와 같은 발생 원인을 개인적 · 가정적 · 사회적 측면에서 나누어 살펴보면 다음과 같다.

1. 개인적 요인

미혼모가 되는 개인적인 요인으로서는 일반적으로 선천적으로 성적 욕구가 유난히 강하거나 지능이 낮아 무분별한 행동을 하고, 충동적이고 무책임한 성격의 경우를 들 수 있다. 개인이 자신의 행동에 대한 결과를 생각할 능력과 자기통제력이 없어서 충동적이고 무분별하고 무책임하다. 또한 특별한 경우로 미혼모의 가치관이나 성격이 비정상적으로 형성되어 사회적인 규범이나 통념 · 관습 등을 부정하는 경우를 들 수 있다.

개인적인 요인을 구체적으로 살펴보면 다음과 같다.[4]

1) 성격적 요인

혼전에 임신을 한 소녀들이 더욱 활동적이고 관습을 중요하게 여기지 않는 등 반사회성이 높게 나타난다고 하였다. 미혼모들은 반사회적인 성격부터 정신분열성 성격까지 다양한 성격장애가 있고, 성격장애의 정도로는 가벼운 사람부터 심각한 사람까지 있다고 하였다.

미혼모를 대상으로 성격검사를 실시한 결과 미혼모들은 외향성과 신경증의 점수가 정상적인 집단보다 높게 나타난다고 하였다.

한편 미혼부는 대체로 미혼모와 연령 · 교육 · 경제적으로 비슷한 수준에 있으며 생리적인 충동에 의해 행동하는 빈도가 높은 것으로 나타났다. 또한 공격적이고 무책임하며 성적 행동에 있어서는 착취적이고 속임수를 취하는 경향이 있다고 하였다.

4) 성영혜 · 김연진, 아동복지, 동문사, 1997, pp. 220-222.

2) 개인의 성 지식과 태도

성에 대한 지식이나 태도가 미혼모의 발생원인으로 작용하고 있다.

머레이(Murray)와 팍스(Parks, 1985)는 미국이 다른 어느 나라보다도 10대의 혼전임신으로 미혼모가 많은 것은 학교나 가정에서 구체적인 성교육과 피임교육을 시키지 않기 때문이라고 하였다.

우리나라의 경우 허남순(1986)의 연구에서 보면 미혼모가 일반 미혼 여성보다 성 지식이 조금 더 많은 것으로 나타났다. 그러나 성 지식이 조금 더 많다는 것은 미혼모 발생을 예방하는 데 도움이 되지 않으며, 오히려 약간 더 많은 성 지식이 성에 대한 호기심을 불러일으켜 성에 대하여 더 개방적으로 되게 한다고 해석하였다.[5)]

성 지식의 결여로 인한 무분별한 성 태도에서 비롯된다고 보기도 하고 또는 많은 성 지식이 오히려 성에 대한 호기심을 불러일으켜서 부정적인 영향으로 작용하여 쉽게 미혼모가 되는 경향이 있다고 한다. 또 성에 대한 혼란된 태도 및 개방성이 미혼모 발생 요인으로 작용한다고 하였다.

피임 지식은 혼전 성관계 여부에 영향을 주는 변인이 되지 않으나 혼전임신이나 미혼모 발생의 요인이 된다고 보았다.

3) 교육수준

미혼모의 발생은 이들의 교육 정도가 낮을수록 높다고 보고 있다.

미혼모들은 자신들의 낮은 교육과 이에 따른 낮은 직업수준 때문에 상승적 사회이동의 가능성이 희박하여 미래에 대한 희망이나 기대를 가지기 어렵다. 따라서 이로 인해 즉각적이고 충동적인 생활을 하기 쉽다.

또 낮은 교육수준으로 인하여 상황을 판단하는 힘과 문세를 해결하는 능력이 부족하여 성관계를 가짐으로써 발생되는 문제를 깊이 생각하지 못하고 미혼모가 된다.

2. 가정적 요인

가정적인 요인으로서 주된 것은 빈곤과 가족관계의 부조화를 들 수 있다. 우리나라

5) 허남순, 미혼모발생의 요인 규명에 관한 연구, 사회복지학회지, 한국사회복지학회, 8호, 1986.

의 경우 미혼모의 가출동기 중 구직과 생계를 담당하기 위해서가 대부분을 차지하고 있어 가정경제의 빈곤이 미혼모의 중요한 요인으로 등장하고 있다.[6)]

퍼만(Perman)은 가족관계의 유형이 미혼임신과 밀접한 관계가 있다고 하였으며, 홀(Hall)은 미혼모는 물질적이든 정신적이든 불행하고 불안정한 가정에서 성장하였다고 하였다. 영(Young)은 특히 어머니와의 관계에서 영향받는 바 크다고 하였다.[7)]

허남순은 사회 · 경제적 수준이 낮은 계층에서 많이 발생하고 있다고 하였다. 최근에는 중류계층에서도 미혼모의 발생빈도가 높아지고 있지만, 일반적으로 가정의 사회 · 경제적 수준이 낮은 편이다.[8)]

이것은 가정의 사회 · 경제적인 수준이 낮은 경우에 기본적 생활에 대한 가족의 욕구를 충족시켜 주기 어렵고 이로 인해서 낮거나 혹은 부정적인 자아정체감을 갖기 쉽기 때문이다.

미혼모의 가족관계는 거의 결손가정이나 해체가정으로 안정적이지 못하고 갈등 상태에 놓여 있다. 이러한 이유로 마음의 안정과 의존을 가정 외부의 이성에게 찾게 되며, 이런 과정에서 성적 생활을 통제하지 못하여 미혼모가 되는 것이다.

3. 사회적 원인

혼전임신에 영향을 미치고 있는 원인을 사회 · 문화적 측면에서도 살펴볼 수 있다.

즉, 우리나라 미혼모 발생 원인의 사회적인 요인을 살펴보면, 산업화에 따라 미혼의 남녀가 단순노동 및 서비스업에 종사할 기회가 늘어남에 따라 서로 접촉할 기회가 늘어났으며 서구사회의 성 개방 물결이 흘러 들어와 성도덕에 대한 관념이 해이해졌다는 점이다.

또한 TV · 잡지 등 각종 대중매체의 발달에 따라 성적 자극을 쉽게 받게 되며, 성충동의 자제가 어려워져서 미혼모의 발생률이 높아진다.

---

6) 김지열, 미혼모에 대한 기초연구, 이화여대 석사학위 청구논문, 1975, p. 17.

7) 장소영, 전게서, p. 28.

8) 허남순, 전게서, 1985.

제3절 미혼부모 발생 요인에 대한 이론적 배경

미혼부모 발생의 문제는 매우 복잡한 현상으로서 이를 크게 다음과 같은 네 가지 접근으로 나누어 볼 수 있다.

첫째는 정신분석학적 접근으로, 여기에서 가장 중요한 것은 부모와의 심리적 갈등, 특히 지배적이고 학대적인 성격을 가진 어머니와의 갈등이다. 즉, 어머니에 대한 분노와 증오를 표현할 수 없기 때문에 이 분노를 자신에게 돌려서 자기를 학대하게 되며, 임신은 이러한 자기학대의 한 표출이라는 것이다. 헤더링톤(Hetherington)에 의하면, 아버지 없이 양육된 딸들은 행동에 문제가 있다고 한다. 아버지가 사망한 가정의 딸들은 대체로 남성들에 대해 부끄러움을 잘 타는 경향이 있고, 부모가 이혼을 한 딸들은 남성에게 지나치게 공격적인 접근을 보인다는 것이다. 이는 부친부재가 딸들에게 영향을 준다는 사실을 시사해 준다. 이 경우 성 동일시의 대상으로서의 아버지가 없기 때문이 아니라 어머니가 남성에 대해서 행하는 상호교류의 모델이 결여된 데에 그 원인을 찾을 수 있다.

둘째는 심리학적인 접근으로, 여기에서는 미혼모가 되는 요인을 좀더 의식수준에 있는 것으로 본다. 임신은 어린시절의 사회화 과정에서 제대로 사랑을 받지 못하고 자란 사람이 사랑의 대상을 얻기 위한 수단이거나, 성공이나 성취를 얻는 다른 방법이 봉쇄되어 있을 때 인정을 얻기 위한 수단이라는 것이다.

셋째는 사회학적 접근으로, 여기에는 두 가지 입장이 있다. 하나는 혼전임신을 집단에 속해 있는 개인이 그 집단의 규범 및 행동방식을 따른 결과로 보며, 이 경우 혼전임신은 친구집단(peer group)의 영향에 의한 것으로 설명된다. 또 다른 입장은 혼전임신을 계층적 지위와 관련시킨다. 사회 · 경제적 지위가 낮은 가정에서 태어나 충분히 교육을 받지 못하고 장래에 대한 기대를 가질 수 없을 때는 일정한 시기 이후까지 성적인 충동을 연기할 수 있는 유인동기를 갖기 힘들게 된다. 이러한 경우 성행위를 억제하는 것이 힘들어지게 되고 그 결과 미혼모가 된다는 것이다.

제4절 외국의 미혼부모 복지사업

1. 미 국

미국 사회에서는 독신주의와 난혼 증가 등 결혼을 부정하는 경향이 변함없이 계속되고 있으며, 여성의 직장 진출도 활발히 늘어나는 등 종래의 '스위트 홈' 붕괴가 한층 뚜렷해지고 있다. 미국에서 지난 1990년 한해 미혼모가 낳은 아이가 1백만 명을 훨씬 넘어 지난 1962년 이후 최다를 기록했다고 미 보건 당국이 발표하였다. 당국이 집계한 지난 90년 출산 통계에 따르면 이 기간 중 미국에서 태어난 4,152,212명의 아기 중 25%가 훨씬 넘는 1,165,348이 미혼모로부터 태어난 것이라고 밝혔다.[9] 미국의 경우 미혼모라는 말이 갖는 부정적인 의미를 줄이기 위하여 편모라는 말로 호칭하려는 운동이 일고 있으며 사생아 및 미혼모 예방과 제지를 위해 다양한 프로그램을 전개하고 있다. 또한 미혼모에게 분만비부터 매월 생활 양육비까지 지급하고 임신한 학생과 10대모를 위해 정부가 인가한 공립학교 제도나 요보호 아동을 위한 요부양 아동가족부조제도(AFDC)[10]를 들 수 있다.

2. 독 일

독일에서는 오늘날 헌법 또는 각종 법률에 따라 인간 평등정신과 인권존중 사상의

---

9) 조선일보, 1993년 3월 1일자 신문기사.

10) 이 제도는 버림받은 여성들이 자녀를 양육할 수 있도록 하기 위한 모친연금에서 유래된다. 1935년 사회보장법에 부가 사망했거나 부의 부재, 부의 노동력상실 등에 처한 아동을 돕는 ADC가 포함되었다. 그러나 부가 실업인 경우에는 실업수당이나 장해보험, 영구폐질자 부조 등의 급여를 받기 때문에 현실적으로 아동부양에 문제가 있다고 하여도 ADC의 급여를 받을 수 없게 되었다. 이런 문제를 해소하기 위하여 1961년 ADC-Unemployed Parent를 제공하고 1962년에는 AFDEC로 개정하면서 가족 단위 부조를 강조하게 되었다. 그리하여 AFDC-UP프로그램을 시행하고 있다. 1967년에 일을 강조하는 WIN프로그램이 첨가되었다. 급여는 현금의 형태와 자활을 위한 각종 사회적 서비스와 일을 하기 위한 서비스가 필요에 따라 제공된다. 수혜자에게는 식품권과 의료부조가 주어진다.

발달로 미혼모와 태어난 아동을 적절히 보호하고 그들의 사회 복귀를 돕고 있다. 예컨대, 미혼모에게 어머니로써의 교육을 받을 수 있도록 국가 또는 지방자치단체에서 지원을 한다든지 미혼모 학생 지원 제도를 강구하고 미혼모가 출산할 때는 일반가정의 임산부와 동일하게 의료혜택, 출산수당 등을 지급하고 있다.

3. 노르웨이

미혼모를 위한 특이한 제도로서 미혼모를 위한 국민 보험급부제도가 있다. 즉 결혼 경력이 있는 여성에게는 적용되지 않고 미혼모가 소득원을 가질 때까지 부양비를 지급하는 제도이다.

4. 기타 나라

각국의 편부모에 대한 미혼모의 비율을 보면 스웨덴 40%, 노르웨이 30%로 높은 비율을 보여주고 있으며 영국에서는 별거 상태의 편모가 현저하게 많다. 신생아 백명에 대한 사생아 분석은 1960년대 이래 스웨덴, 덴마크, 영국의 순으로 높은 비율로 증가하고 있으며 독일은 감소 추세이다. 부양 아동을 가진 어머니가 가정 설계 책임을 지고 있는 비율이 덴마크 90%, 스웨덴 92%의 높은 비율이며 학생모를 포함하고 있음이 주목된다. 한편 스웨덴은 세 명 중 한 명꼴로 아버지가 없이 아이가 태어난다. 그러나 많은 스웨덴 여성들은 미혼모 수당, 육아 수당, 갖가지 사회보장 체제 보호 속에 미혼모의 길을 걷고 있다.[11]

제5절 우리나라의 미혼부모 복지사업

고대에서는 미혼모와 사생아에 대하여 대체로 징벌적 · 차별적인 태도를 취하였다.

11) 문현상 외, 한국가족보건사업의 현황과 정책과제, 한국보건사회연구원, 1994.

뿐만 아니라 이들은 출생시부터 부모에게서 버림받았다는 열등감과 죄의식으로 다른 사람들과 정상적인 대인관계를 이루기가 힘들어 더욱 고립되는 위치에 놓이게 되었다.

영국에서는 1576년 엘리자베스(Elizabeth)법에 의해 사생아에 대한 책임을 부와 모가 지도록 함으로써 이들도 일반아동과 같이 취급되어지도록 했다.

미국에서는 1972년 대법원에서 아동은 그의 출생에 대하여 책임이 없다는 판결을 내려 사생아를 보호하도록 하였다.

우리나라에서는 1969년 최초로 한국기독교양자회에서 미혼모 상담실을 개설하였으며, 1972년과 1973년에는 홀트아동복지회, 대한사회복지회, 한국사회봉사회, 한국십자군연맹, 서울시부녀상담소 등에서 미혼모 상담을 하기에 이르렀다. 그외 구세군과 애란복지회에서 거처할 곳 없는 미혼모들에게 숙식을 제공하고 보호하는 서비스를 하고 있다.

우리나라는 미혼모를 질타와 비난의 대상으로 삼고 있어서 미혼모에 대한 정확한 통계를 내기 힘들며, 미혼부모의 복지대책이나 문제점, 현황들을 미혼모 중심으로 이루어질 수밖에 없다.

보건복지부에서 집계한 미혼모의 자녀수를 연도별로 비교하면 다음과 같다.

표 11-1 미혼모의 자녀 수

연 도	미혼모의 자녀(명)
1990	2,369
1991	2,020
1992	1,813
1993	1,904
1994	1,781
1995	1,285
1996	1,379
2000	4,190
2001	4,897
2002	4,337
2003	4,457
2004	4,004

2005	2,638
2006	3,022
2007	2,417
2008	2,349
2009	4,075

* 출처 : 보건복지부, 「보건복지통계연보」, 2009.

또한 미혼모 관련 보호시설 현황은 다음과 같다.

표 11-2 미혼모 관련 보호시설 현황

시설 구분	시설수(개소)	정원
모부자보호시설	42	553명
모자자립시설	4	90명
모자일시보호시설	14	1,066세대
미혼모자시설	25	60세대
미혼모자 공동생활가정	15	
계	90	

* 출처 : 보건복지가족부 정책통계포털(http://stat.my.go.kr), '07년 한부모가족복지시설'에서 재구성, 2009.

시설보호 대상아동의 원천이 부랑아로 판명되었으며, 이들 부랑아 · 기아의 원천이 또한 미혼모(가족해체, 성 윤리로 인한)로 판명되었다. 따라서 미혼모와 그의 아동에 대한 사후 복지적인 대책을 등한히 해서는 안 되지만 이것은 자칫 이들의 발생을 조장시킬 위험 요인도 안고 있으므로 가장 적절한 서비스는 사전에 예방하도록 적극 힘써야 한다.

또한 가정상담소 · 부녀상담소의 활성화와 증설 및 갖가지 방법이 동원된 계몽만이 미혼부모 발생을 사전에 막을 수 있는 길일 것이다.

코스틴(Costin)은 미혼부모와 자녀를 위한 사업을 7가지로 나누었다.[12)]

① 사회복지기관이 제공하는 사업

② 의료기관에서 제공하는 사업

③ 미혼부모 가족의 주거환경을 고려해 주는 사업

12) 성영혜 · 김연진, 전게서, pp. 224-225.

④ 상담 및 심리적인 치료 산업
⑤ 십대의 미혼부모를 위한 사업
⑥ 법적인 문제를 안내하는 사업
⑦ 미혼부를 위한 사업

미혼부모와 그들의 자녀를 위한 복지대책을 사전적 대책과 사후적 대책으로 나누어 볼 수 있다.

1. 사전적 대책

① 자녀들에 대한 부모의 애정어린 관심의 촉구 및 적절한 가정교육
② 학교교육에 있어서 성 교육의 강화
③ 청소년 문제를 전담할 수 있는 기구의 설치
④ 사회 · 문화시설의 확충으로 젊은 남녀의 건전한 교제를 유도
⑤ 결손가정에 대한 지원사업

2. 사후적 대책

1) 미혼모

미혼모가 일반적으로 안고 있는 문제로는 임신한 아기의 처리 문제와 앞으로 자신의 거처 문제를 대표적으로 들 수 있다. 따라서 미혼모에게는 다음과 같은 서비스를 제공하여야 한다.

① 전문가와의 상담을 통하여 앞으로의 방향을 결정한다.
② 미혼모를 위한 임시위탁시설의 설치를 한다.
③ 출산할 아동을 포기할 경우 거택구호의 실시를 한다.
④ 출산에 따르는 산전 · 산후의 의료 서비스를 제공한다.
⑤ 미혼모의 사회복귀를 위한 직업교육의 실시 및 취업알선을 한다.
⑥ 미혼모의 정규교육 기회를 지속적으로 부여한다.

⑦ 정서적 측면으로 임신후회, 우울, 근심, 사회적 불안정, 죄책감, 수치, 현실왜곡, 부정 등의 정서적인 문제를 도와 준다.

⑧ 법적 근거를 강화시켜야 한다.

⑨ 아동에 대한 계획을 세운다.

첫째, 아동에 대한 생모의 감정과 가족이나 미혼부에 대한 감정을 구분하고, 아동과 자신을 위해 진정으로 바람직한 해결책이 무엇인지 결정하도록 돕는다.

둘째, 결혼, 편부모로서의 양육능력에 대한 평가, 입양을 위한 친권 포기 여부 등의 문제에서 미혼모의 결정을 도와 주고 지지해 준다.

셋째, 아동을 양육할 경우에 도움을 받을 수 있는 지역사회 지원에 대한 정보 제공을 해 준다.

2) 미혼부

미혼부도 미혼모 못지않게 심리적인 갈등과 불안을 느끼게 되므로 그것을 해소하고 가능한 한 바람직한 방법으로 문제를 해결할 수 있도록 도와 주어야 한다. 미혼모와 아기에 대한 태도와 책임을 분명히 결정할 수 있도록 인간적인 상담을 실시하고 어떠한 대책이 마련되면 이에 따른 실질적인 도움을 제공하여야 한다. 구체적 방안으로는 결혼, 친권포기, 경제적인 지원 등이 포함된다.

미혼부에게 제공되는 복지대책은 다음과 같다.

① 심리적으로 아버지됨에 대한 준비를 시킨다.

② 미혼부가 이행해야 하는 책임의 확인과 이에 대해 결정을 내리도록 돕는다. 미혼모와의 관계를 명확히 함으로써 과다한 죄의식없이 문제를 해결하고 결혼결정을 돕는다.

③ 미혼부가 됨으로써 갖게 되는 정서적 문제해결, 미혼부 재발 가능성을 감소시키는데 기여한다.

④ 법적 절차에 대한 정보를 제공한다(친권, 미혼모 측의 소송 절차에 관한 정보)

⑤ 미혼부가 자신의 친부모의 지지와 도움을 받기 위해 친부모와 함께 문제를 의논할 것인가를 결정하도록 돕는다.

3) 아 동

미혼부모의 자녀에게는 일반적으로 세 가지 형태의 서비스가 주어진다. 첫째는 그의 출생 전에 부모가 결혼하여 정상적인 가정을 이루게 하는 것이고, 둘째는 입양, 셋째는 미혼모가 혼자 양육하거나 혹은 친척에게 양육책임을 이양하는 경우이다.

제6절 미혼부모사업의 방법

미혼부모사업을 지원 관할하는 행정부서로는 보건복지부 부녀과와 아동과, 노동부 등이 있으나 실제 사업은 거의 사회사업시설이나 기관에서 실시하고 있다.

사업의 실시방법은 개별상담과 집단보호사업과 집단상담사업으로 나누어져 있다.

1. 개별상담

개별적으로 미혼부모의 상담을 받아 비교적 그들의 요구에 합당한 실제적인 서비스를 제공하여 주는데 의료 서비스, 위탁 및 거택보호의 제공과 친권포기의 경우 입양에 대한 상담을 진행한다.

2. 집단보호사업

일정한 기간 동안 집단으로 수용하여 거택보호를 하는 것으로서 숙식제공, 출산에 따르는 의료 혜택과 직업훈련을 실시한다.

3. 집단상담사업

소수의 미혼부모를 모아 그들의 문제해결을 위해 공동으로 해결방법을 모색하는 과정이다.

제7절 우리나라 미혼부모사업의 과제 및 개선방법

우리나라의 미혼부모를 위한 지원사업은 최근까지 미혼모 발생을 조장시키는 결과를 초래할 수 있다는 우려에서 매우 소극적인 태도를 취해 왔다. 다시 말해 미혼부모를 위한 사회적 서비스를 확대시킬 경우 오히려 미혼모의 증가를 조장한다는 사회적 비난과 우려, 그리고 전통적 윤리관과 도덕규범을 위협하는 것으로 간주하는 일부분의 편협한 태도로 이 분야의 정책적 대안을 제시하지 못하는 원인으로 지적되었다.[13]

그러나 현재 미혼부모를 위한 복지사업과 그 예방 대책은 청소년복지사업에 있어서 이제 더 이상 간과할 수 없는 중요한 한 분야로 등장하게 되었다.

우리나라의 보다 발전적인 미혼모복지사업의 과제와 개선방법은 다음과 같다.

1. 미혼부모 발생의 예방대책 마련

1) 가정의 교육적 기능 강화

미혼모 발생의 문제해결을 위해서는 무엇보다 가정의 교육적 기능을 강화 및 부모에 대한 교육의 실시가 필요하다. 가정의 기능을 강화하는 것은 실제적인 미혼모 예방이라 할 수 있다. 따라서 가족기능이 강화될 수 있도록 가족복지 대책을 강력히 추진하고 아울러 부모로 하여금 자녀의 발달, 심리를 이해하고 자녀와 대화는 방법, 자녀에게 사랑을 표현하는 방법 등에 관하여 가르치는 각종 사회교육 프로그램이 활발하게 진행되어야 한다.

가족복지의 강화를 위한 구체적인 대책은 다음과 같다.

① 미혼모의 특성의 하나인 결손가정 및 빈곤가정 출신이 많으므로 이와 같은 가정을 지원할 수 있는 가족수당제도의 도입실시가 필요하다.

② 결손가족이면서 경제적으로 어려운 가정의 자녀들을 위하여 국가에서 경제적인 지원이나 보육서비스, 상담 등의 도움이 있어야 한다.

---

13) 김윤숙, 미혼모의 사회복귀욕구에 관한 실증적 연구, 단국대행정대학원, 석사학위논문, 1991.

③ 결손가정이 당면한 문제를 같이 상담하고 해결해 나갈 수 있는 기회를 지역복지관이나 YMCA, YWCA, 여성회관 등에서도 제공하여야 한다.

④ 독립가구 형성을 위한 생활보호사업이 확대되어야 한다.

2) 학교를 통한 성교육의 실시와 강화 및 건전한 성윤리관 정립

오늘날 학교교육은 그 목적이 전인교육과 인간성의 개발에 있다기보다는 입시위주의 주지주의 교육과 교사중심의 획일적인 교육방법이 주류를 이루고 있다. 따라서 학교교육적 측면에서의 미혼모 발생 예방대책으로는 학교의 성교육의 개선을 들 수 있다. 구체적으로 학생생활 지도체제의 확립, 교사자질 향상, 교육내용 및 방법의 다양화, 전담기구의 설치 등을 들 수 있겠다.

또한 학교에서의 성교육은 여러 가지 정확한 정보를 효과적으로 전달하는 방법도 있지만 수업 시간에 소집단 토론의 형식이 효과적일 것이다. 또한 청소년들은 교사나 부모보다 친구와 성문제에 대해 이야기하는 것을 더 쉽게 생각하므로 청소년들을 교육하여 친구상담이나 선배상담 방법을 모색하는 것도 좋다. 성교육은 가정과 학교만이 아니라, 산업체와 같은 대중매체에서도 담당하는 것이 효과적이다.

한편 미혼모 발생요인으로서 현대사회의 가치관 혼돈현상을 들고 있다. 따라서 이에 대한 대책으로 건전한 성윤리관을 정립해야 할 것이다. 그러기 위해서는 사회일반의 성의식 변화를 유도하며 매스컴의 교육적 기능을 강화하고, 성교육 실시대상의 범위를 확대해야 할 것이다. 미혼모 발생예방에 기여할 수 있는 성교육이 거의 없으며, 있다 하더라도 대부분 1회에 그치고 대단위 강의로 이루어져 교육효과가 적으며, 주로 여성만을 대상으로 하여 남성을 대상으로 하는 프로그램이 거의 없는 실정이다. 따라서 성교육은 학교교육(초 · 중 · 고)을 통해서 교육시키고 산업체 등 근로청소년들도 교양강좌나 회보 등을 통하여 성교육을 시켜야 한다. 아울러 전문적인 성교육 인력을 확보해야 한다.

3) 지역사회기관의 기능 활성화

민간단체 활동에 대한 정부의 적극적 지원이 이루어져 민간 청소년 단체들이 청소년들의 실질적인 지도를 대폭적으로 담당할 수 있도록 정책적인 추진이 필요하다. 따라서 민간단체의 활성화와 프로그램 연계통로 결정과 활성화 그리고 지역사회시설의 개방이 필요할 것이다.

4) 전문인력의 양성 및 활용

학교기관에서 프로그램(성교육 상담, 통합적 활동프로그램)을 전담할 전문인력의 확보가 시급하다. 즉, 성교육 담당교사, 전문상담원, 사무보조요원으로서 임시직원과 자원봉사자 등의 인력과 전문자문위원조직(정신과 의사, 심리학 교수, 사회사업학 교수) 및 전문프로그램 운영자의 양성이 필요하다. 이를 위한 장 · 단기 양성과정 또는 현직훈련 과정을 개설하고 대학이 이러한 기능의 수행에 적극적으로 참여할 수 있도록 행정적인 태도가 필요하겠다.

5) 미혼부모 예방 대책 수립 및 시행을 위한 제도적 조건 정비

미혼모 발생의 원인은 가정의 문제가 대부분을 차지한다. 따라서 가정의 모든 문제를 전문적으로 다루는 상담소를 지역단위 및 취약지역에까지 확대, 설립하여야 한다. 현재 설치 · 운영되고 있는 부녀상담소는 절대수 및 인력의 부족과 전문성의 결여 등 본질적인 문제점으로 그 기능이 매우 미약한 실정으로 이를 확충하고 상담소의 기능이 내실화 · 활성화되기 위해서는 충분한 전문적 인력의 확보가 선행되어야 할 것이다.

2. 미혼부모 복지정책 및 제도의 합리화

1) 미혼부모복지사업 관계 법령의 체계화 및 단일법령 제정

우리나라의 미혼부모와 관련 있는 법령은 아동복지법, 모부자복지법, 사회복지사업법, 국민기초생활보장법, 의료보호법, 윤락행위방지법 등이 있다. 각 법령의 수혜대상에 미혼모를 포함시켰으나, 그 대상이 일정한 소득 수준 이하의 저소득 계층만을 보호

대상으로 하고 있으며, 대부분의 미혼모가 아기를 자신의 호적에 올릴 경우 사생아임이 밝혀질 것을 두려워해서 아기의 호적을 만들지 않고 있어서 정부지원 대상에 빠져 있는 실정이다. 그러므로 보다 많은 미혼모에 대한 경제적 지원, 아동양육비 지원, 수용보호 등 서비스의 법적 근거와 현실적인 지원대책을 마련해야 할 것이다.

또한 미혼부모와 관련된 어떤 법도 미혼부모를 위한 구체적인 조항들이 체계적으로 마련되어 있지는 않다. 그러므로 여러 관계법령에서 언급된 미혼부모 관련 조항들을 모아서 단일법령—예를 들어, 미혼부모복지법과 같은—으로 제정하는 것이 바람직하다. 특히 윤락여성과 같은 요보호 여성으로 선도대상으로 미혼모를 취급하고 있어서 미혼모와 그 자녀에 대한 사회의 인식을 긍정적으로 변화시키고자 하는 노력에도 위배되므로 단일법령 제정으로 미혼모를 선도대상이 아닌 진정한 지원의 대상으로서 볼 수 있는 시각의 전환이 필요하겠다.

2) 미혼부에 대한 책임의 제도화

한국부인회(1993)의 조사에 의하면 미혼모의 임신사실 확인 후의 미혼부의 태도는 낙태와 교제 회피가 46.4%로, 미혼부의 생명에 대한 존엄성 및 부모로서의 책임감 부재와 무절제한 성윤리를 나타내었다. 이는 우리나라의 가부장적 가족제도에 따른 이중적 성윤리관의 잔재로 가정과 사회교육의 부재를 나타내는 것으로 그 결과 미혼모가 모든 책임과 사회적 비난을 감수해야 하는 성불평등의 사회구조로 인한 결과임을 알 수 있다.

현재 미국의 경우는 미혼부의 연령과 관계없이 미혼부가 그 수입의 일정한 비율을 자녀가 성인이 될 때까지 지급하도록 법률로 정해 놓고 있다. 그 비율은 주에 따라 다르지만 뉴욕주의 경우 한 아동에게 아버지의 월급의 18%를 지급하도록 하고 있다.[14] 비록 이러한 제도들이 미혼모들과 그 자녀에게 지급되는 사회복지 경비를 줄이고자 하는 데서 나왔지만 미혼부들이 자신의 행동에 대한 책임을 갖게 하고 무분별한 성행동을 줄이는데 장기적으로 효과가 있을 것으로 예상된다.

그러므로 우리나라에서도 자녀의 생계비와 교육비 등을 일정기간 부담하거나 그

---

14) 스웨덴에서는 미혼부가 미혼모와의 합의하에 자녀양육비 일부를 부담하며 미혼부가 능력이 없어 그 비용을 주지 못하고 있을 때는 정부에서 선불까지 해 주는 제도가 있다.

비용을 계산하여 서비스 담당 공공기관에 공탁하는 제도도 마련하여 미혼부에게도 경제적 책임을 법제화하여야 하고, 민법상 미혼부모의 신원불명확으로 사생아가 받는 많은 불이익을 수정하여 사생아의 기아(棄兒)화를 방지하고 미혼부모들에게 자녀에 대한 공동책임과 의무를 부여하는 제도적 장치를 마련하는 것은 그들 자녀에 대한 조처 중 입양이 최선책이 아니고 차선책임을 인식시켜 줄 수 있을 것이다.[15)]

3. 미혼부모 복지 프로그램의 전문화

1) 미혼모를 위한 사회적 서비스 시설과 상담 서비스의 전문화

미혼모 시설은 미혼모가 정신적, 생활적으로 자립할 수 있는 프로그램을 개발하고 갖추어서 그 역할과 기능을 확장시켜야 할 것이다.

다음은 미혼모 시설의 전문화를 위한 방안을 제시한 것이다.[16)]

① 미혼모 시설에서는 워커를 통한 가족상담에 중점을 두고 미혼모와 가족의 문제를 다루어 미혼모의 요구에 따른 치료 방법을 모색해야 할 것이며, 또한 미혼모를 바람직한 방향으로 인도할 수 있는 새로운 프로그램 개발에 관심을 기울여야 할 것이다.

② 미혼모 시설은 아기를 위한 영아시설과 함께 병행되는 것이 바람직하겠다. 즉 아기를 분만한 직후에 입양기관에 입소시키기 보다는 모자보호를 실시하면서 워커를 통한 미혼부에 대한 책임, 가족 · 친지입적에 대한 적극적인 모색이 있은 후에 적절한 조처를 따라야 할 것이다.

③ 자립대책으로 취업을 요구하는 미혼모에게는 각 사회단체나 기관, 사회와의 연계조치를 통해 교육수준과 적성에 맞는 취업을 알선해 주는 프로그램이 요망된다.

④ 미혼모들이 기존시설을 최대한으로 활용할 수 있도록 하는 적극적인 홍보활동프로그램이 요망된다.

⑤ 형식적인 신상파악에 그치는 상담이 아닌 보다 적극적인 관심과 배려로서 미혼모가 느끼는 마음의 갈등이나 장래계획, 미혼부와의 관계를 중심으로 하는 보다

15) 이금주, 한국의 미혼모 사회복지제도에 관한 연구, 성균관대 행정대학원 석사학위논문. 1994.
16) 애란원, 애란원 소식, 제16호, 1998.

심층적인 상담을 실시해야 할 것이다.

⑥ 교육프로그램은 단순한 프로그램에서 탈피하여 주 1회 정도 종교가, 심리학자, 정신과 의사 등을 초빙한 교양교육, 정신교육 등의 실시가 요망되며 윤리의식을 함양하고 종교단체와의 결연사업을 통한 종교프로그램을 활용하여, 수용시설에 대한 강박관념과 소외의식을 해소할 수 있도록 해야 한다.

⑦ 직업보도 과목은 현재 실시되고 있는 직종에 대해서는 각자의 적성에 맞게 선택할 수 있는 질적인 교육을 실시하여야 하며, 여성에게 적합하고 수익성있는 새로운 직종 설정에 관심을 기울여야 할 것이다[17].

2) 의료적 서비스의 전문화

의료적 서비스는 미혼모의 산전건강관리, 안전분만, 산후조치를 말하며, 미혼모의 조기발견과 아울러 그들에 대한 의료적인 조치는 출생의 안정과 모자 건강을 위해 필요하다.

미혼모 복지사업에 있어서 의료적 서비스는 우선적으로 제공되어져야 하며, 아울러 이들에 대한 정기적인 검진이나 안전분만을 위해서는 미혼모만을 대상으로 하는 전속 의료기관의 설치가 시급하다고 본다. 따라서 이와 같은 기관에서는 분만 후에도 아동 양육에 따른 의료적 서비스의 계속적인 지원이 필요하다. 또한 미혼모가 자가에서 출산을 원할 때에도 필요한 의료비를 직접 지원해 주거나 병원에서 적절한 의료적 서비스를 제공받을 수 있는 제도적 장치가 마련되어야 할 것이다.[18]

3) 학생 미혼모를 위한 복지프로그램의 전문화

우리나라에서도 서구사회와 마찬가지로 점점 더 많은 학생 미혼모가 발생하고 있는 추세이다. 장기적인 안목으로 이러한 학생 미혼모들이 학업을 계속할 수 있도록 하여

---

17) 최근 들어 미혼모 시설들에서는 시대에 맞는 직업훈련을 시키고자 새로운 프로그램들을 개발하고자 노력하고 있다. 애란원에서는 '98년부터 '컴퓨터교육'을 훈련프로그램에 추가시켜 미혼모들에게 좋은 반응을 얻고 있다(애란원 소식, 제16호, 1998).

18) 이춘기 · 성명옥, 미혼모복지대책의 발전적 방향설정에 관한 연구, 부산대 사회과학논총, 제10권, 1호, 1991.

이후에 자립할 수 있도록 도와 주어야 할 것이다. 학업을 지속시켜 줌으로써 자신을 자포자기하여 제2의 임신을 할 경우가 생기지 않도록 해 주어야 한다.

(1) 학교에서 제공할 수 있는 프로그램[19]

학교에서 미혼모에게 제공할 수 있는 프로그램은 다음과 같은 프로그램이 있다.

① 교육적이고 포괄적인 서비스를 제공하는 학교기관의 설립

② 낮에 집에서 아기를 돌보기를 원하는 미혼모를 위한 야간학교나 연장학교의 설립

③ 성인 교육프로그램, 직업단체 등을 통해 직업훈련반의 설치

④ 학생 미혼모를 위한 기본적인 생활유지책을 학교의 교과과정에 포함시킨다. 예를 들어, 아동의 성장에 관한 지식, 영양에 관한 지식, 가정과 가사를 유지하는 기술, 음식 및 다른 물건이나 서비스의 예산배정이나 효율적인 사용법 등을 포함시킨다.

⑤ 영아 및 아동양육 대책으로 바람직한 학교계획의 설립과 십대 부모들이 원할 때에는 언제든지 방해없이 학교를 마칠 수 있도록 한다.

(2) 사회복지기관에서 제공할 수 있는 프로그램

학생 미혼모에 대한 심리적인 치료로서 학생 미혼모가 경험하는 소외감을 줄이는데 주안점을 둔 계획과 정책이 마련되어야 한다. 즉 센터 방문, 그룹지도, 보조적인 전화서비스, 학교입학 및 고용 프로그램은 이러한 소외감을 줄이는데 효과적일 수 있다. 이러기 위하여 사회복지기관은 학생 미혼모를 위한 서비스를 제공함에 있어 학교와 공동작업을 해야 한다. 즉 특별한 복지기관과 사적, 공적기관과의 연락체제 및 학교체제와의 공동노력을 위한 구조 설립에 대한 연구가 있어야 할 것이다.[20]

---

19) 윤혜미, 청소년 임신 · 출산의 경향과 사회적 대책, 한국아동복지학, 제8호, 1999.

20) 이춘기 · 성명옥, 전게서, 1991.

연구토의 문제

1. 외국의 미혼부모를 위한 아동복지사업에 대하여 조사한 후 우리나라의 십대미혼모를 위한 아동복지사업의 차이점에 대하여 생각해 보고 앞으로의 개선방향에 대해 논의해 보자.

2. 미혼모의 사회적 적응을 위한 사회복지서비스에 대해 논의해 보자.

3. 우리나라 미혼부모를 위한 아동복지사업의 과제와 앞으로 어떻게 개선해야 할지 생각해 보자.

제 12 장

보 육 사 업

우리나라는 산업화, 도시화로 인해 급격한 사회변화를 맞이하게 되었으며, 그로인한 사회적 불균형과 가족해체가 두드러져 전통적인 가족제도가 붕괴되고 핵가족화 현상이 나타났다. 또한 21세기의 정보화 및 다원화 사회를 맞이하여 근로 인력에서 다양한 변화가 나타났는데, 두드러진 변화가 기혼 여성을 포함한 많은 수의 여성들이 경제활동에 참여하게 되었다는 것이다. 그러나 이러한 변화로 인해 가정에서 담당했던 교육 및 보호의 제기능을 발휘할 수 없게 되었으며, 가정을 대신하여 어린이를 맡아 교육 및 보호해 줄 시설의 필요성이 유아교육 및 어린이집의 다양한 확대와 제도적 변화를 불가피하게 하였다. 또한 보육의 책임이 개인에게 있는 것이 아니라 사회와 국가의 책임이라는 소리가 점점 높아지고 있다. 아울러 우리나라의 출산율 저하 현상에 의한 자녀 수 감소는 부모의 자녀 양육에 대한 관심을 더욱 증가시키고 있고, 영유아기의 경험과 발달의 중요성에 관한 사회적 인식이 확대는 보다 보편적이고 전문적인 영유아 보육 서비스에 대한 요구를 증가시키고 있다. 이러한 욕구에 대한 반영의 일환으로 국가에서는 1991년 영유아보육법을 제정하여 영유아의 양육을 더 이상 가정과 부모만의 책임에 국한하지 않고 국가와 사회가 공동으로 부담하여야만 하는 사회적 책임으로 제도화하고자 하였다. 보육사업은 이러한 사회적 변화 및 사회적 욕구의 증가, 그에 따른 국가 책임의 인식으로 더욱 발전되기 시작하였다[1].

미국의 경우 1970년 백악관회의에서 결정된 바에 의하면 부모들은 부모로서의 기능을 수행할 수 있는 시간을 박탈당하고 있으며, 사회적 환경 및 직장에서 받는 긴장감 등이 그 방해요인이라고 지적하면서 이러한 비참한 상태에서 모든 가정을 구해낼 수 있는 정책이 정부에 의해 수립되어야 한다고 하여 보육사업의 필요성을 더욱 고조시키고 있다[2].

제1절 보육사업의 개념

보육사업이란 어린이가 그의 가정에서 정상적인 양육을 받기 어려운 경우에 하루

1) 장미경 외, 보육학개론, 태영출판사, 2006.
2) 김성일, 80년대를 위한 한국유치원 교육, 서울지구 유치원장회, 1977, p. 112.

중의 일정한 시간 동안 타인에 의해 주어지는 보호를 말한다.[3)]

프레데릭슨(Fredericksen)은 여러 이유로 낮동안 친부모 아닌 다른 사람들에 의해 보호를 받아야 하는 아동들에게 주어지는 보호라고 보육을 정의했고, 핀크(Fink) 등은 특히 저소득층 가정과 결손, 파손 가정의 어머니가 일하러 나가는 동안 아동의 성격적 욕구, 교육적 욕구, 건강적 욕구 등을 충족시켜 주기 위해 사회사업가, 교육자, 의사 등의 전문가들이 협동하는 사업이라고 정의함으로써 보육보호에 사회사업가를 비롯한 전문가들의 협조적 접근을 강하게 부각시켰다.

미국의 보육과 아동발달협의회에 의하면, 어린이집에서는 집단 프로그램을 통해서 취학 전과 학령기 유아들의 신체적, 정서적, 지적 능력이 최대한으로 발달할 기회를 보장해야 한다고 했다. 우리나라 아동복지법 시행령 중 개정령안(1989) 제2조 제14호에 따르면, 어린이집이란 '보호자가 근로, 질병 기타 사정으로 인하여 아동을 보육하기 어려운 경우에 보호자의 위탁을 받아 아동을 보육하는 것을 목적으로 하는 시설로서 보건복지부령이 정하는 규모 이상의 시설을 말한다'라고 명시되어 있다.

과거에는 아동복지사업의 하나인 보육이 부모의 노동시간 동안 음식, 안식처 등과 같은 보호를 제공함으로써 부모의 역할을 보완하는 것으로 사회 · 경제적 지위가 낮은 가정을 그 대상으로 하는 반면에, 유치원은 훈련받은 전문교사가 취학 전 유아에게 제한된 시간 동안 교육적인 서비스를 제공하는 것으로 교육이 주목적이며 대학교육을 받은 중류계층을 그 대상으로 하는 식으로 구분이 있었다.

그러나, 유아교육은 사회구조의 변화에 따라 그 성격이 점차 변화하여 1960년 헤드스타트 프로그램(Head Start Program)이 등장한 이후에는 종래 보육과 교육의 양분적 구별과 편견이 없어지고 있다.

현대는 교육 프로그램과 보육 프로그램 간의 구분을 만들 필요가 없으며, 실질적인 목적에서 보육과 유아교육 프로그램은 동격으로 보고 있다. 또한, 과거 보육에 대한 인식은 저소득층을 대상으로 해서 제공되어지는 사회적 서비스로 그 책임 소재가 공공기관 또는 국가에만 있는 것으로 여겼으나 현재에 이르러서 보육에 대한 관점은 바뀌어 저소득층 뿐만 아니라 필요로 하는 모든 사회계층을 그 대상으로 하며 공공기관 또는 국가 뿐만 아니라 부모에게도 책임이 뒤따르는 것으로 부모는 자신들이 제공받는 서비스의 대가를 지불해야 함과 동시에 더 바람직한 쪽으로 보육 프로그램을

---

3) Fredericksen, H., *The Child and his Welfare*, 1948, pp. 153-155.

선택하고, 프로그램에 깊이 관여할 수 있는 방향으로 변화하고 있다.

이상과 같은 보육에 대한 과거의 인식과 변화하는 관점을 비교 · 정리하면 〈표 12-1〉과 같다(Wilson, 1986).[4)]

표 12-1 보육에 대한 인식의 변화

과거의 인식	오늘날의 인식
· 보육은 사회적 서비스이다. · 보육은 국가의 책임이다. · 보육은 저소득층 가정을 대상으로 한다. · 어린이집을 이용하는 사람은 수령인이거나 수혜자이다. · 어린이집은 공공기금으로 이루어진다. · 어린이집 허가제도는 아동을 위한 국가의 법적 규제 장치이다. · 보육 프로그램을 통해 빈곤 가정에서 요구하는 모든 서비스를 전달한다. · 가족의 문제와 무능은 어린이집을 이용하는 사람들의 주요 특징이다. · 어린이집은 가정에 문제가 있을 때 요구되는 필요악이다. 어린이집 보다는 하루 종일 일하지 않는 부모가 아동을 돌보는 것이 이상적이다. · 어린이집은 학교나 사회적 서비스 체계 안에 있어야 한다.	· 대중사회의 공익사업이다. · 부모의 공적 · 사적 지원체제의 공동책임이다. · 필요로 하는 모든 계층의 가정을 대상으로 한다. · 소비자인 동시에 후원자이다. · 공공기금으로 이루어지는 서비스만은 아니다. · 부모들이 보다 나은 어린이집을 선택하는데 도움을 주기 위해 만들어진 소비자 보호제도이다. · 빈곤 가정의 요구 뿐만 아니라 사회계층과 무관하게 모든 부모들의 요구에 서비스를 제공한다. · 기본적인 가정 기능의 원활한 수행에 도움이 될 뿐만 아니라 치료적 역할을 하기도 한다. · 부모의 취업 유무와 상관없이 아이들에게 유익하기 때문에 어린이집과 유치원을 이용한다. · 모든 가정이 이용할 수 있는 보육시스템은 공영 또는 사립기관에 의해 운영되는 가정보육, 어린이집, 종일반 등 다양한 종류의 보호형태를 포함한다.

제2절 보육사업의 역사

1. 외국의 보육사업

프랑스의 오벌린(Oberlin)은 1779년에 최초로 농촌지역의 유아를 위한 어린이집을

4) 성영혜 · 김연진, 전게서, p. 242, 재인용.

개설하였으며, 스위스 페스탈로치(Pestalozzi)는 1774년에 역시 가난한 농가의 아동을 위해 보육학교를 세웠다. 19세기엔 보육사업이 더욱 진전되어 1816년 영국의 오웬(Owen)이 자기가 경영하는 방직공장 안에 성격형성신학원(The New Institute for the Formation of Character)을 세워 직공의 자녀를 보육하였고, 1844년 프랑스에서는 근로여성의 자녀를 보호하기 위한 크레치(creche)를 세웠다. 또 1854년에는 빈곤여성의 자녀를 위한 어린이집이 미국과 스웨덴에 각각 개설되었다.

소련에서는 1917년 혁명 직후부터 국가적 시행으로 어린이집의 확충이 이루어졌으며, 일본에서는 제1차 세계대전 중 생계유지를 위해 생활전선에 나선 부인의 아동을 공공기관에서 보호하는 것이 사회불안을 감소시키고 국민을 위하는 국가의 의무라고 인식하고 공립보육소를 개설하였다. 한편 미국은 1930년대 경제공황을 전후하여 직업여성의 자녀를 위한 어린이집을 많이 세우기 시작하였으며, 1960년대 들어서는 보육사업의 공적 책임성을 강조하였다.

2. 우리나라의 보육사업의 연혁

우리나라에서는 언제부터 보육사업이 시작되었는지 정확한 연대는 알 수 없으나, 1921년 서울에서 태화기독교사회관이 탁아프로그램을 개발함으로써 시작되었다고 볼 수 있으며, 1941년 조선사회사업협회가 발행한 자료에 의하면 1926년 부산의 공생보육소와 대구의 은총보육소가 있었으며, 1936년 전국적으로 11개소의 어린이집에 435명의 어린이가 보육받았다고 기록되어 있다. 그러나 본격적으로 보육사업이 전개되기 시작한 것은 1961년 아동복리법의 제정 이후 어린이집이 일반 수용시설로부터 분리되어 빈곤가정의 어린이를 보호하기 위한 적극적인 시책으로 채택되게 된 이후부터이다. 즉, 우리나라의 보육사업은 어린이들이 자기 가정에서 자랄 수 있도록 그 가정을 돕고자 하는 목적으로 발달하기 시작하였다.

그러나 이와 같은 관점에서 어린이집은 1960년대 이후 경제발전으로 인하여 그 부족현상이 심화되기 시작하였다. 보건사회부는 이러한 부족현상을 해결하기 위하여 1968년 아동복리법 시행령 제2조 제9항에 의해 미인가 어린이집의 임시조치령을 마련하여 재단법인이 아니더라도 어린이집을 설치할 수 있도록 하였고, 그 명칭도 '어린이집'이라고 하였다. 이 결과 어린이집의 수는 급증하였으나 보육의 질이 낮아졌다. 이로 인해 1977년에 보사부는 다시 사회복지사업법 시행규칙 제6조 제2항을 개정하여 어린이집의 법인화를 촉구하고 미인가 어린이집의 임시설치령을 폐지하였다. 1978년에는 경제발전에 수반하는 시대적 요청으로 보육 대상 어린이의 범위를 확대하여 빈곤가정의 어린이뿐 아니라 취학전 어린이면 누구나 올 수 있게 문호를 개방하고 원장이 일정액의 보육료를 받을 수 있는 유료보육제도를 채택하였다.

그러나 법인화를 위한 제반 여건이 조성되지 못한 사회 실정 때문에 그 후로는 증가되지 않았다. 따라서 또 다시 시설 부족현상이 야기되자 도시영세민 지역과 농어촌의 어린이를 안전하고 건강하게 보육하여 어린이의 복지를 도모하기 위하여 시범 새마을 협동유아원이 설립되었다. 이로써 새마을 협동유아원, 농촌진흥청 관장하의 농번기 어린이집 설치 등으로 유아를 보육하는 시설이 다양화되었다.

가정탁아제도는 1970년대 목포지역에서 캐나다 유니테리안 봉사회에 의하여 시범적으로 실시되었으며 1980년대 후반에 들어 민간복지단체, 여성단체가 중심이 되어 종사자 양성을 하고 있으나 아직 제도화되지는 못하고 있다.

한편, 민간단체로서 '사단법인 한국 어린이집협회'가 1970년에 발족하여 1981년까지 보육사업의 발전을 위해 중요한 역할을 담당하여 오다가 1982년 유아교육진흥법의 공포와 더불어 해체되었다. 유아교육진흥법의 제정으로 기존의 어린이집, 새마을협동유아원 및 농번기탁아소를 새마을유아원으로 흡수 · 통합하여 운영하였다. 그러나 여성의 사회참여 증가 및 가족구조의 핵가족화에 따라 보육수요가 급격히 증가하고 있는 반면, 기존 새마을 유아원의 보육기능은 미흡하고 어린이집 또한 절대 부족하여 취업여성의 자녀양육 문제가 큰 사회적 문제로 등장하게 되었다. 이에 따라 1987년 12월 노동부에서는 남녀고용평등법에 의한 직장탁아제도를 도입하였고 1989년 9월 보건복지부에서는 아동복지법에 의한 보육사업을 실시하였다. 그러나 영유아보육에 관련된 사업이 여러 부처에서 제각기 독자적으로 관리 · 운영됨에 따라 정부재정의 비효율적 투자는 물론 영유아에 대한 체계적이고 효율적인 보육을 실시하는데 어려움이 노출되었다. 이에 여성단체 등의 보육에 관한 독립된 입법 요청에 따라 국회에서는 보육사업의 통합일원화를 내용으로 한 「영유아보육법」이 의원입법으로 추진되어 1991년 1월 「영유아보육법」을 제정하고, 1991년 8월 시행령 및 시행규칙을 제정하였다. 「영유아보육법」이 제정 공포됨에 따라 그 동안 내무부 · 농촌진흥청에서 관장하던 보육사업을 보건복지부로 일원화했고, '탁아소'라는 용어 대신에 '보육'으로 변경하여 사용하게 되었다. 이후 보건복지부에서는 10차례의 법령개정과 어린이집 확충계획을 통하여 늘어나는 보육수요에 대응하고 보육서비스의 질 향상을 위해 지속적인 노력을 해왔으며, 2004년 1월 29일 「영유아보육법」의 전면개정안이 공포됨으로써 보육서비스의 다양화와 질적 수준 향상, 그리고 보육에 대한 공적 책임 강화를 통해 보육사업이 더욱 발전할 수 있는 계기를 마련하였다. 정부조직법 개정으로 2004년 6월 12일부터 영유아 보육사무가 보건복지부에서 여성부로 이관되었으며, 2004년 1월 29일 전문개정된 「영유아보육법」의 시행(2005. 1. 30)에 따라 보육서비스의 질적 수준 향상과 보육의 공공성 강화 등을 통해 보육사업이 획기적으로 발전할 수 있는 계기를 마련하였다. 2005년 12월 「영유아보육법」과 동법 시행규칙의 일부 개정으로 원장의 국가자격증제 도입과 어린이집운영위원회 설치 의무화로 어린이집운영의 책임성과 투명성을 강화하게 되었으며, 어린이집 설치 사전상담제를 실시하여 시설 설치에 따른 민원 불편을 해소하는데 중점을 두었다.

또한 2006년 11월 10일 「영유아보육법」 시행규칙 개정을 통해 표준보육과정을 마련함으로써 영유아가 건강하고 안전하며 바르게 생활하는데 필요한 내용과 신체, 사회, 언어, 인지, 정서 등 전인적 발달을 위해서 영유아가 갖춰야 할 지식, 기술, 태도를 제시하는 등 영유아가 조화로운 사회구성원으로 성장될 수 있도록 보육환경의 질을 높였다. 2007년 7월 개정된 「영유아보육법」에서는 거짓이나 부정한 방법으로 보조금을 교부받거나 보조금을 유용한 경우 어린이집장의 자격정지 및 자격취소가 가능하도록 규정하였다. 그리고 2008년 1월 개정된 「영유아보육법」에는 어린이집을 설치 · 운영하는 자가 어린이집을 양도하거나 사망한 때, 또는 법인의 합병이 있는 경우에는 종전의 어린이집을 설치 · 운영한 자에게 행한 행정제재처분의 효과는 그 행정 처분일로부터 1년간 그 양수인이나 상속인 또는 합병 후 신설되거나 존속하는 법인에게 승계되며 행정제재처분의 절차가 진행 중인 경우에도 그 처분절차가 승계되도록하였다.[5)]

정부조직법 개정으로 2008년 3월부터 영유아보육사무가 여성가족부에서 보건복지가족부로 이관되었으며, 그 해 12월 개정된 영유아보육법에서는 양육수당 지급 근거

5) 보건복지가족부, 2008년도 보육사업안내, 2008, pp. 7-9.

명확화, 보육서비스이용권제도 도입관련 규정 마련, 보육비용 지원대상자 선정관련 규정 정비, 어린이집 안전공제사업 시행 근거를 마련하였다. 2009년 12월 영유아보육법 시행령의 일부개정으로 양육수당 지원대상자 선정을 위한 소득, 재산 항목을 표준화하였으며, 동법 시행규칙의 일부개정으로 국·공립보육시설 입소 우선순위 대상자에 3자녀 이상 가구 및 다문화가족의 영유아를 추가하였다. 2011년에는 1월 영유아보육법 시행령 일부개정으로 양육수당 지원대상을 '만 2세 미만'에서 '36개월 미만'으로 변경되었으며, 6월 동법 개정으로 '보육시설', '보육시설 종사자', '시설장' 등의 명칭이 각각 '어린이집', '보육교직원', '원장' 등으로 변경하였으며, 9월 동법 시행령을 일부 개정하여 무상보육 대상자를 장애아, 다문화가족의 자녀, 5세 누리과정을 제공받는 만 5세아로 규정하였으며, 12월에 어린이집 원장, 보육교사 자격기준 강화와 보수교육체계 정비가 이루어졌으며, 동법 시행규칙 개정으로 어린이집 양도에 따른 변경인가 절차 강화, 보육교사 자격 취득을 위한 보육관련 교과목 및 학점기준(35학점에서 51학점으로 상향조정)이 강화되었다.[6)]

2008년 2월 출범한 이명박대통령 새 정부의 보육정책은 다음과 같다(보건복지가족부 홈페이지).

새 정부 보육정책

① 보육료 지원 확대

· 보육료 전액지원을 연차적으로 확대하여 부모의 보육비용 부담 경감

구분	지원 대상	지원 금액
저소득층 차등보육	도시근로자 가구소득 100%까지	소득수준별 차등지원(정률지원) -1층, 2층, 3층, 4층, 5층 : 100%, 100%, 80%, 60%, 30%
만 5세아 무상보육료	도시근로자 가구소득 100%까지	월 167천원
장애아 무상보육료	모든 소득계층(0~12세)	월 372천원 또는 수납한도액

6) 보건복지부, 2012년도 보육사업안내, 2012. p. 6-7.

두 자녀 이상 보육료	도시근로자 가구소득 100%까지	정액지원(186~84천원, 연령별)
방과 후 보육료	기초수급, 차상위 (1층, 2층)	만 5세아 무상보육료 지원단가의 50% 이내
방과 후 보육료(시간연장보육)	도시근로자 가구소득 100%까지	시간당 2,300원, 장애아동 3,300원
시간연장형 보육료(야간보육)	도시근로자 가구소득 100%까지	월보육료 정부지원단가
시간연장형 보육료(24시간보육)	도시근로자 가구소득 100%까지	월보육료 정부지원단가의 150%
시간연장형 보육료(휴일보육)	도시근로자 가구소득 100%까지	일보육료의 150%

※ 보육료 전액지원대상은 차상위 이하, 만 5세아, 장애아에 한정

② 어린이집 미이용 아동에 대한 지원

- 양육수당을 도입하여 어린이집 · 유치원 미이용 아동의 건강한 성장 · 발달을 지원하고 정부지원의 사각지대를 해소('09. 7)
  - ※ 전체 영유아 283만명 ('07년) : 어린이집 104만명(37%), 유치원 54만명(19%), 미이용 126만명(44%)

③ 수요자 욕구에 맞는 보육서비스 제공

- 다문화 가정 영유아 보육서비스 강화
  - 다문화 특성화 어린이집 지정 및 한국어 교육 프로그램 지원
  - 보육교사 대상 다문화관련 교육 강화
- 장애아동에 대한 보육환경 개선 및 법적, 제도적 지원 강화
  - 지역별 균형 있는 장애아 어린이집 확충, 편의시설 · 장비구비 지원
  - 장애아 어린이집의 특수교사자격을 특수학교 교사수준으로 강화
- 저소득층 아동에 포괄적 보육서비스 제공
  - 드림스타트 사업과 연계하여 보육서비스 이외에 건강 · 영양, 가족지원, 인지능력 향상 등 서비스 제공 및 사례관리 추진
- 다양한 시간유형의 보육서비스 제공
  - 시간영장 보육교사 지원인원 확대 : 4,000명('07)→5,000('08)→6,000명('09)
  - 어린이집은 방과 후 학교 보육교실과 지역아동센터를 통한 방과 후 아동 보호의 보완적 역할 수행

※ 방과 후 어린이집 현황('07. 12) : 1007개소, 17천명

④ 평가인증 활성화

· 보육서비스 질 제고 및 인증 참여율 확대를 위해 평가인증제 개선방안 마련
  - 유형기준 변경, 유사 · 중복 지표 조정 등 평가인증지표 개선
  - 사전 · 사후 조력 강화 및 정확한 정보 제공
    ※ 인증시설 현황('08. 8) : 총 7,556개소(총 어린이집 수 대비 24.5%)
    [평가인증 과정 : 총 4단계, 7~8개월 소요]

1단계 참여신청 (1개월) → 2단계 자체점검 (4~5개월) → 3단계 현장관찰 (1단계) → 4단계 인증심의 (1개월)

⑤ 어린이집 건강 · 영양 · 안전관리 강화

· 어린이집 사고 예방 및 사후보상 제도화를 위해(가칭) 「어린이집안전 공제회」 설립
  - 어린이집 안전사고 예방사업 및 안전사고 보상 등 사후관리 실시
  - 어린이집 아동 및 종사자의 복리후생 증진 지원
    ※ 유치원 · 학교 안전사고보상을 위한 '학교안전공제회' 운영 중(중앙, 16개 시도)

· 예방접종 내역 확인의무 강화 및 보건소 활용 건강교육 · 보건서비스 제공 등 영유아 건강 · 영양관리 제도 개선

· 시설 운영위원회 활성화, 지역별 부모 모니터링단 구성 등 시설 모니터링 체계 구축

· 건강 · 영양, 안전관리, 응급처치 등에 대한 매뉴얼 보급 등 안전 기준 정비 및 교육 강화

⑥ i-사랑카드 도입

· 보육료를 어린이집에 지원하는 방식으로 부모에게 직접 지원되지 않아 정책수혜 인식 정도가 낮고, 보육료 지원 업무 부담

· 영유아 부모에게 어린이집을 이용할 수 있는 전자카드를 발급하여 부모들이 쉽고 편리하게 어린이집을 이용토록 개편

· 부모는 정부지원 내용을 알 수 있어 보육료 수혜 인지도 제고, 어린이집과 지자체는 보육료 신청 · 지급 업무 부담 해소

⑦ 보육정보 포털시스템 구축

- 보육관련 정보들이 다양한 On-Off 라인을 통해 개별적 제공되고 있고, 충분한 보육정보 제공 미흡
- 보육관련 정보시스템을 통합하여 수요자 지향 정보 제공체계 구축
  - e-보육, 보육정보센터 홈페이지(39개), 보육전자바우처 시스템 등을 통합 · 연계
  - 온라인 서비스 신청, 보육정책 소개 등 온라인서비스 통합 창구 역할 수행

⑧ 국 · 공립어린이집 등 확충

- 농산어촌 등 어린이집이 없는 지역에 국 · 공립시설을 확충
- 영유아 수가 적은 농산어촌의 특성을 고려한 소규모 어린이집 확충

다음의 〈표 12－2〉와 같이 2011년 12월 31일 현재 어린이집 및 보육아동 현황을 살펴보면 39,842개의 어린이집에서 1,621.948명의 아동이 보육을 받고 있다(보건복지부, 2011년 보육통계).

표 12－2 어린이집 일반 현황

011. 12. 31. 현재 (단위 : 개소, 명, %)

구분			계	국 · 공립 어린이집	법인 어린이집	민간어린이집			가정 어린이집	부모협동 어린이집	직장 어린이집
						소계	법인 외	민간개인			
어린이집수	개소		**39,842**	2,116	1,462	15,004	870	14,134	20,722	89	449
	(비중)		**100.0%**	5.3%	3.7%	37.7%	2.2%	35.5%	52.0%	0.2%	1.1%
아동수	정원		**1,621,948**	157,478	141,966	923,812	61,708	862,104	363,430	2,726	32,536
	(비중)		**100.0%**	9,7%	8.8%	57.0%	3.8%	53.2%	22.4%	0.2%	2.0%
	현원	계	**1,348,729**	143,035	112,688	757,323	50,676	706,647	308,410	2,286	24,987
		남	**699,806**	73,850	59,408	392,505	26,341	366,164	159,878	1,248	12,917
		여	**648,923**	69,185	53,280	364,818	24,335	340,483	148,532	1,038	12,070
	(비중)		**100.0%**	10.6%	8.4%	56.2%	3.8%	52.4%	22.9%	0.2%	1.9%
	이용률		**83.2%**	90.8%	79.4%	82.0%	82.1%	82.0%	84.9%	83.9%	76.8%
보육교직원수	인원	계	**248,635**	22,229	17,491	120,503	7,724	112,779	82,911	485	5,016
		남	**8,663**	501	1,364	5,572	496	5,076	1,161	14	51
		여	**239,972**	21,728	16,127	114,931	7,228	107,703	81,750	471	4,965
	(비중)		**100.0%**	8.9%	7.0%	48.5%	3.1%	45.4%	33.3%	0.2%	2.0%
어린이집 1개당 아동수			**33.9**	67.6	77.1	50.5	58.2	50.0	14.9	25.7	55.7
보육교직원 1인당 아동수			**5.4**	6.4	6.4	6.3	6.6	6.3	3.7	4.7	5.0

* 아동수 : 현원(종일, 야간, 24시간, 휴일, 단축형)기준

* 이용률 : 현원/정원 비율

다음은 연도별 어린이집 및 보육아동의 현황 및 변화 추이를 〈표 12－3〉, 〈표 12－4〉, [그림 12－1]로 나타낸 것이다.

표 12－3 어린이집 연도별 보육아동 현황

2011. 12. 31 현재 (단위 : 명)

구분		계	국·공립 어린이집	법인 어린이집	민간어린이집 소계	민간어린이집 법인 외	민간어린이집 민간개인	가정 어린이집	부모협동 어린이집	직장 어린이집
2011	계	1,348,729	143,035	112,688	757,323	50,676	706,647	308,410	2,286	24,987
	남	699,806	73,850	59,408	392,505	26,341	366,164	159,878	1,248	12,917
	여	648,923	69,185	53,280	364,818	24,335	340,483	148,532	1,038	12,070
2010	계	1,279,910	137,604	114,054	723,017	51,126	671,891	281,436	1,898	21,901
	남	665,305	71,195	60,124	375,690	26,846	348,844	146,009	1,051	11,236
	여	614,605	66,409	53,930	347,327	24,280	323,047	135,427	847	10,665
2009		1,175,049	129,656	112,338	675,763	52,718	623,045	236,843	1,655	18,794
2008		1,135,502	123,405	113,894	669,465	53,818	615,647	210,438	1,491	16,809
2007		1,099,933	119,141	118,211	668,390	55,906	612,484	177,623	1,444	15,124
2006		1,040,361	114,657	120,551	641,137	58,808	582,329	148,240	1,238	14,538
2005		989,390	111,911	125,820	608,734	56,374	552,360	129,007	933	12,985
2004		930,252	107,335	135,531	555,812	48,414	507,398	119,787	미분류	11,787
2003		858,345	103,474	140,994	499,551	37,911	461,640	103,935	미분류	10,391
2002		800,991	103,351	142,035	455,936	30,289	425,647	90,939	미분류	8,730
2001		734,192	102,118	161,419	385,527	16,483	369,044	77,247	미분류	7,881
2000		686,000	99,666	157,993	352,574	15,949	336,625	67,960	미분류	7,807
1999		640,915	11,866	151,652	314,825	13,195	301,630	67,294	미분류	7,278
1998		556,957	91,260	141,616	259,290	9,290	250,000	58,968	미분류	5,823
1997		520,959	89,002	123,567	234,678	6,727	227,951	68,467	미분류	5,245
1996		403,001	85,121	99,118	156,725	2,735	153,990	58,440	미분류	3,596
1995		293,747	78,831	77,187	93,225	591	92,634	42,116	미분류	2,388
1994		219,308	70,937	63,466	56,502	759	55,743	27,427	미분류	976
1993		153,270	55,133	44,026	36,374	854	35,520	17,012	미분류	725
1992		123,297	49,529	31,243	26,554	785	25,769	15,203	미분류	768
1991		89,441	37,017	미분류	36,099	미분류		15,613	미분류	712
1990		48,000	25,000	미분류	1,500	미분류		20,000	미분류	1,500

* 아동수 : 현원(종일, 야간, 24시간, 휴일, 단축형)기준

* 남/여 구분 : 아동의 주민등록번호의 7번째 자릿수가 홀수이면 남, 짝수이면 여 - 이후 남/여 구분 동일한 조건

표 12-4 어린이집 연도별 설치 · 운영 현황

2011. 12. 31. 현재 (단위 : 개소)

구분	계	국·공립 어린이집	법인 어린이집	민간어린이집			가정 어린이집	부모협동 어린이집	직장 어린이집
				소계	법인 외	민간개인			
2011	39,842	2,116	1,462	15,004	870	14,134	20,722	89	449
2010	38,021	2,034	1,468	14,677	888	13,789	19,367	74	401
2009	35,550	1,917	1,470	14,368	935	13,433	17,359	66	370
2008	33,499	1,826	1,458	14,275	969	13,306	15,525	65	350
2007	30,856	1,748	1,460	14,083	1,002	13,081	13,184	61	320
2006	29,233	1,643	1,475	13,930	1,066	12,864	11,828	59	298
2005	28,367	1,473	1,495	13,748	979	12,769	11,346	42	263
2004	26,903	1,349	1,537	13,191	966	12,225	10,583	미분류	243
2003	24,142	1,329	1,632	12,012	787	11,225	8,933	미분류	236
2002	22,147	1,330	1,633	11,046	575	10,471	7,939	미분류	199
2001	20,097	1,306	1,991	9,803	313	9,490	6,801	미분류	196
2000	19,276	1,295	2,010	9,294	324	8,970	6,473	미분류	204
1999	18,768	1,300	1,965	8,593	266	8,327	6,703	미분류	207
1998	17,605	1,258	1,927	7,695	227	7,468	6,541	미분류	184
1997	15,375	1,158	1,634	6,538	150	6,388	5,887	미분류	158
1996	12,098	1,079	1,280	4,757	69	4,688	4,865	미분류	117
1995	9,085	1,029	928	3,197	22	3,175	3,844	미분류	87
1994	6,975	983	807	2,284	17	2,267	2,864	미분류	37
1993	5,490	837	624	1,795	19	1,776	2,205	미분류	29
1992	4,513	720	425	1,383	14	1,369	1,957	미분류	28
1991	3,690	503	미분류	1,237	미분류		1,931	미분류	19
1990	1,919	360	미분류	39	미분류		1,500	미분류	20

* 기준시점(2011. 12. 31 24 : 00) 보육통합정보시스템상 자료를 시 · 도 확인절차 후 확정 - 이후 모든 시설관련 데이터 동일한 조건

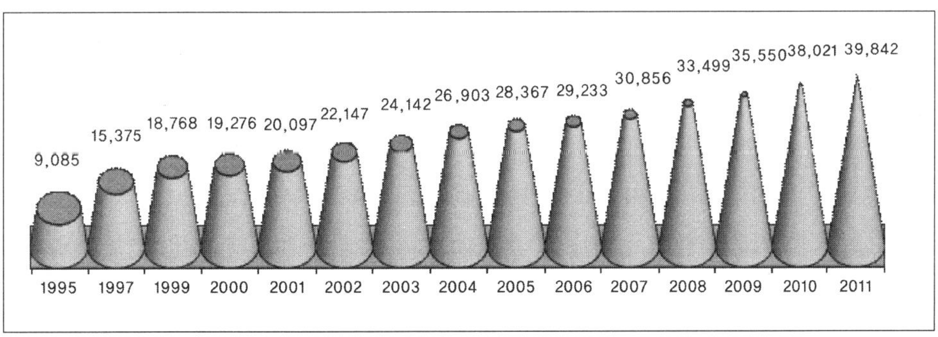

[그림 12-1] **어린이집 수의 연도별 변화 추이**

* 출처 : 여성가족부 홈페이지(보육통계). 연도별 통계자료.

제3절 보육사업의 필요성

보육보호를 필요로 하는 상황은 학령 전 아동의 어머니가 취업해야 하는 경우, 아동이 장애를 가진 경우, 빈곤가정의 아동으로서 아동의 양육에 필요한 기본적인 욕구충족의 기회를 박탈당할 위험에 처해있는 경우 등으로서 그 내용은 다음과 같다.

1. 취업모의 증가

아동의 양육에 영향을 미치는 중요한 사회적 변화는 가정 밖에서 직업을 가진 주부의 수가 급격하게 증가하고 있다는 점이다. 어머니들의 직업이 늘어나는 이유로는 경제적인 요인 이외에 자신의 직업이 좋아서, 자신의 경력을 계속 쌓고 싶어서, 새로운 경험을 갖고, 권태와 외로움 좌절 등을 막아보려고, 그리고 '여성운동'의 영향으로 여성의 취업이 더 용이하게 되기 때문에 직업을 가지는 것이다.

2. 이혼가정의 증가

보육의 필요성을 증대시키는 사회적 경향 중의 하나는 이혼에 따른 가족 해체를 들 수 있다. 오늘날 미국에서 결혼한 부부의 1/3이 이혼을 하며, 영국이나 캐나다도 그 정도가 되어 간다. 미국에서는 80만 명이 이혼을 하며 그로 인해 100만 명 정도의 아동이 영향을 받는다. 우리나라의 경우도 증가하는 추세이다.

또한 결혼을 하지 않으면서 자녀를 낳고 키우는 여성의 수도 증가되고 있다. 이들은 이혼 부모들과 마찬가지로 외로운 부모 역할의 어려움을 감수해야 한다. 이혼모나 혼전아이를 가진 어머니들이나 혼자 아이를 키워야 하고 또 직업도 가져야 하는 사정은 마찬가지다.

3. 가족수의 감소

할머니나 나이든 자매, 기타 도움을 줄 수 있는 친척들이 이전보다 훨씬 줄어든 셈이다. 대부분의 가족이 한두 명의 자녀를 두기 때문에 어린 동생을 돌볼 수 있는 정도의 언니, 오빠가 가능하지 않으며, 지역간 이동의 증가로 그나마 가능한 친인척의 도움조차 받기 어려운 실정이 된다. 할머니나 이모 등도 자기 직업을 가지는 경우가 늘어나고 있기 때문에 이들이 아이를 돌볼 수 있는 가능성도 줄어든다.

4. 아버지 협조의 부족

현대의 아동양육에 영향을 미치는 또 하나의 사회적 변화로는 자녀양육에 있어서 아버지의 적극적인 역할이 증대되었다는 점을 들 수 있다. 어머니가 종일제 직업을 가지고 있으며, 부부가 남녀의 동등한 역할 수행에 대해 호의적인 태도를 지니고 있는 가정에서는 20년 전의 가정에서 보다 아버지가 자녀양육에 훨씬 더 많이 참여하고 있다.

이제 남자는 부인이 임신했을 때 챙겨주는 것에서부터 출산시 부인과 함께 산실에 있는 등 출생 초기부터 자녀양육에 더 많이 관여하고 있다. 그러니까 자녀양육에서 부부의 참여가 늘어나는 이런 추세는 취업모의 자녀양육 대행의 필요성을 어느 정도 메워주리라고 예상할 수 있으나 그렇지 않다.

대부분 모든 가족의 경우 아동양육은 아직도 어머니의 책임으로 여겨지고 있다. 제일 호의적인 경우라도 많은 가정에서 아버지가 가정 일을 위해 하루 평균 한 시간을 쓰는 것이 고작이다. 여러 미국 광고협회에서 조사된 4가지 연구 결과를 보면, 기혼남자들이 기꺼이 가정 일을 나눠서 해야겠다는 생각은 하고 있지만, 실제로 하는 일은 고작해야 쓰레기 버리는 일 정도라는 것이다.

이들 조사에서 700명의 남편 중 약 60%가 가사의 책임을 부부가 져야 한다고 응답했으나, 27%만이(진공청소기로) 청소를 한다고 했으며, 29%만이(세탁기로) 빨래를 한다고 응답했다(Newsweek, 1980).[7)]

7) 성영혜 · 김연진, 전게서, p. 247, 재인용.

최근 한 연구에서 89가지 자녀양육 활동 가운데 부부가 공동으로 하는 것이 바람직하다고 생각하는 활동을 체크하게 하였더니, 그 중 반 정도의 활동은 전적으로 어머니의 역할인 것으로 응답하였다(Kellerman & Katz, 1978).[8)]

직업을 가진 아버지는 직업을 가진 어머니와 마찬가지로 자녀양육이나 가사에 쓸 수 있는 시간이 극히 제한되어 있다.

5. 가치관의 변화와 새로운 사조

적절한 부모－자녀 역할에 대한 사회적인 가치관의 변화가 또한 새로운 보육수요를 불러일으키는 한 요인이 되고 있다. 즉, 부모란 자녀가 더 잘 되게 하기 위해 자신의 편안함이나 사생활을 희생하면서까지 자녀에게 평생 헌신해야 한다는 종래의 전통적인 관념에 커다란 변화가 생긴 것이다.

13세 이하의 자녀를 둔 1,230 가정의 부모를 대상으로 한 연구(Yankelovich, Skelly and White, 1977)에서 모든 부모들은 그 이전세대보다 자기 희생을 훨씬 적게 하고 있음이 나타났다. 이들은 자신들의 부모세대보다 자녀 중심적인 경향은 줄어든 반면, 자기 중심적인 경향은 높아졌으며, 부모와 자녀의 공동의 목적은 각자의 인간적 성취를 이루는 것이었다. 이러한 부모로서의 새로운 태도는 자녀양육은 전적으로 부모의 책임이라는 생각에서 벗어나게 하고 있다.

제4절 보육사업의 유형

보육사업은 아동양육을 위한 가정의 기능 보충 이외에 집단생활을 통하여 사회성을 함양하고 조기 경험을 통하여 지적 발달을 꾀하고자 하는 것이다. 보육사업의 종류를 보면 장소별, 운영 기간별, 재원별, 운영주체별, 대상아동별, 시간별로 나누어 볼 수 있다.

---

8) 성영혜 · 김연진, 전게서, p. 247, 재인용.

1. 장소별

1) 자기집 보육(caregiver in home)

어머니가 직장에 간 사이 아동을 자기집에서 아버지, 할머니, 언니, 오빠, 이모, 고모와 같은 친척이나 이웃, 보육모, 가정부, 파출부, 그 외 여러 사람이 돌보는 형태이다. 자녀를 돌보아줄 양육자로 친척이 가능하다면, 정서적인 유대관계가 이미 이루어져 있으므로 더욱더 아동을 사랑할 것이며 또한 비용도 적게 들 수 있을 것이다.

2) 가정보육(family day care)

가정보육의 기원은 특정 상황의 개별화된 요구를 들어주는데 있었다. 1927년말 필라델피아에서 처음 시작되었는데 다른 사람의 가정에서 5~6명 정도의 여러 가정의 유아들이 함께 받는 보호이다.

가정보육은 우리나라에서는 아직 제도화되어 있지 않으나 각종 여성단체에서 소정의 교육을 받은 사람에 의해 부분적으로 실시되고 있다.

3) 시설보육(center-based day care)

주로 3세 이상의 아동을 보호·교육하는 것으로서 우리나라의 대부분 어린이집이 이에 해당된다. 시설보육은 13명 이상의 유아를 위해 보통 가정이 아닌 건물에서 보호와 교육을 한다.[9] 보육기관에는 2명 이상의 보육교직원이 있어야 하며, 의사·심리학자·사회사업가 등의 협조가 제공되는 포괄적인 프로그램으로 운영되어야 한다.

조직적인 교육 과정과 환경, 여러 분야의 전문가에 의한 보호, 다른 유아들과의 많은 상호작용을 기대할 수 있으나, 조직적인 일과로 인해 유아가 친밀감을 느끼지 못하게 될 우려가 있다.

---

9) 이은화 외, 유아를 위한 복지의 이론과 실제, 창지사, 1990, p. 158.

4) 직장보육

회사나 공장이 고용인들을 위해 직장이나 직장 가까운 곳에 마련해 주는 것으로, 선진국의 경우 대학에서 결혼한 학생들을 위해 어린이집을 운영하기도 한다.[10] 즉, 일하거나 공부하는 어머니를 위해 어린이를 보호·교육하는 것이다. 특히 수유를 해야 하는 취업모를 위해서는 최소한 수유 시간에 따라 수유할 수 있는 장소가 보장되어 있다.

북미의 경우 직장보육은 운영시간(9~24시간)과 종류(영·유아 보육시간 및 방과 후 보육)에 있어 다양하다. 회사나 공장은 복지 대책의 일환으로 직장어린이집을 두게 되었다.

직장어린이집은 일하는 어머니의 직장이 시작되는 시간보다 30분(혹은 1시간) 전에 시작된다. 또한 어머니의 일이 끝나는 시간 30분(혹은 1시간)에 끝이 나게 된다. 다시 말해서 직장어린이집의 운영 시간을 '어머니가 일하는 8시간, 맡기는 시간 30분, 데려가는 시간 30분'으로, 9시간 운영이 되는 셈이다.

5) 병원보육(hospital based day care center)

병원보육이란 병원 안에 마련된 센터에서 그 병원에 입원한 어린이를 위하여 교육적 프로그램을 운영하는 것을 의미한다. 이는 병원에서 기업 목적으로 운영하는 것이라기 보다는 아동이 장기 혹은 단기간 동안 입원해 있을 때에, 병원 내의 시설에 설치된 놀이시설에 참여함으로써 아동 자신이 질병 및 입원에 대해 올바른 이해를 하게 하는 것이다.

입원한 어린이의 연령이나 입원 기간은 제각기 다르지만 입원한 어린이면 누구나 센터에 와서 프로그램에 몇 시간 혹은 종일 참여할 수 있는 것이 특징이라고 하겠다. 또한 어린이의 질병이나 수술의 종류도 다양하지만 이에 상관없이 즐길 수 있도록 한 것이다.

---

10) Day, D. E., *Early Childhood Education*, Glenvew, Illinois ; Scott Forersman and Company, 1983, p. 46.

2. 운영 기간별

1) 상설어린이집

계속적인 프로그램을 가지고 일정한 장소에서 연중 실시하는 집단 및 가정형 어린이집이다. 단 주말은 예외이다.

2) 일시어린이집

한정된 계절 동안 지역의 필요에 따라 장소를 이동하거나 일정한 장소에서 부락단위로 실시하는 것으로 우리나라에서도 농번기나 성어기에 계절 어린이집이 설치되어 있다.

3. 재원별

1) 유료어린이집

어린이집의 운영비를 수익자가 부담하는 어린이집을 말한다. 현재 우리나라의 경우 어린이집에서는 영세지역, 준영세지역, 도시지역으로 3등분하여 주무관청이 부담액을 책정하고 이에 준하도록 하고 있다.

2) 무료어린이집

어린이집의 운영비를 국가나 지방공공단체가 부담하는 어린이집으로서 대게 빈곤가정의 자녀가 그 혜택을 받는다. 우리나라의 경우 어린이집의 취원 대상 중에서 10~20% 정도는 무료 취원하도록 규정하고 있다.

4. 운영 주체별

보육의 운영주체는 정부나 민간기관, 종교단체, 부모모임이나 개인도 될 수 있다.

이렇듯 보육의 운영주체가 다양한 것은 사회와 가족의 다양한 욕구를 반영한 것이라 볼 수 있다.

우리나라의 어린이집은 보육의 운영주체에 따라 국 · 공립어린이집, 법인어린이집 및 민간어린이집, 직장어린이집, 가정어린이집, 공동육아 협동조합어린이집으로 구분된다. 「2012년도 보육사업안내」에 제시된 각 어린이집의 정의와 규모 및 명칭, 설치 절차는 다음과 같다(보건복지부, 2012).

1) 국 · 공립어린이집

(1) 정 의

국가나 지방자치단체가 설치 · 운영(위탁운영 포함)하는 시설 중에서 직장어린이집을 제외한 시설을 말한다.

(2) 규모 및 명칭

- ○ 상시 영유아 11인 이상을 보육할 수 있는 시설(시행규칙 제9조).
- ○ 어린이집의 명칭은 "○○어린이집"으로 함(시행규칙 제23조).

(3) 설치 절차

① 국가 및 지방자치단체의 장이 인가절차 없이 직접 설치하되, 어린이집 수급계획 등을 포함한 보육계획을 사전에 수립하여야 하며, 지방자치단체 외의 각급 정부기관은 지방자치단체의 수급계획이 반영될 수 있도록 관할 시 · 군 · 구청장과 협의하여야 한다.

② 지방자치단체의 경우 설치시 지방보육정책위원회의 심의를 거쳐야 한다.

2) 법인어린이집 및 민간어린이집

(1) 정 의

① 법인어린이집이란 「사회복지사업법」에 의한 사회복지법인이 설치 · 운영하는

어린이집을 말한다.

② 민간어린이집이란 사회복지법인이 아닌 비영리법인, 비영리단체 또는 개인이 설치 · 운영하는 시설로서 직장어린이집, 가정어린이집 또는 부모협동어린이집이 아닌 시설을 말한다.

(2) 규모 및 명칭

① 상시 영유아 21인 이상을 보육할 수 있는 시설을 갖추어야 하며, 명칭은 "○○어린이집"으로 하여야 한다.

② 어린이집 명칭 사용에 유치원, 학원 등 유사기관으로 오인할 수 있는 명칭은 사용할 수 없다.

※ ○○유치원 부설 · ○○미술 · ○○영어 어린이집 등 사설학원으로 오인할 수 있는 표기는 할 수 없으며, 동일 간판 또는 상하좌우에 붙어 있는 간판에 유치원 명칭 사용 불가

(3) 설치 절차

관할 시장 · 군수 또는 구청장에게 사전에 인가를 신청하여야 한다.

3) 직장어린이집

(1) 정 의

사업주가 사업장의 근로자를 위하여 단독 또는 공동으로 사업장 내 또는 그에 준하는 인근지역과 사원주택 등 사업장 근로자 밀집거주지역에 설치 · 운영하는 시설(국가 또는 지방자치단체의 장이 소속 공무원을 위하여 설치 · 운영하는 시설을 포함한다)을 말한다.

※ 보육아동 정원이 1/3 이상이 동 사업장 근로자의 자녀이어야 한다.

(2) 규모 및 명칭

상시 영유아 5인 이상을 보육할 수 있는 시설을 갖추어야 하며, 명칭은 "○○어린이집"으로 하여야 한다.

(3) 설치기준 및 절차

① 직장어린이집은 영유아보육법상의 설치기준을 모두 갖추어야 한다. 다만 어린이집을 직장 내에 설치하는 경우에 한하여 안전사고 및 재난에 대비한 시설을 갖추어 5층까지 설치할 수 있다.
② 직장어린이집을 설치하고자 하는 자는 관할 시장 · 군수 또는 구청장에게 사전에 인가를 신청하여야 한다.
③ 상시 영유아 20인 이하를 보육하는 직장어린이집은 가정어린이집을 설치할 수 있는 곳에도 설치할 수 있다.

4) 가정어린이집

(1) 정 의

개인이 가정 또는 그에 준하는 곳에 설치 · 운영하는 어린이집을 말한다.

(2) 규모 및 명칭

① 상시 영유아 5인 이상 20인 이하를 보육할 수 있는 시설을 갖추어야 하며, 명칭은 "○○어린이집"으로 한다.
② 어린이집 명칭 사용에 유치원, 학원 등 유사기관으로 오인할 수 있는 명칭은 사용할 수 없다.

※ 기존의 가정어린이집이 "○○어린이집"으로 명칭을 변경(관할 시 · 군 · 구청에 변경인가 신청 필요)할 경우 동일 시 · 군 · 구내 다른 어린이집과 동일한 명칭을 사용할 수 없으며, "○○놀이방" 명칭의 계속 사용도 가능

(3) 설치 절차

관할 시장 · 군수 또는 구청장에게 사전에 인가를 신청하여야 한다.

5) 부모협동어린이집

(1) 정 의

보호자 15인 이상이 조합을 결성하여 설치 · 운영하는 어린이집을 말한다.

(2) 규모 및 명칭

상시 영유아 11인 이상을 보육할 수 있는 시설을 갖추어야 하며, 명칭은 "○○어린이집"으로 하여야 한다.

(3) 설치 절차

관할 시장 · 군수 또는 구청장에게 사전에 인가를 신청하여야 한다.

(4) 설치 및 운영방식

① 보육아동을 둔 보호자 15인 이상이 상호 출자하여 공동으로 어린이집을 설치 · 운영할 것을 약정함으로써 그 효력이 발생한다.

② 출자는 조합원의 약정에 따라 금전 기타 재산 또는 노무로 할 수 있다.

③ 조합원은 아동보육의 필요성이 없게 되거나 기타 조합계약으로 정하는 시기에 탈퇴할 수 있으며, 출자금은 탈퇴 당시 조합의 재산 상태 및 지분에 의한다.
※ 부득이한 사유없이 조합의 불리한 시기에 탈퇴하지 못함.

④ 조합의 업무집행자는 조합계약 또는 조합원의 3분의 2 이상의 찬성으로 선임한다.

⑤ 어린이집 운영에 관한 통상사무는 원장이 전임하며, 주요사항은 조합원 과반수 이상의 찬성으로 결정한다.

⑥ 조합원이 최대한 보육과정 및 의사결정에 참여하여 소기의 설립 목적을 달성하도록 노력하여야 한다.

⑦ 영유아보육법령 및 지침 외의 사항에 대해서는 민법 제703조 내지 제724조를 적용한다.

5. 대상 아동별

1) 일반아동 어린이집

장애를 가지고 있지 않는 건강한 어린이로서 연령에 따라 다시 세분된다. 2세까지의 영아, 2세에서 초등학교 취학 전까지의 유아, 그리고 초등학교에 재학 중인 어린이로서 수업이 끝난 후에 보호를 받는다.

2) 특수아동 어린이집

신체적 · 정신적 · 정서적 · 사회적으로 장애를 가진 어린이가 그 대상이 된다.

6. 시간별

1) 시간제 보육

핵가족화로 인해 많은 젊은 부부들은 사회적으로 고립되어 있고 이동을 자주하기 때문에 어린이집에 정규적으로 다닐 수 없으므로 때때로 보육서비스가 필요할 경우가 있다. 시간제 보육(drop-in center)은 하루의 일부분 또는 필요한 때는 언제나 아동을 돌보아주는 시설이다. 이러한 어린이집은 쇼핑센터 지역에 주로 위치하고 있으며, 가끔 시간제로 아동을 보호하여 주는 것은 고객의 편의를 위한 것이다.

어머니들에게 오전 일손을 자유롭게 해 주기 위해서 미국에서 교회의 지원으로 운영하는 'Mom's Morning Out'은 시간제보육(drop-in)의 한 형태이다. 요금을 요구할 때는 시간당으로 계산해서 지불하게 된다.

2) 종일제 보육

종일제 보육은 하루 4시간 이상 혹은 24시간 이하로 운영되는데, 그 시간은 맞벌이 부모의 요구에 따라 융통성있게 이루어진다. 대개 아침부터 일하는 부모들과 그 자녀들을 위해 보통 오전 6시 혹은 7시 30분부터 오후 5시 정도까지 운영된다. 최근에 이르러 보육 프로그램은 반일 유치원 프로그램보다 월등하게 좋아야 한다는데 의견이 모아지고 있고 또 그러한 보육 프로그램이 실시되고 있다.

3) 방과 전후 보육

연장보육, 방과 전후 보육, 열쇠(latchkey) 프로그램은 학령기 아동의 방과 전후의 생활을 지도하기 위해서 사용된 것이다. 프로그램은 지역단위로 운영되거나 개인단위로 운영된다.[11)]

방과후 보육은 어린이가 보호를 받아야 한다는 복지적 입장과 청소년 범죄를 예방하는 차원에서 강조된다. 북미의 경우, 방과후 보육은 센터중심 어린이집, 직장어린이집, 가정보육 및 기타 보호소와 긴밀한 연락 아래 운영된다. 즉, 방과후 어린이집이라고 따로 어린이집을 두는 것은 아니며 방과후에 어린이가 어린이집(가정보육, 센터보육, 직장보육 기타)에 가게 된다. 초등학교 저학년의 경우 집에 성인이 없으면 의무적으로 방과후 서비스를 받아야 한다. 전문교사가 숙제를 지도하고 다양한 활동을 계획하며 가정과 같은 분위기의 환경을 제공한다. 보통 맞벌이 부부를 위해 만들어졌기 때문에 교통편이 제공되기도 한다.

4) 반일제 보육

반일제 보육은 하루 여섯 시간 이하로 운영되며 보통 개별화된 학습과 다양한 활동을 강조하는 발달적 프로그램을 제공한다.

헤드 스타트 센터(Head Start Center)에서 많이 운영되는데, 보통 오전 8시 30분이나 9시에 시작하여 오후 1시나 2시에 끝난다.

5) 24시간 보육(숙박보육)

숙박보육은 24시간 동안 운영되며 직원은 교대로 근무한다. 잠자리와 식사가 포함되며 일반적으로 보호적 보육이 제공된다. 숙박보육은 특별한 도움을 필요로 하는

11) 서영숙 · 김경혜, 보육학개론, 양서원, 1996, p. 67.

아동 또는 야근이나 밤늦게 일하는 부모나 밤에 직장을 가진 부모를 위해서 기관이나 가정에서 24시간 개방하는 보육이다(서영숙 · 김경혜, 1996).

7. 기 타

이 밖에 부모협력 어린이집, 놀이집단(play group), 체인형 어린이집 등이 있는데 간단히 살펴보면 다음과 같다.

1) 부모협력 어린이집

미국에서는 일부 유치원과 어린이집이 부모협력으로 운영된다. 이러한 프로그램에서는 부모들이 모든 면에서 적극적으로 참여한다. 이곳에서 부모의 의무와 역할은 자문위원을 구성하고 교사의 면접과 채용, 보육비 책정, 자원봉사로 일하기 등이다. 부모들은 또한 이사회를 구성하고 기금모금 운동, 기구의 수리, 어린이집 관리와 같은 일반적인 운영을 보조하기도 한다.

2) 놀이집단

몇몇 어머니들이 힘을 모아 어느 집에서 아이들을 돌봐주는 것으로, 일주일씩 번갈아가며 보기도 하는 비공식적이고 비정규적인 집단이다. 이의 목적은 순전히 어머니와 아이들간의 사회적 접촉을 시키고자 하는 것이지 진짜 어린이집은 아니다. 영국에서는 놀이집단(play group)이 훨씬 더 공식적이고 정규적이며 조직적인 편이다. 놀이집단의 규모는 6~40명까지 다양하며, 일주일에 며칠씩, 하루에 두세 시간 만나는데, 아동의 집에서 만나기도 하나 공공장소를 이용하는 것이 더 많다.

3) 체인형 어린이집

미국의 경우, 이윤 추구를 목적으로 하는 어린이집의 한 형태로 전 어린이집의 6%를 차지하는 허가받은 어린이집의 형태이다.

1970년 소위 'Kentucky Fried' 어린이집 체인이라 불리는 체인이 생긴 이래 급신장한 사업으로 유명한 체인만도 여러 개가 있다. 같은 체인에 속한 모든 어린이집은 같은 시설과 프로그램을 실시하며, 하나의 모델을 개발하여 그것을 여러 곳에서 그대로 사용하게 함으로써 어린이집이 하나의 적절한 사업이라는 인식을 가지게 하였다. 이 어린이집은 한 학급당 20명의 아동을 두며, 한 센터에 약 70～100명 정도의 아동을 수용한다.

이 어린이집은 보통 새 건물에 좋은 설비를 하며 영양가 많은 식단을 제공하고 교육적 활동도 베푼다. 그런데 교사의 질보다는 물리적 시설의 질을 더 강조하는 경향이 있다.

제5절 우리나라 보육사업의 과제와 전망

1. 보육사업의 과제

보육사업의 과제를 보육의 권리, 보육의 제도, 보육의 기회, 보육의 질로 나누어 본다.[12]

1) 아동과 부모의 권리

① **아동과 부모의 권리보장** : 영유아보육법 내용에는 국가와 지방자치단체의 행정 책임에 대한 의무규정은 있으나, 보육서비스 이용자의 서비스 청구권은 명시되어 있지 않다.

② **권리보장의 사회적 책임** : 보육서비스는 개인적 책임인 동시에 사회적 책임이라는 인식전환이 필요하다.

12) 김의영, 아동보육론, 동문사, 2002.

2) 보육제도

① **국가 · 사회의 지원확대** : 보육제도 정착을 위해 국가의 재정지원과 비용부담이 더욱 강화되어야 한다.

② **지도 · 감독의 철저** : 보육사업의 중요성에 비추어 인가나 감독을 맡은 관계당국이 보다 철저해야 한다.

③ **육아휴직제** : 출산 후 일정기간 부모에 의한 직접 양육이 아동에게 최선의 보육여건이라는 사실은 사회적 · 시간적 변화에도 불구하고 여전히 강조되고 있다.

3) 보육의 기회

① **어린이집의 확충** : 급증하는 보육수요 충족을 위해 양적 확충을 해야 하며 더불어 보육정책이 모든 영유아에게 균등한 삶의 기회, 즉 보육의 기회를 제공한다는 측면에서 접근되어야 한다.

② **다양한 보육대상** : 사회변화에 따른 다양한 형태의 보육이 요구되므로 다양한 보육대상을 위한 보육형태와 프로그램이 개발되어야 한다.

③ **다양한 보육방법** : 아동의 능력, 연령, 적성에 따라 다양한 프로그램이 개발되어야 하며, 각 지역사회 아동에 맞는 프로그램을 선택하도록 개발되어야 한다.

4) 보육의 질

① **보육교사의 질** : 보육교사의 질을 높이기 위해 전문직으로서의 보육교사 양성과정과 재교육의 연수기회를 보장하는 대책 마련과 처우개선을 위한 노력이 병행되어야 할 것이다.

② **교재 · 교구개발** : 값싸고 우수한 학습자료 및 교구들을 전문 연구기관에서 개발하고, 자료의 생산에 우수한 업체의 참여를 유도하기 위한 재정적 지원이나 조세감면 등의 혜택을 줄 수 있을 것이다.

③ **복지기관의 기능수행** : 어린이집이 지역사회 복지기관으로서의 기능을 발휘할 수 있도록 자원봉사체제와 부모참여 프로그램의 마련이 필요하다.

2. 보육사업의 개선방안

첫째, 우리나라의 보육제도의 계획은 사회육아의 원칙에 준하는 복지주의를 택하면서 시작되는 것이 바람직하다. 복지주의 원칙을 택한 이후 구체적으로 결정해야 될 문제들 중 중요한 것으로는, 먼저 국가가 부담해야 할 재정의 문제이다. 좋은 보육제도는 국가의 재정지원을 최대화하고 운영에 있어서의 간섭을 최소화한다. 그러나 국가가 재원을 어떻게 얼마나 확보해야 하며, 과연 그럴 수 있는가는 해결할 문제 중의 하나이다. 아동의 부모의 경제능력에 따른 차등지원과 수혜자 부담을 원칙으로 하는 형태를 생각해 볼 수 있으며, 중앙정부와 지방자치단체의 분담을 고려해 보아야 할 것이다. 여기서 강조하고 싶은 것은 재정지원 주체가 정부이거나 혹은 기업이나 개인이거나 간에 그것을 빌미로 어린이집에 간섭이나 통제를 함으로써 본래의 의미를 상실케 해서는 곤란하다.

둘째로, 설립 · 운영 · 지도 감독의 역할을 국가와 민간부문이 분담하는 형태인데 단순히 판단할 문제는 아니겠으나, 감독 · 지도 기능을 민간부문이 담당하는 형태가 보다 민주적이라 할 수 있다. 여러 유형들이 실제로 보육제도가 시행될 경우 국가와 민간기구간의 관계에 따라서 보육제도의 내용이 다양하게 나타날 가능성이 있다. 그러므로 이들 유형 중 어느 하나를 택하는 경우에도 설립자 · 운영자 · 감독 지도자의 책임과 권한, 그리고 3자간의 관계에 대해 상세한 원칙이 정해져야 한다. 여기에서도 비영리적이고, 양심적이며 성실한 운영자에게는 자율권을 크게 신장시켜 주는 것이 바람직하다.

셋째로, 기존의 유치원과 각종 보육서비스에 대한 재정리도 요청된다. 복지주의 보육제도를 도입할 때 원칙적으로 순수한 자본주의 형태나 국가사회주의 형태와는 병행되기 어렵다. 오늘날 우리나라 보육서비스와 학령전 교육은 자본주의 모형에서 크게 벗어나지 않고 있다. 유치원이나 각종 학원에서의 학령전 교육은 영리목적의 상업성이 지배하며 어린이집들은 시장 메커니즘에 의해 탈락된 저소득층을 위한 구빈사업 내지 사회보호를 목적으로 설립된 것이다. 따라서 이들 현존 어린이집들에 대한 조정도 앞으로 해결할 과제로 남는다.

그 밖에 보육교직원의 자질 향상과 어린이집은 저소득층만을 대상으로 하는 시설이라는 보육사업에 대한 인식전환이 뒤따라야 한다. 또한 보육에 관한 제반 정보 및 상담을 위하여 설치하도록 되어 있는 보육정보센터가 실질적인 서비스를 제공할 수 있도록 운영의 활성화가 되어야 한다.

연구토의 문제

1. 우리나라 여성의 취업특성에 비추어 앞으로 보다 발전되어야 할 보육의 종류는 무엇인지 생각해 보자.
2. 우리나라 보육서비스가 민간 의존도가 높게 된 이유를 알아보고 민간 의존도가 높을수록 발생할 수 있는 문제에 대해 논의해 보자.
3. 아동복지에 입각한 포괄적 보육사업의 활성화 방안에 관해서 생각해 보자.

제 13 장

비행아동을 위한 아동복지사업

제1절 비행의 개념

비행의 개념을 광의로 규정하면 모든 반사회적인 행동을 다 칭하는 것이나, 일반적으로 소년비행(juvenile delinquency)만을 협의로 사용하고 있다. 따라서 비행이란 사회학적이면서도 법적인 개념으로서 법률적으로는 소년에 한정되어 있다. 그러므로 형식적으로는 법으로 규정하고 있는 구성 사실을 가진 행위를 비행이라 할 수 있다. 소년비행을 규정하고 있는 법률은 성인의 경우와는 달리 과거의 객관적 행위뿐만 아니라 장래의 죄를 범할 가능성(우범성)까지 포함한다. 구체적으로 성격이탈, 환경의 영향 등 광범위한 뜻을 포함하고 있고 법률 위반행위로서의 범죄보다도 사회학적 또는 심리학적 요소가 더욱 강하다. 따라서 소년비행은 사회학적, 심리학적, 법률적 내용에 있어서 공통된 것은 없으나 다만 비행이 대사회적 관계에서 성립한다는 것이다. 즉, 법률에 저촉여부를 불문하고 공공의 가치체계를 침범 또는 그 위험성이 충분히 예측되는 것으로 대체적으로 보통범죄라 불리우는 행위를 비롯하여 부모가 어찌할 수 없는 일, 정당한 이유 없는 가정이탈, 불량교우, 유해한 장소 출입, 상습적 태만, 구박, 성적 행위, 그리고 기타 자기 또는 타인의 덕성을 해하는 행위 등 소년에게 금지되어 있는 일련의 행위를 말한다.

우리나라에서는 소년법에 근거하여 비행소년을 3가지 유형으로 세분하였는데 비행소년이라 함은 20세 미만의 사람이 범죄행위를 하거나 그의 성격상 또는 환경적 요인에 의해 범죄행위를 할 우려가 있는 소년을 총칭하는 것으로서 법령에서는 이를 범죄소년(犯罪少年), 촉법소년(觸法少年), 우범소년(虞犯少年)으로 구분하고 있다. 좀더 구체적으로 보면, 범죄소년이라 함은 14세 이상 20세 미만의 소년으로서 죄를 범한 자로서 형사책임을 진다. 촉법소년이라 함은 12세 이상 14세 미만의 소년으로서 법령에 저촉되는 행위를 한 자로서 형사책임을 지지 않는다. 우범소년이라 함은 12세 이상 20세 미만의 소년으로서 그의 성격, 환경, 기타 일정한 사유, 예컨대 보호자의 정당한 감독에 복종을 안 하거나 정당한 이유없이 가정에서 이탈하여 부도덕한 자와 교제하거나 상습적인 음주, 흡연, 흉기 소지 등으로 법령에 저촉되는 행위를 할 우려가 있는 소년을 말한다.

우리나라의 소년법 제4조에 의한 비행소년의 범위는 위에서 얘기한 대로 범죄소년, 촉법소년, 우범소년의 비행을 말하며, 소년 경찰의 전도대상에는 불량행위 소년과 요보호 소년도 포함하고 있다.

비행소년의 문제 중에서도 핵심을 차지하고 있는 소년범죄는 오늘날 전세계적으로 질 · 양면에서 가속화 현상을 빚고 있으며, 그 양상의 잔인성, 무분별성은 성인범죄를 능가할 정도로 격증하고 있어 근래에 이르러서는 성인범죄보다도 오히려 소년범죄 문제가 형사학에 있어서 큰 비중을 차지하고 있다고 한다.

또한 성인범죄자에 관한 연구의 결과로 그들의 대다수가 소년시절부터 범죄 또는 범죄적 생활에 종사해 온 경력을 갖고 있었다는 사실이 밝혀져 범죄문제를 해결하는 길은 소년범죄의 예방 및 치료에 있음이 밝혀졌다.

제2절 비행의 원인

소년비행은 한 가지 원인이나 요인에 의해서 일어나지 않고 있다. 그것은 사회현상과 마찬가지로 복합적인 것이기 때문에 이에 대한 정확한 해답도 쉽게 얻을 수 없다.

가정환경, 학교환경, 사회환경, 개인적 · 문화환경적 요인으로 나누어 살펴보면 다음과 같다.

1. 가정환경 요인

비행의 원인으로 가정환경에 의한 영향이 가장 큰 것으로 지적되고 있으며, 특히 결손가정[1]의 경우 발생빈도가 높다. 비행을 유발하는 결손가정의 형태를 구조적 결손

1) 결손가정(broken home)은 그 형태를 구조적 결손가정과 기능적 결손가정으로 대별할 수 있는데 전자는 양친 또는 그 어느 하나의 편친(偏親)이 없는 가정을 말하는 것으로서 그 원인으로서는 사별, 이혼, 별거, 유기, 실종, 도망, 수형 및 장기부재로 인한 결혼관계가 분열된 가정을 말하며, 후자는 양친이 생존하더라도 양친의 불화, 갈등, 방임 및 가정의 부도덕 등으로 인하여 가정의 본질적인

가정과 기능적 결손가정으로 대별할 수 있다. 전자는 양친의 사별, 이별, 별거, 유기, 실종, 도망, 복역 및 장기부재로 정상적인 가정생활이 붕괴된 가정을 말하고, 후자는 양친이 있다 하더라도 불화, 갈등, 방임, 부도덕 등으로 가정의 본질적 기능이 상실되고 부모로서의 역할을 다할 수 없는 가정을 말한다.

1978년 우리나라 서울소년감별소에 수용된 비행소년을 대상으로 한 조사에 의하면 44.4%가 가출 경험을 가지고 있었다. 결손가정은 아동이 가출하는 상황을 제공한다. 미국의 비행아동의 경우 결손가정 출신의 비율은 대체로 34%~61%에 이르고 있으며, 우리나라의 경우는 무비행소년의 결손가정은 11.1%인데 비하여 비행소년의 그것은 45.2%에 이르고 있다.[2)]

특히 글루엑(Glueck)은 가족의 조건과 안정도를 비행과 관련지어 충실한 연구를 하였는데 500 사례의 비행가족과 무비행가족을 비교한 결과, 출생시부터 조사시까지 정상소년의 34.2%가 결손가족을 경험한데 비해, 비행소년은 60.4%가 결손가족을 경험하였으며, 가족붕괴의 형태는 주로 부모의 아동유기, 부모의 사망 · 별거, 부모의 장기간 부재와 같은 결손가족이었다. 그리고 부모의 아동에 대한 감독 소홀과 아동에 대해 압제적이었고, 가족의 응집력이 매우 낮았다. 이것은 네우메이어(Neumeyer)가 말하는 준결손가정(quasi-broken home)에 해당한다고 볼 수 있다.[3)] 이상에서 볼 때 비행과 결손가정은 높은 연관성이 있음을 알 수 있다.

커틀러(Coulter)는 가족 내의 인간관계의 해체를 강조하여 다음과 같은 다섯 가지 형태의 결손가정을 분류하였다.[4)]

① 범죄적 유형을 가진 가정

② 강압, 편애, 무관심, 과잉 엄격, 학대, 질투, 계부모, 그 밖의 불만족적인 인간관계가 있는 가정

③ 부모 중 한 사람이 신체적 또는 정신적 무능력을 가진 가정

④ 인종, 종교, 습관 및 기준의 차이 또는 부도덕한 상황에 의한 사회적 혹은 도덕적으로 부적응된 가정

기능의 생활의 보장과 심리적 · 신체적으로 자녀의 양육이 결여되어 있는 가정을 말한다.

2) 최장석, 소년비행과 가족유형, 한국행동과학연구소, 4, 1979.

3) 김영모, 현대사회문제론, p. 137.

4) 김영모, 전게서, p. 140.

⑤ 실업, 저소득, 취업모와 같은 경제적 압박을 받는 가정

2. 학교환경 요인

가정환경 요인 외에 교우관계, 학교 생활요인도 소년비행에 결정적인 영향을 준다. 불량한 친구들과의 교우관계는 범죄의 시작에서 뿐만 아니라 범죄활동의 계속에 있어서도 중요한 역할을 한다는 것이 밝혀졌다. 더욱이 동료들에게 배척을 받게 되면 이에 대한 보상을 얻기 위한 행동으로 탈선행동을 하는 경우도 있다고 한다.[5] 또한 학교생활의 성공적인 적응은 공식적인 가치의 내면화를 통한 정상적인 성격의 형성은 물론 성인사회에 있어서의 직업적인 성공과 사회적 상승이동의 바탕이 되기 때문에 매우 중요하다.

글루엑(Glueck) 부부는 비행소년과 정상소년 각각 500명을 대상으로 한 조사에서 비행소년의 94.8%와 정상소년의 10.8%가 무단결석을 한 경험이 있다고 한다.[6] 한편 우리나라의 경우는 비행소년은 54.4% 정상소년은 11.9%가 학생시절 무단결석을 했다고 한다.[7]

학습태도와 성적에 관련시켜 보면 상습범죄자 중 무단 결석자가 많았고 학업성적이 낮을 때 비행의 발생빈도가 높았다. 또 교우관계에 의한 비행 발생률이 점점 증가하고 있는데 이것은 교우집단의 성격에 따라 영향을 받는 2차적 요인이라고 볼 수 있다. 특히 정보화의 물결이 청소년의 전반적인 생활에 미치는 영향을 고려하여 장기적인 차원에서 바람직한 정보교육이 필요하다.

3. 사회환경 요인

사회계층적 요인에 의한 분류에 따르면 비행은 낮은 사회적, 경제적 지위 때문에

5) 서봉연 외, 정신위생, 한국응용심리학회, 1972, p. 104.

6) Sheldon and Glueck, E., *Unravelling Juvenile Delinquency*, Harvard Univ. Press, Cambridge, Mass, 1957, p. 161.

7) 이장현, 한국사회에 있어서 청소년일탈행위에 관한 사회학적 분석, 한국문화연구원 논총, 31집, 이화여대, 1978, p. 218.

일어난다고 보는 것이다. 이러한 빈곤은 그 자체보다도 빈곤생활에서 면할 수 없는 양친의 무기력, 무능력, 음주벽 또는 생활의 무질서 등 빈곤에 의하여 2차적으로 파생되는 방임과 갈등에 의하여 비행을 유도하고 있는 것이다.

또한 여기에서의 빈곤은 물질적 자원의 부족만을 의미하는 개념이라기 보다는 교육의 기회, 의료혜택의 기회 및 지위의 상향이동의 기회 등 각종 사회적 가치에 있어서의 빈곤을 동시에 의미하는 것이며 또한 개인의 성취동기, 열망수준 및 자아실현 등의 심리학적 차원에 있어서의 박탈과 문화적 가치로부터의 소외 등을 의미하기도 한다.

즉, 빈곤은 언제나 단순한 경제적 박탈만을 의미하는 것이 아니라 사회적 박탈, 심리적 박탈 및 문화적 박탈을 동시에 포함하고 있는 개념이기 때문에 더욱 중요하다.[8)]

더욱이 오늘날의 소년들은 그가 속한 계층의 상하를 막론하고 물질적 성공이라는 가치관을 공유하고 있기 때문에 이러한 가치를 획득하기 위한 정당한 방법과 합법적인 통로에 접근하기 힘든 빈곤계층의 소년들은 도덕적으로 부당하나 능률적이고 효과적인 방법을 구사하여 이러한 가치를 실현하려는 탈선적인 욕구 및 성향을 갖게 될 수 있기 때문에 비행을 하게 된다는 것이다.[9)]

지역사회의 요인으로는 지역사회의 규범이 확립되어 있지 않고 각종 다양한 모순이 존재할 경우 소년들은 자기의 행동을 정착시킬 표준을 잃게 되어 비행을 할 가능성이 커지며 또 이들 불량 지역사회는 비행 또는 범죄 하위문화가 존재하여 자연히 이런 문화와 접촉함으로써 개인은 범죄의 동기와 기술을 습득할 뿐만 아니라 범죄행위를 합리화해 주는 문화적 제규범과 가치관을 내면화함으로써 양심의 가책을 받지 않고서도 범죄인의 역할을 수행하게 된다.

쇼(Shaw)와 맥케이(Mckay)는 시카고시의 소년비행 조사에서 소년비행은 시의 중심부인 상업지구를 중심으로 한 빈민가에 밀집해 있다는 것을 발견했다.

---

8) 임희섭, 빈곤에 대한 사회학적 접근 , 한국사회학 12집, 1978, p. 45.
9) 이장현, 전게서, p. 216.

4. 개인적 요인

1) 성격 발달상의 문제

주로 성격 발달상의 결함으로 생기는 문제는 침울하고 불안정한 성격의 발달, 시기와 실투심이 강한 성격, 지나치게 공격석이고 부성석인 성격, 지나치게 열등감을 느끼고 있는 경우이다. 가정이나 특히 학교에서 열등감을 느껴 자신감을 상실하게 될 때 동료들과 어울리지 못하고 정당한 입장에서 열등감을 보상하지 못하는 결과로 행동상의 부정적인 입장에서 열등감을 보상하려는 경우에 범죄를 저지르게 될 가능성이 크다.

2) 심리적 불만과 갈등의 문제

비행 원인 중에서 가장 큰 비중을 차지하고 있는 문제는 심리적 불만과 갈등의 문제 이다.

① **애정 결여** : 주위 사람 특히 부모로부터 사랑을 잃게 된 경우로, 마음의 안정을 잃게 되고 자신의 존재가치를 깊이 깨닫지 못한 결과 자기 역할을 파괴적이고 공격적인 일련의 부정적인 행동 속에서 찾으려는 경우이다.

② **욕구 저지상태** : 자기표현의 욕구가 저지된 상태로 욕구좌절의 원인이 되는 것은 어떤 동기만족에 방해 내지 장애가 되는 요인이다.

③ **가정에 대한 반발** : 가정 내의 불화, 부모와 자녀간의 부실한 인간관계, 가정생활 상태에 대한 불만, 부모의 비교육적인 행위 등에 심한 불만과 반발을 느껴 이것이 외부로 표출될 때 범죄를 저지를 가능성이 크다.

④ **억압** : 자기 자신도 평소에는 잘 의식하지 못한 채 마음 속 깊이 무의식 속에 여러 가지 불만과 갈등 및 저지감이 억압된 채 도사리고 있는 경우로, 이런 경우가 오래 계속되면 대개 부정적인 방향으로 폭발한다.

3) 기 타

낮은 지능, 정신박약이 적응능력 부족으로 인하여 현실판단, 사리판단을 정확하게 못하여 비행을 유발하게 되는 경우도 있다.

5. 문화환경적 요인

폭력과 범죄를 포함한 매스컴의 내용은 일반적으로 유해하여, 모방을 통하여 범죄를 배우는 결과를 초래하고, 인간의 가치를 떨어뜨리거나 공격적 행동을 취하게 하는 충동을 준다.

청소년의 경우 성인들에 비해 정보 수용량이 크고 모방충동이 강하기 때문에 매스컴이 비행에 미치는 영향은 자못 크다고 할 수 있다. TV를 중심으로 살펴보면 다음과 같다.

1) 선정적인 오락물이나 범죄극

바람직하지 않은 프로그램에서 받은 영향으로 가치관의 혼란, 과대망상적 영웅심, 우발, 잠재 잔인성이 자극될 수 있다. 범죄극의 경우에는 수사기관의 계획과 지식을 직·간접으로 대중에게 제공함으로써 부작용을 일으킬 수 있다.

2) 호화로운 생활환경 공개

사치와 허영을 동경하거나 퇴폐적 풍조를 조장하는 면이 있으므로 비행의 원인이 된다.

3) 기 타

TV 시청 시간 증가로 인해 가족간의 연대의식이 약화되며 개인주의·고립주의가 증대되어 청소년의 이상행동을 촉진하는 역할을 한다.

제3절 비행청소년의 비행 특성

최근 비행청소년에 발생되는 각종 비행은 흉악화, 저연령화, 남자 청소년 중심의 성차의 약화, 오락과 유흥위주의 비행동기의 강화, 학생비행의 증가 및 고학력 비행의 증가, 저소득층 위주의 계층차 완화, 또래집단의 공동비행의 증가, 재비행의 증가 등으로 특징지을 수 있는 바, 구체적으로 살펴보면 다음과 같다(대검찰청, 1996 ; 청소년백서, 1995, 이소희, 1997, 재인용).[10)]

1. 흉악화

'겁없는 청소년'이라는 용어가 무색할 정도로 예전의 절도, 폭행 등에서 강도, 강간, 살인, 방화 등으로 그 정도가 흉악화되고 있으며, 그 수도 점점 증가하고 있다. 따라서 앞으로 인간성 함양에 대한 교육이 더욱 강도 높게 실시되어야 할 것이다. 다시 말하면 과잉 보호나 익애가 아니라 아동 및 청소년을 한 독립된 인격체로서 애정적으로 대해주되, 기본윤리를 어길 때는 따끔한 훈계가 병행되어져야 할 것이다.

2. 저연령화

16세 이상 20세 미만에서는 감소추세를 보이는 반면 15세 이하의 범죄소년의 증가추세를 보이고 있다. 이러한 현상은 비행발생의 예방대책이 조기에 적극적으로 이루어져야 할 것이다.

3. 비행소녀의 증가

비행소년의 증가율에 비해 비행소녀의 비율이 급증하고 있는 추세이다. 세상은 요

10) 성영혜 · 김연진, 아동복지의 이론과 실제, 동문사, 2000, 재인용.

람을 흔드는 엄마의 손에 움직인다는 말을 생각할 때, 매우 우려되는 바가 아닐 수 없다. 따라서 양성평등을 성역할 차이와 구분하여 교육되어져야 할 필요가 있다.

4. 오락과 여흥을 위한 비행동기

청소년기의 발달 특성을 반영하듯, 돌발적으로 발생하는 비행이 가장 많으나(체육청소년부, 1992), 그 다음으로 빈도가 높은 비행동기는 유흥비 조달을 위한 것이다. 이것은 전반적인 사회분위기가 물질주의, 소비주의, 쾌락주의로 흐르고 있음을 시사해 주며, 점점 비교육적인 환경이 조성되고 있음을 말해 준다. '노세, 노세 젊어서 노세'가 아니라, '이상은 높되, 생활은 단순하게(High thinking, Simple life)'가 주는 멋스러움을 잘 인식할 수 있도록 사려깊은 교육이 필요하다.

5. 학생 비행의 증가 및 고학력화

학생비행이 점점 증가하고 있으며, 또한 고학력화하고 있다. 이로 인해 비행수법은 보다 지능적이 되어서 사회에 미치는 악영향이 매우 크다.

6. 저소득층 위주의 계층차 완화

아직까지 저소득층에서의 발생빈도가 많지만, 점점 계층차가 완화되고 있는데, 특히 중류층에서의 비행이 가속화되고 있다. 따라서 무조건 일류대학에 진학하면 된다는 식으로 자녀를 양육해서는 안 되며, 소위 '고운 자식일수록 매 한대 더 주어라'는 속담이 시사하는 의미를 새겨 조위 '사람'의 행세를 하도록 키워야 함을 강하게 시사해 주고 있다.

7. 또래집단의 공동비행의 증가

단독 비행보다는 2인 이상 또래가 함께 행하는 공동비행이 대다수를 차지한다. 이렇게 공동비행이 증가하는 것은 그만큼 비행하기가 용이하고, 집단화함으로써 느끼는 소속감에서 느끼는 특별한 감정에 탐닉할 수 있다는 점 때문이다.

8. 재비행 및 범죄소년의 재범률의 증가

재비행 및 범죄소년의 재범률은 일시 감소하는 추세를 보이다가 다시금 증가추세를 보이고 있다.

제4절 비행청소년을 위한 복지대책

범죄아동의 경우 범죄 자체는 대사회적 관계로서 응분의 조치나 징벌을 받아야 하나 한편 한 국가의 시민이며 사회에 소속된 구성원으로서 갱생할 수 있도록 보호의 권리가 주어져야 한다.[11]

범죄자에 대한 형벌제도는 초기의 범죄자의 자유를 박탈한 자유형(自由型)으로부터 강제노동을 부과한 노역형(勞役刑)으로 발전하였다가 다시금 참혹한 형벌이 가해진 응보형(應報刑)으로 발전하였다.[12]

1870년 미국의 연 1회의 형무소 회의에서는 형벌에 관한 원칙을 선포하여 종래의 응보형에 대한 근본적인 비판이 가해졌다. 그 결과 범죄자에 대한 교정교육이 나타나게 되었다. 이것은 범죄의 원인을 개인의 책임으로 돌릴 것이 아니라 사회환경과 같은 사회적 책임이 존재하는 것이라고 인식하게 되었다. 따라서 환경조절과 심리요법에 의한 사회적 치료를 하고자 나타난 것이 교정사업(correctional service)이라고 할 수 있다. 교정사업의 종류는 시설 내 교정과 시설 외 교정으로 나뉘어진다.

일반적으로 비행청소년을 위한 복지대책은 사회 내(시설 외) 교정사업과 사회 외(시설

11) Shaw, C. R. and Mckay, H. D., *Juvenile Delinquency in Urban Areas*, Univ. of Chicago Press, 1942, p. 150.

12) 김영모, p. 118.

내) 교정사업으로 대별되는데,[13] 효율적인 교정사업이 일반 시민의 입장이 아닌, 비행 청소년 입장에서 이루어지기 위해서는 교정업무의 명시화와 전문화, 개별화, 사회화가 이루어져야 한다.[14]

1. 시설 내 교정

시설 내 교정은 범죄인을 교정시설(소년원, 교도소 등)에 둔 채 갱생하도록 개별·집단사업 등을 통해 과거의 생활을 재조직하고 가치의식을 변경하여 새로운 생활양식에 적응하도록 원조하여 주는 것이다. 사회 내에서의 교정보다는 엄격한 통제를 가하나, 이들이 성장 단계에 있는 청소년이라는 점을 고려하여 성인범죄자와 분리함은 물론이려니와 범죄의 경중과 성(性)을 고려하여 분리 수용한다.

1) 소년감별소

소년감별소는 부모와 가정법원 소년부와 지방법원 소년부에 의해 위탁된 아동을 수용하여 의학, 심리학, 교육학, 사회학, 기타 전문지식에 의하여 소년의 자질을 감별하는데 소년비행의 개인적 요인 소년비행의 조기발견 및 치료 소년비행의 동향에 관한 실증적 자료제공 비행소년의 재범의 위험성 및 요보호성 여부를 판별하여 이를 법원 소년부에 소년보호 사건 심사자료를 제공하는 한편 이들에 대한 교정 처우 지침을 제시한다. 현재 대구와 서울에 설치되어 있다.

2) 소년원

소년원은 법원 소년부의 보호처분에 의하여 송치된 14세 이상 20세 미만의 범죄소년, 14세 미만의 촉법소년, 12세 이상 20세 미만의 우범소년을 수용하여 교정교육을 실시하는 법무부 소속 특수교육기관이다. 소년원은 사법적 기능과 교육적 기능을 동시에 갖는 기관으로서, 비행소년의 수용보호는 징계의 의미를 갖는 단순한 형벌이

---

13) 주정일·이소희, 전게서, 1997.
14) 한국청소년개발원, 전게서, 1993.

아니고 교정과 감화를 위한 교육과 훈련의 성질을 갖는다.

현재 소년원은 전국 11개 지역에 설치되어 있으며, 소년과 소녀를 분리 수용하고 있다. 부산소년원을 제외하고는, 여자는 모두 안양소년원에 수용되어 있고 충주소년원은 특수소년원으로서 재입원자, 강력범행자, 중한징계를 받은 자를 수용하고 있다.

표 13-1 소년원 교정교육 기능별 분류

기능별	대상소년원	교육과정	대상자
교과교육소년원	대구, 춘천, 전주, 청주	교육기본법에 의한 초등학교, 중학교 및 고등학교 과정 수업	문맹소년 14세 미만 소년 학업계속 소년 학급당 30인 이하
직업훈련소년원	부산, 광주, 대전	직업훈련기본법에 의한 기능 훈련	무의탁 소년 연장소년 취업희망 소년
여자소년원	안양	교과교육, 직업훈련 병행	전국소년원의 여자 보호소년 전원
특별소년원	충주	직업훈련(영농), 심리치료	전국소년원의 강력, 상습 재입원 · 문제유발 소년
종합소년원	서울, 제주	교과교육, 직업훈련 병행	학업계속 소년 취업희망 소년

* 자료 : 법무부

3) 소년교소도

형사처분을 받은 소년범죄사를 성인범죄사와 분리 · 수용하기 위해 설지되었으며 현재 인천과 김천 두 곳에 두고 있으며, 소년교도소 수용자 중 성년이 되면 일반교도소로 이송하여 수용한다.

4) 교호시설

교호시설은 아동복지법에 의해 설치 운영되는 시설이다. 이 시설은 불량행위를 하거나, 할 우려가 있는 아동으로서 보호자가 없는 아동, 친권자나 후견인이 입소를 신청한 아동 또는 가정법원 소년부 지원에서 보호 위탁된 아동을 입소시켜 이들을 선도하여 건전한 시민으로 육성하는 시설이다.

2. 시설 외 교정사업

시설 외 교정사업은 범죄인을 처음부터 시설에 수용하지 않거나(보호관찰제도) 일단 수용했던 범죄인이라도 가석방이나 가퇴원의 절차를 거쳐 만기 전에 석방시켜 사회 내에서 지도·감독함으로써 교정하는 것이다(가석방제도).

1) 유예제도

유예제도에는 선고유예와 집행유예가 있다. 선고유예는 범죄 아동에게 형을 선고하여야 할 경우에 정상을 참작할 여지가 있는 경우 일정기간 형의 선고를 유예하여 그 기간을 무사히 경과하면 면소(免訴)된 것과 같은 효과를 갖는 것으로 범죄아동의 연령, 성행(性行), 지능과 제반 환경, 피해자와의 관계, 범행의 동기와 수단, 범행 후의 태도 등이 참작된다.

집행유예란 형은 선고하지만 그 정상이 경미하고 형의 현실적 집행이 필요없다고 인정되는 경우에 일정기간 동안 집행을 유예하고 유예기간을 무사히 경과하면 형벌의 소멸을 인정하는 것을 말한다.

2) 보호관찰제도

보호관찰제도(probation)란 법원이 형의 집행유예나 선고유예의 판결을 할 때 유예기간 중 보호관찰관(probation officer)의 보호관찰을 받도록 명하여 범죄인을 교정시설에 수용하지 않고 사회 내에서 준수사항을 지키며 교정받도록 하되, 그 기간을 경과하면 형의 집행을 종료한 것으로 되나, 보호기간 중 재범을 하거나 준수사항의 현저한 위반 사실이 발견되면 유예처분을 취소하고 교정시설에 수용하는 제도를 말한다. 우리나라에서도 보호관찰법에 의해 실시하고 있으며, 그 결과 사회복귀가 시설수용 때보다 빠르고 재범률이 낮다고 한다.

3) 가석방제도

가석방제도(parole)란 교정시설에 수용 중인 범죄인을 만기 전에 가석방 또는 가퇴원의 형식으로 석방하여 잔기(殘期) 중 보호관찰관의 보호관찰을 받게 하되 역시 그 기간을 무사히 통과하면 잔기를 마친 것으로 되나 도중에 재범이나 준수사항의 현저한 위반사실이 있을 때는 가석방(가퇴원)의 허가를 취소하고 도로 교정시설에 수용하는 제도를 말한다.

3. 갱생보호제도

갱생보호제도(after care service)란 형을 마치고 출소한 범죄소년이나, 소년법에 의해서 보호처벌을 받았거나 퇴원 또는 가퇴원한 비행청소년에 대해서 정신적 지지, 취업알선과 훈련 및 물질적 원조를 제공하는 제도이다. 갱생보호법 제1조에 밝힌 바와 같이 퇴원 또는 가퇴원한 범죄자의 재범을 방지하고 자활독립의 경제적 기반을 조성시켜 사회를 보호하고 개인 및 공공의 복리를 보장하기 위해 실시되며, 이러한 목적을 위하여 갱생보호회가 조직되어 있다. 갱생보호 방법으로는 수용보호, 귀주보호, 관찰보호가 있다.

제5절 비행예방과 대책

계속 증가하고 있는 비행아동 발생을 예방하기 위해서는 비행을 유발하는 원인을 제거하는 것이 중요하다.

사후대책보다는 사전예방을 하도록 사회 전체가 적극 노력해야 한다. 청소년 비행은 원인에서도 보았듯이 단연 문제가정에서 발생하는 비율이 높으므로 가정을 통한 예방을 우선적으로 고려해야 한다. 상담을 통해 부모교육과 문제상담을 할 수 있도록 가정상담소가 전문적으로 운영되도록 양과 질적인 면에서 확충돼야 한다.

좋은 집단경험을 통해 건전한 여가활용 방법과 올바른 가치의식을 배양하도록 기회를 제공해야 한다.

학교에서의 부적응이 비행과 밀접하게 관련되어 있으므로 제도적으로 학교 사회사업가를 두어 부적응 학생에 대한 사전지도를 통해 예방해야 한다.

일반 경찰보다는 청소년 문제를 전담하는 소년경찰과 제도를 창설하여 예방한다. 이들은 비행에 빠지기 직전에 있는 소년들을 선도하며 비행소년을 발견하고 조사하여 그 결과에 따라 관계기관으로 송치하거나 가정에 귀가 조치시킨다. 즉, 소년경찰은 법의 과정에 호소하는 것보다 먼저 선도해 나가야 한다.

청소년들이 마음 놓고 적극적으로 방문하여 상담할 수 있는 청소년 상담제도가 꼭 필요하다. 청소년들이 당면하고 있는 각종의 어려움을 경청하고 적절히 전문적으로 지원함으로써 모든 문제의 예방은 물론 밝은 사회건설의 지름길로 삼아야 한다(표 13-2 참조).

표 13-2 청소년 비행의 예방대책

가정에서의 대책	학교에서의 대책	법적제도의 보강	청소년비행의 과학적 접근	사회적 측면
· 가정교육의 강화 · 부모의 올바른 가치관과 태도 정립 · 화목한 가정분위기 조성 · 지나친 질책과 처벌의 억제	· 카운슬링 제도 확립과 이용 · 학교생활 부적응자의 조기발견과 지도 · 교유관계 훈련 강화 · 정서적인 학습 분위기 조성	· 청소년 문제 전담기구의 설치 · 소년경찰의 제도화 · 청소년 범죄와 관련된 성인의 제재 · 청소년 범죄의 처벌 원칙 준수(예방, 인격적 대우, 보호관찰의 원칙)	· 올바른 습관들이기 훈련 · 비행행동의 수정 · 특수 프로그램의 개발과 적용	· 유해환경의 정화 · 대중매체의 정화 · 직업훈련 및 취업알선 · 청소년회관 건립 · 부모의 교육관 및 지도관 시정

* 출처 : 유네스코 한국위원회, 김오남 외, 아동복지의 이해, 형설출판사, 재인용.

연구토의 문제

1. 우리나라에서 시행하고 있는 비행아동복지사업에 대해 조사해 보자.

2. 현재 비행아동을 대상으로 이루어지고 있는 사회봉사명령, '수강명령'과 같이 새롭게 '상담명령'을 도입하는 방안에 대해 논의해 보자.

3. 비행아동복지사업의 현 문제점과 대책에 대해 논의해 보자.

제 14 장

장애아동을 위한 아동복지사업

아동복지는 모든 아동이 건전하게 성장 · 발달하고 행복한 생활을 영위하는데 그 목적이 있다. 그러므로 장애아동도 정상아동과 마찬가지의 권리를 가질 뿐만 아니라 이들이 지니고 있는 특수성에 적합한 모든 서비스를 받을 권리 또한 지닌다. 장애아동복지는 개인아동 자신은 물론 가정 및 사회전체의 복지와 안녕의 측면에서 고려되어야 한다.

장애아동을 위한 특수시설로서는 1817년 미국 하트포드(Hartford)에 농아를 위한 전문교육 시설이 생겼고, 1811년부터 1932년 사이 매사추세츠(Massachusetts)에 농아학교와 1848년에는 정신박약아 시설이 설립되어 과거 만족스럽지 못하였던 특수아동에 대한 보호 및 교육 등을 행하기 시작하였다.

제1절 장애아동의 개념

장애아동의 일반적 개념을 규정함에 있어서 기능장애(impairment), 능력장애(disability) 및 사회적 장애(social handicap)라는 용어로 설명하고 있다.[1]

UN의 장애인 권리선언(1975)에 장애아동에 대한 개념 규정을 하고 있다. 우리나라 심신장애인복지법 제2조에 의하면, 지체부자유, 시각장애, 청각장애, 음성 · 언어기능장애 또는 정신박약 등 정신적 결함으로 인하여 장기간에 걸쳐 일상생활 또는 사회생활에 상당한 제약을 받는 자로 장애인을 규정하고 있다.[2]

ILO의 신체장애인의 직업갱생에 관한 권고에서 규정하고 있는 정의를 보면, 장애아동이란 신체적 또는 정신적 결함의 결과 적당한 직업을 확보하거나 그것을 계속 유지해갈 전망이 없는 손상을 받은 개인을 말하고 있다.

우리나라 장애인복지법 제2조에는 장애인을 신체적 · 정신적 장애로 인하여 장기간에 걸쳐 일상생활 또는 사회생활에 상당한 제약을 받는 자로 규정하고 있다.

일반적으로 장애를 세 가지의 종류로 구분할 수 있는데, 기능장애, 능력장애, 사회적

---

1) Harris, A. I., et al., *Handicapped and Impaired in Great Britain*, Londons : H.M.S.O., 1971, p. 2.

2) 이소희 외 8인 공저, 현대가족복지론, 양서원, 1998, p. 440.

장애이다.

기능장애(impairment)란 심리적, 신체적 또는 해부학적 구조나 기능의 일부가 상실된 경우를 말하고, 능력장애(disability)란 기능장애의 결과로 인해 나타나는 능력 저하를 말하고, 사회적 장애(social handicap)란 기능장애나 능력장애의 결과로 개인에게 나타나는 장애 때문에 일반적이거나 특수한 상황에서 그 개인의 특성에 따라 역할을 수행하는데 지장을 받는 경우를 말한다.

제2절 장애인 권리선언

1975년에는 UN이 장애인의 권리선언을 채택하고 1981년을 세계장애인의 해로 선포하여 장애아 복지증진을 위한 활동을 세계적으로 촉구하기에 이르렀다.

장애인의 권리선언

(UN총회 결의 3447, 1975년 12월 9일)

1. '장애인'라 함은 선천적이든 후천적이든 관계없이, 신체적 · 정신적 능력의 불완전으로 인하여 일상의 개인 또는 사회생활에서 필요한 것을 확보하는데 자기 자신으로서는 완전하게 또는 부분적으로 할 수 없는 사람을 의미한다.
2. 장애인은 이 선언에서 제시한 모든 권리를 향유한다. 이들의 권리는 여하한 예외도 없고, 또 인종 · 피부색 · 성 · 언어 · 종교 · 정치 혹은 기타의 의견, 국가 또는 사회적 신분, 빈부 · 출생 · 장애인 자신 또는 그 가족이 처해있는 상황에 따라 구별도 차별도 없고, 모든 장애인에게 똑같이 인정된다.
3. 장애인은 인간으로서의 존엄이 존중되는 권리를 출생하면서부터 갖고 있다. 장애인은 그 장애의 원인, 특질 또는 정도에 관계없이 동년배의 시민과 동등의 기본적 권리를 갖는다. 이 말은 먼저 가능한 한 일상적이고 또 만족스러운 생활을 할 수 있는 권리를 의미한다.
4. 장애인은 타인들과 동등의 시민권 및 정치적 권리를 갖는다. '정신박약자의 권리선언'의 제7조는 정신박약자의 이와 같은 제 권리의 어떠한 제한 또는 배제에도 적용 된다.
5. 장애인은 가능한 한 자립을 할 수 있도록 구성된 시책의 혜택을 받을 자격이 있다.

6. 장애인은 보장구를 포함한 의학적 · 심리학적 및 기능적 치료 또는 의학적 · 사회적 재활교육 · 직업교육 · 훈련재활 · 원조 · 교정상담 · 직업알선 및 기타 능력과 기능을 최대한으로 개발하며 사회통합 또는 재통합하는 과정을 촉진하는 서비스를 받을 권리가 있다.
7. 장애인은 경제적 · 사회적 보장을 받아 상당한 생활수준을 보유할 권리가 있다. 장애인은 그 능력에 따라서 보장을 받고, 고용되고 또는 유익하고 생산적인 동시에 보수를 받는 직업에 종사하고, 노동단체에 참여할 권리가 있다.
8. 장애인은 경제 · 사회 계획의 모든 단계에 있어서 그 특별한 요구가 고려되는 자격을 갖는다.
9. 장애인은 그 가족이나 또는 양친과 함께 생활하고 모든 사회적 활동, 창조적 활동, 레크리에이션 활동에 참여하는 권리를 갖는다. 장애인은 그 거주에 관하는 한에서 그 상태로 인하여 필요하든가 또는 그 상태에 유리하게 개선하게 될 경우 이외는 차별적인 취급을 면한다. 만일, 장애인이나 전문시설에 입소하는 것이 절대로 필요할 때에도 그 곳에서의 환경이나 생활 조건은 동년배의 사람의 일상생활과 가능한 한 유사한 것이라야 한다.
10. 장애인은 차별적 · 치욕적 또는 비열한 성질을 가진 모든 착취 또는 규칙 그리고 모든 취급에서 보장받아야 한다.
11. 장애인은 그의 인격과 재산의 보호를 위하여 적절한 법적 원조가 필요할 때는 그것을 받을 수 있도록 하여야 한다. 만일 장애인에 대하여 소송이 있을 경우에는 그것에 적용되는 법적 절차는 그들의 신체적 · 정신적 상태가 충분하게 고려되어야 한다.
12. 장애인단체는 장애인의 권리에 관한 모든 사항에 대하여 유효하게 협의를 받아야 한다.
13. 장애인의 가족 및 지역사회는 이 선언에 포함된 권리에 대해서 모든 적절한 수단에 의하여 충분히 조화하여야 할 것이다.

우리나라의 특수교육법으로는 장애인 등에 대한 특수교육법(2007), 장애인복지법(1989)이 있다.

제3절 장애아동의 종류

장애아동에 대한 구체적인 이해와 서비스는 장애 부분에 따른 내용을 알지 않고서는 불가능하다. 따라서 장애아동의 상태에 따른 장애아동의 종류를 살펴보면 다음과 같다.

1. 신체장애 아동(지체부자유아)

신체장애 아동이란 팔 · 다리나 체간의 운동기능에 장애가 있는 아동을 말하는데 신체장애는 발생 원인에 따라 정도의 차이가 심하다. 최근에는 사회시설의 개선 및 보완으로 활동상의 불편이 완화되고 있다. 뇌손상을 수반하지 않는 경우에는 사회적 재활에 큰 어려움이 없는 편이다. 특히 전형적인 지체장애라 간주했던 소아마비는 왁찐의 발견으로 현격히 감소하고 있으나, 뇌성마비는 증가추세에 있어 문제가 되고 있다.

신체장애는 뇌성마비(cerebral palsy) · 소아마비(poliomyelitis) 등의 신경계통, 근육발육 이상증 · 관절염 등의 근골격 계통, 척추관이 열려있는 이분척추의 선천성 기형, 기타 장애로 유형화될 수 있다.

2. 언어장애 아동

언어장애 아동이란 일반적으로 언어를 사용하며 의미를 알아내거나 형성하는데 있어서 동년배 아동에 비해 현저하게 어려움을 겪는 아동을 말한다.

언어장애는 다음과 같이 분류될 수 있다.

① **조음장애** : 혀, 입술, 구개, 턱의 이상으로 음의 대치, 왜곡, 생략이 일어나는 것을 말한다.

② **어조장애** : 말의 흐름에 이상이 있는 것으로 말더듬과 너무 느리거나 빠른 말을 하는 경우를 말한다.

③ **음성장애** : 말의 고저, 강약, 음질 등이 보통보다 심한 상태를 말한다. 이외에 대뇌혈관 사고나 뇌일혈 등에 대한 실어증, 뇌성마비나 청각손상에 의한 기질적 언어장애도 포함된다.

3. 청각장애 아동

청각장애는 청력의 결여나 손실에 의하여 말소리를 청취하는데 어려움을 겪는 아동을 일반적으로 농(deaf)과 난청(hard of hearing)으로 구분한다. 보청기를 사용하여 일상생활의 유지가 가능한 경우는 난청, 그렇지 못한 경우는 농아라고 한다(90db 이상).

4. 시각장애 아동

시각장애란 물체를 식별하는 시각기능에 장애를 가진 것을 말한다. 시각장애는 시력(visual acuity), 시야(field of vision), 색시(color vision)의 맹과 약시로 나눈다.

맹이란 전혀 시력이 없는 경우로 맹학교에서 교육을 받으며, 약시란 보조기를 착용하여 물체의 식별이 가능한 경우로 대부분 약시학급인 특수학급에서 교육을 받는다.

5. 정신지체 아동

크룩생크(Cruickshank)는 정신지체 아동이란 지적 기능이 자기 동년배 집단의 평균 이하인 사람들로 지칭되고 있으나 그들의 사회적 적격성은 그 지역사회 내에서 독립적으로 적절하게 기능을 수행할 수 있을 정도인가의 여부로 판정된다.[3]

미국 정신박약아보호협회(AAMD : American Association on Mental Deficiency)는 최근의 학술적 견해를 종합하여 종합적인 정의를 내렸다. 즉, 정신박약아란 발달기에 야기되고 적응행동에 결함을 갖는 동시에 일반적 지적능력이 평균 이하인 아동이라고 하였다.[4]

정신박약은 지적 기능의 결함으로 의학적 치료가 전혀 불가능한 상태를 말한다.

정박아동의 분류는 의학적 분류와 교육학적 분류로 나뉘고 있으나 대체로 교육학적 분류를 따르고 있으며, 우리나라의 경우는 다음과 같이 분류하고 있다.[5]

① **교육가능급**(educable) : IQ 75-51
② **훈련가능급**(trainable) : IQ 50-26
③ **완전보호급**(custodial case) : IQ 25 이하

---

3) Cruickshank, W. M., *Psychology of Exceptional Children & Youth*, 1955, p. 440.
4) 김승국 외, 특수아동교육, 1980, p. 58.
5) 상게서, p. 65.

교육가능급 아동은 초등학교 3학년 정도의 학교교육 수준까지 이룰 수 있으며 반숙련 내지 비숙련직업에 종사할 수 있다.

훈련가능급 아동은 학교교육을 통해서는 지적 영역의 성취가 어려우며 이들에 대한 교육적 의의는 자주적인 생활능력의 향상 또는 가장 초보적인 직업훈련의 습득으로서, 특수학교에 수용 · 교육함이 바람직하다.

완전보호급 아동은 식사, 대소변 처리를 스스로 하지 못하므로 시설에 수용 · 보호하거나 병원에서 의료적인 조치를 취해 주어야 하는 아동을 말한다.

6. 정서장애 아동

리프만(Lippman)은 공격적 충동을 충분히 발산시키며 또 그것을 통제할 줄 알고 그가 대처해야 할 문제를 해결해 나가는데 필요한 만큼 정서적으로 성숙한 아동을 정상아동이라고 정의했다.[6] 정서적 갈등을 갖고 있는 아동은 그 자신이나 주위의 다른 사람들에게 혼란을 야기시키는 행위를 한다. 부모로부터 버림받고, 자기행동의 통제력을 상실하고 두려움에 압도당하고, 다른 아동들과 다르다고 하는 생각은 공부할 때나 놀 때에 꼭 있어야 하는 에너지를 박탈해 버리고 마는 결과가 된다.

미국의 공공법 94－142는 정서장애를 '아동의 교육성과에 부정적인 영향을 미치는 다음과 같은 특징 중 한 가지 이상을 장기간 두드러지게 나타내는 상태라고 본다.

첫째, 지적, 감각적 또는 건강과 관련된 요인으로는 설명할 수 없는 학습능력의 결핍, 둘째, 동료와 선생과의 만족스러운 대인관계를 형성 · 유지할 수 있는 능력의 결핍, 셋째, 정상적인 상황에서의 부적절한 행동 또는 감정표현, 넷째, 전반적으로 슬프거나 우울한 기분, 다섯째, 개인이나 학교 문제와 관련된 신체적 증상이나 두려움을 보이는 경향'이다.

이 정의에는 정신분열증을 갖고 있는 아동이 포함되거나 과거에 포함되었던 자폐장애는 '기타 건강상의 장애'라는 다른 항목으로 재분류되었다. 그러나 우리나라에서는 자폐장애를 정서장애에 포함시키고 있다.

---

6) Lippman, H. S., *Treatment of the Child in Emotional Conflict*, N.Y. : McGraw-Hill Book Co., 1958, p. 6.

7. 학습장애 아동

학습장애라는 비교적 정상적인 지적 기능을 지니고 있으나 학습상의 문제를 지닌 아동들을 지칭하는 용어로 사용되어 왔다.

여러 논의들 가운데 공통적으로 포함되고 있는 요소들을 살펴보면 다음과 같다.

첫째, 학습장애는 학습 영역, 특히 듣기, 말하기, 읽기, 쓰기, 산수 등의 영역 가운데 한 가지 이상에서 어려움을 지니는 것을 말한다.

둘째, 잠재적인 능력은 있으나 특정 학습 영역에 있어 심각한 어려움을 경험하는 것이다.

셋째, 학습장애아들은 학업 수행에 있어 영역간 불균형한 성취를 보인다.

넷째, 학습장애는 중추신경계의 신경학적 기능장애와 관련되는 것으로 추정되고 있다.

제4절 장애아동과 복지관계법

아동을 포함하여 모든 장애인 복지대책의 기본적인 근간은 법적 · 제도적 조치와 행정적 · 재정적 지원이다. 장애인을 위한 관계법으로는 아동복지법(1981), 국민기초생활보장법(2005), 장애인복지법(1989), 장애인고용촉진 및 직업재활법(2000), 장애인 등에 대한 특수교육법(2007) 등이 있다. 일본의 경우 심신장애인을 위한 관계법으로서 심신장애인복지법(1949), 정신장애인고용촉진법(1960)이 제정되어 있다.

미국은 장애아동교육을 위한 장애아동교육법(Education for all Handicapped Children Act, 1975, P. L. 94~142), 사회적 재활대책을 위한 재활법(Rehabilitation Act, 1973)과 section 504에 의한 보완조치가 이루어져서 전국의 심신장애 아동을 위한 취학에서 차별을 금지하도록 조치하고 있다.

제5절 장애아동의 현황

우리나라에서 장애아에 대한 복지사업은 1970년대에 들어서 정책적 조치가 이루어지기 시작하였는데 장애아는 대부분 생의 주기상 학령기에 해당하게 됨으로써 특수교육적 측면에서의 접근이 이루어져 왔을 뿐 사회적으로 이들에 대한 지원대책은 미미한 수준에 머무르고 있다.

장애아동복지사업의 기본방향은 보호중심과 재활중심으로 나뉘어진다. 즉 장애의 정도가 심하면 보호의 기능이 강조되고, 장애의 정도가 가벼우면 교육을 포함한 재활의 기능이 강조된다.

다음의 〈표 14－1〉은 우리나라의 시 · 도별 장애인 등록 현황이다.7)

표 14－1 시 · 도별 등록 현황

(2007년 12월 말)

구분 Classification]	계 Total	지체장애 Physically handicapped		시각장애 Visually handicapped		청각 언어장애 Hearing speech handicapped		정신지체 Mentally handicapped		기타[2] Others	
성별		남	여	남	여	남	여	남	여	남	여
계	2,104,889	692,491	421,603	133,766	83,115	126,278	91,928	86,525	56,064	245,029	168,090
서 울	346,275	108,951	69,196	23,196	13,807	21,183	14,856	12,698	7,625	45,872	28,891
부 산	148,145	49,666	27,806	10,225	5,971	7,338	5,124	4,902	3,036	20,497	13,580
대 구	100,082	32,696	18,611	6,722	4,072	5,382	4,127	4,057	2,553	12,964	8,898
인 천	108,823	40,256	20,404	6,891	4,156	6,558	4,623	3,944	2,448	11,500	8,043
광 주	57,280	16,984	11,975	3,848	2,409	3,875	3,094	2,243	1,629	6,346	4,877
대 전	59,978	19,654	11,830	3,878	2,329	3,445	2,575	2,321	1,502	7,163	5,281
울 산	40,758	13,992	7,440	2,459	1,634	3,294	1,966	1,668	1,034	4,307	2,964
경 기	407,247	140,674	78,712	25,882	14,973	23,364	16,293	16,624	10,155	47,762	32,808
강 원	85,594	29,640	17,241	4,875	3,200	5,443	4,042	3,574	2,450	9,090	6,039
충 북	79,826	25,676	15,869	4,727	2,998	4,866	3,636	4,276	2,881	8,726	6,171
충 남	107,895	35,583	21,464	6,689	4,192	6,795	5,012	5,241	3,365	11,502	8,052

7) 보건복지가족부 홈페이지, 통계연보, 2008.

전 북	116,141	36,105	26,990	6,597	4,435	6,907	5,190	5,068	3,650	11,985	9,214
전 남	125,731	37,700	29,647	7,814	5,703	8,927	6,631	5,216	3,391	12,126	8,576
경 북	143,009	45,295	28,471	8,947	6,106	8,764	6,777	6,866	4,321	16,219	11,243
경 남	151,785	52,581	30,786	8,983	5,481	8,574	6,484	6,613	5,055	15,989	11,239
제 주	26,320	7,038	5,161	2,033	1,649	1,563	1,498	1,214	969	2,981	2,214

* 자료 : 보건복지가족부 장애인정책과.
주 : 1) 시 · 군 · 구에 등록된 장애인.
2) 뇌병변, 발달, 정신, 신장, 심장, 호흡기, 간, 안면, 장루 · 요루, 간질에 대한 장애인.

제6절 장애아동과 재활사업

재활(rehabilitation)이란 심신장애인에게 의료적 · 직업적 · 교육적 · 사회적 · 심리적 재훈련을 통합적 · 협동적으로 실시함으로써 각 개인에 대하여 가능한 한 최대한의 기능회복을 부여하는 것이라고 한다(WHO, 1958).

케슬러(Kessler)는 장애인의 경제적 자립과 사회적 책임의식을 보다 중요시하여 다음과 같이 피력하였다. 재활은 광의의 의미로는 같은 인간에게 일어난 일에 대한 인도주의적 책임이라는 신념에 기초한 인간행동의 철학이며, 협의의 의미로는 의료적 · 직업적 훈련을 통해서 완전하고 생산적인 유용한 생을 만드는 것이다.

또한 미국재활협회에서는 재활이란 장애인의 신체적 · 정신적 · 사회적 · 직업적 · 경제적인 능력을 가능한 한 최대한으로 회복시켜 주는 것이라 하여 사회심리적 · 직업적인 재활과정을 강조하고 있다.[8)]

다시 말하면 재활이란 사회적 책임을 강조하는 인도주의를 기본철학으로 하여 모든 장애를 제거하여 사회에 복귀시키는 데에 그 목표를 두며, 신체장애의 발생초기부터 의료적 · 직업적 · 교육적 · 사회심리적 개입과정을 통하여 서비스 대상자에 따라 개별화되고, 전문직간의 팀워크에 의한 통합적인 서비스와 장애인 가족 및 지역사회의 참여를 필요로 하는 사업이라고 말할 수 있다.

8) 장인협, 전게서, p. 195.

영국의 신체장애인 갱생취직위원회에 의한 재활의 기본 원칙을 보면 다음과 같다.[9)]

(1) 갱생원호의 기본 사상은 민주주의에 의한 사회 · 연대(連帶) 정신에 입각한 것이어야 한다.

(2) 갱생원호의 수행자는 대부분의 장애인에 대하여 적절한 원조가 제공되면 그들도 정상인과 똑같이 또는 정상인에 가까운 활동을 할 수 있다는 사실을 알고 있어야 한다.

(3) 재활사업은 장애의 초기부터 시작해야 한다.

(4) 재활사업은 단절되지 않는 일관된 과정이어야 하며 더욱이 의료 · 직업 · 교육 · 생활원조상의 공동사업이라야 한다.

(5) 재활사업은 장애인의 욕구(need)의 특수성을 먼저 이해하고, 이를 바탕으로 하는 개별적 서비스라야 한다.

(6) 장애인을 시설에 수용 · 보호할 필요가 있을 경우에는 그 장점과 단점을 먼저 알아보아야 하며 사회에 가능한 한 빨리 복귀시키도록 노력하여야 한다.

(7) 장애인이 지니고 있는 문제를 심리학적으로 판정하고 이해하여, 재활사업을 계획할 때 개개의 심리적 특징을 고려하여야 한다.

(8) 장애인 직업 선택에 있어서는 내담자의 능력에 적합한 것인지를 고려해야 한다.

(9) 재활사업의 배경에는 사회의 올바른 인식과 지지가 필요하다.

위와 같은 원칙에 의한 재활사업의 내용을 간단히 살펴보면 다음과 같다.

1. 의료적 재활

이것은 흔히들 얘기하는 예방의학, 치료의학 다음의 제3단계 의학이라 불리우기도 하는 분야로서, 동작훈련, 물리요법, 언어요법, 보조구에 의한 처지와 훈련, 의료 사회사업에 의한 원조 등을 포함하고 있다.

장애인에 대한 재활서비스는 빠르면 빠를수록 그 효과가 빨리 나타나고 보다 높은 기능을 오랫동안 유지할 수 있게 된다.

---

9) 신체장애자 복지위원회, 신체장애자 복지의 이론과 실제, 1952, pp. 4-12.

2. 직업적 재활

장애인의 직업적 생활능력의 회복과 직업적 신분보장을 위한 분야로서, 직업훈련, 직업보도 등을 행하는 서비스이다. 이 경우에는 취업의 가능성이 고려되어야 함은 말할 것도 없다.

장애아들은 정상아동과 달리 직업기술을 익히는데 많은 시간이 걸리기 때문에 직업적 재활은 장애아에게 중요한 문제이다. 즉 장애아가 장래 성공적인 사회통합을 위한 최대의 과제인 자립생활을 영위하도록 하는 것은 장애아의 재활사업 중 중요한 핵심이 된다.

3. 교육적 재활

교육적 재활이란 장애아가 가지고 있는 능력을 최대한으로 향상시키고 발전하게 하며 잠재능력인 가능성을 개발하여 사회생활에 스스로 적응해 가도록 도움을 주는 교육제도와 교육방법 및 기술을 총칭한다.

특수교육에는 특수교육 자료, 교수기술과 시설이 필요하며, 의료적 치료와 직업적 훈련기술을 병행함으로써 재활사업은 더 효과를 가져올 수 있다.

4. 사회적 재활

사회적 재활이란 장애아가 완전참가와 평등의 이념에 입각하여 아무런 차별과 불편을 느끼지 않고 그가 속한 사회의 주류문화를 공유하면서 가정생활과 사회생활을 충분히 영위하도록 국민의 수용적 태도와 사회적 인식의 개선을 말한다.

인간이 사회생활을 영위하는 데에 따르는 욕구전반에 관심을 가지고, 장애아가 일반사회의 한 성원이 될 수 있도록 장애인과 사회와의 관계를 개선하려는데 목표를 두고 있는 서비스이다.

따라서 사회 개개인의 태도의 변화, 사회제도나 정책적인 배려, 물리적 환경에 접근의 용이 등으로 장애아들이 현실적으로 사회적 역할을 수행하는데 지장이 없도록 사회적 환경이 조성되어야 한다.

5. 심리적 재활

장애라는 사실에서 비롯되는 정서나 심리면에서의 문제와 부적응 현상 등에 초점을 두고, 이들을 극복할 수 있도록 원조하는 서비스이다. 이것은 사회적 재활과 함께 다른 어떠한 기술적 측면의 서비스에 못지않게 중요한 의미를 가지는 분야가 된다.

심리적 재활이란 대부분의 장애아들은 행동제한의 자각이나 신체의 부상, 인간관계의 긴장, 불안감, 열등감, 욕구불만, 내향성 등 자신의 능력에 대해 비관하여 결국 재활의욕을 잃게 되는데 이와 같은 저해요인을 제거하고 장애인으로 하여금 새로운 가능성을 찾도록 도와 주는 것을 말한다. 장애아가 자주 부딪히게 되는 멸시나 거부 같은 특별한 취급을 감당할 만한 자기 존중심을 키워 주는 것이 장애 극복의지를 길러 주는 길이 되며 심리적 재활에서 담당해야 해야 한다.

그 외에도 오락활동 서비스가 제공되기도 하는데, 이상과 같은 서비스가 바람직하게 이루어지기 위해서는 필연적으로 전문인력, 시설, 재원 등의 문제가 수반되어야 한다.

교육이나 재활을 통해서 자활에의 길을 제시할 수 없는 중도(重度) 장애아에 대해서는 경제적 지원이나, 의료 · 일상생활 등의 측면에서 지속적인 보호가 요청된다. 즉 이들로 인한 가족의 경제적 부담을 덜어 주고, 심각한 사회 적응상의 문제를 경감시키기 위해 취해지는 행정적 · 기술적 · 사회적 조치를 의미한다.

제7절 장애아 복지 증진을 위한 과제

장애아와 장애아 가족이 가지고 있는 문제의 해결을 위해 한국보건사회연구원(1996)은 다음과 같은 과제를 제시하고 있다.[10)]

10) 한국보건사회연구원, 장애인구 대상별 특성과 정착과제, 1996.

1. 장애발생 예방대책의 강화

장애아의 발생 예방대책으로서 예방은 기본적이면서 가장 효과가 큰 방안이 될 수 있으므로 우선적으로 교통사고 등 각종 안전사고의 예방과 함께 임산부에 대한 교육과 모자보건 사업의 강화를 통해 출산기의 원인으로 인한 장애를 최소화할 수 있도록 하는 것이 중요하다.

2. 치료 및 재활서비스 시설의 확대

장애아는 조기의 치료, 재활훈련을 통해 상당부분 장애상태의 호전을 기대할 수 있는데 장애아동에 대한 전문적인 치료, 재활시설이 부족하여 일차적으로 병원 등에서 치료를 받은 후 적절한 재활서비스를 받기 어려운 실정이다. 따라서 소득수준에 따라서 유료 또는 실비로 이용할 수 있는 재활시설이나 클리닉을 장애인복지관, 사회복지관을 중심으로 확대하고 설치비를 지원한다.

3. 장애아 특수교육의 확대와 다양화

장애인은 장애로 인해 향후 취업이 어렵고, 취업이 어려운 이유 중의 하나가 교육수준이 낮다는 점이다. 따라서 장애로 인해 교육받을 기회를 갖지 못하는 경우가 없도록 하기 위해 장애특성에 적합한 교육이 필요하다. 통학에 불편이 있고 개별화된 교육이 필요한 중증의 장애아동을 대상으로 하여서는 특수학교의 확대를 통하여 취학률을 높이는 것이 요구된다.

그리고 장애 정도가 경한 장애아에 대해서는 일반 학생과 통합교육이 필요하며 거동이 불편할 경우에는 순회교육 또는 방문교육 등을 통해 집에서 교육받을 수 있는 프로그램을 실시하는 것이 필요하다.

4. 장애아 가정에 대한 보호수당제도의 도입

장애아 가족의 의료부담으로 경제적 문제가 가중되고 있으므로 외국(영국, 독일, 일본 등)과 같이 장애아를 부양하는 가족에 대한 지원이 필요하다.

5. 장애아를 위한 재가복지서비스의 확충

장애아에 대해서는 주의 깊은 보호와 수발이 필요하지만 맞벌이 등으로 여성의 경제활동이 증가함에 따라 장애아 보호를 위한 서비스 욕구가 증가하고 있으므로 장애아동의 문제를 전문적으로 상담하고 또한 도움을 얻을 수 있는 기관의 육성과 정보망의 연계가 필요하다.

6. 장애아의 생활권 확대를 위한 방안

첫째, 장애아 가족을 위한 일반 주택단지에 특별히 설계된 장애인용 주택을 건립할 필요가 있다. 장애인용 주택을 장애인만이 여럿이 사는 형태보다도 지역사회 속에 통합되도록 만드는 것이 바람직하다.

둘째, 장애아는 주로 부모나 보호자와 함께 다니기는 하지만, 큰 아동인 경우에는 혼자 도로나 공공의 교통시설을 이용하기도 한다. 따라서 도로나 교통기관을 장애아가 쉽게 이용할 수 있도록 해야 한다.

셋째, 모든 종류의 건축물을 장애인이 사용할 수 있도록 설계상이 대책을 세우는 것이 바람직하지만, 현실적인 면에서 볼 때 어려우므로 우선순위를 정하여 건축물을 개조하는 것이 더 실제적이라 생각한다.

7. 장애에 대한 인식 전환 유도

우선 장애아 스스로는 자신의 장애에 대해 바른 이해를 가져야 하며, 장애가 반드시 자기존중심을 해치는 것이 아니라는 사실을 깨닫는 것이 필요하다.

또한 일반인들도 장애는 누구에게나 있을 수 있는 하나의 신체적 특징에 불과하다는 인식전환이 필요하다. 그래서 장애아를 받아들이려는 수용적 태도를 가지고 대하며 장애를 특별시 하지 않아야 한다.

8. 장애아 가족의 긴장과 갈등 해소를 위한 가족지지 프로그램 개발

장애아 출생에 따른 여러 가지 부담은 가족 모두들에게 영향을 끼치지만 아동양육에 일차적 책임을 맡은 어머니에게 전적으로 그 책임이 부과되는 것이 대부분이다. 따라서 장애아 어머니들은 가사일 외에도 장애아 양육에 따른 전적인 책임을 지고 있고, 반면, 대부분의 가정에서처럼 장애아 가정의 아버지도 가사, 양육부담, 아버지로서의 기능을 수행함에 있어 제한된 역할을 하기 때문에 어머니의 육체적·심리적 어려움은 가중된다.

장애아 부모들이 갖는 긴장과 갈등을 해소시키고 가족의 적응에 도움이 될 가족지지 프로그램의 개발이 시급하다. 다시 말하면, 장애아에 대한 의료적, 교육적 배려 외에 장애아가 거쳐가는 생의 주기를 통해 가족구성원에 미치는 사회적, 심리적 적응 문제에 대해 전문기관이 관심을 가지고 장애아의 성공적인 사회적응을 위해 가장 기본이 되는 가정의 기능증진에 목표를 둔 개입교육 프로그램이 필요하다.

9. 장애 조기진단 및 치료방안

장애아의 더 나은 사회적응을 위해서는 조기발견과 조기치료가 무엇보다 중요하다. 장애인복지관이나 재활관련기관 등에서 장애 지식과 조기진단과 치료의 필요성에 관한 끊임없는 홍보를 해야 하며 진단비나 장애인이라는 판명이 났을 때 드는 치료비용에 관한 보험적용으로 부모들의 경제적 부담을 덜어 주는 방안이 요구된다.

연구토의 문제

1. 장애아동을 위한 장애아동복지 실천은 어떠한 방향으로 접근되어야 하는지에 대해 논의해 보자.

2. 장애아동을 위한 통합교육의 필요성에 대해 생각해 보자.

3. 장애아동 가정에 실질적으로 도움을 줄 수 있는 경제적 지원방법에 대해 생각해 보자.

제 15 장

학대받는 아동을 위한 보호사업

제 1 절 보호사업의 개념
제 2 절 아동학대의 정의
제 3 절 아동학대의 유형
제 4 절 보호대상 아동의 발생 요인
제 5 절 보호대상 아동의 발달 특성
제 6 절 보호사업의 방법
제 7 절 보호사업의 문제점과 과제

유기 및 학대받는 아동은 카두신(Kadushin)에 의한 아동복지사업의 기능 중 보호사업 대상인 것이다. 보호사업은 가족생활을 지지해 주는 기능 중 하나로서 유기 및 학대받는 아동의 부모의 역할을 보충해 주거나 가정으로부터 격리시켜서 다른 가정에 머물게 함으로써 아동을 보호하는 것이다.

그러나 보호사업의 원리적 이념은 아동이 자기 자신의 가정에서 머물면서 외부기관의 도움을 받도록 되어 있다.

제1절 보호사업의 개념

학대받는 아동을 위한 보호사업이란 아동 발달을 위협하거나 손상시키는 모든 행위로부터 아동을 보호하는 일련의 사업을 말한다. 처음에는 '매'로 인해 상처를 입거나 죽게 되는 경우를 학대로 보고 주로 신체적인 학대를 받는 아동을 대상으로 하는 사업을 의미하였다. 그러나 오래 전부터 신체적인 학대뿐 아니라 심리적인 학대가 더 해롭다는 사실이 인정됨에 따라 보호사업의 범위가 더욱 확대되고 세분화되었다. 현대사회에서 아동학대란 신체적인 상해뿐 아니라, 유기, 성적 폭행, 정서적 학대, 지적인 학대까지를 포함하고 있다.

오늘날 아동학대는 세계적으로 심각한 사회문제로 인식되고 있다. 이것은 국제법으로서 그 효력을 발휘하는 아동권리국제협약을 통해서도 알 수 있다. 이 협약의 제19조는 각종 폭행과 방임으로부터 아동을 보호하기 위해 필요한 입법적, 행정적, 사회적, 교육적 조치가 확립될 필요성을, 제39조는 학대받은 아동이 신체적, 심리적 회복과 사회복귀를 위해 적절한 치료를 받을 권리가 있음을 명시하고 있다. 한편 제34조는 아동학대 가운데 성적 학대로부터 보호받을 아동의 권리에 대해 별도로 규정하고 있다.

보호사업이란 학대아동(abused), 유기아동(neglected), 착취당한 아동(exploited), 거부된 아동(rejected)을 위한 특수 아동복지로서, 이 사업의 목적은 예방적 · 비처벌적이며 원

인 규명과 치료를 함으로써 재활시키려는 것이다.[1)]

특히 보호사업기관이 관심을 가지고 있는 문제는 부모의 역할수행이 부적절하거나 능동적인 부모의 역할거부이다. 부모는 자식에 대하여 부모로서의 의무와 권리가 있음에도 불구하고 자식을 학대하거나 유기 · 방임할 경우에 특별한 권한을 행사하는 기관이 바로 보호사업기관이다. 따라서 아동보호사업은 법에 기초하여 있고 지역사회 기준에 의하여 유지되고 있다. 그것의 목적은 가정을 강화시킴으로써 아동을 보호하려고 하는 것이며, 그렇지 못할 경우는 법(court)에 의하여 보호하고 관리하는 데 있다.

제2절 아동학대의 정의

아동학대의 정의는 사회, 문화적, 학문적 배경에 따라 조금씩 차이가 나는데, 크게 넓은 의미와 좁은 의미로 나누어 정의되고 있다.

좁은 의미의 학대는 부모와 조부모와 같은 주 양육자를 포함한 손윗사람 및 성인이 아이에게 가하는 고의적인 행동으로서, 그에 따른 손상의 결과가 신체적으로나 정신적으로 명백하게 들어나는 것을 말한다. 넓은 의미의 학대는 주 양육자인 부모를 비롯해서 조부모, 일가 친척, 가정부, 교사 등의 사람들과 아동을 둘러싸고 있는 모든 양육 및 교육환경, 즉 가정환경, 교육환경, 사회환경 등의 주변 환경이 아이들로 하여금 건강하고 또 건전하게 자라는데 부정적인 영향을 미칠 가능성이 있거나 현재 미치고 있는 환경을 말한다.

이렇게 넓은 의미로 학대를 정의하면 좁은 의미의 학대는 물론, 부모나 주 양육자로부터 적절한 보호와 교육을 받지 못하고 내팽겨진 상태인 방임도 포함되는 것이다.[2)]

결국 아동학대를 광의의 의미로 정의할 때는 '아동의 복지나 아동의 잠정적 발달을 위협하는 보다 넓은 범위의 행위를 포함시키는 것'을 말하며, 이는 아동학대를 신체적 학대뿐만 아니라 정서적 학대나 방임, 아동의 발달을 저해하는 행위나 환경, 더 나아가

1) Kadushin, Ibid, p. 151.
2) 이소희 외, 전게서, 1997.

아동의 권리보호에까지 이르는 매우 포괄적으로 보는 것이며, 최근에 이르러서는 아동학대를 협의의 정의가 아닌 광의의 개념으로 이해하려는 경향이 있다.[3)]

제3절 아동학대의 유형

아동학대란 용어가 일반화된 것은 19세기 중엽 동물학대 방지사업이 시작되면서부터였다. 1875년 미국 뉴욕에 아동학대방지협회가 창설되었고, 1900년에는 161개의 협회가 설립되었다. 1960년 백악관 회의에서 학대받는 아동이 발견될 경우 당국에 접수하도록 입법조치가 완료되었고, 1974년 아동학대방지법(Child Abuse Prevention and Treatment Act)이 제정되어, 아동학대에 대한 연구와 예방센터가 설립되었다.

보호사업 대상의 종류를 칸(Kahn)과 카두신(Kadushin)이 분류한 것을 보면 다음과 같다.

칸이 분류한 것을 보면, 신체적 학대 및 방임, 정서적 학대 및 방임, 도덕적 학대 및 방임, 의료적 학대 및 방임, 교육적 학대 및 방임, 성적 학대 및 방임, 지역사회적 학대 및 방임이다.

카두신이 분류한 내용은 다음과 같다.[4)]

① 신체적 학대(때리는 것, physical abuse)

② 영양실조와 남루한 의복 및 빈약한 주거(malnourishment)

③ 기본적 · 의료적 보호의 부재(denial of essential medical care)

④ 정상적인 학업에의 실패(failure of to attend school regularly)

⑤ 착취 및 과로(exploitation, overwork)

⑥ 건강을 해치거나 부도덕한 환경에의 유기(exposure to unwholesome or demoralizing circumstances)

⑦ 성적 학대(sexual abuse)

⑧ 정서적 학대와 방임(emotional abuse and neglect) 등이다.

보호를 필요로 하는 내용을 구체적으로 살펴보면 다음과 같다.

---

3) 이종복 · 이배근, 아동학대의 원인과 대책, 홍익제, 1997.

4) Kadushin, Ibid, p. 158.

1. 양육의 태만과 방임

아동의 양육을 소홀히 하거나 태만히 하는 경우로서 불충분하고 비위생적인 음식을 제공하거나, 불결한 의복을 착용시키거나 필수적인 의료조치를 행하지 않거나 불량한 주거환경 및 기타 유해한 환경에 적절한 감독없이 방치시키는 행위 등이 포함된다.

2. 유 기

유기란 아동을 고의적으로 버리는 것으로 방임의 극단적인 형태이다.

3. 학 대

학대란 시대와 사회의 문화적 환경에 따라서 다양하게 정의되고 있다. 일반적으로 학대란 부모 또는 보호자가 아동의 신체적 · 정서적 · 지적 · 사회적 발달을 저해하는 인위적인 행동을 말한다.

1) 신체적 학대

우연한 사고에 의한 것이 아니라 부모 또는 보호자가 이후의 결과를 고려하지 않고 자기의 심리적 갈등의 발산 행위로서 아동에게 가하는 모든 형태의 신체적 공격을 말한다.

2) 심리적 학대

심리적으로 불안, 우울, 공포심을 갖게 하여 정서적으로도 불안정하게 하거나 고립을 가져오는 경우를 말한다. 예를 들면, 지나친 간섭이나 기대, 의존, 폭언, 무관심, 구박, 차별 등과 같이 아동의 건설적인 감정의 교류를 거절하는 일련의 행위가 포함된다.

3) 사회적 학대

부모보다는 지역사회가 아동에게 적절한 관심과 복지대책을 제공하지 못한 것으로 주거 환경의 부적당, 오락 및 문화시설의 결여, 교육환경의 부적당, 혼잡한 교통질서, 유해식품, 유해 매체 및 기타 불량한 사회환경이 포함된다.

그리고 부모의 과오에 대해 그 자녀들까지 혐오하는 이웃사람들의 태도도 이에 포함된다.

4) 법적 학대

학대의 내용이 명백히 법을 어기는 경우로서 보호자가 법적인 처벌을 받게 된다. 노동력의 착취, 인신매매, 약취, 유기, 폭행 등이 이에 포함된다.

5) 성적 학대

성적 학대란 신체 및 도구를 사용하여 유아의 성적인 신체부위를 강제적으로 손상시키거나 유아로 하여금 성인의 성적인 신체부위를 접촉하도록 강제적으로 명령하는 것을 포함한다.

4. 착 취

착취는 아동의 능력에 합당하지 않는 노동을 과중하게 요구하거나, 아동의 능력을 이용하는 것을 말한다.

제4절 보호대상 아동의 발생 요인

아동학대는 학대적 잠재성을 지닌 부모, 문제를 지녔거나 부모의 기대에 어긋나는 아동, 학대행위를 일으키는 위기상황이 세 변인의 상호작용의 결과이다.

1. 정신병리학적 접근

아동학대의 원인으로 부모의 특수한 심리적 특성에 초점을 둔 접근 방법이다.

학대부모는 충동적, 미성숙, 우울, 의존적, 이기적, 자기도취적, 가학적, 불안정한 성격 특성을 지니고 있다.

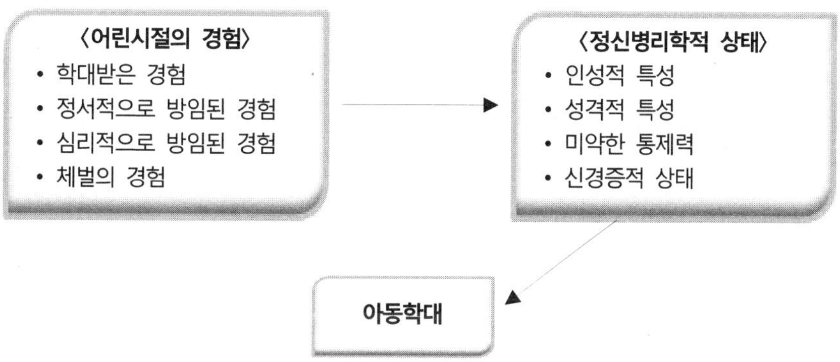

[그림 15-1] **아동학대의 원인(정신병리학적 접근)**

스틸(Steel)과 폴록(Pollock)의 조사 보고에 의하면 학대하는 부모들은 광범위한 양상의 정서적 혼란을 가지고 있으며 이러한 양상으로 히스테리(hysteria), 히스테리성 정신증(hysterical psychosis), 강박신경증(obsessive-compulsive neurosis), 불안상태(anxiety), 우울증(depression), 정신분열증 특성(schizoid personality traits), 정신분열증(schizophrenia), 성격신경증(character neurosis) 등의 양상을 나타내고 있다고 한다. 또한 학대부모의 성격적 특성은 충동성, 미성숙, 우울, 의존적, 이기적, 자기도취적, 요구적, 가학적, 불안정을 지적하고 있다.

메릴(Merrill)은 학대하는 부모의 심리적, 성격적 특성을 유형화했는데(Spinetta & Ringler, 1972 : 300) 이를 보면 다음과 같다.[5)]

---

5) 표갑수, 아동학대의 원인론과 대처방안, 한국아동복지학, 창간호, 1993, pp. 158-159.

첫째, 학대부모들의 특성은 세상에 대한 잠재적 혐오심과 공격성이다. 이는 어린시절의 거부당한 경험에 근거하고 있으며 일상생활의 어려움과 고통에 대한 불만에서 야기된다.

둘째, 학대부모들의 특성은 완고, 충동적, 온정의 결핍, 합리성의 부족, 사고와 신념에 있어서의 융통성의 부족을 말한다. 이 유형의 부모들은 자녀들에 대한 거부적 태도를 뚜렷하게 취하여 자기 스스로의 즐거움에 우선적 관심을 둔다. 이들은 자녀를 사랑하고 보호할 능력을 소유하지 못하여 오히려 자녀를 자신에게 고통을 주는 대상으로 생각한다. 또한 이들 대부분은 긴장을 해소하는 일, 대화로 감정을 표현하는 일, 감정과 친절을 베푸는 일에 대단한 어려움을 느낀다.

셋째, 학대부모의 특성은 소극성과 의존성이다. 이들은 감정과 욕구의 표현에 소심하며 공격성이 거의 없고 침묵을 지켜 결정을 타인에게 맡긴다. 그리고 일반적으로 우울하며 불행감에 젖어 있고 반응이 없다. 또한 미성숙하여 배우자의 애정과 관심을 받기 위해 자녀들과 경쟁을 하기도 한다.

넷째, 학대부모의 특성은 지능이 높으나 신체적 무능력으로 가족부양의 책임을 다하지 못하는 가장들만으로 되어 있으며, 이 유형의 특성은 직장에 나가 일하는 동안 가정에서 자녀를 돌보아야 하므로 이들의 좌절감은 자녀에 대한 즉각적인 반응으로써의 공격, 지나친 처벌, 엄격한 훈련 등으로 나타난다.

이러한 정서적, 심리적 및 성격적 특성을 갖게 되는 주요한 원인으로는 어린시절의 성장경험에서 비롯되고 있다. 즉, 학대부모는 자랄 때 그들의 부모로부터 적대, 비난, 처벌, 거부, 무시, 복종, 과잉기대, 실수의 불용납, 부모 입장의 이해와 위로 등을 지나치게 받고 또 요구당함으로써 정상적이지 못한 정서적, 심리적, 성격적 특성을 형성하게 되었다고 한다.[6] 이러한 경험은 곧 자녀를 학대하는 것으로 연결되기 쉬운데 그 이유로 스미스(Smith)는 다음과 같이 설명하고 있다.

즉, 학대부모는 그 동안 받았던 심리적 압박감을 발산하기 위한 하나의 돌파구로써 또는 그 동안 상처받은 감정들로 인한 생의 가치관을 상실하여 우울증, 무력감, 무반응 등이 고착된 결과로 아동을 학대하게 된다는 것이다.

위에서 지적한 내용을 근거로 할 때 정신병리학적인 관점은 부모의 병리적 특성이

6) Faller K. C. & Stone J. B., "*The Child Welfare System*" in K. C. Faller(ed) Social Work With Abused and Neglected Children N.Y. The Free Press, 1981.

아동학대와 높은 상관관계를 가지고 있음을 알 수 있다. 이는 부모의 양육태도에 문제가 있으면 다음 세대로 전승되어 아동학대가 악순환적 과정을 밟게 되어 이의 대처방안이 요구된다.

2. 사회심리학적 접근

아동학대의 원인을 가정환경, 부모의 양육태도, 경제수준, 사회문화적 특성에 초점을 두고 있다.

1) 가정환경 요인

여기에는 부모의 자녀양육에 관한 지식부족, 부모의 자녀양육 거부 및 포기(부부관계의 갈등, 별거 혹은 이혼, 원하지 않은 임신, 불법적인 관계에서의 임신 등의 경우), 부모의 정서적 · 심리적 · 정신적 불안, 자녀양육의 능력부족(부모 자신이 장기질환, 정신질환, 신체장애 등으로), 부모관계의 갈등, 별거, 이혼 등의 결손가정,[7] 부모의 학력이 저학력이거나 직업구성이 노동인 가정, 6명 이상의 가족수가 많은 가정의 아동이 그렇지 않은 가정의 아동보다 더 많은 학대를 받았다.[8]

그리고 가족의 역동성, 즉 가족 내 상호작용이 아동학대를 유발시키는데 중요한 역할을 하고 있다. 즉, 학대가정에서는 가족구성원 사이에 상호작용이 적었다고 한다.

가족의 역동성을 측정하는 가족 요인은 학대에 있어 부모의 공모(parental collusion in maltreatment), 속죄양(scapegoating), 양부모와 재구성원 가족, 결손가족, 확대가족, 미성년 부모, 아동의 자체요인 등을 포함하고 있는데 이를 살펴보면 다음과 같다.[9]

부모공모는 배우자 중 한 사람이 아동학대에 적극적인데 다른 수동적인 배우자는 아동학대를 묵인함으로써 아동학대의 수단이 되는 것이다. 속죄양은 아동이 부부갈등

---

7) 송성자, '방임아동에 대한 임상접근에 관한 연구' 「버려진 아이들과 요보호 아동에 대한 분석적 고찰과 대안」, 한국아동복지학회 제2회 학술대회 자료집, 한국아동복지학회, 1992.

8) 김광일 · 고복자, '한국에서의 아동구타 발생률' 「아동학대」, 한국아동학대예방협회, 1989.

9) 김광일 · 고복자, 전게서, 1989.

사이에 놓여지게 되어 부부 사이의 적대감이 아이의 문제로 전환됨으로써 아동을 학대하게 되는 것이다. 친부모보다는 양부모에게 아동학대의 발생률이 높게[10] 나타나고 있는데 이것은 양부모가 일반적으로 아동에 대한 애착이 덜하며 성적인 학대에 있어서도 근친상간의 타부가 존재하지 않기 때문이다.

또한 부모의 역할을 동시에 수행해야 함으로써 발생하는 긴장은 아동학대의 요인이 되는 것이다. 미성년 부모의 경우 이들은 무책임하고 충동성이 강하기 때문에 학대의 위험성이 더욱 크다. 이들 부모는 자신들이 달성하지 못했던 성취감을 아동에게 기대하게 된다. 이러한 동기로 인해 아동의 욕구에 관심이 있는 것이 아니라 단지 자신의 욕구에 관심을 가지며 자신들에게 부과된 책임으로 인해 당황하게 된다. 이러한 환경은 아동에 대한 학대와 방임의 조건을 형성하게 되는 것이다. 그 외 확대가족과 아동자신의 신체적 문제로 인해 학대의 위험성이 커지게 된다. 그리고 가정분위기가 폐쇄적 분위기, 갈등적 분위기, 전제적 분위기에서 아동학대가 많이 발생되고 있다.

이상의 가족 요인이 존재하게 되면 그 만큼 가족의 역동성은 떨어지게 되어 아동학대가 이루어짐으로 이의 치료가 필요하다.

2) 가정 경제적 특성

스트레스와 좌절이 학대행동을 유발시키며 높은 정도의 스트레스는 개인의 사회경제적 지위와 관련이 있고 특히 낮은 계층의 사회경제적 집단이 더 큰 환경적 스트레스를 경험한다는 것이 지적되고 있다. 또한 빈곤선 및 그 이하의 저소득 계층의 부모가 학대를 더 많이 한다는 것이다. 블룬버그(Blunberg)는 하층에 속하는 사람들이 상층의 부류보다 폭력을 자주 사용하고 있다고 보고하였다.[11]

이러한 현상은 우리나라의 경험적 조사에서도 나타나고 있는데 영세지역 취업모의 자녀양육 방법과 태도에서 자녀방임의 원인이 될 수 있는 요인을 발견하였다. 즉, 긴박한 가정문제를 해결하기 위하여 불가피하게 자녀를 방임하거나 방치하는 상황이 발생했다고 하며, 또한 초등학교 학생 354,864명을 조사한 바에 의하면 부유층 가정이 많은 지역보다 빈곤층 가정이 많은 지역의 아동이 심하게 매맞는 율이 높았다고 하여

10) Faller K. C. & Stone, J. B., Ibid, p. 41.

11) 권은주, 아동학대의 원인 및 대책에 관한 고찰, 이화여대 석사학위 논문, 1977.

이를 뒷받침해 주고 있다.[12)]

이러한 경제적인 압박감은 자기통제에 필요한 부모의 심리적 기제를 약화시켜 좌절감을 가져오게 하며 이것을 해소하기 위해 아동에게 폭력을 사용하게 되는 것이다.

3) 사회 문화적 특성

급변하는 사회문화 환경에서 많은 사람들은 적응하지 못하거나 문화갈등, 가치갈등으로 혼돈과 좌절 및 무력감을 경험할 수 있으며, 이것은 결과적으로 가족체계에 압력이나 스트레스를 주는 요인이 되었으며 자녀양육의 태도, 가치, 역할, 방법 등에 직접적인 영향을 주었다.

자녀양육과 관련된 행동을 결정하는 사회 문화적 요인 중 아동학대에 영향을 주는 것을 살펴보면 다음과 같다.

① **부모의 실직 상태** : 아버지의 실직으로 인한 경제적 결핍, 좌절과 무력감으로 인한 정신적 스트레스는 자녀에게 투사되어 폭력을 자극하고 학대와 방임을 초래한다. 실직은 돈의 결핍으로 좌절환경을 수반할 뿐만 아니라 무력감으로 인해 가정 내 폭력이 일어난다.

② **사회적 소외** : 이웃의 영향으로, 아동학대 가정이 공식적 · 비공식적으로 지지체계로부터 소외된 경우이다.

③ **체벌의 용납** : 사회적 분위기가 체벌 및 물리적 힘을 사용하는 것을 허용하는 것이 일반적인 경향이다. 초등학교의 교사, 부모 및 아동들을 대상으로 한 조사에 의하면 이들의 97%가 아동들의 잘못을 교정하기 위해 체벌이 필요하다고 응답하고 있다. 이와 같은 맥락에서 폭력을 쓰는 부모들이 반복해서 고의적으로 자녀들을 구타하거나 교육적인 벌이나 부모의 사랑이라는 미명하에 부모들 자신들의 분노를 발산하기 위하여 자녀들을 구타하게 되는 것이다.[13)]

④ **아동을 소유물로 인식** : 아동에 대한 사회적 일반적 태도가 아동이 부모가 택한 대로 다루어지는 소유물이라는 믿음이다. 아동의 권리를 위해 투쟁하더라도 폭

12) 김광일 · 고복자, 전게서, 1989, p. 112.

13) 김광일 · 고복자, 전게서, 1989, pp. 67-68.

력이 유행하고 체벌이 양육기술로서 용서되고 부모애가 소유권의 견지에서 해석되는 사회에서 자손을 양육하는 한 아동학대가 제거되기는 어렵다.

이상의 사회심리학적 관점을 요약하여 도식화하면 [그림 15－2]와 같다.

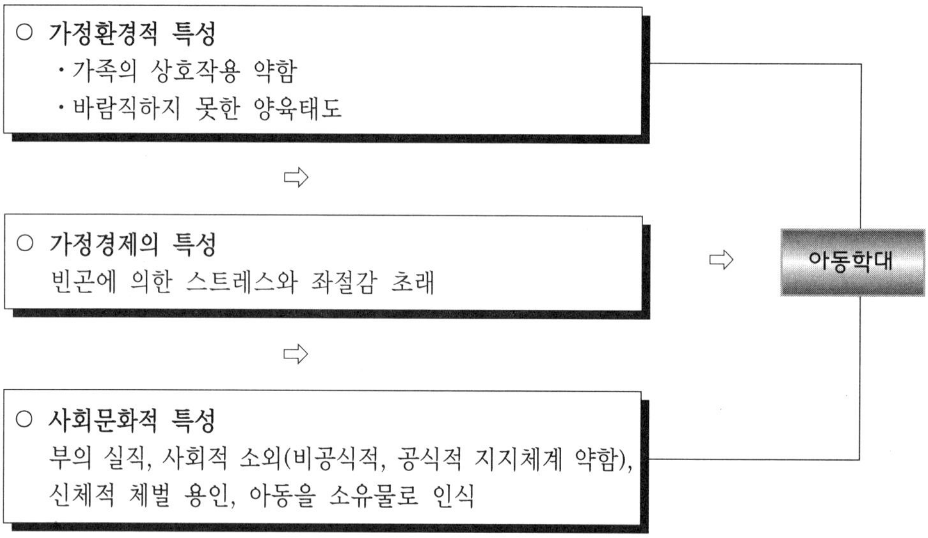

[그림 15－2] **사회심리학적 관점의 요약**14)

3. 발달론적 관점

발달론적 관점의 특징은 아동학대의 주요한 원인을 아동 자신의 특성에 초점을 두고있다. 즉, 아동학대는 아동의 성별에 불문하고 모든 발단단계에서 일어난다고 보고 있다. 아동은 학대의 원인이 되는 유전학적으로 형성된 신체적 또는 행동적 특성을 통해서 자신의 학대를 유발시킬 수 있다는 것이다.

문화에 따라 다소 차이가 있지만 학대 대상이 되어온 아동은 미숙아, 정신지체아동, 장기질환아동, 지체아동, 기형아동, 미혼모 아동, 입양아동, 많은 자녀가 있는 가정의 아동, 원하지 않는 자녀, 부부관계 또는 가정여건이 좋지 않은 상태에서 태어난 자녀, 출산 전후 가족 여건이 나빠진 상태에 있는 자녀, 아들 낳기를 원하였는데 딸로 태어난

14) 표갑수, 아동학대의 원인론과 대처방안, 1993, p. 166.

여아, 심히 고집스럽게 울거나 밤에 잠을 자지 않고 보채는 아기 등은 부모의 애정과 정성이 있는 보살핌과 보호와 양육을 받지 못할 뿐만 아니라 학대의 대상이 되기도 한다.[15]

학령 전기에는 자신감의 결여, 적대적인 행위, 지나친 경계심, 충동성, 의기소침, 고집, 무반응, 거절, 소심, 둔감, 언어장애 등의 특성이 그 원인이 되며 청소년기는 과도한 자기 주장과 부모 및 성인에 대한 극단적인 반항적 태도, 도벽, 무단결석 등이 학대의 발생과 밀접한 관련성이 있다고 한다.[16]

이러한 아동 자신의 특성이란 주로 발달단계의 특성에서 나타난 것으로 볼 수 있지만 아동행동이 주변환경에 의해 영향을 받고 있음을 볼 때 이어서 소개될 사회심리적 관점과도 연결된다.

이상의 발달론적 관점을 요약하여 도식화하면 [그림 15－3]과 같다.

미숙아, 정신지체아, 기형아, 장애아, 장기질환아동, 미혼모 아동, 입양아, 부부관계가 나쁜 자녀의 아동, 아들이 아닌 딸의 출산

⇨

- 학대부모가 심리적, 신체적 부담 및 좌절감 형성
- 부모와의 성공적인 애착형성 실패
- 사회적 소외, 멸시, 천대로 인해 부모 스트레스 받음 (특히 장애아동, 미숙아동 등)

⇨

- 학령 전기(자신감 결여, 적대행위, 충동성, 고집, 무반응, 언어장애 등)
- 청소년기(과도한 자기주장, 부모 및 성인에 대한 반항, 도벽, 무단결석)

⇨

아동 학대

[그림 15－3] **발달론적 관점의 요약**[17]

4. 생태학적 접근

생태학적 접근의 특징은 아동학대의 주요한 원인을 제시한 3가지 접근방법을 체계적으로 분석 통합한 것이다. 벨스키(Belsky)는 생태학적 관점에서 아동학대를 사회적,

15) 송성자, 전게서, 1992, p. 24.
16) 이소희, 아동학대 확인을 위한 가정환경 분석연구, 숙명여대 박사학위논문, 1989, p. 8.
17) 표갑수, 전게서, 1993, p. 161.

심리적 현상으로 보았고 이는 개인적 차원, 가족차원, 사회공동체 차원 그리고 문화적 차원의 영향력에 의해 결정된다고 개념화하였다. 그리고 부모가 자녀를 학대하기까지의 과정을 개체 발생적 발달 차원으로 보았으며, 이를 둘러싼 생태학적 공간은 미시적 체계(microsystem)와 외계적 체계(exosystem) 및 거시적 체계(macrosystem)로 나누어 각 체계가 서로 영향을 주고 받으며 아동학대의 발생에 중요한 역할을 한다고 보았다. 여기에서 미시적 체계는 아동학대가 즉각적으로 일어나는 상황으로써 아동과 부모 및 부부, 기타 여러 가족이 처한 현재의 상황적 조건에 따른 심리적인 변화에 의해 형성된 체계이며, 외계적 체계는 가족의 생활에 영향을 주는 취업상태와 자원의 분배 및 사회적 혜택의 제공 등의 공식 및 비공식 구조를 말한다. 또 거시적 체계는 아동학대를 묵인하거나 강화하는 사회의 문화적 가치관과 분위기 등을 말한다.[18)]

이상에서 보았듯이 생태학적 관점은 앞서 기술한 정신병리학적, 발달론적 그리고 사회심리학적 관점의 여러 관점을 내포하고 있는 통합적 관점으로 아동학대의 원인을 잘 설명해 주고 있다. 이상의 생태학적 관점을 요약하여 도식화하면 [그림 17－4]와 같다.

제5절 보호대상 아동의 발달 특성

아동학대의 빈도와 역학은 미국과 영국 등 서구에는 잘 알려져 있는데 좁은 의미의 아동 구타로 인한 학대가 연간 20만 내지 50만의 아동이 피해를 입고 있고 그 중에 2,000 내지 4,000명이 이로 인하여 죽는다고 하며(Light, 1973), 최근의 미국통계에 의하면 아동 1,000명 중 3.4명이 아동학대를 받는다고 보고되고 있다(National Center for Child Abuse and Neglect, 1981).

한국의 성폭력상담소에 상담을 해 온 경우 어린이가 전체의 14.5%, 중고생이 19.4%이며, 이 중 73.8%가 근친이나 친척, 또는 아는 사람 등에 의한 강간이다(성폭력상담소, 1991).

---

18) 이소희, 전게서, 1989, pp. 7-8.

〈가족차원〉
- 아동양육방법, 가족상호작용 유형, 경제수준
- 부모의 스트레스와 좌절감 수순, 부모의 병리적 특성
- 부모의 교육, 직업수준

⇨

〈아동차원〉
- 개인적 특성(미숙아동, 정신지체아동, 미혼모아동, 장애아동, 입양아동 등)
- 문제행동(공격적 행위, 도벽, 무단결석, 무반응, 고집, 충동성)

⇨

〈사회문화적 차원〉
- 부의 실적, 사회적 소외(공식, 비공식 체계)
- 신체적 학대의 용인 및 수용 자세
- 아동 및 부모의 권리에 대한 태도(아동 소유물로 인정)

⇨ 아동학대

[그림 15-4] **생태학적 관점의 요약**[19)]

1985년부터 1986년까지 서울시립아동상담소에서 운영하는 아동권익보호 신고소에 신고된 96건의 사건의 내용 중 성적인 학대로 신고된 것이 2건으로 모두가 6세, 7세아와 친부, 성인남자 간의 성적 학대 사건이었다.[20)]

최근 2000년도부터 2009년도까지 아동학대 사례 유형을 살펴보면 다음과 같다.

<아동학대 사례유형>

(단위 : 건)

연도	계	신체학대	정서학대	성학대	방임	유기	중복학대
2000.10~12	464	180	30	23	205	26	-
2001	2,105	476	114	86	672	134	623
2002	2,478	254	184	65	814	212	949
2003	2,921	347	207	134	965	113	1,155
2004	3,891	364	350	177	1,367	125	1,508
2005	4,633	423	512	206	1,635	147	1,710
2006	5,202	439	604	249	2,035	76	1,799

19) 표갑수, 전게서, 1993, p. 166.
20) 허남순, 아동학대의 실태 및 대책, 1993, p. 29.

2007	5,581	473	589	266	2,107	59	2,087
2008	5,578	422	683	284	2,237	57	1,895
2009	5,685	338	778	274	2,025	32	2,238
계	38,538	3,716	4,051	1,764	14,062	981	15,964

라이트(Light)와 쿠퍼(Cooper)는 아동학대의 결과는 단순한 타박상, 골절 등에 그치지 않고 학대아동의 10%가 이로 인해 죽는다고 했으며, 학대아동에서 정신지체와 언어장해의 높은 발생률이 나타났고 정신지체가 1/3 정도이고 신경학적 이상이 43%, 지연된 언어발달이 38%로 나타났다고 한다. 모르스(Morse) 등(1970)은 70%에서 지능부족을 보인다고 했다. 이외에 대다수에서 심리적, 정서적 후유증을 갖는다고 보고됐다.

학대받은 아동의 심리적 후유증을 자세히 살펴보면 다음과 같다.[21)]

1. 자아기능 손실

가장 흔하며 전반적 자아기능의 손상을 보인다. 발달 지연과 중추신경계 장애, 정신지체 등을 보이며 과잉운동, 충동성을 보이고 언어발달의 장애가 온다(Green, 1976).

2. 급성불안 반응

신체적, 심리적 충격으로 소멸 또는 유기당할 위협을 느낀다. 심한 공황상태에 빠지며 충격상황을 예기하는 것만으로도 불안상태가 온다. 한편 계속적으로 충격상태를 재현하려는 경향을 갖는다. 이는 뚜렷한 행동과 공상, 놀이 등에 상징적으로 나타난다. 치료시에도 나쁜 아이의 역할을 하고 벌을 받으려 한다. 이런 충격에 대한 고착은 일종의 방어로서 능동적으로 고통스런 감정과 불안을 재현하며 지배하려는 노력이다.

3. 병적 대인관계

근본적 신뢰를 이루지 못한다. 정신치료시 초기에는 소원하고 조심스럽고 비위를

21) 곽영숙 · 홍강의, 아동학대의 개념과 원인, 한국아동학대예방협회, 1989, pp. 27-30.

맞추다가 안전하다고 느끼면 굉장한 대상에 대한 집착을 나타내고 치료자를 이상화시키며, 나쁜 부모로부터 보호해 줄 좋은 부모상으로 함입시킨다. 치료관계의 한계성과 필수 불가결한 좌절이 아동에게 분노와 환멸을 일으키고, 이는 벌을 예상케 하여 빠르게 치료자를 나쁜 부모로 변형시킨다. 자신은 나쁜 아이가 되어 부모와의 관계를 재현한다. 유발시키는 시험 행동으로 벌을 예상하고 그것을 지배할 수 있는 방법을 찾으려 한다.

4. 원시적 방어기제

부정, 투사, 섭입(introjection), 분열(splitting) 등을 과도하게 사용하여 위협적인 내적·외적 부모상을 다루므로 사랑하는 면, 적개심을 느끼는 면을 통합시킬 수가 없다. 다른 벌을 더 받을까봐 두려워 부모의 잘못을 인정치 못하고 억압한다. 내재화된 파괴적 부모상을 인식하지 않기 위해 자신의 살인적 분노로부터 부모를 보호하기 위해 나쁜 부모상은 부정되어 다른 사람에게 투사되고 아동은 좋은 부모를 가졌다는 공상을 유지하게 된다.

5. 충동조절 손상

집, 학교에서 공격적, 파괴적 행동을 보이게 된다. 어린 아동은 불안정하고 과잉운동을 보이나 나이든 아동, 청소년은 반사회적 행동 및 비행을 보인다. 폭력 부모와 동일화하여 과도한 공격적 행동은 전형적인 것이다. 잠복기(latency)에 보이는 초자아의 제어작용이 부적합한 초자아 모델의 내재화로 인해 약해진다.

6. 자아개념의 손상

슬프고 낙심하여 모욕을 느낀다. 부모가 보듯이 자신을 싫어하고 경멸하며, 실제로는 무죄인데도 자신의 잘못이라고 생각한다. 과대망상이나 전지전능의 공상으로 위장하기도 한다.

7. 자학적, 파괴적 행동

자살기도나 위협과 여러 형태의 자학행위가 흔히 온다. 40%가 직접적 형태로 자기 파괴행동을 하는데, 이는 맞은 후 부모와 떨어지거나 그 위협을 받음으로써 유발된다. 아이가 파괴되거나 사라지기를 바라는 부모의 소원에 순응하는 것이다. 인지발달 장애로 대상의 항상성(object consistency)이 결여되어 부모와 떨어지는게 어렵다.

8. 학교적응의 어려움

집중력 장애, 과잉운동, 인지손상 등으로 학업성취가 어렵다. 공격성 행동문제와 학습부진으로 불려가고 더욱 학대받게 된다. 부모에 대한 분노가 선생님에게 옮겨가 수업 중의 방해행동으로 나타나 악순환이 된다.

9. 중추신경계 장애

심한 뇌손상을 제외하고는 뇌손상 때문에 중추신경계 손상이 온다고 하기는 충분치 않다. 두부 손상이 없는 많은 아동이 신경학적 손상을 보인다. 그린(Green)의 학대환경과 중추신경계 발달의 관계연구에 의하면 신체적 손상보다 잘못된 신체적 · 심리적 환경이 이상을 초래한다. 즉, 학대아동의 신경학적 문제는 잘못된 양육, 영양부족, 부적합한 의료적 처치, 비정상적 자극 때문이다.

제6절 보호사업의 방법

1. 사회사업적 접근

보호사업을 실시함에 있어 원칙적으로 사회사업기관이 그 주도적인 역할을 담당하며 팀 접근 방법으로 의사, 간호사, 교사, 심리학자, 자원봉사자 등을 활용하여야 한다.

1) 아동학대 징후의 보고 방법

어떠한 방법이든 아동학대의 징후를 발견하면 이것을 가능한 한 아주 상세하게 적는다.

어떻게 어디에서 일어났는가를 기록하고 보고서에는 다음과 같은 사항도 기록해야 한다.[22]

① 아동의 나이, 이름, 주소
② 부모의 이름
③ 기록한 날짜, 시간
④ 자신의 관점과 다른 사람의 관점
⑤ 자신의 관점을 포함하여 무엇이 문제인가를 상세하게 기술
⑥ 신체적 징후를 묘사 : 자신의 생각을 넣어 쓰지 말고 있는 그대로 묘사
⑦ 행동의 변화를 기술
⑧ 아동이 사용한 말을 그대로 기술하도록 노력
⑨ 부모에게 자신의 관점을 설명
⑩ 정보를 준 사람을 상세히 기술

보고서는 비밀 유지를 위해서 잠금장치가 있는 캐비닛에 보관하여야 한다. 아동과 밀접하게 관련이 있는 직원을 제외하고 다른 모든 직원들이 읽지 않도록 한다. 부모는 아동에 대한 보고서를 읽을 권리를 가진다.

아동학대 신고의 절차는 다음과 같다.

아동학대 행위를 목격하거나 의심되는 학대아동 발견 → 아동보호전문기관(1391), 경찰서 및 파출소(112)에 신속히 신고 → 사례접수 → 현장조사 → 아동학대 여부 판별 → 사례개입 및 계획 작성 → 사례개입(상담, 치료 등 필요한 사회복지 서비스 제공) → 사례평가 및 종결

22) Kath Bulmon, Penny Tassoni, Kate Beith, Louise Burnham, Harriet Eldridge, *Early Years Care and Education*, Heinmann Educational Publishers, 1999.

2) 아동학대 신고

2008년 10월 입법예고된 「아동복지법」 제20조의 신고의무자는 다음과 같다.

① 누구든지 아동학대를 알게 된 때에는 아동 · 청소년 종합운영기관, 아동보호전담기관 또는 수사기관에 신고할 수 있다.

② 다음 각 호의 어느 하나에 해당하는 자(이하 "신고의무자"라 한다)는 그 직무상 아동학대를 알게 된 때에는 즉시 아동 · 청소년종합운영기관, 아동보호전담기관 또는 수사기관에 신고하여야 한다.

1. 「초 · 중등교육법」 제19조에 따른 학교의 장과 교직원
2. 「의료법」 제3조에 따른 의료기관에서 의료업을 행하는 의료인, 의료기관의 장과 종사자
3. 「아동 · 청소년기본법」 제26조에 따라 설치된 아동 · 청소년시설 등의 장과 종사자
4. 「장애인복지법」 제58조에 따른 장애인복지시설의 장과 그 시설에서 장애아동에 대한 상담 · 치료 · 훈련 또는 요양을 행하는 자
5. 「영유아보육법」 제10조에 따른 어린이집의 원장과 직원
6. 「유아교육법」 제7조에 따른 유치원의 장, 교직원 및 종사자
7. 「학원의 설립 · 운영 및 과외교습에 관한 법률」 제6조에 따른 학원의 운영자 · 강사 · 직원 · 종사자 및 동법 제14조에 따른 교습소의 운영자 · 교습자 · 직원 · 종사자
8. 「소방기본법」 제35조에 따른 구급대의 대원
9. 「성매매방지 및 피해자 보호 등에 관한 법률」 제5조 및 제10조에 따른 지원시설 및 성매매피해상담소의 장과 종사자
10. 「한부모가족지원법」 제8조 및 제19조에 따른 한부모가족복지상담원 및 한부모가족복지시설의 장과 종사자
11. 「가정폭력방지 및 피해자보호 등에 관한 법률」제5조 및 제7조에 따른 가정폭력 관련 상담소의 장과 종사자, 가정폭력 피해자 보호시설의 장과 종사자

12. 「아동 · 청소년기본법」 제25조에 따른 아동 · 청소년정책전담공무원과 「사회복지사업법」 제14조에 따른 사회복지전담공무원
13. 「사회복지사업법」 제13조에 따른 사회복지시설의 장과 종사자

③ 제2항에 따른 신고의무자의 신고로 인해 발생하는 직무상 비밀의 누설은 제82조와 기타 관계법률에 의한 비밀누설금지 등의 규정에 위반하지 아니하는 것으로 본다.

④ 제1항 및 제2항에 따른 신고인의 신분은 보호되어야 하며, 그 의사에 반하여 신원이 노출되어서는 안 된다. 이에 필요한 사항은 대통령령으로 정한다.

아동학대를 신고하는 곳은 다음과 같다.

신고의무자나 이웃주민은 학대가 의심되는 아동을 발견하면 전화, 우편, PC통신 또는 방문하여 신고할 수 있다.

① 경찰서 및 파출소(전화 112)
② 아동학대 예방 및 상담기관
③ 긴급전화 설치(1391 긴급전화 24시간 운영)

아동학대 신고 의무자의 교육을 실시하고 있는데 아동학대는 사회의 각별한 관심과 신고를 통하여 근절될 수 있으므로 신고의무자의 교육이 중요하다.

시 · 도마다 설치되어 있는 지방아동보호전문기관에서 다음과 같은 내용으로 교육 실시 중이다.

① 아동학대 전반(아동학대 정의, 후유증, 아동학대관련법)
② 아동학대 신고 및 협력체계에 관한 사항
③ 아동학대 신고절차, 학대아동 발생 시 대처방안

다음은 중앙 · 지방 아동보호전문기관 및 지역 아동보호전문기관 설치 현황이다.

표 15-1 중앙 및 시·도 아동보호전문기관 설치 현황(20개소)

(2011년 1월 현재)

기관명	설치기관	설치장소(홈페이지)	비고
중앙 아동보호전문기관	굿네이버스	강남구 역삼2동 781-46(www.korea1391.org)	보건복지부 (위탁)
서울특별시 아동보호전문기관	서울시 아동복지센터	강남구 수서동 산4-1(child.seoul.go.kr)	서울시설치 (직영)
서울특별시동부 아동보호전문기관	서울시립동부 아동상담소	동대문구 장안2동 329-1 (cps.dbnawoori.seoul.kr)	서울시설치 (위탁)
부산광역시 아동보호전문기관	부산광역시 아동보호종합센터	서구 아미동 2가 125 (adong.busan.go.kr)	부산시설치 (직영)
대구광역시 아동보호전문기관	어린이재단	중구 동인동 3가 371-2(dg1391.or.kr)	
인천광역시 아동보호전문기관	세이브더칠드런 코리아	남구 주안6동 969-2(icchild.sc.or.kr)	
광주광역시 아동보호전문기관	어린이재단	서구 쌍촌동 1355-1(www.cyber1391.or.kr)	
대전광역시 아동보호전문기관	굿네이버스	중구 중촌동 23-9 (www.goodneighbors.org/local/daejon)	-
울산광역시 아동보호전문기관	세이브더칠드런 코리아	중구 성안동 2지구 24B-10L (www.ulsan1391.or.kr)	
경기도 아동보호전문기관	굿네이버스	수원시 장안구 영화동 437-11 (www.goodneighbors.org/local/suwon)	
경기도북부 아동보호전문기관	굿네이버스	의정부시 의정부동 598-2 금구빌딩 3,4층 (www.goodneighbors.org/local/ui1391)	
강원도 아동보호전문기관	어린이재단	춘천시 후평1동 685-5(www.1391.org)	
강원동부 아동보호전문기관	어린이재단	동해 천곡동 1078-14 삼성빌딩 4층 (www.kd1391.or.kr)	
충청북도 아동보호전문기관	굿네이버스	청주시 상당구 율량동 1009 (wwwgoodneighbors.org/local/cb)	
충청남도 아동보호전문기관	굿네이버스	천안시 성정동 1007-1 (www.goodneighbors.org/local/chonan)	
전라북도 아동보호전문기관	굿네이버스	전주시 완산구 서서학동 202-2 (www.goodneighbors.org/local/jeonju)	
전라남도 아동보호전문기관	어린이재단	순천시 용당동 561(www.e1391.or.kr)	
경상북도 아동보호전문기관	우봉복지재단	경주시 성건동 692-3(www.i1391.or.kr)	
경상남도 아동보호전문기관	인애복지재단	창원시 마산회원구 회원2동 652-6 (www.kn1391.or.kr)	
제주도 아동보호전문기관	어린이재단	제주시 노형동 944-7(www.jj1391.or.kr)	

* 출처 : 보건복지부, 2011년도 아동분야사업안내.

표 15-2 시 · 군 · 구 아동보호전문기관 설치 현황(25개소)

(2011. 1월 현재)

지역	기관명	설치기관	설치장소(홈페이지)
서울	서울강서아동보호전문기관	굿네이버스	강서구 등촌3동 667-4 세진빌딩 4층 (www.goodneighbors.org/local/gangseo)
	서울은평아동보호전문기관	굿네이버스	은평구 갈현동 393-18 3층 (www.goodneighbors.org/local/ep1391)
	서울영등포아동보호전문기관	굿네이버스	영등포구 대림3동 779-13 유현빌딩 2층 (www.goodneighbors.org/local/yongdungpo)
	서울성북아동보호전문기관	굿네이버스	성북구 안암동 4가 15-6 서진빌딩 2층 (www.goodneighbors.org/local.seongbuk)
	서울마포아동보호전문기관	세이브더칠드런 코리아	마포구 창전동 389-5 2층 (www. mapo.sc.or.kr)
부산	부산동부아동보호전문기관	어린이재단	연제구 거제1동 223-6 5층 (www.bd1391.or.kr)
인천	인천북부아동보호전문기관	굿네이버스	부평구 부평5동 132-21 3층 (www.goodneighbors.org/local/inchon)
경기	경기성남아동보호전문기관	굿네이버스	성남시 중원구 성남동 2179 인성빌딩 3층 (www.goodneighbors.org/local/sungnam)
	경기고양아동보호전문기관	굿네이버스	고양시 덕양구 행신동 996번지 삼정프라자 7층 (www.goodneighbors.org.local.goyang)
	경기화성아동보호전문기관	굿네이버스	화성시 봉담읍 동화리 416-4 송현빌딩 4층 (www.goodneighbors.org.local.hwaseong)
	경기부천아동보호전문기관	세이브더칠드런 코리아	부천시 소사구 송내동 331-14 3층 (www.bucheon.sc.or.kr)
	경기남양주아동보호전문기관	대한불교조계종 사회복지재단	남양주시 금곡동 651-10 다남빌딩 204호 (www.nyj1391.or.kr)
	경기안산시아동보호전문기관	세이브더칠드런 코리아	안산시 단원구 고잔동 703-2 트윈타워 제A동 203호(ansan.sc.or.kr)
강원	강원원주시아동보호전문기관	굿네이버스	원주시 판부면 서곡리 773-1 (www..goodneighbors.org/local.wonju)
충북	충북북부아동보호전문기관	화이트 아동복지회	제천시 의림대로 436 제천시보건복지센터 2층 (www.cchkorea.org/ccpa)
	충북남부아동보호전문기관	사회복지법인 명지원	옥천군 옥천읍 문정리445 (www.cbnb1391.org)
충남	충남남부아동보호전문기관	굿네이버스	보령시 동대동 1250 (www.goodneighbors.org.local/boryeong)
전북	전북동부아동보호전문기관	굿네이버스	남원시 하정동 8-2 (www.goodneighbors.org/local/namwon)
	전북서부아동보호전문기관	굿네이버스	익산시 신동 767-6 (www.goodneighbors.org/local/iksan)

전남	전남목포아동보호전문기관	굿네이버스	목포시 상동 928 2층 (www.goodneighbors.org/local/mokpo)
경북	경북안동아동보호전문기관	그리스도의 교육 수녀원	안동시 율세동 419-2번지 (www.ad1391.org)
	경북포항아동보호전문기관	굿네이버스	포항시 남구 상도동 18-254 2층 (www.goodneighbors.org/local/pohang)
	경북구미아동보호전문기관	대한불교조계종 사회복지재단	구미시 도량1동 660번지 (gumi1391.or.kr)
경남	경남서부아동보호전문기관	어린이재단	진주시 봉곡동 21-5 2층 (www.knw1391.or.kr)
제주	제주서귀포시아동보호전문기관	사회복지법인 제남	제주도 서귀포시 서귀동 332-98 (www.sgp1391.org)

※ 각 기관 공통 아동상담 및 학대신고 전화는 1577-1391 또는 129.

* 출처 : 보건복지부, 2011년도 아동분야사업안내, 2011.

3) 아동학대 발견 후 반응

만약 아동이 직접적이든 간접적이든 학대에 대해 말한다면 다음과 같은 반응을 보여야 한다.

① 충격을 받고, 화가 나고 무기력함을 느끼더라도 차분하게 대하라.

② 눈의 높이는 아동의 수준 또는 아동보다 낮게 하여 눈과 눈의 접촉을 계속하라.

③ 아동이 자발적으로 사건을 회상을 하도록 그냥 들어 주어라.

④ 아동에게 질문을 하거나 상세하게 이야기하라고 하지 말아라. 이것은 후에 전문가가 면접을 할 때 할 것이다.

⑤ 아동이 당신에게 이야기하는 일이 옳은 일이라고 안심시켜라.

⑥ 학대를 참아낸 것을 칭찬하라. 아동은 어떠한 것도 선택할 수 없었으며 아동의 잘못이 아님을 이야기하라.

⑦ 아동에게 다른 사람에게 이야기를 해야 할 필요성을 이야기하라.

⑧ 아동에게 비밀을 지키겠다고 약속을 하지 말라. 아동의 학대를 보고 받거나 눈치를 채면 그것을 보고해야 할 의무가 있기 때문이다.

⑨ 아동학대자에 대해서 어떠한 가치관을 넣어서 판단하지 말아라. 왜냐하면 아동이 아직 사랑하는 사람일 수 있기 때문이다. 당신은 학대자가 무엇을 잘못했으며 이 문제로 인하여 도움이 필요함을 말하라.

⑩ 만약 그것이 불쾌할지라도 아동의 이야기를 수용하고 있음을 보여줘라. 어린 아동은 학대에 대하여 드물게 거짓말을 한다(모든 학대에 대한 주장을 신중하게 받아들이고 보고하여야 한다).

⑪ 아동이 이야기를 한 후에 무슨 일이 일어날지를 아동에게 이야기를 해 주어라. 이 때 적절한 언어를 사용함을 잊지 말아라.

⑫ 아동이 이야기를 하고 싶을 때에 언제든지 기꺼이 들어 줄 수 있음을 설명하라.

아동으로부터 학대의 징후를 발견했을 때 도움이 되는 말과 해서는 안 될 말은 다음과 같다.

⑬ 도움이 되는 말 : 나는 너를 믿는다.
네가 나에게 이야기를 해서 매우 기쁘다.
이것은 너의 잘못이 아니다.

⑭ 피해야 할 말 : 왜 전에 다른 사람에게 이야기를 하지 않았니?
왜? 언제? 누구? 어디서? 어떻게?
너는 이렇게 했어야……
아무에게도 이야기를 하지 말아라.
이것이 사실이라고 확신을 하니?

아동의 학대가 발견되면 이러한 정보를 상사에게 즉시 보고하여야 한다. 아동이 성적으로 학대를 받았다 할지라도 부모에게 알려야 한다.

사회복지기관의 역할은 다음과 같다.

① 조사하는 동안 우선적으로 아동에게 필요한 아동복지를 책임진다.
② 아동에게 중대한 해를 주는 원인을 조사한다.
③ 학교나 학교 간호사, 건강 방문교사와 같은 아동과 접촉하는 지역기관을 조사한다.
④ 가족 그리고 가능하다면 아동과 면접한다.
⑤ 사례협의를 조정한다.
⑥ 아동과 그의 가족을 위한 사회복지사로서 책임있는 아동보호 계획을 만든다.

치료와 예방에 있어서 중요한 것은 아동이 학대와 구타의 대상이므로 부모가 가해자라는 딱지를 부치고, 그들을 법적으로나 사회적으로 죄인 취급을 해서는 안 되며, 오히려 아동과 부모가 다 희생자라는 태도로 임하여야 되리라고 본다. 즉, 아동은 물론 부모의 구타의 희생자이지만 부모 자신이 불행한 과거와 부부문제, 사회 · 경제적인 여건으로 인해 외롭고 좌절함으로써 가해행위를 하게 된 희생자이므로 치료와 예방에 있어서 부모를 죄인으로 낙인찍기보다는 도움이 필요한 사람들로서 생각하는 공감적 태도를 가져야 된다는 것이다.

이러한 점을 이해하고 적절한 도움을 준다면 아동에 대한 학대행동이 사라지거나 그 정도가 감소될 수 있다.

4) 학대아 부모에 대한 개입

가능하면 아동이 집에 머물면서 부모를 도와 주는 방향으로 실시되며 학대아 부모에 대한 개입의 목적은 부모 자신의 만성적 자신감의 결여와 그들의 정신병리가 있을 때, 이를 치료하는 것이고, 부모의 사회적인 고립을 이겨 나가고 줄여 주는 방법을 가르치며, 부모로 하여금 긍정적 양육방법을 가르쳐 주고 아동에 대한 잘못된 개념과 속죄양 현상 및 구타를 사용하지 않는 훈육방법을 가르치고 아동의 성장과 그들의 신체적, 정서적, 지능적 능력의 한계와 정서적 욕구를 알도록 요구한다. 그럼으로써 아동에 대한 과잉기대나 잘못된 생각 대신 아동을 즐겁고 만족감을 얻도록 해 주는 방향으로 도움을 준다.

이러한 목적을 달성하기 위하여 실행할 수 있는 방법은 ① 지지적 정신치료, ② 상담, ③ 부모역할에 대한 교육, ④ 집단치료, ⑤ 가족치료, ⑥ 가정 방문과 직접적 도움을 주는 것 등을 들 수가 있다.

또한 학대를 예방하기 위한 프로그램의 내용은 부모집단, 부모보조원 프로그램, 응급전화, 위기 유아원, 일시 어린이집 등으로 나누어 볼 수 있다.

(1) 부모집단(parent group)

집단치료를 통하여 똑같은 처지에 다른 가해 부모들과 함께 그들의 경험과 느낌, 그리고 결혼문제 등을 토론하도록 도와 주고 그럼으로써 사회적으로 고립되어 있는 이들이 서로 의미있는 관계를 맺도록 도와 준다. 부모 자조그룹(parent anonymous)은 알코올중독자 자조그룹과 비슷하게 전문인들의 도움이 없이 가해 부모들로만 구성된 자조그룹으로써 이를 통하여 서로를 돕고 마음대로 자기들의 경험과 문제성을 토론해 주는 기능을 가진다.

(2) 부모 보조원 프로그램(parent aid program)

가정을 직접 방문하고 부모양육과 훈육방법을 도와 주고 가르쳐 줄 수 있는 부모 보조원 제도를 쓸 수가 있는데, 물론 부모 보조원은 전문가가 아닌 일반인 중에 그 지역사회의 일하는 사람들 중에서 몇 달 동안 가족을 정기적으로 방문하고 부모를 도와 주는 역할을 할 수 있고, 그들은 항상 전화로 불러낼 수 있고, 특히 위기가 일어나는 경우 어떻게 해결하고 어떤 도움을 어떻게 청할 것인가를 가르쳐 준다.

(3) 응급전화(hot line)

24시간 동안 응급전화가 가설되어 아동학대가 일어나기 전에 이를 방지하는데 목적을 둔다.

(4) 위기 유아원(crisis nursery)과 일시 어린이집(drop - off center)

큰 위기가 닥쳤을 때 부모들은 자기들이 견딜 수 없는 스트레스와 문제로부터 쉴 수 있는 시간을 만들어 주고 부모 자신이나 아이가 함께 주간 보호센터나 유치원에 와서 도움을 받을 수 있게 만들고, 또한 부모로서 아이를 다루는 방법 등의 교육이 함께 주어진다.

5) 학대아동에 대한 개입

학대아동의 발달 특성을 줄여나가 건전한 발전을 도모하며 학대 부모가 되는 것을 예방하기 위해 학대아동에게 의료적 치료 이외에 도움을 주어야 한다.

(1) 영아와 학령 전기 아동

영아나 학령 전기 아동은 그들이 흔히 가질 수 있는 문제와 결손을 보상해 주는 작업을 해야 되는데, 첫째, 적합한 운동 및 감각 자극을 해 줌으로써 환경적 실조를 보상해야 된다. 둘째, 적합한 장난감 등을 제공함으로써 그 아동으로 하여금 놀이할 수 있는 능력을 길러 준다. 셋째, 직원이나 치료진의 누구와 일대일의 좋은 접촉을 꾀함으로써 아동의 성인에 대한 공포와 불신감을 변형시킨다. 넷째, 구조화된 놀이 활동을 통하여 신체적, 감각적 기술의 발달을 도와 준다. 다섯째, 집단 속에서 놀이 경험을 함으로써 또래들과의 관계를 형성하고 협동적 놀이가 생기도록 도와 준다.

(2) 학령기 아동

학령기 아동을 위하여서는 놀이 정신치료, 집단치료 및 정신교육적 개입이 필요하다. 그들이 경험한 상처 깊은 반응을 이겨 나갈 수 있도록 가족 인형이나 꼭두각시놀이 또는 그림 등을 통하여 그들의 경험을 계속 되풀이함으로써 이에 따르는 감정과 상처를 정리하도록 해준다. 이들의 자아기능을 강화시키기 위하여 그들의 방어기제와 충동의 조절을 강화시키고, 특히 공격성을 승화시킬 수 있는 방법을 가르친다. 자신감을 증가시키고, 특히 자기 자신을 학대의 원인으로서 여기지 않고 분명 부모의 문제의 일부 때문에 생긴 것이라는 것을 확인시켜 줄 필요가 있고, 그들로 하여금 학교 성적을 증진시킬 수 있도록 특별 지도해 주는 것이 필요하다.

2. 교육적 접근

유아교육 교사나 각급 학교의 교직원은 아동학대 사례 발견의 기회가 많다. 학대 사례의 신고가 의무화되어 있는 미국의 경우와는 다르지만, 우리나라 유아교육기관과 같이 학대 발생 가능성이 있는 집단을 지도하는 교사에 의한 신고의 의무화가 시급하다고 할 수 있다.

첫째, 관련사회 복지기관에 신고한다. 신고는 아동과 보호자를 돕는 치료과정이다.

둘째, 사회복지기관과 협력하여 아동에 대한 심리적 원조자가 되는 것이다.

셋째, 대상 아동의 보호자와의 인간적 관계를 통해 아동의 방임, 학대를 완화시킨다.

3. 보호사업의 과정

보호사업의 과정은 학대아동의 발견(case finding)과 진단(diagnosis) 및 치료(treatment)로 나눌 수 있다.

1) 발 견

미국의 모든 주는 학대아동을 공공기관에 보고하도록 법으로 규정짓고 있으며, 전문 사회사업가는 24시간 동안 7일간씩 항상 긴급직통전화(hot line) 앞에서 대기하고 있다. 긴급전화에 의해 보고된 아동은 즉시 중앙등록소에 보고함과 동시에 경찰을 파견하여 사회사업가와 함께 상황을 조사한다. 상처가 없어질 우려가 있으므로 조사는 되도록 신속하게 한다.

2) 진 단

조사가 끝난 후에 원인을 파악하는 진단의 단계가 있다. 아동을 학대하는 부모의 원인은 한 가지에 의해서라기 보다는 여러 요인으로 보인다. 예를 들면, 학대부모는 보다 심리적 요인에 의한 반면 유기 · 방임 부모는 보다 사회적 요인에 의해서 일어난다고 한다. 학대부모의 일반적인 특성으로 교육수준, 사회 경제적 지위, 학대받았던 경험, 조혼, 정신적 미숙, 좌절감, 자기중심적 사고, 신체허약 등을 들고 있다.

3) 치 료

학대아동을 분류하여 각기 송치한다. 의료적인 보호를 요하는 아동일 경우 병원에 보내 의사 · 심리학자 · 사회사업가가 함께 돕는다. 특히 아동의 문제와 가족의 문제에 중점을 두어 치료한다. 경우에 따라서는 위탁가정에 보내어 부모가 치료될 때까지 그 가정에서 보호받도록 조처한다.

다음은 학대아동을 비롯한 기아, 미아, 가출아동 등 보호가 필요한 아동을 위한 우리나라의 보호사업의 과정을 [그림 15-5]로 나타낸 것이다.

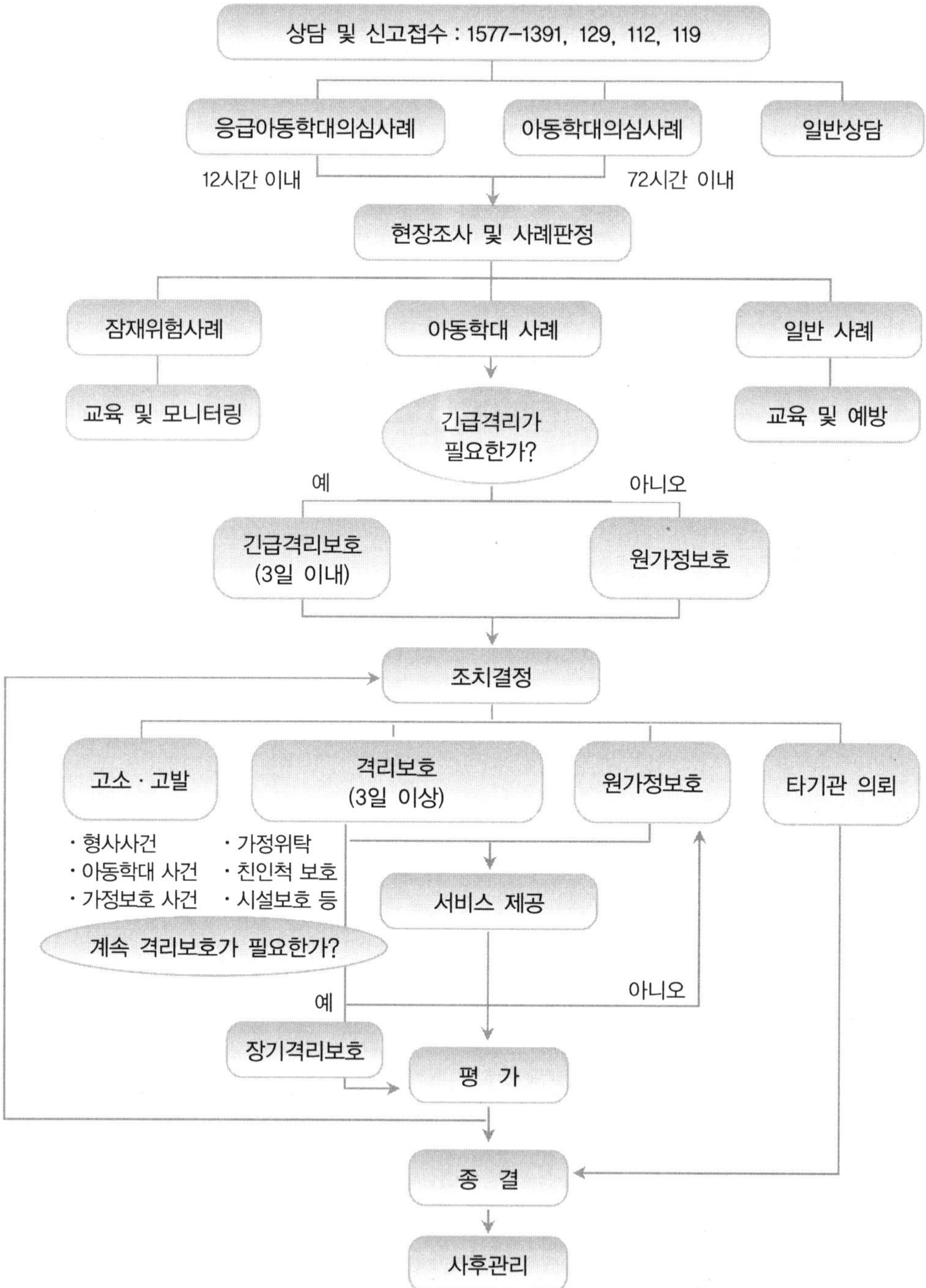

[그림 15-5] **우리나라의 보호사업의 과정**

제7절 보호사업의 문제점과 과제

아동학대에 대한 보호사업은 우리나라에서 가장 최근에 시작된 사업이어서 관련연구나 인식이 아직 미미하다. 따라서 사업의 정책 설정에 어려움이 많다.

1. 문제점

아동학대는 문화적 차이로 인해 자녀관에 관한 시각의 차이가 크다. 즉, 서구사람들은 자녀가 내 소유라는 생각보다 맡아서 키운다는 생각이 강한 반면, 한국은 자식에 대한 집착력이 어느 나라보다 강하기 때문에 학대의 범위가 애매모호하다.

사실 조사차 직원이 현장을 방문할 때 학대자의 거부반응이 심하다.

신고한 후의 보복이 두려워 자기와 직접 관계가 없는 일은 지나쳐 신고하지를 않는다.

시민의식의 결여로 인하여 자기와 직접 관계가 없는 일은 무관심하게 지나치는 일이 많다.

많은 학대가 집안에서 일어나므로 학대 현장을 목격했던 사람이 없거나 또는 그 상황에 개입되기를 원치 않는다. 목격의 부재 현상과 증거의 불충분 현상이 자주 발생되기도 한다.

2. 학대받는 아동을 위한 대책

1) 예방적 대책

부모교육 내지는 예비 부모교육을 통해서 바람직한 부모의 상과 부모역할에 대한 교육을 한다.

① 아동학대에 대한 신고 및 조사제도의 수립을 한다.

② 아동의 학대 대응 능력을 향상시키기 위한 교육이 필요하다.

③ 가족 간의 원만한 의사소통 능력을 증진시키기 위한 훈련을 시킨다.
④ 체벌에 대한 가치인식의 변화를 시도하여 아동학대의 사회 문화적인 요인을 제거하도록 한다.
⑤ 빈곤과 복합적인 연계성을 가지고 있으므로 다양한 방법을 통한 개인 및 가족에 대한 경제적 보장을 고려한다.
⑥ 대중매체를 통한 캠페인을 벌여 아동학대에 대한 관심을 재고시킨다.

유아들의 성폭력 사고의 예방을 위해 부모나 교사, 사회구성원이 해야 할 일과 유아에게 미리 가르쳐 주어야 할 사항을 정리하면 다음과 같다.

(1) 부 모

① 평소 어린이가 성에 대하여 호기심을 나타낼 때 회피하지 말고, 어려울 때 도움을 청하라고 말한다.
② 자녀를 지원하고 있다는 것을 알게 한다.
③ 속옷 안의 몸에 대한 교육을 한다.
④ 자신의 느낌을 자연스럽게 이야기하도록 한다.
⑤ 싫거나 불쾌할 때 거절할 줄 아는 태도를 가르쳐 준다.

(2) 교 사

① 성에 대하여 열려있는 태도를 가진다.
② 연령에 맞는 성교육 프로그램을 개발, 실시한다.
③ 학부모와 지역주민을 대상으로 성폭력 예방교육을 실시한다.
④ 성폭력 피해사실을 신고하여 도움을 받을 수 있는 창구를 개설한다.
⑤ 유아교육기관이나 지역사회 내의 상담기관이나 교사의 역할을 충분히 활용한다.
⑥ 다른 교사들과 성폭력 예방책에 대하여 의견을 나눈다.

(3) 아 동

① 성교육의 필요성을 알게 한다.
② 좋은 느낌과 싫은 느낌에 대하여 말해 준다.

③ 자신에게 싫은 느낌으로 접근하거나 만지려는 사람에게 '싫어요'라고 말하도록 한다.
④ 비밀로 하자고 하더라도 부모나 교사 등에게 이야기해야 함을 가르친다.
⑤ 모르는 사람이 접근하여 친구를 데리고 가면 즉시 근처의 다른 어른에게 알리도록 한다.
⑥ 반상회 등을 통하여 동네 사람들, 학부모들과 함께 성폭력이 사회문제라는 인식을 나눈다.
⑦ 긴급한 상호상황에 도움을 구할 수 있는 전문기관의 전화번호를 알아둔다.
⑧ 아동들이 알 수 있는 장소에 도움을 받을 전화번호를 붙여 둔다.
⑨ 학교에 성교육 프로그램을 적극 활용하도록 요구한다.
⑩ 피해 아동이 있을 경우 즉시 전문상담기관에 상담을 의뢰한다.

2) 치료적 복지대책

① 아동학대가 극심하여 가족기능 회복이 불가능한 경우 법적 조치가 필요하다.
② 경제적인 원인에 의해 학대를 한다면 가정의 경제력 향상을 위한 취업 알선의 기회, 가내부업 연결 서비스 제공, 지역 회원 기금 마련 등이 필요하다.
③ 방임이나 학대를 신고하기 위한 아동교육기관의 교사의 참여를 증진시킨다.
④ 학대아동과 가족을 위해 가족치료 과정을 단계별로 조직화한다.
⑤ 가해자인 부모를 대상으로 상담을 실시한다.
⑥ 학대아동을 위한 놀이요법, 미술치료, 정신치료, 개별 심리상담, 집단 상담, 최면요법 등 다양한 치료 서비스를 한다.

다음은 우리나라에서 실시하고 있는 아동학대예방사업의 내용이다.

3. 아동학대 예방

1) 목적

최근 급증하는 아동학대문제에 대해 적극적 · 체계적으로 대처하여 아동학대에 대한 국민인식 제고와 더불어 궁극적으로 아동의 건전육성 및 권리증진을 도모하기 위함이다.

2) 연혁

○ 아동복지법 개정(2000. 1. 12)

- 아동학대의 개념 명확화, 긴급전화 및 아동보호전문기관 설치근거 등 규정

○ 아동보호전문기관 및 아동학대신고전화 운영(2000. 10월)

- 전국 16개 시 · 도 17개소의 아동보호전문기관을 운영하고 긴급전화(국번없이 1391) 운영

○ 중앙아동보호전문기관 운영(2001. 10월)

○ 아동보호전문기관 2개소(경기, 강원) 설치(2003. 4월)

○ 아동보호전문기관 18개소 설치(2004)

○ 아동보호전문기관 1개소(구미) 설치(2005. 1월)

○ 아동보호전문기관 4개소(전북동부, 제주서귀포, 경기화성, 충북남부) 설치(2006)

○ 아동보호전문기관 1개소(경기남양주) 설치(2007)

○ 보건복지 관련번호의 통합 · 연계 필요에 따라 기존 신고전화(1391)가 보건복지콜센터 긴급지원전화(129)로 통합되고, 아동보호전문기관에서는 아동상담 전화번화 1577-1391 운영(2006. 11월)

※ 아동보호전문기관의 명칭

- 종전에 아동보호전문기관의 명칭을 「아동학대예방센터」로 사용하였으나, 아동복지법상 공식 명칭인 「아동보호전문기관」으로 통일

※ 아동복지법시행령의 개정 · 시행('05. 11)으로 아동보호전문기관에 대한 보건복지부장관의 지정승인 · 취소권이 지방으로 이양됨

※ 아동학대예방사업 및 아동보호전문기관의 운영에 관한 상세한 사항은 「아동보호전문기관 업무수행 지침」 참조

3) 아동학대예방사업 개요

(1) 아동학대 유형

[1] 신체학대(Physical Abuse)

보호자를 포함한 성인이 아동에게 우발적인 사고가 아닌 상황에서 의도적으로 신체 손상을 입히거나 또는 신체손상을 입도록 하는 모든 행위

[2] 정서학대(Emotional Abuse)

보호자나 양육자가 아동에게 행하는 언어적 · 정서적 위협, 감금이나 억제 등의 가학적인 행위

[3] 성학대(Sexual Abuse)

성인이 자신의 성적인 욕구충족을 위해 18세 미만의 아동과 함께 하는 모든 성적 행위

[4] 방임(Neglect) 및 유기(Abandonment)

① **방임** : 보호자가 아동에게 반복적인 아동양육과 보호를 소홀히 함으로써 아동의 정상적인 발달을 저해할 수 있는 모든 행위

② **유기** : 보호자로부터 보호를 받아야 하는 아동을 버리는 행위

(2) 아동학대사례 업무진행도

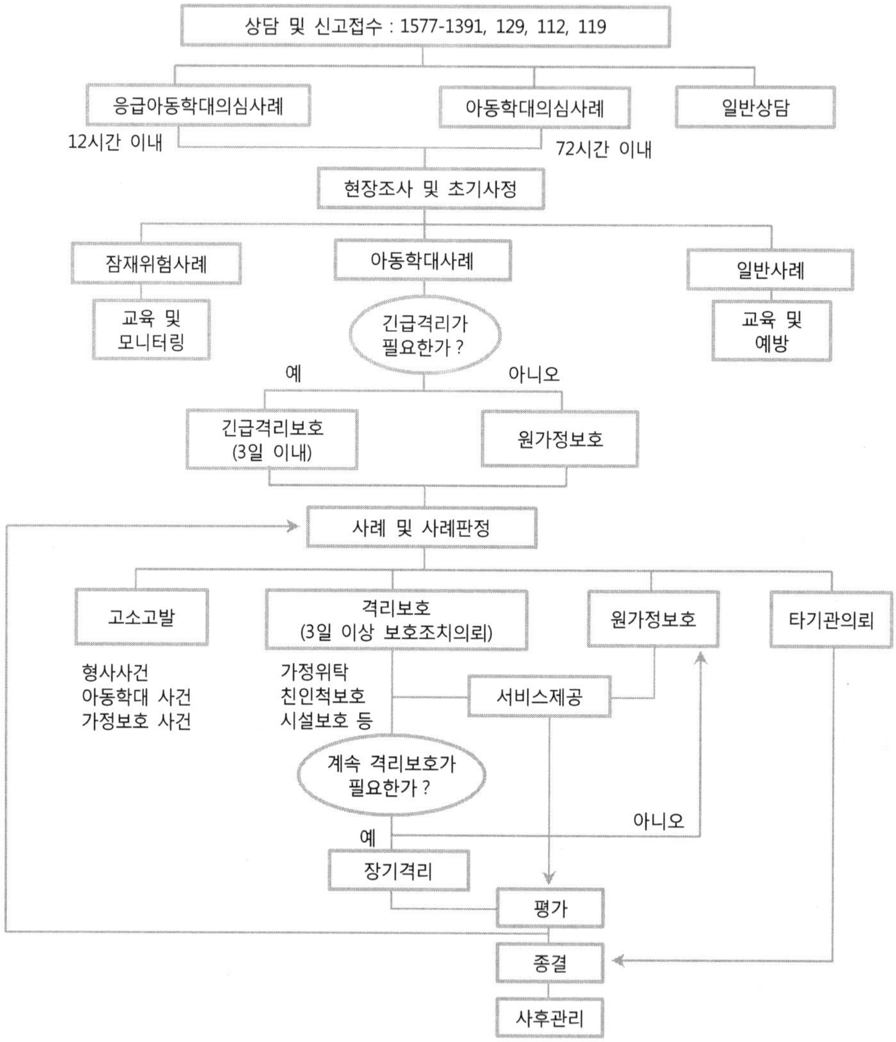

(3) 아동학대 신고의무자

「아동복지법」 제 26조(2007년 10. 17 개정)에 명시된 아동학대 신고의무자는 다음과 같다.

○ 초·중등교육법 제19조의 규정에 의한 교원

- ○ 의료법 제3조의 규정에 의한 의료기관에서 의료업을 행하는 의료인(의사, 간호사 등)
- ○ 아동복지시설의 종사자 및 그 장
- ○ 「장애인복지법」 제48조의 규정에 의한 장애인 복지시설에서 장애아동에 대한 상담 · 치료 · 훈련 또는 요양을 행하는 자
- ○ 「영유아보육법」 제10조의 규정의 의한 어린이집의 종사자
- ○ 「유아교육법」 제7조의 규정에 따른 유치원의 장, 교직원 및 종사자
- ○ 학원의 설립 · 운영 및 과외교습에 관한 법률 제6조의 규정에 따른 학원의 운영자 · 강사 · 직원 · 종사자 및 동법 제14조의 규정에 따른 교습소의 운영자 · 교습자 · 직원 · 종사자
- ○ 소방기본법 제35조의 규정에 따른 구급대의 대원
- ○ 「성매매방지 및 피해자보호 등에 관한 법률」 제5조 및 10조의 규정에 따른 지원시설 및 성매매피해상담소의 장이나 그 종사자
- ○ 「한부모가족지원법」 제8조 및 제19조의 규정에 의한 한부모가족상담소의 상담원 및 한부모가족복지 시설의 종사자
- ○ 「가정폭력방지 및 피해자보호 등에 관한 법률」 제5조 및 제7조의 규정에 의한 가정폭력 관련상담소의 상담원 및 가정폭력 피해자보호 시설의 종사자
- ○ 아동복지지도원 및 사회복지사업법 제14조에 의한 사회복지전담공무원
- ○ 이외에 아동학대를 알게 된 때에는 누구든지 신고할 수 있으므로 신고의무자는 아니지만 아동학대예방사업과 밀접한 관련성이 있는 사람들의 신고 독려 및 교육 실시 필요

  ※ 신고자의 신분은 보호되어야 하며 그 의사에 반하여 신분이 노출되어서는 안됨(아동복지법 제26조 3항)

또한 2008년 10월에 입법예고된 「아동복지법」에서 명시된 아동학대 신고의무자는 다음과 같다.

- ○ 「초 · 중등교육법」 제19조에 따른 학교의 장과 교직원
- ○ 「의료법」 제3조에 따른 의료기관에서 의료업을 행하는 의료인, 의료기관의 장과 종사자

○ 「아동 · 청소년기본법」 제26조에 따라 설치된 아동 · 청소년시설 등의 장과 종사자
○ 「장애인복지법」 제58조에 따른 장애인복지시설의 장과 그 시설에서 장애아동에 대한 상담 · 치료 · 훈련 또는 요양을 행하는 자
○ 「영유아보육법」 제10조에 따른 어린이집의 장과 종사자
○ 「유아교육법」 제7조에 따른 유치원의 장, 교직원 및 종사자
○ 「학원의 설립 · 운영 및 과외교습에 관한 법률」 제6조에 따른 학원의 운영자 · 강사 · 직원 · 종사자 및 동법 제14조에 따른 교습소의 운영자 · 교습자 · 직원 · 종사자
○ 「소방기본법」 제35조에 따른 구급대의 대원
○ 「성매매방지 및 피해자보호 등에 관한 법률」 제5조 및 제10조에 따른 지원시설 및 성매매피해상담소의 장과 종사자
○ 「한부모가족지원법」 제8조 및 제19조에 따른 한부모가족복지상담원 및 한부모가족복지시설의 장과 종사자
○ 「가정폭력방지 및 피해자보호 등에 관한 법률」 제5조 및 제7조에 따른 가정폭력 관련 상담소의 장과 종사자, 가정폭력 피해자보호시설의 장과 종사자
○ 「아동 · 청소년기본법」 제 25조에 따른 아동 · 청소년정책전담공무원과 「사회복지사업법」 제14조에 따른 사회복지전담 공무원
○ 「사회복지사업법」 제13조에 따른 사회복지시설의 장과 종사자

4) 아동학대예방과 관련된 각 기관의 역할

(1) 행정기관

〈보건복지부〉

○ 아동보호업무와 관련한 법 · 제도적 정책 수립
○ 아동보호전문기관의 인력 및 자격관리
○ 아동복지사업 보조금 집행(중앙아동보호전문기관)
○ 관계 중앙행정기관과의 협력체계 구축 지원 등

〈시 · 도〉

○ 아동보호전문기관의 설치

○ 아동보호전문기관 설치 신청에 대한 검토 및 지정

○ 시 · 도에 설치 · 운영되는 아동보호전문기관 업무지도와 감독

○ 3일 이상 장기격리가 필요하여 아동복지법 제10조 제1항 제2호 내지 제5호의 보호조치를 의뢰받은 피학대아동에 대한 행정적인 조치 등

※ 보호조치를 의뢰받은 때에는 지체없이 아동복지법 시행령 제5조 내지 제7조의 규정에 따라 적절한 보호조치 실시

○ 사회복지전담공무원에 대한 신고의무자 교육

○ 아동복지시설 등에서의 아동학대예방을 위한 지도 · 감독

○ 법원에 친권행사의 제한 또는 친권상실 청구(아동복지법 제12조)

〈시 · 군 · 구〉

○ 아동보호전문기관의 설치

○ 아동보호전문기관의 지정신청 접수

○ 시 · 군 · 구에 설치 · 운영되는 아동보호전문기관 업무지도 · 감독

○ 아동보호전문기관의 피학대아동 및 보호자 또는 학대행위자의 신분조회 요청에 대한 협조(주민등록표, 등 · 초본, 가족관계등록부 열람 또는 교부 등)

○ 3일 이상 장기격리가 필요하여 아동복지법 제10조 제1항 제2호 내지 제5호의 보호조치를 의뢰받은 피해아동에 대한 행정적인 조치 실시

※ 보호조치를 의뢰받은 때에는 지체없이 아동복지법 시행령 제5조 내지 제7조의 규정에 따라 적절한 보호조치 실시

○ 사회복지전담공무원에 대한 신고의무자 교육

○ 아동복지시설 등에서의 아동학대예방을 위한 지도 · 감독

○ 법원에 친권행사의 제한 또는 친권상실 청구(아동복지법 제12조)

○ 빈곤으로 인한 아동학대 발생가정 및 부모로부터 격리보호가 필요한 피학대아동에 대한 국민기초생활수급권자 우선 선정(국민기초생활보장사업안내 「수급자 선정기준」 중 “부양을 거부하거나 기피하는 경우 중 학대 피해아동이 가정 위탁보호 등의 보호조치를 받고 있는 경우”로 해석 가능)

(2) 사법경찰

○ 아동보호전문기관과 아동학대사례개입을 위한 협력체계 구축
○ 112에 신고된 아동학대사례를 아동보호전문기관에 의뢰
○ 아동보호전문기관에 접수된 신고사례에 대해 현장조사시 동행 협조
○ 아동학대행위자의 형사재판을 요하는 사례에 대한 수사 전담
○ 응급조치를 요하는 아동학대 사례를 일시보호시설 또는 의료기관에 조치 의뢰
○ 아동보호전문기관으로부터 의뢰받은 사례에 대한 현장조사 및 조사 이후 현장조사서 사본 송부(관할 아동보호전문기관) 등

(3) 의료기관

○ 의료행위시 학대가 의심되는 아동에 대해 아동보호전문기관에 신고
- 의료체계 내에 소아과, 소아정신과, 외과, 내과, 산부인과, 의료사회사업가 등으로 구성된 학대아동보호팀을 구성·운영하며, 아동학대로 의심되는 아동에게 종합적인 의료서비스 제공
○ 아동학대 판정을 위한 의학적 진단, 소견 및 증언 진술

(4) 교육기관

○ 아동학대사례 조기 발견, 아동보호전문기관 또는 경찰에 신고
○ 피해아동과 부모에 대한 치료적 개입 및 협조
○ 피해아동의 학교생활, 가족력 등 관련자료 제공
○ 피해아동에 대한 학교사회사업 서비스 제공
○ 학대행위자의 예방, 치료계획을 위한 지원
○ 아동학대 예방을 위한 교과과정의 포함 등 교육지원
- 초·중·고 교과과정 포함 및 교육을 통한 예방 및 홍보
- 부모교육 프로그램 실시
- 교사에 대한 신고의무자 교육
○ 부모로부터 분리된 피해아동의 보호

- 피학대아동의 입학, 전학 등의 신속한 조치와 편의 도모
- 학대행위자로부터 아동보호를 위한 아동관련 정보 비밀유지

(5) 법원

○ '아동의 최선의 이익 우선 원칙'에 따른 사법적 소송 진행
○ 피학대아동의 법률적 보호 및 학대행위자에 대한 보호처분 등에 대해 아동보호 전문기관과의 긴밀한 협조
○ 학대행위자의 처벌 및 보호처분을 포함한 판정, 친권의 상실 또는 친권의 일시정지 선고, 후견인의 지정, 부모로부터의 아동의 격리, 학대행위자에 대한 구상권 청구 등

(6) 아동보호 전문기관(설치 · 운영근거 : 아동복지법 제24조 내지 제27내지, 제31조 제4)호

〈중앙아동보호전문기관〉
○ 전국 아동보호전문기관 업무 지원
○ 업무수행지침 개발 및 수정
○ 아동학대예방사업 정책건의
○ 아동학대예방사업에 대한 전국적 홍보
○ 아동보호전문상담원 교육 및 보수교육, 신고의무자 교육 및 연수프로그램 실시
○ 아동보호전문기관 전산시스템 구축 및 운영
○ 지방기관 사례 배치 및 조정
○ 전국아동학대사례현황보고서 발간
○ 아동학대 관련 각종 연구 및 프로그램 개발
○ 관련기관 협력체계 구축 및 관리
○ 국제 아동학대사례 개입
○ 해외 아동학대 관련기관과의 국제협력

〈시 · 도 및 시 · 군구 아동보호전문기관〉

- ○ 아동학대 신고전화 운영을 통한 신고접수 및 현장조사, 응급보호, 서비스 제공
- ○ 아동학대 피해아동 · 학대행위자 상담, 교육 및 서비스 제공 · 연계
- ○ 아동학대사례판정위원회 설치 · 운영 및 자체사례회의 운영
  ※ 시 · 군 · 구 아동보호전문기관은 시 · 도 아동보호전문기관의 아동학대사례판정위원회 활용가능
- ○ 아동학대사례의 전산시스템 입력 및 보존
- ○ 신고의무자 · 일반인대상 아동학대 예방교육 및 홍보
- ○ 지역사회자원 개발 및 관련기관 협력체계 구축
- ○ 시장 · 군수 · 구청장에게 학대아동의 기초생활보장급여 또는 의료급여 등 필요한 보호 및 양육조치 의뢰
- ○ 아동학대 피해아동 보호를 위한 그룹홈(공동생활가정) 또는 단기보호시설 운영

연구토의 문제

1. 아동학대 사례가 발생되었을 때, 어떤 절차를 거쳐 학대아동과 가족들에게 어떠한 서비스를 제공할 것이며 어떤 자원들이 필요한지 생각해 보자.

2. 학대아동을 위한 보호서비스의 문제점과 개선방향에 대해 생각해 보자.

제 16 장

가정위탁 보호사업

제 1 절 가정위탁 보호사업의 개념
제 2 절 가정위탁 보호사업의 원리
제 3 절 가정위탁 보호의 상황
제 4 절 가정위탁 보호의 종류
제 5 절 가정위탁의 구성 요소
제 6 절 우리나라 가정위탁 보호사업의 문제점
제 7 절 우리나라 가정위탁 보호의 개선방안

아동은 자기가 태어난 가정에서 가족과 함께 성장 · 발달하여야 한다. 불행히도 가정 내 여러 사정으로 정상적인 부모－자녀관계를 유지하기가 불가능한 경우에는 대리가정으로 하여금 가정의 역할을 수행케 하여야 할 때가 있다. 이 대리가정은 시설에 의한 양육보다는 아동의 성장 · 발달을 위하여 보다 바람직하다는 이념에서 실시되고 있다. 특히 미국에서는 1960년대 시설의 많은 부작용으로 인하여 탈시설운동(deinstitutionalization movement)이 강력히 대두되었다. 그것에 대한 대안으로서 가정위탁보호사업(foster family care)이 장려되었다.

제1절 가정위탁 보호사업의 개념

미국 아동복지연맹(CWLA)에 의하면 가정위탁보호란 아동이 자기 가정에서 양육될 수 없을 때 또 입양이 바람직하지도 않고 불가능할 경우 다른 가정에서 일정한 계획된 기간 동안 보호와 양육을 받는 대리보호를 말한다.[1] 즉, 하루 24시간 내내 친부모가 아닌 다른 부모의 가정에 의해서 대리보호를 받는 여러 종류의 양육을 의미한다.

우리나라의 「아동복지법」 제2조 7항에 의하면 "가정위탁"이란 보호가 필요한 아동 · 청소년을 보호하기에 적합한 가정에 일정기간 위탁하는 것을 말한다.

가정위탁 보호가 요구되는 상황은 가족붕괴나 결손가정(이혼 · 사망 · 별거 · 질병 · 실업 · 투옥 등)으로 아동양육이 어려울 때, 부모의 문제(알코올 중독, 약물중독, 정신질환 등)나 아동의 문제(정서적인 문제, 행동상의 문제 등)가 있을 때, 또 아동 유기나 학대의 위험이 있을 때 등이다.

가정위탁 보호의 본질은 정상적인 가정생활에 참여할 수 있고, 또 그것에 기여할 수 있는 아동에게 제공하는 자원이라는 것이다. 그러나 다음과 같은 경우에는 가정위탁 보호가 어려운 경우에 해당된다.

첫째, 아동이 지역사회에서 인정될 수 없는 행동의 문제를 가지고 있을 경우나, 혹은 아동이 자신의 가족구성원의 삶에 위험이 될 수 있는 문제를 지니고 있을 경우이다.

---

1) Child Welfare League of America, Standard for Foster Home, 1959, p. 5.

둘째, 아동의 장애가 그 가정이나 혹은 지역사회가 제공할 수 없는 특수한 보호나 훈련이 요구되어지는 경우이다.

셋째, 본래의 아동부모가 가정위탁에 반대할 때인데, 이 때 그 반대는 아동이 타 위탁가정에 파괴적인 요인이 될 수 있다고 판단될 경우이다.

넷째, 위탁가정에서 생길 수 있는 부모에 대한 영상과 자기 본래의 부모에 대한 영상이 분리됨으로써 혼란이 일어날 위험이 있는 경우이다.

다섯째, 많은 아동들 사이에 아동을 두는 것이 좋지만 그와 같은 상황에 있는 가정을 찾기 어려울 경우나, 혹은 매우 짧은 기간 동안 대리적 보호가 필요한 경우이다.

제2절 가정위탁 보호사업의 원리

일반적으로 가정위탁 보호사업을 하는데 고려해야 할 원리는 다음과 같다.

(1) 부모와 아동의 원만한 관계의 형성과 적절한 부모역할의 수행은 아동에게 있어서 대단히 중요하므로 사회는 여러 보호사업과 사회보장 서비스를 통하여 우선적으로 가정을 보존시키도록 배려하는 것이다.

(2) 만일 최소한의 부모에 의한 양육이 어렵거나 불가능할 때에 비로소 가정 외에서 양육될 수 있는 대리가정이 제공되어야 한다.

(3) 위탁보호의 종류에 따라 각각의 잠재적 효력이 다르므로 아동의 개별적인 요구와 특성에 적절하도록 배치되어야 한다.

(4) 위탁된 아동이 자신의 가정에 있을 때보다 더 나은 서비스를 받아야 하므로 위탁보호사업을 실시함에 있어서는 돌보는 사람의 능력이나 인품, 가정환경 등 복합적인 요소가 고려되어야 한다.

(5) 아동의 장래에 지대한 영향을 미칠 중대한 결정을 내림에 있어서 아동의 권리가 특별히 고려되는 동시에 아동과 부모, 기관, 위탁부모, 기타 보조원 등의 권리도 고려되어 이 모든 것이 서로 조화를 이루어야 한다.

제3절 가정위탁 보호의 상황

가정위탁 보호가 필요되는 상황은 크게 두 종류로 나누어 볼 수 있는데, 하나는 부모와 관련된 문제가 있을 때이고, 다른 하나는 아동과 관련된 문제가 있을 때이다.

1. 부모와 관련된 문제 상황

부모와 관련된 문제로 인해 위탁가정 보호가 필요한 경우로는 어머니의 신체적 · 정신적 질병(알코올 중독 · 약물중독 · 정신질환) 등으로 인한 경우가 많다. 이와 같은 상황에 처하게 되면 가정 전체가 문제 상황에 놓이게 되고 가정위탁의 보호가 필요하게 되는 것이다.

또한 가족붕괴나 결손가정(이혼, 사망, 별거, 투옥 등)으로 자녀양육이 어려운 경우, 아동유기나 학대의 위험이 있는 경우 그리고 경제적으로 어려움(실업)이 있는 경우에 가정위탁 보호를 필요로 하게 된다.

2. 아동과 관련된 문제 상황

아동 자신의 문제로 인해 가정위탁 보호를 필요로 하게 되는 상황은 다양하다. 예컨대, 아동의 신체적 장애, 지적 발달의 지체, 사회적인 일탈행동 등의 행동상의 문제, 정신적 혼란 등 정서적인 문제가 있을 때이다.

이 경우는 부모와 관련된 문제 상황에서 보다는 발생률이 낮지만, 가정위탁 보호를 필요로 하는 상황임에는 틀림없다. 아동의 행동이나 여러 가지 문제점이 가정의 능력을 소모시키거나 또는 가정으로서도 어찌할 수 없는 문제이기 때문에, 그 가정은 물론 친척들도 그 아동의 보호부담을 짊어지지 못하는 경우가 대부분이다.

제4절 가정위탁 보호의 종류

구빈법(1601)에서는 이미 오늘날의 위탁보호사업의 일환인 도제제도(徒弟制度)를 통해 빈곤한 가정의 아동은 타 가정에서 보호를 받도록 하였다. 이들 중 일할 수 있는 소년들은 타 가정에서 주인의 직업을 배우며 무료로 24세까지 일했고, 소녀들 역시 가사를 배우며 결혼할 때까지 노동력을 제공하며 계속 머물러 있었다. 뿐만 아니라 일할 수 없는 유기아동이나 어린아동은 봉사적으로 그들을 받아들일 의사가 있는 사람에게 보내어지기도 했다. 가정위탁 보호의 종류는 다음과 같다.

1. 유료위탁(boarding foster homes)

위탁받은 가정이 아동보호를 위해 사회기관으로부터 양육에 따른 수고비를 받는 형태이다. 예를 들어, 아이의 출산, 수술 등의 이유로 아이를 돌볼 수 없을 때마다 그때그때 다른 가정에 위탁하여 보호하는 것을 의미한다. 우리나라에서는 대개 집단 시설 보호가 어려운 어린 유아를 대상으로 입양을 전제로 입양 알선기관에서 유료위탁을 실시하고 있다.

2. 장기위탁(long-term boarding foster homes)

친부모에게 돌아갈 수 없게 되었거나, 영구적인 가정생활이 필요하고, 양자로 맞을 부모의 수가 부족하여 입양하기 어려운 아이들을 위한 것이다.

3. 전문적 위탁(specialized foster family homes)

심한 정서적 문제가 있고 행동이 불안하지만 가정생활을 함으로써 어떤 도움을 받을 수 있는 아이들을 위한 것이다. 이러한 경우에 양부모는 아주 높은 수준의 인격과 훈련이 되어 있어야 한다. 이들의 서비스에 대한 보수는 다른 보통의 가정위탁보호보다 비싸며 양부모는 치료팀의 일부로서 여겨진다.

4. 무료위탁(free foster homes)

가정위탁 보호사업의 효시를 이루는 것으로 어린이 양육을 통해 모성애의 충족을 기쁨으로 여기거나 자선적 입장에서 무료로 보호 양육하는 것을 말한다. 오늘날엔 별로 없다.

5. 고용위탁(wage foster homes)

보호받는 아동이 숙식을 제공받고 추가적으로 임금도 받을 수 있는 것과, 단순히 노동의 대가로 숙식만 제공받는 두 가지 형태로 나누어진다.

6. 집단위탁(group foster homes)

집단 가정위탁은 보통 같은 성의 아이들을 4~12명으로 구성하여 한 가정에서 보호 양육하는 것으로서 작은 시설 혹은 확대된 가정과 같은 형태이다. 청소년 선도를 목적으로 할 때나 정서장애 아동을 교육하고 보호할 때, 사회나 본 가정으로 복귀하기 직전에 있는 아동에게 특히 효과적이다.

집단위탁은 가정위탁 보호분야에서 그 중대성이 점점 증가되고 있다. 우리나라의 경우, 가정위탁 보호사업과 병행해 보조사업으로 실시하고 있는 시설보호의 축소형태로서 또는 위탁 가정 당 3~4명의 아동이 할당되고 있는 현재의 가정위탁 보호사업의 확대로서 집단위탁을 실시해 볼 여지가 충분하다고 할 수 있다.

제5절 위탁가정의 구성 요소

위탁가정의 선정에 있어서 가장 중요한 일은 아동에게 행복의 기회를 갖도록 할 수 있는 가정에 위탁해 수는 일이다. 따라서 적절한 위탁가정을 발견하는 일에 세심한 주의를 기울여야 한다.

이를 위해서는 우선 바람직한 가정을 찾아 명단에 올려 평가해 가면서 기관의 필요에 따라 선택되는 과정을 밟아야 된다. 올바른 위탁가정의 발견이야말로 가정위탁 보호의 성공에 기본이 되는 것임을 명심해야 한다. 좀더 구체적으로, 적절한 가정선택을 하기 위해서는 가장 능숙한 사회사업 방법을 활용해야 하며, 이를 위해서는 잘 훈련된 자격 있는 사회복지사를 통해서 수행되어져야 한다. 적절한 가정을 발견함이 없이는 아동을 가정에 올바로 연결시켜 주는 가정위탁 보호의 가치가 상실될지도 모른다.

가정위탁 보호사업의 실시에 따른 구성 요소를 카두신(Kadushin, 1982)은 지역사회, 기관, 위탁아동, 위탁부모, 친부모로 나누어 그 관계를 [그림 18－1]과 같이 도식화하였다. 즉, 위탁부모는 아동과 그의 친부모와 관계를 맺으며 친부모도 역시 위탁부모와 관계를 형성한다. 이렇게 하여 아동은 양가 부모와 관계를 맺게 되고 아울러 이들 세 요소는 가정위탁사업의 실시에 있어 각기 독자적인 영역을 보유하게 된다. 기관은 위탁의 전 과정에 참여하여 아동, 친부모, 위탁부모에게 계속적인 서비스를 제공하게 되는데, 이 때 지역사회의 특별한 여건들이 영향을 주게 된다.

이들 구성 요소 중에서 위탁아동, 친부모, 위탁부모, 사회복지사에 대해 살펴보면 [그림 16－1]과 같다.

1. 위탁 아동

가정위탁 보호의 서비스를 받게 되는 아동들을 보면 대개 다음과 같은 어려움에 놓여 있다.

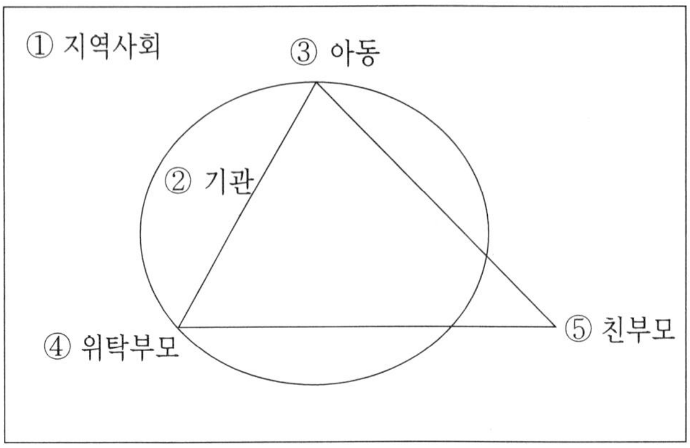

[그림 16-1] **위탁보호사업의 구성 요소**

첫째, 아동과 관련된 여러 가지 어려움으로 아동의 신체적 장애, 지적 지체, 사회적인 이탈행위, 정서적 혼란

둘째, 부모와 관련된 여러 가지 어려움으로 부모의 사랑, 이혼, 별거, 신체적 혹은 정신적 질병, 유기, 학대, 적절한 재정적 자원의 결핍 등을 들 수 있다.

이러한 상황의 아동이 가정위탁 보호를 위해 자신의 집과 분리되어 다른 가정에 위탁될 때, 일반적으로 친부모에 대한 애정과 증오의 갈등 속에 빠지게 된다.

이러한 갈등을 열거하면 다음과 같다.

① 거부감(나의 부모는 나를 원치 않는다)은 자신을 무가치한 존재로 여기게 한다.

② 죄책감(내가 나빠서 나의 부모가 나를 버렸다) 즉, 자신이 가정을 파괴시켰다고 느낀다.

③ 적대감(나를 거부한 것에 대해 상처받길 원한다)은 죄책감을 더욱 강화시키는데, 왜냐 하면 자신의 부모에 대한 적대감이 벌받을 만큼 나쁜 것이라는 생각 때문이다.

④ 유기에 대한 두려움(내 부모는 내가 돌아오길 원할까? 내가 사라져 버리면 부모들은 어떨까?)

⑤ 미지의 세계에 대한 두려움(나는 어디로 가는 걸까? 그들은 나를 좋아할까?)

⑥ 수치심(나의 엄마, 아빠는 다른 아이들의 엄마, 아빠처럼 나를 돌보아 주지 않을까?)

아동이 자신의 집을 떠나 다른 가정에 위탁될 때 그는 일반적으로 친부모에 대한 애정과 증오의 갈등 속에 빠지며 미지의 가정에 대한 일련의 불안감과 동시에 기대감을 갖는다. 또한 아동은 지난날 불행하고 어려운 환경 속에서 지냈던 관계로 성격이 일반아동보다 공격적이거나 적대적이며 혹은 지나치게 우울하거나 좌절감에 빠져 있을 수도 있다.

2. 친부모

친부모들은 일시적 사정에 의하여 자녀들을 다른 가정에 위탁시키게 되는데 이로 인하여 심리적으로 매우 좌절하거나 실의에 빠져 있는 경우가 많다. 이러한 친부모의 심리상태는 성격구조상 특별한 이상이 있는 것이 아니라 오히려 현실적인 어려움에 대한 마음의 태도, 보상의 부족, 가족관계의 병리화에 있다고 볼 수 있다.

따라서 기관이나 지역사회는 이들 부모의 생활경험, 일상생활의 문제 등을 이해하고, 자기 자녀가 위탁되어 있는 동안 이들 친부모가 신체적, 지적, 사회적, 정서적으로 성장할 수 있는 기회가 될 수 있음을 주지시켜 준다.

3. 위탁 부모

가정위탁되는 아동의 경우 본 가정에서의 양육환경이 불리했으므로 성격이 다른 아동보다 공격적이거나 적대적이며 지나치게 우울하거나 좌절감에 빠져 있을 수 있다. 따라서 자기 가정에서의 불행했던 경험을 만회시킬 수 있을 정도의 안정된 가정에서 양육되어야 한다. 따라서 아동복지기관에서는 양친이 되고자 하는 위탁부모의 동기 또는 그 가정 내의 대인 상호작용 관계 등에 대한 적절한 측정을 통해 위탁가정을 선정해야 한다.

프레데릭슨(Fredericksen)은 위탁부모의 자질로서 다음과 같은 내용을 들고 있다.

① 확고한 인생관과 도덕적 · 윤리적 · 가치평가적 기준을 갖고 있어야 한다.
② 아동의 정서적 결함을 보충해 줄 정도의 민감성과 이해력을 지니고 있어야 한다.
③ 아동의 요구와 문제를 도와 주기 위해 기관의 협조체계를 잘 받아들여야 한다.

위탁부모의 조건에 대해서, 홀트아동복지회(1987)는 기독교 가정으로, 불우아동에 대한 깊은 이해심과 책임감이 강해야 하고, 가족이 모두 건강해야 하며, 정기적인 수입이 있어서 의 · 식 · 주의 해결 능력이 있어야 하며, 국문을 해독하며 20~50세의 출산경험이 있는 여자로 형제, 자매가 있고 미취학 자녀가 없는 화목한 가정으로 설정하고 있다. 이러한 기준은 가정위탁 보호사업을 실시하는 다른 기관에서도 비슷하다. 그러나 위탁모는 위탁모로서의 역할을 수행함에 있어 다소간의 제한점을 갖는다. 즉, 일정한 기간 동안만의 양육이므로 아동의 건전한 성장 · 발달을 위해 장기적인 안목으로 양육하기 어렵다는 점이다.

위탁부모는 계획된 일정한 기간 동안 아동의 친부모처럼 행동하나 역할을 대신하는 것은 아니다. 따라서 반드시 기관을 통해 아동을 소개받아야 하며, 기관의 행동지침에 따라야 함은 물론 이를 어겼을 경우에는 자격증을 박탈당하게 된다.

위탁부모들의 만족감은 아동을 양육한다는 그 자체에서, 지역사회의 일의 한 몫을 한다는 데에서, 보수를 받는 등에서 얻게 된다.[2)]

위탁가정과 본 가정과의 관계는 위탁부모와 친부모와의 관계가 원만할 때 효과적이므로 기관은 원만한 관계가 유지되도록 연결시켜 줘야 한다. 친부모의 위탁가정 방문도 한 방법이며 주말이면 본 가정에 갔다 오게 함으로써 장차 가정복귀를 위한 준비, 부모에 대한 연관성, 위탁가정에의 바른 적응 등 여러 면에서 효과적이다.

우리나라의 위탁모는 자녀양육 경험이 풍부하고 시간적 여유가 있는 40~50대의 기혼여성이 전체 위탁모의 80%를 차지하고 있다. 그러나, 위탁모의 72%가 국졸 이하의 학력이며, 한글 미해독자도 있다. 또한 과거 자신의 경험에만 의존하는 양육법을 실시하고 있어 수준높은 보호를 기대하기 어려운 상황이다. 위탁모의 경력은 3년 이상의 유경험자가 67%를 차지하고 있으나 1년 미만의 무경험자도 30%를 차지하고 있다.[3)]

4. 사회복지기관과 사회복지사

사회복지기관과 사회복지사는 위탁모를 모집하고 위탁 아동이 잘 적응하여 안정적으로 생활할 수 있도록 가정방문을 통하여 적절한 도움을 제공할 책임을 갖는다.

2) Kadushin, Ibid, p. 356.

3) 이혜경, 한국입양사업에 있어서 입양이전의 보호사업에 관한 연구, 이화여자대학교 석사학위논문, 1980.

1) 아동에 대한 역할

위탁 아동들은 가정위탁될 때 일반적으로 심리적인 분리기, 과도기 및 결합의 과정을 거친다. 부모의 분리를 예견하게 되면 아동들은 아주 예민하고 강렬한 부정반응을 보이게 되므로 사회복지사는 가정위탁 대상 아동에게 그의 친부모와 위탁부모에 대해 솔직하게 이야기해 줄 필요가 있다. 또 앞으로 모든 것이 잘 될 것이라는 희망을 불어 넣어 주고, 일정한 시간이 흐르면 다시 부모와 행복한 가정을 영위할 수 있다는 확신감을 심어 주는 것이 중요하다.

2) 친부모에 대한 역할

부모의 생활경험, 일상생활상의 압박과 현실적인 문제, 자녀와의 관계에서 느끼는 애정과 증오의 상반된 감정 등을 이해하도록 한다.

한편 이 모든 것들이 자녀에게 어떻게 영향을 미치는가를 친부모에게 설득하여 자녀가 가정위탁되어 있는 동안 신체적 · 지적 · 사회적으로 성장할 수 있는 좋은 기회가 됨을 믿도록 격려하는 것이 중요하다.

뿐만 아니라 가정위탁 보호는 일정한 기간 동안만 부모역할을 대신시키는 것이므로 앞으로 보다 나은 부모가 되기 위해 가정위탁 기간 동안 부모의 참여와 부모로서의 책임감을 고취시킬 필요가 있다. 즉,

① 아동의 가정위탁을 준비시킴에 있어서 부모도 협조케 하며 자녀들의 가정위탁에 대한 적응을 돕도록 한다.

② 부모들로 하여금 위탁가정을 방문케 하여 그 자녀가 받을 보호가 어떠한 수준인지를 확인하게 해 준다.

3) 위탁부모에 대한 역할

위탁부모에 대해서는 일반적인 아동의 발달특성, 육아방법과 함께 위탁아동이 지난날 처했던 환경과 발달특성을 알려 주고, 이해시켜 가정위탁에 임하는 자세를 준비시

킨다. 뿐만 아니라 가정위탁 양육하는 동안에도 대상아동의 발달상황과 특별히 문제가 되는 행동을 언제나 기관의 담당자와 상의하여 도움을 요청할 수 있도록 숙지시킬 필요가 있다.

제6절 우리나라 가정위탁 보호사업의 문제점

우리나라 위탁 대상 아동은 기 · 미아, 결손 · 결함가정 아동, 부모의 질병 · 수형 · 해외취업, 극빈아동을 대상으로 민관기관인 홀트아동복지회 · 대한사회복지회 · 동방아동복지회의 3개의 기관에서 2,050명의 아동을 위탁하고 있다. 위탁보호 가정의 선정기준은 아동의 연고가정 또는 경제 · 사회적으로 안정된 30~35세의 일반가정으로 결혼 후 3년이 경과되어야 하며 위탁보호 기간은 1~5년이다. 2007년 12월 말 현재 가정위탁 보호된 아동수는 16,200명이며, 위탁 가정수는 11,622 가정이다.[4)]

시설에서 보호받고 있는 아동 중 3/4은 육아시설에서 양육을 받고 있는 실정이다. 이러한 사실은 아동이 가정에서 건전하게 성장되어야 한다는 기본원칙에 벗어나는 것이다. 우리나라에서도 종전의 시설보호 중심에서 가정위탁이나 거택구호를 중심으로 방향전환이 되어가고 있지만 아직 미흡한 상태이다.

가정위탁 보호사업의 문제점은 다음과 같다.

(1) 가족의 혈통을 중시하는 가족제도
(2) 주택문제로 다른 아동을 받아들일만큼 방의 여유가 없다.
(3) 경제적 불안정
(4) 사회보장 제도의 미비
(5) 위탁보호를 다룰 수 있는 전문기관이나 자원의 부족

4) 보건복지가족부 홈페이지, 정책통계포털(http://stat.mw.go.kr)

제7절 우리나라 가정위탁 보호의 개선방안

가정위탁 보호사업의 개선방안은 다음의 몇 가지가 있다.

1. 가정위탁 보호의 활성화 측면

① 위탁가정의 수가 절대적으로 부족하므로 양적 증가가 필요하다.

위탁가정수가 부족하여 사회복지사는 특정한 아동을 위한 가정 선택에 신중을 기할 수 없다. 따라서 지역단위 언론매체를 이용하여 가정위탁보호제도에 대한 범국민적 관심을 제고시키고, 지역 내 사회지도층 인사의 참여를 유도해야 한다.

② 위탁아동 및 위탁희망 가정을 철저히 조사하여야 한다.

③ 위탁가정에 대한 지도 · 감독을 철저히 해야 한다.

위탁가정 보호의 중도 포기로 인한 아동의 잦은 아동, 아동에 대한 방임 및 학대, 부적절한 보호, 아동의 위탁가정 부적응으로 인한 문제가 야기된다. 따라서 위탁가정 선정기준에 합당한 자로 소정의 훈련과정을 이수한 자에 한하여 가정방문 심사 후 위탁가정 면허증을 교부하고, 위탁 후 정기적으로 방문하여 보호과정을 지도 · 감독해야 한다.

④ 위탁지원비의 현실화가 요구된다.

24시간 보호를 제공하는 위탁가정의 지원비를 현실화시켜야 한다.

아울러 위탁가정에 대한 의료보호 실시, 학비면제 내지 학비를 지원해야 한다.

⑤ 위탁아동을 위한 자활 및 자립프로그램이 필요하다.

직업훈련과 직업보도를 실시하고 사회적응 프로그램과 자립의지를 고취하고 정서함양을 위한 '중간의 집'(halfway house)이 제공되어야 한다.

⑥ 가정위탁 보호의 연계체계로서 고용위탁(wage foster home)제도가 권장 · 실시되어야 한다. 아동이 자립하여 한 사회인으로 생활에 나가려면 그에 맞는 직업훈련을 받아야 한다. 그러므로 아동이 노동력을 제공하는 대신 한 가지 일을 배울 수 있는 고용위

탁제도의 도입이 필요하다.

⑦ 위탁가정 모집에 대한 적극적인 홍보가 필요하다.

그 동안 민간사회복지기관에서 국외입양자를 대상으로 국소적인 위탁가정을 모집 활용하고 있으나 일반 국민의 경우 가정위탁 보호사업에 대한 필요성 및 인식이 매우 낮은 수준이다. 따라서 가정위탁 보호사업의 관건인 위탁가정 모집을 위한 조직적인 홍보전략이 요구된다.

2. 가정위탁 보호사업에 대한 국민의 인식 제고 측면

우리나라에서는 가정위탁 보호를 입양 전에 일시적으로 위탁가정에서 보호하는 것으로 인식하고 있는 실정이다. 이에 앞으로 가정위탁 보호의 본질을 제대로 수용하고 보다 더 전문적으로 가정위탁 보호사업을 실시해야 한다.

다음은 우리나라에 설치되어 있는 전국 가정위탁 지원센터 현황이다.5)

표 16-1 전국 가정위탁 지원센터 현황

가정위탁 상담문의 1577-1406(아이사랑양육)

기관명		주 소	연 락 처	홈페이지	운영법인
중앙	가정위탁 지원센터	서울시 마포구 토정로 174 세이브더칠드런 2층	전화 : 02)790-2966 팩스 : 02)790-7266	www.fostercare.or.kr	세이브더칠드런 코리아
서울	가정위탁 지원센터	서울시 양천구 신월5동 27-3 어린이재단 3층	전화 : 02)325-9080 팩스 : 02)325-2664	www.seoul-foster.or.kr	어린이재단
부산	가정위탁 지원센터	부산시 수영구 망미 2동 403-13 10/3	전화 : 051)758-8801 팩스 : 051)752-8810	busan.sc.or.kr	세이브더칠드런 코리아
대구	가정위탁 지원센터	대구시 서구 내당동 410-9 4층	전화 : 053)656-2510 팩스 : 053)626-2510	www.dgfoster.or.kr	(사)한국수양 부모협회

5) 보건복지부, 2011년도 아동분야사업안내, 2011.

인천	가정위탁 지원센터	인천시 남구 주안5동 25-58 주안프라자 5층	전화 : 032)866-1226 팩스 : 032)866-8227	www.icfoster.or.kr	어린이재단
광주	가정위탁 지원센터	광주시 서구 농성동 644-12 한림빌딩 5층	전화 : 062)351-1206 팩스 : 062)351-2206	www.foster-gwangju.or.kr	어린이재단
대전	가정위탁 지원센터	대전시 중구 선화동 133-29 동광빌딩 3층	전화 : 042)242-5240 팩스 : 042)242-5280	www.djfoster.or.kr	(사)한국수양 부모협회
울산	가정위탁 지원센터	울산시 남구 무거1동 1437-1번지 2층	전화 : 052)286-1548 팩스 : 052)286-4675	ulsan.goodneighbors.kr	굿네이버스
강원	가정위탁 지원센터	강원도 원주시 관설동 1678-4번지 그린빌딩 3층	전화 : 033)766-1406 팩스 : 033)766-1407	www.foster-gangwon.or.kr	어린이재단
경기	가정위탁 지원센터	경기도 수원시 영통구 영통동 975-13 서린프라자빌딩 7층	전화 : 031)234-3979 팩스 : 031)234-2353	www.ggfoster.or.kr	어린이재단
경기 북부	가정위탁 지원센터	경기도 의정부시 의정부1동 235-17 미림플라자 3층	전화 : 031)821-9117 팩스 : 031)840-2828	www.kgfoster.or.kr	(사)한국수양 부모협회
충북	가정위탁 지원센터	충북 청주시 상당구 용암동 642-1 프뢰벨빌딩 3층	전화 : 043)250-1226 팩스 : 043)254-1226	www.chungbuk-foster.or.kr	어린이재단
충남	가정위탁 지원센터	충남 천안시 성정동 652-2번지 선영 새마을금고빌딩 2층	전화 : 041)577-1226 팩스 : 041)578-7175	www.fosterservice.or.kr	어린이재단
경남	가정위탁 지원센터	경남 창원시 의창구 봉곡동 36-9번지 한마음타워 6층	전화 : 055)237-1226 팩스 : 055)237-9399	www.knfoster.or.kr	어린이재단
경북	가정위탁 지원센터	경북 경산시 사정동 30-6번지 2층	전화 : 053)813-3953 팩스 : 053)812-3953	www.gbfoster.or.kr	(사)한국수양 부모협회
전남	가정위탁 지원센터	전남 목포시 옥암동 960-4 바다빌딩 5층	전화 : 061)279-1226 팩스 : 061)279-7733	www.jnfoster.or.kr	어린이재단
전북	가정위탁 지원센터	전북 전주시 덕진구 금암동 760-1번지 2층	전화 : 063)276-2600 팩스 : 063)276-2602	www.jbfoster.or.kr	어린이재단
제주	가정위탁 지원센터	제주특별자치도 제주시 연동 290-11번지 3층	전화 : 064)747-3273 팩스 : 064)747-3272	www.jeju-foster.or.kr	(사)제주상담 센터

그리고 다음은 우리나라에서 실시하고 있는 가정위탁 보호사업의 지원 내용이다.[6)]

표 16-2 우리나라 가정위탁 보호사업의 지원내용

(2008년 현재)

지원 내용	세부 내용
양육보조금 및 국민기초생활보장법에 의한 생계비 지원	① 양육보조금 지원 : 아동 1인당 월 70천원 이상(지방이양) ② 국민기초생활보장법에 의한 지원 • 위탁가정소재지 시 · 군 · 구는 위탁보호 결정아동에게 부양능력 있는 부양의무자가 존재하는 경우에도 실질적인 가족관계의 단절로 보아 급여를 실시할 것 • 생계 · 의료 · 교육 등의 해당급여를 개인 또는 세대단위로 실시(가정위탁보호아동의 국민기초생활수급자 선정기준으로서 부양의무자기준은 「2008국민기초생활보장사업안내」 보장시설 생활자에 대한 수급권자 범위 특례 적용) • 특히 부모로부터 학대받은 아동의 경우 부양능력 있는 부양의무자가 있어도 부양을 거부하거나 기피하는 것으로 시장 · 군수 · 구청장이 인정하여 기초생활수급자로 보호 • 위탁아동이 만 18세 이상인 경우에도 중 · 고등학교 재학 중인 경우에는 졸업시(졸업하는 날이 속하는 달)까지 지원 가능
가정위탁아동 상해보험료 지원	① 상해보험료 지원 • 보험담보 : 위탁아동 후유장해, 입원 · 통원 의료비 등 지원 • 보험료 : 10만원 이내(1인당, 1년 기준) • 「가정위탁 아동 상해보험 가입 업무처리 안내」 참조
대리양육 · 친인척 위탁 가정 전세자금 지원	① 대리양육 · 친인척 위탁 가정 전세자금 지원(건교부) • 대출대상 주택 : 임차전용면적 85㎡ 이하인 주택 • 일반주택 전세자금 및 공공임대주택 임대보증금 지원 • 지원대상 : 가구당 월평균소득이 '07년도 도시근로자 가구당 월평균 이하로서 무주택인 대리양육 · 친인척 위탁가정

* 출처 : '2008년도 아동복지사업안내'에서 재구성함.

6) 보건복지가족부, 2008년도 아동복지사업안내, 2008.

다음은 가정위탁보호 절차이다.

구분	읍 · 면 · 동	시 · 군 · 구	가정위탁지원센터
가정위탁보호신청	-요보호아동의 발생 -가정위탁보호의 신청 · 접수 · 상담 -수급권 신청	-가정위탁보호의 신청 · 접수	-가정위탁 아동 상담 -위탁부모 발굴 및 교육
가정위탁보호결정	일반위탁 -보호대상 아동조사서, 아동카드, 동의서를 작성하여 시 · 군 · 구청에 제출 친인척/대리 양육 -아동보호신청서, 아동보호신청자 가정 조사서, 보호대상 아동 조사서를 작성하여 시 · 군 · 구청 제출	일반위탁 -가정위탁보호 결정 -가정위탁지원센터 위탁가정 연계 의뢰 -수급자 책정 -가정위탁지원센터에 책정 및 통보 친인척/대리양육 -가정위탁 책정 및 통보 -가정위탁 아동 지원	일반위탁 -위탁가정을 상담하여 적합한 가정 연계 후 아동보호신청서, 아동보호신청자가정조사서, 일반위탁부모 추천서를 작성하여 시 · 군 · 구청 제출
사례관리	-사례관리 및 복지 서비스 제공 등 업무 지원 · 위탁아동, 위탁가정, 친가정 상담	-위탁 아동 지원	-사례관리 · 위탁아동, 위탁가정, 친가정 관리 · 위탁 부모교육 · 위탁아동 및 위탁가정 상담 지원
가정위탁보호종결		-위탁 종결 · 귀가조치(친가정 복귀) 등 · 가정위탁 종결(해지), 가정위탁 지원센터 통보	· 재배치 사정 · 귀가 신청서 제출 · 사후 관리

[그림 16-2] **우리나라 가정위탁보호 절차**

연구토의 문제

1. 가정위탁지원센터의 사업과 역할에 대해 조사해 보고 가정위탁 보호사업이 활성화되기 위한 다양한 방안을 생각해 보자.

2. 가정위탁 보호사업에서의 사회복지사의 역할은 무엇인지 생각해 보자.

3. 위탁부모 교육에 포함되어야 할 교육내용은 무엇인지 생각해 보자.

제 17 장

입 양 사 업

제 1 절 입양사업의 개념
제 2 절 입양사업의 역사
제 3 절 입양의 종류
제 4 절 입양사업의 구성 요소
제 5 절 입양에 관한 법률상의 제반요건
제 6 절 입양사업의 방법
제 7 절 특별한 문제를 가진 아동의 입양
제 8 절 우리나라 입양사업의 현황 및 지원내용
제 9 절 우리나라 입양사업의 문제점 및 개선 방향

아동은 가능한 한 가정이라는 건전하고 자연적인 환경 속에서 성장 · 발달해야 하는 것이 아동복지의 가장 기본적인 원칙이다. 그러나 가족의 붕괴나 해체로 인하여 본 가정에서 보호받을 수 없을 때, 법적 절차를 거쳐 친부모 관계가 아닌 성인과 아동이 친자관계와 동일한 관계를 형성하게 되는 것이다.

제1절 입양사업의 개념

입양(adoption)이란 생물학적 과정을 통해서가 아니라 법적 · 사회적 과정을 통해 영원한 부모–자녀관계가 형성됨을 의미한다. 프레데릭슨(Hazel Fredericksen)은 양부모에게는 입양이란 어떤 아동을 법적 절차를 밟아서 자기 아이로 삼는 것을 의미하며, 입양되는 아동에게는 친부모와 동등한 친자관계를 맺는 것을 의미한다고 하였다.[1)]

코스틴(Costin)은 출생에 의하지 아니하고 사회적이며 법적인 과정을 통하여 친자관계를 형성하는 것을 입양이라고 정의하였다.[2)]

브라운(Brown)과 스완손(Swanson)은 입양이란 법적 과정이며 자녀가 없는 기혼자가 다른 아동을 자기 친자로 수용하고 아동에 대한 모든 책임을 친자와 똑같이 진다고 하였다.[3)]

이러한 입양이 지닌 특성을 요약하면 다음과 같다.

첫째, 아동을 위한 비시설 보호의 방법이다.

둘째, 가족 관계를 창출하며, 아동을 위하여 항구적인 가정을 제공한다.

셋째, 양부모와 양자 공동적으로 인간적인 욕구를 충족시키려는 노력이다.

넷째, 아동을 위해 보다 큰 안전과 보다 좋은 보호를 위하여 일정한 법적 절차에 따라 이루어진다.

다섯째, 양부모는 양자의 양육에 관하여 무제한적인 책임을 장기간 지게 된다.

카두신(Kadushin)은 입양의 목적을 다음과 같이 설명하였다.

---

1) Hazel Fredericksen, Ibid, p. 200.

2) Costin, L. B., Ibid, p. 359.

3) Handbook, Ibid, p. 154.

첫째, 아동에게 입양이 아니면 얻을 수 없는 영구한 가정과 지속적이며 건전한 가족 관계를 갖게 한다.

둘째, 불임부부가 부모가 될 수 있게 하는 수단이 된다.

셋째, 가문의 이름을 지속시키는 수단이 된다.

넷째, 유산을 물려주는 수단이 된다.

다섯째, 자녀를 양육, 보호할 능력이 없거나, 자녀를 원치 않는 부모를 위한 대체수단이 된다.

여섯째, 자녀가 있는 사람이 아동을 더 양육하려는 욕구와 능력이 있을 때 이를 만족시키는 수단이 된다.

즉, 입양이란 친부모로부터 아동의 현재와 미래에 대한 모든 권리와 의무가 소멸되고, 행정적 · 법적 · 권한에 의한 혈연관계가 없는 타인에게 양육의 권리와 의무가 이양되는 것을 말한다. 근대적 의미의 입양사업 초기에는 주로 고아들을 대상으로 입양사업이 전개되었다. 근래에는 미혼부모의 아동들이 대종을 이루고 있는 실정이다.

제2절 입양사업의 역사

친부모와 자녀들 사이에 존재하는 것과 동일한 권리와 의무가 출생에 의하여 관계 지워지는 것이 아니고 법률에 의하여 형성되는 입양의 역사는 인류의 역사만큼 오래된 것으로 알려져 있다.

입양을 통하여 아이가 없는 부모에게는 아이를 제공하고, 부모가 없는 아이에게는 부모를 갖게 하는 오래 전부터 있어 온 과정인 것이다.[4]

1. 외국의 입양사업의 역사

서양에서 형식적인 입양이 시작된 것은 기원전 28세기경 바빌로니아에서 사르곤

---

4) Kadushin, Ibid, p. 519.

(Sargon) 1세의 출생과 관련된 함무라비법전에서 찾아볼 수 있다.[5)]

고대 로마법에서는 양자에 대한 법적인 근거를 가진 입양아에 대한 제도가 있었는데, 이는 입양이 가족의 이름이나 전통을 계승할 후손을 가지지 못한 부유층이나 영향력 있는 사람들의 가문 계승, 가족의 재산 관리, 노후 봉양, 사후 제사 등을 위한 수단으로 사용되었음을 알려주고 있다. 그 후 로마법을 기초로 유럽 각국에서 양자제도를 채용하였다.[6)]

초기 희랍과 로마에서의 입양은 종족보존과 가계번영을 위해 이루어졌고, 인도에서는 종교의식에 의한 남아상속권 때문에 행해졌다.

로마시대의 양자제도는 프랑스 나폴레옹 시대의 양자법에 영향을 주었으며, 이는 다시 프랑스와 스페인의 식민지에 영향을 주었고, 입양아동은 상속인으로서 영구히 존속하도록 하였다.

미국에서는 1851년 매사추세츠주에서 최초의 양자법을 제정하였고, 스웨덴에서는 1907년에 유럽 최초로 양자법을 제정하였으며, 뒤이어 스위스가 1907년에, 영국과 프랑스가 1928년에, 아이슬랜드가 1929년에 각각 양자법을 제정하였다.

2. 우리나라 입양사업의 역사

대가족제도를 중심으로 하는 우리나라에서는 예전부터 조상숭배와 제사상속의 관습이 이루어져 왔으며, 조상으로부터 받은 가통을 자손에게 길이 전하여 단절시키지 않는 것을 각 가정의 최고의 의무로 생각하였다.

이에 따라 제사상속과 다자(多子)에 대한 희망은 일찍부터 양자제도를 발달시킨 원인이 되었다.

「삼국사기」의 백제본기에 의하면 고구려의 시조 주몽은 북부여 사람으로 난을 피하여 졸본 부여에 와서 졸본왕의 양자가 되었다가 왕이 죽은 후 나라를 계승한 것으로 되어 있다.

---

5) Kadushin, Ibid, p. 356.

6) 복지연구회, 현대아동복지사, 한국복지정책연구소 출판부, 1984, pp. 49-50.

신라의 박, 석, 김의 시조 역시 양자관계에 의해 양육된 것으로 보인다. 박혁거세는 알 속에서 나온 아이로 고허촌장이 데려다 키웠으며, 석탈해 왕은 기원전 19년경 아진포의 노파가 양육하였고, 김알지는 석탈해왕의 재위 9년에 서림에서 나온 것을 데려다 키운 것으로 되어 있다. 이들이 문헌에 나타난 입양의 시초라고 볼 수는 있으나 제도에 관한 구체적 문헌은 찾을 수 없다.

삼국시대는 씨족사회에서 가족사회로 발전해 나가는 과도기로서 아직 혈연적 공동생활이 붕괴되지 않았고 계급 · 신분의 분열도 심하지 않았으므로 타성을 자기 가정 내에 입양하는 일이 크게 어렵지 않았으나 고려시대 이후 중국의 종법이 들어오게 되면서, 계급 · 신분이 완전히 분리되어 양자제도는 보다 복잡한 양상을 띠게 되었다.

민가입양의 기본정신은 불교에서 유래한 것으로 고려시대에 전쟁과 흉년이 잦자 이로 인해 발생한 고아 · 기아 · 빈민아를 사찰에서 수용 · 양육하여 후일 승려 또는 사역승으로 삼았고, 민가에서도 불교정신에 입각하여 입양시켜 양육하였다.

이조시대부터는 유교정책에 따라 상속을 위한 동종양자제(同宗養子制)와, 기아와 빈민아를 위한 민가수양(民家收養)의 두 형태로 나뉘어 발달하였다.

제19대 숙종 때 유기아 · 부랑아의 생명을 보호하기 위하여 국가에서 수용 · 보호하거나 민가에 수양하여 양자녀 또는 노예를 삼는 것을 기본취지로 하는 수양임시사목(收養臨時事目)이 제정 · 실시되었으며, 제21대 정조 때 자휼전칙(字恤典則)에서 이를 강화하였다. 구한말(舊韓末) 이후 입양제도는 점차 공공적 성격을 띠기 시작하였으나 사실상 근대적 의미의 입양사업은 6 · 25 동란 이후에 비로소 본격적으로 이루어지기 시작하였다.

6 · 25 동란 당시 부모를 잃은 고아들이 폐허를 방황하는 것을 보고 미국인 선교사들이 이들을 일시 수용하였으며, 고국에 가서 교도들에게 이 참상을 전하며 호소한 결과 농조자를 얻어 입양이 되었다. 오레곤주의 홀트(Harry Holt)라는 농부는 신앙이 돈독한 사람으로서 선교사를 따라나와 진상을 목격한 후 8명의 고아를 자기 가정에 입양시킨 바 있었다. 이에 감동한 이웃 주민들이 알선을 종용하자, 그는 한국에 다시 나와 구세군본부에 사무실을 차리고 입양알선 업무를 시작하였으며, 1960년에는 재단법인인 홀트 해외양자회를 설립하여 근본적으로 사업을 추진, 수많은 아기들을 본국으로 입양하도록 주선하였으며, 1964년 드디어 한국에서 순직하기에 이르렀다.

그 후 1972년에는 법인 명칭을 홀트아동복지회로 개칭하고 한국인 회장이 취임하였으며, 오늘날까지도 활발하게 해외 입양사업을 벌이고 있을 뿐 아니라 1973년 이후에는 국내 입양사업, 미혼모 상담업무도 병행하고 있다.

보건사회부가 1954년에 반관반민기관(半官半民機關)으로 설립한 한국아동양친회(韓國兒童養親會)는 역시 6 · 25 동란으로 발생한 고아를 해외에 입양시키는 것이 목적이었다. 이 기관은 1961년에 대한양친회로 개편되어 국내입양 및 가정위탁사업도 병행하다가 1965년부터는 거택구호사업, 장학사업, 혼혈아동복지사업, 영아의 가정일시 위탁사업도 겸하는 등 사업의 범주를 넓히기에 이르렀다. 1971년에 다시 대한사회복지회로 개칭하였다.

1972년에 출범한 입양기관 한국십자군연맹은 당초부터 국내 · 외 입양사업을 병행하여 오다가 1977년 3월에 동방아동복지회로 개편하여 계속 입양사업을 실시하고 있다.

이들 입양기관의 재원은 국내의 후원자의 희사금으로 충당되고 있는데 처음에는 주로 해외 후원자의 힘에 의존했으나 우리나라의 경제사정이 향상되고 국민소득이 늘어남에 따라 1970년대부터는 국내 후원자의 수가 늘어나 점차 대치되어 가고 있는 실정이다.

한편 1980년대 후반부터는 종래의 남아위주의 입양에서 여아로 입양하는 정도가 늘어나고 있다. 이것은 종래의 가계계승을 위한 남아선호 사상에서 벗어나 자녀를 기르는 기쁨 때문에 입양하는 것으로 볼 수 있다.

한국일보(1990년 11월 29일자)에 의하면 '고아 해외입양 1996년부터 중단'이란 기사가 게재되었다. '외무부 자료에 의하면 현재 매년 4천여 명에 이르는 해외입양자 수를 오는 1996년까지 매년 10~20%씩 감축시킨 뒤에 1996년 이후에는 완전히 중단시킨다'는 방침을 세웠으나 요보호 아동에 국한하여 국외입양을 계속 추진할 계획이다. 한마디로 전근대적 양자제도는 가족 중심적이며 근대적 양자제도는 아동보호의 복지적 성격을 띠고 있다.

제3절 입양의 종류

입양의 종류는 독립입양(independent adoption)과 기관입양(agency adoption), 해외입양(intercountry adoption), 의붓어버이입양(step-parent adoption) 등이 있으며 사사로이 사고 팔고 하는 암거래(black market)가 있다.

1. 독립입양

독립입양은 입양기관을 통하지 않고 입양하는 것으로 친부모가 가족이나 친구, 이웃에 직접 아동을 입양시키거나, 아는 사람을 통해서 혹은 의사나 변호사 등 제3자의 소개로 입양시키는 경우, 아동을 매매하여 입양하는 경우가 있다.

친부모를 통한 입양은 직접입양으로 친부모와 양부모가 서로 잘아는 사이로 아동을 점차적, 비공식적인 유치의 단계를 거쳐 입양시키게 되는 것이다. 이것은 부모의 동의와 호적법의 절차를 거쳐 성립하며 합법적인 입양이다.

제삼자의 소개로 입양시키는 경우는 '회색시장(gray market)'을 통한 입양이라 하며, 이 과정에서도 역시 친부모와의 법적 동의가 필요하며, 양부모는 기본적인 법적 서비스 비용이나 의료비용을 부담할 수 있다. 그러나 이것은 이익이 목적이 아닌 선의의 중개인 경우가 많으므로 대부분 합법화되어 있다.

아동을 매매하여 입양하는 경우는 이익을 목적으로 하는 불법적인 인신매매의 형태이며, '임시징(black market)'을 통한 입양이라 한다. 이런 입양은 입양을 원하는 가정보나 입양대상이 부족한 서구사회에서 나타나는 현상이며 특히 백인 아동인 경우가 심하다.

이러한 독립입양은 아동이나, 친부모, 양부모, 사회에까지 위험을 초래할 수 있다. 독립입양의 문제점은 다음과 같다.

① 비용이 많이 든다.

② 비밀보장이 어려워 후에 친부모와의 문제가 야기될 수 있다.

③ 아동의 요구보다는 입양부모의 요구에 기초하여 입양이 이루어질 수 있다.
④ 친부모는 입양에 관한 전문적인 심리적, 법적, 정신적 상담을 받을 수 없고, 적절한 의료 혜택, 필요한 경제적 · 사회적 도움도 받지 못하는 경우가 많다.
⑤ 입양아동이 문제 가정에 배치될 수도 있다.
⑥ 입양에 관한 일정한 기록보관이 어렵다.
⑦ 입양과정 중 친부모의 마음이 변하거나, 판사가 입양을 불허할 경우, 양부모는 아무런 법적 권리를 갖지 못한다.

2. 기관입양

기관입양은 아동복지기관에서 전문가에 의해 친부모로 하여금 친권을 포기하게 하고 기관이 모든 법적 대리인이 되어서 입양절차를 밟는 경우로서, 양쪽 부모 및 가정을 조사하여 가장 적절한 가정과 연결지어 줌으로써 입양 후의 문제가 적다. 기관입양의 경우 서류상의 절차가 약간 복잡하며 입양을 기다리는 기간이 길다. 또한 입양가정으로는 아동이 안전한 보호를 받을 수 있는 여러 조건이 구비된 가정환경이어야 한다. 즉, 신체적으로 건강해야 하며, 경제적 · 정서적으로 안정되어야 하며, 아동의 성격적 특징과 입양부모의 성격이 유사해야 하며, 입양동기가 건전해야 하며 가능하면 지역적 · 종교적 배경이 유사해야 한다.

기관입양의 장점은 다음과 같다.

① 입양문제에 대한 특별지식을 가진 전문직원이 있다.
② 특별한 욕구를 가진 아동을 충족시켜 줄 수 있는 입양가정을 선정하는 것이 가능 하다.
③ 특별한 문제를 가진 아동을 다루는 기관의 직원을 도와 주는 전문가가 있다(정신과 의사, 심리학자, 유전학자, 소아과 의사 등).
④ 일괄적인 자료처리가 가능하다.
⑤ 입양을 기다리는 동안 아동을 돌봐줄 수 있는 자원이 있다(가정 위탁보호, 시설보호).
⑥ 입양 후에 계속적인 사후관리가 가능하다.

3. 국외입양

국외입양은 외국으로 아동을 입양시키거나, 외국에서 태어난 아동을 입양하는 경우를 말하는데, 우리나라 국외입양은 전제 기준의 47.7%(2007년 기준)로 감소 추세에 있다.

4. 의붓어버이 입양

배우자의 자식을 입양하는 경우로 의붓어버이 입양은 전통적인 입양과 다른 특성을 지닌다.

미혼모 또는 이혼녀가 결혼을 할 경우에 자녀의 성과 남편의 성이 달라 아동의 가정생활 및 사회생활에 상당한 영향을 줄 수 있으므로 많은 복지국가(일본, 미국, 호주, 프랑스 등)에서는 오래 전부터 의붓어버이에 대한 입양을 인정하고 있다(한국보건사회연구원, 1999, 재인용).

이외에도 위탁부모 입양(Foster-parent adoption)과 대리모 입양(Surrogate adoption)의 입양 형태가 있다.

제4절 입양사업의 구성 요소

입양사업의 구성 요소는 입양대상 아동, 친부모, 양부모, 입양기관으로 이루어진다.

1. 입양대상 아동

입양에 있어 우선 입양아동에 대해서 배려할 사항은 대상아동이 입양에 적합한지의 여부와, 이에 대한 적절한 조사, 친부모와 이별하고 새로운 부모를 맞이하는데 대한 마음의 준비 등 세 가지 측면에서 고려될 수 있다.

아동에게 있어 가장 바람직한 것은 친부모 밑에서 자라는 것이다. 그러나 이것이 여의치 않기 때문에 부득이 양부모 밑에서 양육되어야 한다는 관점에서 입양의 여러 과정이 진행되고 서비스가 주어져야 한다. 이 때 특히 아동의 연령, 성별, 발달 특성, 가정적 배경 등이 고려되어야 함은 물론이다.

입양을 필요로 하는 아동은 다음과 같이 구별될 수 있다.

첫째, 입양 대상 아동의 가정이 건전한 가족으로 구성되어질 수 없는 경우다. 예를 들면, 미혼모의 아동이나 미아 등을 말한다.

둘째, 부모가 아이를 돌볼 수 없을 경우인데 예를 들면, 부모가 사망했거나, 앞으로도 돌볼 수 있는 능력이 없을 경우의 아동이다.

셋째, 친부모가 판명되지 않거나 아동양육을 거절하거나 싫어하는 경우다.

넷째, 부모가 자발적으로 아이에 대한 권리를 포기하는 경우다.

이 가운데 일반적으로 가장 많은 비율을 차지하는 경우는 혼외자녀로서, 미혼모가 낳은 아동이 가장 많다. 그러나 미국의 경우 피임, 유산 등으로 혼외자녀의 수가 감소하고 있고 미혼모가 자기 자녀를 포기하는 경우도 줄고 있다고 한다. 자료를 보면 1967년~68년의 미혼모 아동의 입양비율이 30%였던 것이 1971~1972년에는 15%로 감소하였다.

우리나라의 경우 전체 입양의뢰 아동의 약 52.3%(1980년, 보건복지부 통계)가 미혼모가 낳은 아동이다. 어린이가 입양에 적합한지의 여부는 신체발달이 양호하며, 정서적으로 안정되어 있어 새로운 가정에로의 적응이 용이한가에 기준을 두나, 극심한 신체적, 정신적 결함이 없을 경우에는 별로 문제삼지 않고 있다. 단지 소수의 입양부모들이 새로운 환경에의 적응을 이유삼아 나이가 많은 아동(5세 이상)이나 의학적인 손상을 가지고 있는 아동은 기피하고 있다.

카두신은 5세 이상의 입양아동 91명을 대상으로 조사한 결과 우려하였던 것과는 달리 입양전과 거의 다름없이 훌륭하게 새로운 환경에 잘 적응하고 있다고 보고하였으며[7] 리플(Ripple)의 연구결과도 비슷하였다.[8] 또한 의학적인 손상에 관해서 프랑클린(Franklin)과 마사리크(Massarik)가 314명의 입양아동을 대상으로 조사한 결과에 의하면

7) Alfred Kadushin, *Adopting Older Children*, New York : Columbia University, 1970.

8) Quth F. Brenner, A Following-up Study of Adopted Children, *Social Service Riview*, Vol. 42. No. 4, 1968, pp. 479-499.

아동의 의학적인 손상은 그렇게 중요한 문제가 아니라고 보고하였다.[9] 즉, 어떠한 손상을 가진 아동일지라도 입양을 원하는 가정이 있고 좋은 관계가 형성되도록 노력한다면 입양은 성공적으로 이루어질 수 있다고 하였다.

때때로 자기 모국 내에서 입양이 가능하지 못한 아동은 외국에 입양되기도 하는데, 이 때는 모국의 국적은 상실되고 입양될 나라의 국적을 취득하여 양육되어질 수 있다.

우리나라에서는 「입양촉진 및 절차에 관한 특례법」 제4조에서 양자될 자격을 규정하였는데, 다음과 같다.

① 보호자로부터 이탈된 자로서 특별시장 · 광역시장 · 도지사(이하 "시 · 도지사"라 한다) 또는 시장 · 군수 · 구청장(자치구의 구청장에 한한다. 이하 같다)이 부양의무자를 확인할 수 없어 국민기초생활보장법에 의한 보장시설(이하 "보장시설"이라 한다)에 보호 의뢰한 자

② 부모(부모가 사망 기타 사유로 동의할 수 없는 경우에는 다른 직계존속) 또는 후견인이 입양을 동의하여 보장시설 또는 제10조의 규정에 의한 입양기관에 보호 의뢰한 자

③ 법원에 의하여 친권상실의 선고를 받은 자의 자로서 시 · 도지사 또는 시장 · 군수 · 구청장이 보장시설에 보호 의뢰한 자

④ 기타 부양의무자를 알 수 없는 경우로서 시 · 도지사 또는 시장 · 군수 · 구청장이 보장시설에 보호 의뢰한 자

2. 친부모

친부모란 출생에 의해 혈연적으로 맺어지는 친자관계로, 이는 부모가 자녀를 보호 양육한다는 인륜자연의 관계이며, 한편 부모는 출생한 아동에 대한 친권을 갖게 된다.

입양이 의뢰되는 아동의 친부모는 합법적인 결혼절차를 거친 부모와 혼외의 성행위를 통해 아기를 얻게 되는 두 가지 경우로 나누어 볼 수 있다.

부모가 기혼이건 미혼이건 간에 친권을 포기하는 원인은 다음과 같다.

---

9) David S. Franklin & Fred Massarik, The Adoption of Children with Medical Conditions ; part Ⅰ, Ⅱ, Ⅲ, *Child Welfare*, Vol. 48, Nos. 8, 9, 10, 1969, pp. 459-601.

① 경제적 빈곤으로 인한 생활의 궁핍
② 이혼 등으로 야기된 가정파괴, 결손가정
③ 가정교육 미비
④ 성 교육 및 성 지식의 미비
⑤ 자녀 교육에 대한 무지와 무관심
⑥ 도시 집중화로 인한 가출 청소년
⑦ 건전한 이성교제 기회의 부족
⑧ 저소득층 근로여성을 위한 상담자 및 상담기구의 부족
⑨ 가치관의 변화 및 불안정한 심리상태, 도덕성의 문란
⑩ 가족계획의 결여

다음의 〈표 17－1〉은 최근(2001~2007년) 우리나라의 요보호아동 발생유형을 나타낸 것이다.

표 17－1 요보호아동의 발생 추이

연 도	계	발 생 유 형				
		기 아	미혼모 아동	미 아	비행가출 부랑아	빈곤, 실직, 학대 등 기타
2001	10,586	717	4,897	98	728	4,146
2002	10,057	634	4,337	74	749	4,263
2003	10,222	628	4,457	79	595	4,463
2004	9,393	481	4,004	62	581	4,265
2005	9,420	429	2,638	63	1,413	4,877
2006	9,034	230	3,022	55	802	4,925
2007	8,861	305	2,417	37	748	5,354

* 출처 : 보건복지통계연보, 2008.

3. 양부모

아동을 입양시키고자 하는 가정은 불임 때문에 자녀가 없는 부부, 자녀가 있지만 현재 불임이며 자녀를 더 원하는 부부와 임신 가능하지만 요보호아동의 인도적인 보호, 인구 증가에 대한 관심으로 입양하기를 선택하는 부부의 가정에서 발생한다.

사회적 기관을 통해서 한 아이를 입양시키기 위해서는 양부모는 다음의 조건에 부합되는 것이 바람직하다.

1) 나이(age)

입양부모의 가장 바람직한 나이는 35～45세로서, 이는 입양된 자녀의 성장기간을 고려한 것이다. 만일 성장하기 전에 양부모가 사망한다면 그 아동은 두 번의 상처를 받게 되기 때문이다. 또한 양부모와 자녀간의 지나친 나이 차이는 세대간의 이해를 어렵게 할 수 있다. 양부모의 나이가 너무 젊어도 곤란한데, 이는 어느 정도의 결혼생활의 경험이나 부부관계를 통해 아동에게 깊은 이해와 사랑을 줄 수 있는 부모로서의 태도와 마음의 준비가 있어야 하기 때문이다.

2) 신체적 건강(physical health)

기관은 아동이 또다시 부모를 잃게 되는 경우를 예방하고 아동이 적절하게 양육되도록 하기 위해 양부모의 신체건강 문제를 고려해야만 한다. 특히 아버지의 건강이 안 좋을 경우 아동에게 경제상의 문제가 발생하기 쉽다. 따라서 양부모의 건강은 필수적이다.

3) 결혼상태(marital status)

입양신청자는 결혼을 한 사람이어야 하며 대부분의 기관은 보통 최소 3년에서 5년 동안의 안정된 결혼생활을 하고 있는 지원자들을 양부모가 되게 한다.

4) 불임(infertility)

양부모의 대상은 불임부부를 대상으로 한다. 그런데 자녀가 있든 없든 부부는 자기의 불임에 대한 부정적인 생각이 없어야 한다. 입양은 끊임없이 불임을 환기시켜 줄 것이기 때문이다. 따라서 불임의 사실을 긍정적으로 받아들이지 못하고 가능한 한 친자를 얻으려 하면서 차선으로 입양을 하는 것은 바람직하지 못할 것이다. 기관의 불임에 대한 의학적 증명을 요구할 때의 부모의 반응은 불임에 대한 부모의 태도라 생각할 수 있다.

5) 종교(religion)

아동이 어떤 가정에 입양될 때 그 아동이 자란 친부모의 종교와 같은 종교적 가정에 보내게 한다.

6) 경제적인 안정(financial stability)

아동을 충분히 양육하고 교육할 수 있는 경제적인 능력이 있어야 한다. 즉, 입양아동이 가정에 부담을 주므로 가정의 안정을 잃지 않을 만큼 재정적으로 안정되어야 한다. 또한 아동의 능력에 따라 교육을 받을 수 있을 정도의 경제력이 있는 가정이어야 한다. 주로 총수입과 고용상태로 파악할 수 있다.

7) 정서적 건강(emotional health)

기관은 정서적으로 건강한 부모를 기대하고 있다. 정서적으로 건강하다는 것은 개인의 모든 약점, 강점을 수용할 수 있으며, 중요한 사회적 역할을 적절히 수행하며, 타인의 욕구를 고려하여 자기의 욕구를 지연하거나 만족을 연기할 수 있는 것, 약간의 실패는 수용할 수 있는 융통성 등을 말한다.

8) 부모로써의 능력(capacity for parenthood)

정서적으로 건강한 사람은 다음과 같은 능력을 소유한 사람이다. 즉, 아동을 사랑하고 정서적 안정을 제공해 줄 수 있는 능력, 아동의 개성을 존중하는 능력, 아동의 문제를 이해하고 수용하는 능력을 가진 사람이다.

기관에서는 입양 신청자들의 어린시절의 경험을 조사해 참고 자료로 삼는다.

9) 부부관계(quality of the marital relationship)

기관은 입양신청자의 결혼생활의 상호 만족도를 평가해야 한다. 왜냐하면 아동은 부부관계의 성질에 따라, 역동적 상호작용에 의해 영향을 받게 되기 때문이다. 이러한 평가에서는 결혼에 대한 상호 감정적인 만족 정도, 의사결정에 있어서의 상호 참여뿐 아니라 성적만족 정도, 가족 내에서의 역할 수행도 다루어져야 한다.

10) 입양동기(motives for adoption)

입양동기가 입양부모의 욕구충족에 중점을 둔 것이기보다는 아동복지적 차원에서 아동의 욕구에 중점을 둔 것일 때 바람직하다. 입양동기는 대개 다음과 같다. 즉, 아동의 성장 · 발달을 돕는 즐거움, 아동의 경험을 공유하면서 세상을 다시 즐겁고 새롭게 보는 즐거움, 미래의 교량 역할, 의무수행의 만족, 아동과 사랑을 나누고 아동으로부터 사랑을 받고자 하는 욕망, 권태를 극복하는 방법 등이다.

11) 미혼부모들에 대한 태도(attitudes toward non-marital parenthood)

대부분의 입양아동들은 혼외아동(사생아)이기 때문에 미혼부모에 대한 입양신청자들의 태도는 중요하다. 만일 미혼부모에 대해 부정적, 처벌적 태도를 가지고 있다면 입양아동에게 '그 아버지에 그 아들'이란 식으로 영향을 미칠 수 있다.

12) 이웃의 태도(attitude of significant others)

아무리 양부모가 아동에게 적합하다 하더라도 그 가정을 구성하고 있는 다른 가족과의 관계도 대단히 중요하다. 따라서 아동을 입양시키기 위해서는 가족성원의 적극적인 호응이 있어야 한다. 그리고 그 이웃도 아동에게 중요한 환경이 된다. 따라서 이들의 입양에 대한 태도가 부정적이면 아동이나 양부모 모두에게 심각한 문제를 일으킬 우려가 있으므로 이웃의 긍정적인 태도가 바람직하다.

입양은 양부모가 모두 있을 것을 원칙으로 하고 반드시 부부가 입양에 같이 동의해야 한다. 그러나 최근의 경향은 독신부모를 서서히 인정하고 있다. 특히, 연장아동, 장애아동처럼 특수한 요구를 가진 아동을 위한 가정을 제공할 수 없을 때 이용하고 있다.

4. 입양기관과 사회복지사

1) 입양기관

입양을 관장하는 사회복지 기구로서 입양아동의 복지나 장래의 행복에 미치는 영향이 매우 크다. 입양기관은 일반적으로 입양법에 따라 임무를 수행하되 실제적인 측면도 고려하여 기관의 정책이나 요강에 입각하여 운영의 묘를 기하여야 한다. 한편 입양사업 전개에 대한 계속적인 평가 및 실태조사와 결과를 활용함으로써 기능면에서 효과적으로 대처해 나가야 한다.

2) 사회복지사

사회복지사가 해야 할 중요한 일은 정서적으로 불안한 상태에 놓인 아동과 새로운 아동을 받아들이는 입양가정과 그 동안 키워준 위탁가정과 친부모들의 감정을 무리없이 처리하는 일이다.

아동에게는 입양되기 전 이별에 대한 훈련을 시키는 것이 좋으며 가정위탁부모에게도 그들의 일시적인 역할을 환기시켜 준다. 한편 양부모에게는 아동에 관한 모든 정보를 알려줌과 동시에 아동은 무한한 잠재력과 가능성을 지닌 존재로서 양육자의 태도 여하에 따라 훌륭하게 성장 · 발달할 수 있음을 확신시킨다. 그리고 행여 입양아동이 자기의 기대에 부응하지 못하더라도 사랑과 이해로써 보살펴야 되는 의무가 있음을 강조한다.

제5절 입양에 관한 법률상의 제반요건

우리나라의 입양에 관한 법률상의 제반요건은 「입양촉진 및 절차에 관한 특례법」에 제시되어 있는데, 그 내용은 다음과 같다.

1. 실질적 요건

1) 양자의 자격요건(제4조)

「입양촉진 및 절차에 관한 특례법」 제4조에서 양자가 될 자는 요보호아동으로서 다음 각호에 해당하는 자이어야 한다고 규정하고 있다.

① 보호자로부터 이탈된 자로서 특별시장 · 광역시장 · 도지사 또는 시장 · 군수 · 구청장이 부양의무자를 확인할 수 없어 국민기초생활보장법에 의한 보장시설에 보호 의뢰한 자
② 부모(부모가 사망 기타 사유로 동의할 수 없는 경우에는 다른 직계존속) 또는 후견인이 입양을 동의하여 보장시설 또는 제10조의 규정에 의한 입양기관에 보호 의뢰한 자
③ 법원에 의하여 친권상실의 선고를 받은 자의 자로서 시 · 도지사 또는 시장 · 군수 · 구청장이 보장시설에 보호 의뢰한 자
④ 기타 부양의무자를 알 수 없는 경우로서 시 · 도지사 또는 시장 · 군수 · 구청장이 보장시설에 보호 의뢰한 자

2) 양부모의 자격요건(제5조)

「입양촉진 및 절차에 관한 특례법」 제5조에 양친이 될 자의 자격을 아동양육에 필요한 재산과 정신적, 육체적 결함여부를 관찰하여 적격, 부적격 판정을 하고 있다.

또한「입양촉진 및 절차에 관한 특례법 시행규칙」제2조에 기타 양친될 자의 자격요건이 제시되어 있다. 그러므로 이러한 양부모의 자격요건을 정리하면 다음과 같다.

① 양자를 부양함에 충분한 재산이 있을 것
② 양자에 대하여 종교의 자유를 인정하고 사회의 일원으로서 그에 상응한 양육과 교육을 할 수 있을 것
③ 가정이 화목하고 정신적 · 신체적으로 양자를 부양함에 현저한 장애가 없을 것
④ 양친이 될 자가 대한민국 국민이 아닌 경우 본국법에 의하여 양친이 될 수 있는 자격이 있을 것
⑤ 기타 양자로 될 자의 복지를 위하여 다음의 필요한 요건을 갖출 것

- 25세 이상으로서 양자될 자의 연령 차이가 60세 미만일 것. 다만, 양친이 될 자가 대한민국 국민이 아닌 경우에는 25세 이상 45세 미만이어야 함

※ 다만, 시장군수 · 구청장, 입양기관, 아동상담소장 등 시행령 제2조 제2호 각목의 1에 해당하는 자가 양친이 될 자의 가정환경이 양자를 건전하게 양육하기에 특별히 적합하다고 인정하는 경우에는 입양이 가능함(법시행규칙 제2조 단서)

3) 국외입양(제17조)

① 입양촉진 및 절차에 관한 특례법 제16조 각호의 서류를 갖추어 보건복지가족부 장관에게 그 양자로 될 자의 해외이주에 관한 허가를 신청하여야 한다.
② 양자로 될자가 해외이주 허가를 받고 출국하여 그 국가의 국적을 취득하는 때에는 입양기관의 장은 보건복지가족부령이 정하는 바에 의하여 지체없이 이를 법무무 장관에게 보고하고, 법무부 장관은 직권으로 대한민국 국적을 말소할 것을 본적지 관할 호적 관서에 통지하여야 한다.
③ 제1항의 규정에 의한 신청을 받은 보건복지가족부 장관은 다음과 같은 경우 해외이주허가를 하지 아니할 수 있다.

㉮ 양자로 될 자가 미아 기타 보건복지가족부령이 정하는 자인 경우
㉯ 입양기관의 장이 입양을 원하는 국가나 그 국가의 공인받은 입양기관과 입양업무에 관한 체결을 하지 않는 경우
㉰ 입양을 원하는 국가가 대한민국과 전쟁상태 또는 적대상태에 있는 국가인 경우

2. 형식적 요건

양부모가 대한민국의 국민인 경우에 있어서의 입양은 가족관계의 등록 등에 관한 법률이 정한 바에 의하여 신고함으로써, 그 효력이 발생하도록 되어 있다(동법 제7조 제1항).

1) 제출서류

입양신고는 양친이 양자로 될 자의 후견인과 함께 서면으로 하되, 다음 각호의 서류를 첨부하여야 한다(동법 제7조 제2항).

① 양자로 될 자가 제4조 각호의 1에 해당하는 자임을 증명하는 서류
② 제5조 1항의 규정에 의한 양친이 될 자의 가정 사항에 관한 서류
③ 제6조의 규정에 의하여 입양을 동의한 사실을 증명하는 서류

2) 입양취소 청구의 제한(제9조)

「입양촉진 및 절차에 관한 특례법」 제 9조에 의하면 이 법에 의하여 입양되어 6개월이 경과된 때에 양자, 양친, 친부모, 기타 관계인은 다음 각호에 해당하는 때를 제외하고는 입양취소의 소를 제기할 수 없도록 하고 있다.

① 약취 또는 유인에 의해 보호자로부터 이탈되었던 자가 양자로 된 때
② 사기 또는 강박으로 인하여 입양의 의사표시를 한 때

3) 양자의 성과 본

이 법에 의하여 양자로 되는 자는 양친이 원하는 때에는 양친의 성과 본을 따른다(동법 제8조 제1항). 위의 규정에 의하여 양친의 성과 본을 따른 양자가 파양 또는 입양의 취소가 있는 경우에는 본래의 성과 본을 따른다. 이 경우에 그 양자이었던 자가 입양촉진 및 절차에 관한 특례법 제4조 각호의 1에 해당되었던 것임을 증명하는 서류를

갖추어 가족관계의 등록 등에 관한 법률이 정한 바에 의하여 신고하여야 한다(동법 제8조 제2항).

민법규정에 의한 입양의 경우에는 이성양자(異姓養子)가 양친의 성과 본을 따를 수 없지만, 입양촉진 및 절차에 관한 특례법에 의하여 입양을 할 때에는 이성양자가 양친의 성과 본을 따를 수 있도록 되어 있다.

제6절 입양사업의 방법

1. 최초의 면접

입양기관이 양부모에게 입양시키기 위해서는 다음의 면담을 하게 된다.

① 입양에 관한 관심을 갖게 된 동기
② 입양에 대한 동기
③ 아이가 없음과 불임에 관한 태도 및 원인 파악
④ 아동에 대한 이해 및 아동들에 대한 경험 파악
⑤ 결혼 연수 등 가족상황 파악
⑥ 교육 정도
⑦ 사회적 참여의 형태
⑧ 입양에 대한 가족들의 폭넓은 태도
⑨ 불합리하고, 결혼하지 않은 사람(미혼모)이 낳은 아이나 불륜에 대한 태도
⑩ 입양하게 될 때의 문제를 다룰 수 있는 능력
⑪ 입양기관과 함께 발맞추는 태도
⑫ 종교적 여건 파악

2. 가정조사

가정조사는 부부 공동면접, 개별면접, 가정방문 등의 방법을 통하여 행하여지는데

최초의 면접의 내용을 구체화하여 좀더 명확한 부부의 입양태도와 가정의 안정도와 성숙도를 파악한다.

부부 개별면접을 통하여 결혼 전 가족배경 및 생활태도, 결혼관계, 불임여부, 건강상태, 경제상태, 종교의 유무 및 신앙태도, 입양의 동기 및 태도, 원하는 아동 및 장래계획 등을 파악한다.

부부 공동면접을 통하여 내외 간의 관계를 관찰하고 아동에 관한 얘기를 나누고 이견이 있을 때에는 조정한다.

가정방문으로 부부 면접시의 미흡한 점을 보충하고 가족관계, 가정의 분위기 등을 파악한다.

3. 아동결연

기관은 입양신청자에게 아동에 관해 수집한 모든 자료를 신청자에게 준다. 신체검사, 사회적 조사와 생활습관 등을 알려주고, 결연 계획을 세운다.

아동을 입양시키는 과정에서 좀더 구체적으로 아동의 성격, 습관, 양육 방법 등에 대한 정보와 지도를 해 주어야 한다. 특히 아동이 입양된 후 환경의 변화로 인해 일어날 수 있는 정서적인 문제에 대해서도 설명해 주어 부부가 양자녀를 이해하고 받아들일 수 있도록 마음의 준비를 갖도록 하는 것이 필요하다. 입양결연(placement)시에는 신병 인수증과 서약서를 양부모로부터 받는다.

4. 입양의 성립

결연과 함께 입양이 이루어진다.

5. 사후조사

사후관리는 입양 후 1개월 이내에 가정 방문하여 부모와 아동의 적응상태를 조사한다.

입양의 사후관리 목적은 입양아동을 보호하며 그들의 새 가정에 성공적으로 정착시키기 위해 양부모와 아동간의 이해를 증진시키고 입양에 따르는 문제들을 해결하는 데 도움을 주는 데 있다. 그리하여 사후관리기관은 아동이 배치되면서 최소한 6개월이며 보통 최대한 1년을 필요로 한다. 사후관리에서 가장 중요한 점은 각 입양 사례마다 그에 맞는 유효 적절한 도움을 주고 대안을 마련해 주는 일이다. 그러므로 입양 가족의 입양 동기, 입양에 대한 부모의 인식을 재평가함으로써 더욱 바람직한 입양 가정이 될 수 있도록 이끌어 주어야 한다.

입양 간 아동들의 가족 배경에 대한 정보가 부족한 것이 대부분인데 어쨌든 이러한 아동들이 입양 후 그들 가족과 적응하는 데 사회복지사는 양부모를 도와 주어야 하며 사회복지사는 아동을 각자가 가지고 있는 특수한 조건에 유의해서 신체, 정신 발달, 언어, 정서 발달, 사회성, 행동 발달에 관한 정기 조사를 하고 아동의 사회적 배경을 재평가하여 부모의 아동에 대한 이해를 돕는다. 또한 사회 · 문화 · 정서적으로 다른 배경을 가진 아동들이 입양 가족 안에서 사랑받고 이해받는다고 확신할 수 있도록 도와 주며 아동에게 그가 이해할 수 있는 범위에서 자신의 가정과 부모에게서 떨어지게 된 이유를 가르쳐 주어야 하며 그 문제를 피하지 말고 자신의 감정을 확인하도록 해야 한다. 그리고 자신의 감정을 부정하고 슬픔을 억제하도록 하지 말고 부모에 대해 정을 확인하도록 해야 한다.

사회복지사는 입양 가족의 문제를 다루는 데 있어서 아동과 부모를 함께 도울 수 있는 방안을 모색해야 하고 입양기관은 그들에게 계속적으로 입양에 관한 교육과 개인상담 및 모임을 통해 문제를 해결해 나가도록 한다.

제7절 특별한 문제를 가진 아동의 입양

1. 나이든 아동

입양하기 어려운 아동은 나이든 아동으로써, 1970년대에는 2세가 넘은 아동의 입양이 어려웠으며, 1980년대에는 7, 8세 아동의 입양이 어려웠다. 그 이유는 나이든 아동은 이미 행동양식이나 성격이 형성되고 있고, 의식적 · 무의식적 경험을 통하여 상실감, 거부감, 정서결핍 등의 문제를 지니고 있으며, 시설이나 친부모, 위탁부모로부터 새로이 가정으로 이주함에 따라 새로이 적응을 해야 하기 때문이다.

나이든 아동의 입양에 있어 사회사업가의 역할은 그 동안 애정적인 관계를 맺었던 위탁가정을 떠나 낯설은 입양 가정으로 들어가는 아동이 경험하게 될 슬픔과 비탄을 그대로 받아들이는 것이며, 아동이 입양되는 과정에 친부모에 대한 감정이 생길 수도 있으므로 이러한 감정을 해결하도록 도와 주는 것이다.

나이든 아동을 입양하는 것의 장점은 부모와 의사소통할 수 있는 능력이 있으며, 가정활동에 같이 참여할 수 있다는 것이다. 또한 자신이 입양된 사실을 알기 때문에 부모가 입양사실에 대해 아동과 이야기할 때 덜 불안을 느끼며, 나이든 아동은 새로운 가족양식을 수용하고 배우면서 입양부모와 강한 애정관계를 발달시킬 수 있다고 한다.

2. 장애아동

장애아동의 입양이 어려운 이유는 신체적, 정신적, 정서적 장애가 있는 아동은 일반아동보다 부모의 시간과 노력이 더 필요하며, 장애에 대한 특별한 지식과 기술이 있어야 하고 의료비용의 부담이 있으며, 일반아동보다 부모가 기대하는 성취감을 덜 만족시킬 수 있고 오랜 기간 동안 의존하기 때문이다. 그러나 대부분의 신체장애아동(예를 들면, 언청이, 탈장, 귀머거리, 맹인, 선천성 심장질환)은 성공적으로 입양되었다. 장애아동을 입양한 가정은 얼마 동안 아동과 함께 지냈던 위탁가정이거나 신체적, 정서적 장애를 가진 사람과 직접적 혹은 간접적 경험을 가졌던 가정이었다. 장애아동을 입양하면 입양 후에도 계속 기관과 연결하여 필요한 재활, 의료, 교육, 상담 서비스를 받는 것이 바람직하다. 장애아동을 입양한 부모들은 이러한 것이 매우 유익하고 의미있는 일이라 생각 한다.

3. 백인가정에 입양되는 유색인종의 아동

1976년 아동복지연맹(Child Welfare League)에서는 '유색입양 아동이 아직도 유색가정에 적게 입양된다'고 보고했다. 백인가정에 유색인종, 국적이 다른 아동을 입양한 것은 1950년대에 시작하여 현재까지 계속되고 있다. 다른 인종의 아동을 입양한 부모들은 대개 교육수준이 높고, 많은 자녀를 원하며, 내적 욕구 지향과 높은 자아개념을 갖고 있다. 이러한 입양에 반대하는 입장도 강한데 특히 백인가정에 유색인 아동(흑인 아동)이 입양되는 경우에는 '백인사회에서는 이국인으로, 흑인사회에서는 배반자로' 인식될 수 있어 아동의 정서발달에 좋지 않은 영향을 미칠 수 있다는 것으로 흑인아동을 입양시키는 것은 흑인가정의 보존에 위협이 된다고 격렬히 반대하였다.

국적이 다른 아동을 입양할 때에는 사회복지사는 부모와 아동의 의사소통을 위해 부모가 아동의 국가에 대한 예술, 문학, 역사, 생활양식에 대해 배우도록 충고해 주며, 아동이 같은 나라 사람들과 접촉할 수 있는 기회를 갖도록 도와 주어야 한다. 이를 위해 양부모 모임을 갖는 것도 바람직하다.

이러한 입양에서 형제관계는 별문제가 없었으나, 조부모가 처음에는 반대하는 경우가 많았다고 한다. 아동들은 인종이 다른 아동과 기꺼이 친구가 되었으며, 주위의 부정적인 반응은 공공연하게 나타나지 않았다고 한다. 그러나 나이가 들면서 이러한 아동들은 학교에서 곤란한 질문을 받게 되는 경우가 많다고 한다.

4. 입양 파양

나이든 아동, 유색아동, 장애아동들은 입양배치의 실패율이 높으며, 이러한 실패율은 독립입양을 했을 때 더 높다.

입양의 파양은 입양부모가 특별한 요구를 가진 아동을 수용할 수 있는 능력이 있다고 자신을 잘못 판단한 경우 또는 실패에 대한 불안감이 과도할 때, 그리고 입양아동이 자신들이 생각했던 기대에 못미칠 때 일어날 수 있으며, 아동이 친부모나 위탁부모에 대한 감정이 남아 있어 입양부모를 수용할 수 없을 때, 그리고 사회사업가가 입양부모의 요구를 무시하고 특별한 욕구를 가진 아동을 입양하도록 압력을 가했을 때 일어나게 된다.

입양파양(adoption disruption)을 발생시키는 가족의 역기능적 패턴은 입양을 준비하는 과정에서는 잘 나타나지 않을 수 있다. 어떤 가족은 입양아동을 가족의 속죄양으로 만들어 버려 신체적, 정서적 학대를 가하기도 한다. 따라서 사회사업가는 입양이 완료된 후에도 계속적인 개입을 통해 입양가정에 대한 주의 깊은 평가를 하고 역기능적 패턴이 가정에 나타날 때에는 지지, 치료 서비스를 제공하여 입양파양을 예방하여야 한다.

그러나 여러 노력에도 불구하고 입양이 깨졌을 경우, 사회사업가는 입양부모의 죄의식, 실패감을 극복하도록 도와 주며, 다른 전문가들의 지원을 받아 아동의 욕구가 무엇인지 정확히 인식하고 적절히 가정을 다시 찾아줄 것이라는 확신을 아동에게 심어주도록 한다.

5. 독신자 입양

현대사회에서는 독신자가 늘어가고 있으며, 이들이 입양아동을 원하는 비율도 높아지고 있다. 종래에는 독신자는 양친될 자격을 심사하는 과정에서 거부되거나 배제되었고 또 입양아동을 원하는 사람도 드물었다. 즉, 일반적으로 독신자가 입양하는데 있어서의 제한은 법적이기보다는 사회적인 것이다.

이제는 아동은 가정에서 양육되어야 한다는 원칙과 함께 독신자에 대한 인식도 점차 변화하고 있고 그가 아동을 사회접촉이나 정상적인 행동으로부터 구속하지 않고 지나친 소유욕 없이 사랑과 우애관계를 지닐 수 있다면 긍정적으로 받아들여지고 있으며, 특히 아동의 특수한 요구로 기관이 양쪽 부모를 모두 제공할 수 없을 때 유용하다. 바람직한 입양에 관해서는 이에 대한 연구와 검토가 계속 이루어져야 할 것이다.

제8절 우리나라 입양사업의 현황 및 지원내용

먼저 우리나라의 입양사업의 기본 방향은 다음과 같다[10].

10) 보건복지부, 2006년도 아동복지사업안내, 2006.

① 국내입양을 우선으로 하며 국외입양을 차선책으로 추진
② 입양가정에 대한 사후관리 강화
③ 국내입양 가정에 대한 지원책 강구를 통한 국내입양 활성화 추진
④ 입양에 관한 국민인식 제고를 위한 대국민 홍보 강화

1. 우리나라 입양사업의 현황

현재 우리나라는 18세 미만의 요보호아동의 입양에 대해서는 「입양촉진 및 절차에 관한 특례법」을 적용하고 있으며, 동법에 규정되어 있지 않는 사항과 요보호아동 이외의 입양에 관해서는 민법을 적용하고 있다. 민법이나 「입양촉진 및 절차에 관한 특례법」에 의해 행해지는 입양 모두 『가족관계의 등록 등에 관한 법률』 규정에 의해 신고함으로써 그 효력이 발생토록 하고 있다.

국내입양은 1986년의 2,854명에서 '89년의 1,888명, '91년에는 1,241로 감소되는 현상을 보였고(1992년 보건복지부 통계에 의하면), 이러한 감소가 입양이 필요한 아동의 수가 감소되어 발생하는 자연적인 현상이 아니라는 데에 문제의 심각성이 있는 것이다. 이것은 소위 '암시장(black market)'으로 불리는, 입양 알선기관으로 인가받지 않은 조산소 및 산부인과에 의해 아동거래(baby-selling)가 되고 있는 실정이다.

우리나라 입양아는 1980년부터 감소하기 시작하여 1996년까지 꾸준히 감소하였다.

국내입양 정책의 활성화에도 불구하고 국내입양아가 국외입양아보다 현저하게 낮은 이유는 혈연을 중시하는 국내 가정이 입양을 꺼리기 때문이다(박정란 등, 2001).

한편 국외입양은 1958~1989년까지 국외가정에 입양된 아동은 120,421명에 달하고 있는 것으로 집계되고 있다. 국외입양은 1985년도 한해에 8,847명이 입양된 적도 있으나 그 후 매년 감소되는 경향으로 2007년 말에는 1,264명으로 대폭 줄어들고 있다. 우리나라 입양기관은 국내·외 입양기관 4개소와 국내 입양기관 20개소이다.

국내입양을 처음 시작한 기관은 한국기독교양자회(CAPOK)로서 1960년대 초에 설립되어 많은 아동들을 국내가정에 입양시키는데 크게 기여하였다.

2011년 말 현재 우리나라의 입양기관의 현황과 입양기관 및 입양아동의 수의 변화

는 다음과 같다.

표 17-2 우리나라 입양기관의 현황

(2011년 말 현재)

업 무	기 관 명	주 소	전화번호	비고
국내·외 입양기관 (4개)	홀트아동복지회	서울 마포구 합정동 382-14	02-332-7501	전문기관
	동방사회복지회	서울 서대문구 창천동 493	02-332-3941	〃
	대한사회복지회	서울 강남구 역삼동 718-35	02-552-1015	〃
	한국사회봉사회	서울 도봉구 쌍문동 533-3	02-908-9191	사후관리만 진행
국 내 입양기관 (18개)	성가정입양원	서울 성북구 성북2동 산 9-15	02-764-4741	〃
	서울시립아동복지센터	서울 강남구 수서동 산4-1	02-2040-4200	지정기관
	부산광역시아동보호종합센터	부산 서구 아미동2가 125	051-240-6342	〃
	부산아동상담소(동방)	부산 중구 대창동 1가 23	051-469-5586	〃
	대구아동복지센터	대구 남구 봉덕2동 920	053-473-3771	〃
	해성보육원	인천 남구 용현4동 183-6	032-875-3240	〃
	광주영아일시보호소(대한)	광주 동구 소태동 446-3	062-222-1095	〃
	늘사랑아동센터	대전 동구 가양1동 307-13	042-634-0061	〃
	울산양육원	울산 울주군 언양읍 송대리 15	052-277-5636	〃
	동방안양상담소	경기 안양시 동안구 비산2동 570-9	031-442-7750	〃
	대한의정부상담소	경기 의정부시 녹양동 318-5	031-877-2849	〃
	자비아동입양위탁소	강원 강릉시 포남동 1156	033-642-3555	〃
	꽃동네천사의집	충북 음성군 맹동면 임곡리산 1-45	043-879-0285	〃
	홍성사회복지관(한국)	충남 홍성군 홍성읍 오관리 701	041 632 2008	〃
	전주영아원(홀트)	전북 전주시 중화산동 2가 623-2	063-222-1559	〃
	이화영아원(대한)	전남 나주시 보산동 127-1	061-332-1964	〃
	임마뉴엘영육아원	경북 김천시 교동 591	054-434-2821	〃
	홍익아동복지센터	제주시 도련1동 2043-1	064-755-0844	〃

* 출처 : 보건복지가족부, 2011년도 아동복지사업안내, 2011.

표 17-3 우리나라 입양기관 및 입양아동의 변화

구분	입양기관			입양아동		
	계	국내	국내 · 국외	계	국내	국외
1990	31	27	4	4,609	1,647	2,962
1995	27	23	4	3,205	1,025	2,180
2000	26	22	4	4,046	1,686	2,360
2001	24	20	4	4,206	1,770	2,436
2002	22	18	4	4,059	1,694	2,365
2003	23	19	4	3,851	1,564	2,287
2004	23	19	4	3,899	1,641	2,258
2005	24	20	4	3,562	1,461	2,101
2006	25	21	4	3,231	1,332	1,899
2007	24	20	4	2,652	1,388	1,264
2008	23	19	4	2,556	1,306	1,250
2009	23	19	4	2,439	1,314	1,125

* 출처 : 2010년 보건복지가족통계연보.

2. 우리나라 입양사업의 내용

「2008년도 아동복지사업안내」에 제시되어 있는 우리나라 입양사업의 지원내용은 다음과 같다.[11)]

1) 입양가정 및 입양아동에 대한 지원

(1) 양육보조수당 및 의료비 지원(법 제23조)

① 지급대상

- 장애인복지법 제2조의 규정에 의한 장애인에 해당하는 아동
- 분만시 조산 · 체중미달 · 분만장애 · 유전 등으로 질환을 앓고 있는 아동
- 입양당시 장애 또는 의료적 문제가 없었으나 선천적 요인으로 인해 장애 또는

11) 보건복지가족부, 2008년도 아동복지사업안내, 2008.

질환이 발생한 아동

☞ 상기의 요건에 해당하는 경우에는 입양아동이 18세를 초과되더라도 고등학교에 재학 중인 때에는 졸업시까지 지원 가능

② **지급내용**

○ 양육보조금 : 입양아동 1인당 월 551천원씩 지급

○ 의료비

- 연간 252만원 한도 내에서 본인이 부담한 진료·상담·재활 및 치료에 소요되는 비용(급여 및 비급여부분 포함)
- 의료급여법 제7조제1항 및 제12조의 규정에 의한 의료급여 또는 요양비에 대한 본인부담금
- 국민건강보험법 제39조제1항 및 제44조의 규정에 의한 요양급여 또는 요양비에 대한 본인부담금
- 사회복지사업법·장애인복지법·정신보건법 등 다른 법령에 의하여 제공되는 진료·상담·재활 및 치료에 소요되는 비용중 본인부담금

③ **지급방법**

○ 양부모는 매년 1회(양육비의 경우) 별지 8호서식의 양육보조금지급 신청서에 장애인 등록증(질환을 앓고 있는 아동의 경우는 의사소견서)과 별지 7호서식의 입양사실확인서를 첨부하여 관할 시장·군수·구청장에게 신청

☞ 입양사실확인서는 입양기관의 장, 시장·군수·구청장 및 상담소의 장이 발급 가능

○ 신청받은 시장·군수·구청장은 신청자의 통장계좌로 입금할 것

- 양육보조금은 매월 551천원 입금

④ **행정사항**

○ 신청받은 관계공무원은 가정방문조사를 통해 양육여부를 확인하고 양육보조금을 지급할 것

※ 가정방문조사시 양부모가 입양사실 공개를 원치 않을 경우 비밀보장에 각별히 유의할 것

○ 관계공무원은 1년에 2회 이상 가정방문 조사를 통해 양육여부를 반드시 확인해야 함

○ 연도 중에 지원대상 가정의 주소지 등이 변경되어 관할 시·군·구가 변동되는 경우 기 관할 시·군·구는 변경되는 시·군·구에 통보하여 대상자가 불필요한 재신청 절차를 밟지 않도록 할 것

○ 장애인등록이 된 장애아의 경우 1회 신청으로 연도 중 계속 지원 가능
- 다만, 조산 · 체중미달 및 유전 등으로 질환을 앓고 있는 아동이 지원을 받다가 완치된 경우 지급을 중단

○ 각 시 · 도는 장애아양육보조금 지원실적을 매분기 익월 15일까지 서식 9호서식에 따라 보고할 것

○ 각 시 · 도 및 시 · 군 · 구는 입양가정에 대한 지원내역 등을 홍보하여 입양 대상 가정이 지원받을 수 있도록 적극 유도할 것

○ 국공립보육시설 및 비영리법인이 설치한 민간보육시설 등 정부지원시설은 입양아동이 우선적으로 입소보육토록 할 것(보육사업안내 참조)

(2) 입양수수료 지원

1 지원대상

○ 입양촉진 및 절차에 관한 특례법상의 입양기관을 통하여 아동을 입양한 국내입양가정

2 지원내용 : 입양수수료

〈입양수수료 산정방법〉

○ 입양기관의 입양수수료(입양전문기관 220만원, 입양지정기관 70만원)중 입양전문기관의 경우 생계급여 및 가정위탁 양육보조금 지원액을 제외한 금액을 지원하며, 지원금액은 아래와 같음

① **입양전문기관**(5개)

- 입양수수료 지원액(Ⓒ)=입양수수료(Ⓐ)－정부지원액(생계급여+양육보조금, Ⓑ)

※ 각 시 · 군 · 구는 입양전문기관(5개)의 입양대상아동을 기초생활수급자로 책정 · 지원하고 가정위탁아동은 위탁아동 양육보조금을 지원(근거 : 입양촉진 및 절차에 관한 특례법 시행령 제12조)

· 입양수수료(Ⓐ)는 220만원을 원칙으로 하되, 매년 물가상승률을 감안하여 정하도록 함

· Ⓒ에는 입양과정의 최소한의 필수경비(상담원 인건비, 절차비, 등)를 반영하며, 최소 필수경비는 01년 보사연 연구용역결과를 감안하여 110만원으로 함

- 정부지원비용이 필수경비를 초과하더라도 입양에 소요되는 필수경비(110만원)는 지원하도록 함

※ 입양전문기관 : 홀트, 동방, 대한, 한국, 성가정입양원

☞ 사례예시

입양대상아동을 인수한 후 5개월 동안 양육하고 입양되어 아동에 대한 생계급여와 부가급여로 200만원(또는 그 이상) 지원받았다 하더라도 동 아동에 대한 필수경비 110만원은 지급하도록 함

② **입양지정기관**(17개)

- 입양기관별로 70만원 내외의 입양수수료를 받고 있는 점을 감안하여 입양수수료는 70만원으로 일원화하며 해당 지자체는 현재 수준의 입양수수료를 지원

3 지급방법

○ 입양수수료는 시 · 군 · 구청에서 입양기관에 지급함

- 입양기관은 입양부모에게 일체의 입양수수료를 받을 수 없음

○ 입양기관의 지부에서 입양된 아동은 해당 지부가 속한 시 · 군 · 구청에서 지급함.

예시) 서울거주 입양부모가 홀트 부산지부에서 입양시 부산에서 지급
부산거주 입양부모가 대한 서울본사에서 입양시 서울에서 지급

○ 입양절차가 완료되면 입양기관(지부로 운영되고 있는 아동상담소의 경우 해당지자체)이 속한 시 · 군 · 구청에 입양수수료 지급신청서(서식 12호)를 작성하여 입양수수료를 일괄 청구하여야 함

○ 청구시기는 1개월, 2개월, 3개월 단위로 하되 입양기관과 해당 시 · 군 · 구가 협의하여 선택할 수 있음

4 행정사항

○ 입양기관(홀트, 동방, 대한사회복지회가 지부로 운영하는 아동상담소 포함)이 속한 지역의 시 · 군 · 구청 담당공무원은 관할지역의 입양기관에서 입양수수료 지급신청서(서식 12호)와 입양사실을 증명하는 서류를 첨부하여 청구할 경우 입양수수료를 입양기관에 지급함

(3) 입양아동 양육수당 지원

1 지원대상

○ 13세 미만의 아동을 입양한 국내입양가정

※ 입양촉진 및 절차에 관한 특례법상의 입양기관을 통하여 국내에 입양된 아동만 해당되며 민법에

의한 입양아동은 지원대상이 아님.
※ 해외이주신고로 주민등록이 말소된 자는 지원대상이 아님.

2 지원내용

월 10만원/인

3 지급방법

○ 양부모는 관련서류를 첨부하여 관할 시 · 군 · 구청장에게 신청
○ 신청 받은 시 · 군 · 구청장은 신청자의 계좌로 입금할 것
※ 장애아동 양육보조금과 동시 지급 가능

4 구비서류

○ 입양아동 양육수당 지급신청서(서식 11호) 1부
○ 입양사실확인서(서식 7호) 1부
☞ 입양사실확인서는 입양기관의 장, 시장 · 군수 · 구청장 및 상담소의 장이 발급 가능
○ 통장계좌 사본 1부

5 행정사항

○ 지자체는 입양아동 양육수당 지원내용을 지자체 홈페이지, 반상회보, 게시판 등을 통해 적극 홍보할 것.
○ 관계공무원은 양부모의 양육수당 신청에 따라 입양사실이 공개되지 않도록 비밀보장에 각별히 유의할 것.
○ 수급권자의 관할 시 · 군 · 구 변경시에는 구거주지에서 신거주지 지자체에 통보하여 수급권자가 다시 신청하지 않도록 할 것.

(4) 입양아동 의료급여 실시

① **관계법령** : 의료급여법 제3조제1항제4호 및 동법시행령 제3조제2항 제2호
② **지원대상** : 입양아동
③ **지원범위** : 의료급여 1종
④ **지원절차** : 시 · 군 · 구청에 입양사실확인서 및 입양아동의료급여적용신청서(서식 13호) 제출 ⇒ 시 · 군 · 구청 의료급여증

(5) 입양아동 의료급여 신청시 주의사항

○ 2008년 2월부터 입양아동에게 별도의 의료급여증이 발급되지 않고 양친의 건강보험증에 다른 가족과 함께 등재되므로 착오 없기 바람

○ 다만, 의료기관 이용시 본인부담금 납부방법에 따라 다음 두 가지 방식 중 하나를 선택하도록 함

- 사전지원방식 : 건강보험증에 의료급여수급권자임을 일반인이 알 수 없도록 별도로 표시를 하고, 현행과 같이 의료급여 이용시 본인부담금 면제
- 사후지원방식 : 건강보험증에 의료급여수급권자임을 표시하지 않고 의료기관 이용시 건강보험가입자와 같이 본인부담금을 먼저 납부하고 사후에 본인부담금을 환급

※ 입양사실 공개를 원하지 않는 입양가정을 감안, 의료급여 이용시 업무처리에 각별히 유의할 것

(6) 입양된 장애아동에 대해 무료진료

① **대상 의료기관** : 국립의료원
② **지원대상** : 장애아 의료비 지원대상과 동일
③ **지원범위** : 의료급여 1종 수급권자와 동일
④ **지원절차** : 양부모는 서식 7호 서식의 입양사실확인서를 국립의료원에 제출
⑤ **지원방법** : 국민건강보험법상의 본인부담금 면제

2) 입양대상아동 통합관리시스템 운영(06. 5. 1부터 운영 중)

(1) 목적

입양기관간 입양대상아동에 대한 정보공유시스템 구축을 통해 입양부모에게 종합적인 입양아동정보 제공

(2) 접속방법

입양정보센터 홈페이지(www.gaips.or.kr) → 입양대상아동 통합관리시스템 접속

(3) 운용방법

○ 입양기관은 모든 입양대상아동을 동 시스템에 등록하여야 함
○ 입양대상아동의 시스템 등록기간은 아래와 같이 함
- 국내외 입양기관(4개) : 보호개시일~입양 전까지
- 국내입양기관(21개) : 보호개시일~입양전까지
※ 국내입양기관의 대상아동은 입양되기 전까지 계속 등록하여야 함
○ 입양기관은 아동상담카드(우측상단)에 시스템 등록번호(G번호)를 기재하여야 함
- 국외입양기관의 입양아동 중 G번호를 부여받지 않은 아동은 국외입양허가 대상에서 제외함
○ 입양이관은 입양희망 부모에게 입양상담을 거친 후에는 동 시스템 이용을 하게 할 수 있음
- 입양부모가 여러 입양기관을 방문하여 아동을 열람하는 일이 없도록 시스템상에 인적 사항을 기록할 것
○ 입양대상아동의 사진은 반드시 등록하여야 함(15일 이내)
○ 아동의 개인신상정보는 지속적으로 최근 정보로 갱신해야 함
○ 입양정보센터 및 입양기관은 입양상담원을 대상으로 시스템의 운영전반에 대한 교육을 정기적으로 실시할 것

(4) 행정사항

해당지자체에서는 입양기관의 입양대상아동 등록실태 등을 수시로 점검할 것

3) 입양가족단체 육성

입양가족이 회원으로 구성된 사단법인 한국입양홍보회('03.9.25, 복지부 허가 288호) 등 입양가족단체에서 실시하는 입양가족 모임·교육·입양홍보 등에 재정적·행정적으로 적극 지원할 것

※ 한국입양홍보회 : 02-503-8301, 홈페이지 http://www.mpak.co.kr

4) 지방자치단체의 책임 : 입양촉진및절차에관한 특례법 개정(05. 3. 31)

(1) 지방자치단체는 태어난 가정에서 아동이 건전하게 양육될 수 있도록 지원하고 태어난 가정에서 양육이 곤란한 아동에게는 건전하게 양육될 수 있는 다른 가정을 제공하기 위하여 필요한 조치와 지원을 하여야 함.

(2) 지방자치단체는 요보호아동의 입양 활성화 및 입양 후 가정생활의 원만한 적응을 위하여 다음 각호의 사항을 실시하여야 한다.

① 입양정책의 수립 및 시행

② 입양에 관한 실태조사 및 연구

③ 입양 및 사후관리 절차의 구축 및 운영

④ 입양 및 가족 지원

⑤ 입양 후 원만한 적응을 위한 상담 및 사회복지서비스 제공

⑥ 입양에 대한 교육 및 홍보

⑦ 입양 모범사례 발굴

(3) 지방자치단체는 입양의 날(5. 11) 및 입양주간(5. 11~17)에 적합한 행사를 실시하여야 함.

다음은 국내 입양 활성화를 위한 지방자치단체의 자체사업 내용의 사례이다[12].

국내입양 활성화를 위한 지방자치단체 자체사업 내용

□ 과천시

① 국내입양가정 양육비 지원

- 지원내용
  - 기존입양가정('05년 이전) : 50천원/인 · 월
  - 신규입양가정('06년 이후) : 200천원/인 · 월

12) 보건복지부, 2006년도 아동복지사업안내, 2006.

– 지원기간 : 입양양육수당 지급일로부터 3년(36회)

② **입양알선수수료** : 신규입양아동 1인당 1백만원 지원

③ **사랑의 위탁모 사업 추진**

– 예비 입양부모들을 위한 입양체험 위탁기간동안 아동양육비 지원
: 200천원/월(1~2개월)

※ 과천시(예산), 홀트아동복지회, 한국입양홍보회 공동추진

④ **입양홍보 사업 추진**

– 추진기관 : (사)한국입양홍보회

– 추진사업 지원내용

• 찾아가는 국내입양 사업 설명회(입양릴레이 캠페인)

• 관내 초 · 중 · 고등학교 반(反) 편견(偏見) 입양교육 추진

• 입양부모를 위한 교육프로그램 및 입양가정 자조모임

• 건강한 부모 · 자녀 관계형성을 위한 "베이비 · 맘 스쿨" 운영

• 입양의 날(5. 11) 기념행사 추진 등

ㅁ 인천광역시

① **국내입양가정 양육비 지원**(연간 240만원/인)

– 지원대상 : 인천거주 '05년 이후 입양아동

– 지원내용 : '04년 : 100천원/인 · 월 → '05년 : 200천원/인 · 월

– 지원기간 : 입양양육수당 지급일로부터 3년(36회)

② **입양가족캠프 및 홍보비 지원**(10백만원)

– 입양사업에 대한 학교 홍보 실시(인천시내 10개교)

– 제2회 인천한마음 입양가족 캠프 개최('06. 10월 예정)

③ 기타

– 입양시범기관 운영비 지원 : 15백만원

※ 사회복지법인 홀트아동복지회 인천상담소 : 상담원 인건비

– 입양주간 기념행사 지원 : 10백만원

※ 사회복지법인 홀트아동복지회 인천상담소

– 입양아동 등 심리치료 사업 지원 : 25백만원

※ 인천아동학대예방센터(상담 · 치료기관)

제9절 우리나라 입양사업의 문제점 및 개선 방향

1. 국내입양

1) 문제점

국내입양의 문제점은 다음과 같다.[13]

첫째, 법적 보장이 미흡하다. 현행 입양특례법에서는 입양 후 1년이 경과하여야만 양부모에게 법적 권리가 주어지고 있어 90%가 비밀 보장을 원하는 양부모의 입장에서는 입양을 결정하는데 어려움이 있다.

둘째, 지나치게 선별적이고 비밀 입양이다.

대부분 양부모가 입양하는데 아동의 배경, 연령, 성별, 혈액형 등 지나치게 선별적이며 입양 방법 또한 비밀 입양이다. 입양 방법은 입양에 대한 사회적 관념이나 인식 태도를 평가할 수 있는 척도인데 부정적이고 편견이 있는 사회 고정 관념의 벽은 아직도 높다.

셋째, 혈통주의 가족 관념의 견고성이다.

혈통에 의한 가계 계승 관습으로 인해 혈통이 없는 요보호아동을 입양한다는 것은 어려운 일이다. 특히 장애아동이나, 연장아동은 더욱 그렇다.[14]

넷째, 아동복지 차원이 아닌 가족중심의 입양이다.

부부 가족 또는 가족 중심으로 입양을 하기 때문에 부부간의 갈등이나 불화가 생겼을 때는 입양아동을 일방적으로 파양하는 사례가 증가하고 있다. 요보호아동 발생률도 많으나 국내입양으로 선별되어 가는 아동은 적기 때문에 자연히 국내입양에서 제외되는 아동은 진정한 의미의 아동복지 차원에서 입양을 원하는 국외입양 가정으로 입양되어지고 있는 실정이며 앞으로 계속 연구 검토되어야 할 것이다.

---

13) 김민정, 입양-한 아이에 두 부모, 판단중지 I, 상조사, 1998.

14) 김동근, 한국입양제도의 현황과 개선방안에 관한 연구, 경희대학교 석사학위논문, 1990.

다섯째, 양부모의 소극적 태도이다. 입양사업 정착 및 활성화를 위한 정책으로 양육비, 의료비, 세제 혜택 등을 약속했지만, 입양 부모들이 친자로 입적한 결과 혜택을 받고자 하는 권리를 처음부터 인정받으려고 하지 않는 것이 문제다.

여섯째, 입양에 관한 정확한 통계와 사후관리의 부재이다. 우리나라 국내 입양사업이 기관을 통해 시작된지도 40여 년이 지나고 그 수도 대단히 많은 것이 사실임에도 불구하고 정확한 통계나 입양의 성공여부에 관한 사후관리는 전혀 불가능한 상태이다.

일곱째, 입양아동이 자신의 출생에 대해 알 수 있는 권리가 미약하다. 외국의 여러 나라가 선택하고 있는 완전 양자 제도를 도입하는 것이 필요하며 양자가 일정한 연령에 도달하면 자기의 출생에 대한 배경이나 정보를 얻을 수 있는 제도가 마련되어 있지 않다. 따라서 이에 대한 제도가 마련되어야 한다.

여덟째, 입양대상 아동 수급의 불균형이다. 현재 국내에서도 입양을 희망하는 수는 많으나 실제로 입양이 성립되는 경우는 적다. 이는 입양 자원을 확보하고 있는 입양기관들의 폐쇄적인 운영으로 충분한 정보가 입양 희망자에게 전달되지 않기 때문이다. 미국의 경우 주(州) 안에서 희망하는 아동을 구하지 못할 때는 주간(州間) 정보기관에서 입양 정보를 교환하여 입양의 성립을 도와 준다.

아홉째, 미혼모와 아동으로 구성된 편모가족 형태에 대한 배타성이다. 입양 대상 아동이 종래의 고아 중심에서 기아, 사생아 및 친권 포기 아동까지 확대되었으며, 특히 미혼모로부터 발생되는 아동수가 점차 증가하고 있음은 미혼모 아동만으로 구성된 새로운 가족 형태를 용납하지 않는 사회 · 문화적 풍토가 지배적임을 시사하는 것이다.

열 번째, 미혼모를 위한 정책이 미흡하다. 사회 문제가 되고 있는 미혼모에 대한 서비스는 전반적으로 불충분하며, 특히 현재 제공되고 있는 서비스도 미혼모의 출산 전과 아동의 입양 전 서비스에 치중되어 있어 미혼모가 출산 후 아동과 함께 새로운 가족을 구성할 기반은 거의 없이 입양에만 의존하여 문제를 해결하는 입양일변도 정책이다.

서구나 미국의 경우 미혼모 발생을 예방하기 위한 교육 프로그램이 다양하고 일단 미혼모가 발생하면 미혼모의 아동은 사회적 책임으로 인식되어 아동의 건전한 성장을 촉진하기 위한 적극적인 지원책들이 개발되어 있다.

열한 번째, 입양비의 실비 보상 기준의 미책정이다. 국내입양을 전문적으로 추진할 수 있는 국내입양 알선기관이 전국적으로 40개소를 넘고 있지만 국내입양 알선 기관 전문 종사자의 부족과 알선기관간의 운영이 평균화되지 못하고 정부 지원이 부족하여 업무 수행상 미흡한 상태이다.

또한 현재 국내입양의 대부분은 4개 입양기관(대한사회복지회, 홀트아동복지회, 한국사회봉사회, 동방아동복지회)이 담당하고 있으며 이들 기관은 국외입양을 겸하고 있으므로 기관의 이익을 앞세워 선택적으로 입양 알선을 할 우려가 있다. 따라서 합리적인 입양비 허용 기준의 책정이 필요하다.

2) 개선 방향

국내입양은 가정보호 시책의 일환으로 국외입양의 감축 시설보호지양으로 발생되는 요보호아동을 국내 건전가정에서 양육되도록 해야 한다. 국내입양을 활성화하기 위해서는 사회적 인식의 변화가 중요한 관건으로 입양이 부부나 가족중심의 입양이 아닌 아동중심의 입양이 이루어져야 한다. 가계계승을 위한 입양보다는 우리 사회에서 발생한 불우한 아동을 인보복지(隣保福祉) 차원에서 건전하게 보호 · 육성한다는 의미의 입양이 이루어질 때 바람직한 방향으로 추진될 수 있을 것이다. 우리 사회의 오랜 관습을 일시에 변화시키는 것은 어려운 일이겠으나 사회 각계의 꾸준한 관심과 계도 · 홍보를 통하여 국민의식의 변화를 유도해 나가야 할 것이다.

정부는 국민의 의식변화를 위한 계도와 홍보를 지속적으로 실시해 나가는 한편 제도적 · 정책적으로 보완해 추진해 나가야 하며 국내입양 활성화 시책은 다음과 같다.[15)]

첫째, 국내입양 전문기관의 육성이다. 입양 알선기관 이외에 영아시설 등의 사회복지기관을 국내입양 지정기관으로 지정하여 전문 요원의 배출, 운영비 지원을 통해 육성해 나가야 할 것이다.

둘째, 가정위탁 보호사업을 확대 실시하여야 한다. 사회 · 경제적으로 여유가 있는 가정에 불우한 아동을 가정위탁 보호하여 자연스럽게 국내입양으로 연계되도록 추진해 나가야 한다. 가정위탁 보호제도는 현재 인천과 광주광역시에 '85년부터 시범적으

15) 김민정, 전게서, 1998.

로 실시하고 있으며, 앞으로 전국에 확대 실시하여야 할 것이다.

셋째, 양부모 자격기준을 완화 조치하여야 한다. 양부모의 연령이 25~45세이며 결혼 후 3년이 경과한 경우에 자격이 주어졌으나 연령을 25세 이상 50세 이하로 상향 조정하였으며, 결혼 후 3년이내라 하더라도 불임의 경우에는 입양이 가능하도록 완화되었다.

넷째, 국내 입양가정에 대한 세제 · 수당 등 혜택의 부여 방안 강구로써 현행 소득세법(제61조의 4 제1항 제4호)상 2인 이상의 자녀와 입양자(가정위탁 보호자 포함)의 자녀에 대해서는 소득세 인적공제와 교육비 인적공제를 받도록 관계 규정을 개정하여 시행하고 있다. 앞으로 가족수당의 지급, 주택공급 우선순위 부여 방안 등을 마련하여야 한다.

다섯째, 입양과 관련된 법규의 정비가 필요하다. 현행 입양촉진 및 절차에 관한 특례법상 개선되어야 할 사항을 보면 입양신고, 입양 부모의 권리 보호 조항 등을 상황에 부합되도록 개선되고 정비되어야 한다. 입양촉진 및 절차에 관한 특례법 제7조에는 입양의 효력은 호적법에 따라 입양 신고해야 한다고 되어 있으나 현실적으로 대부분의 입양 가정이 비밀을 원하고 있는 상황을 참작해서 개선해야 함이 요구된다.

여섯째, 입양사업에 대한 정부지원의 강화이다. 가족과 아동복지의 입장에서 입양의 중요성에 관해 전국민의 의식을 깨우고 나아가 입양에 대한 적극적 참여와 관심을 가질 수 있도록 함은 물론 사회복지기관에 관한 국민의 신뢰를 높이고 장기적으로 체계적인 입양 사업을 할 수 있도록 정부의 지원이 필요하다. 따라서 입양기관과의 긴밀한 의견 교환과 협조가 이루어지도록 제도적이며 연속성 있는 지원이 강구되어야 한다.

일곱째, 국내입양의 부정적 태도를 불식시키고 국민의식 계몽교육의 확대가 필요하다. 입양에 대한 계몽을 활발히 벌여 입양에 대해 긍정적 태도를 형성하도록 한다. 신문, 라디오, T.V, 영화, 전시회, 행사, 기관지 등의 여러 가지 방식이 홍보 활동에 이용될 수 있다.

여덟째, 입양기관의 전문인 자질향상과 강화가 필요하다. 아동의 복지를 위해 모든 기관에서 아동이나 입양부모를 상담하는 과정에서 좀더 전문화되고 수준 높은 경험있는 인재를 양성할 수 있도록 해야 한다.

아홉째, 입양 후 사후관리를 위한 대책을 강화한다. 실적 위주의 입양 사업에서 벗어나서 진정한 의미의 가족과 아동을 위한 복지 증진을 위한 것이 되기 위해서는 입양 후 사후관리에도 지속적인 관심을 가져야 한다.

열 번째, 시 · 도별 국내입양 종합 정보기관이 설치되어야 한다.

2. 국외입양

1) 문제점

인간은 태어나면서부터 자신의 가정을 가질 권리가 있으며 부모와 사랑과 이해 속에서 안전하게 양육되는 것이 최상의 성장조건을 갖추었다고 볼 수 있다. 그러나 현대 산업사회에서는 여러 가지 이유로 인하여 부모로부터 이탈되는 아동이 발생되기 마련이며, 이들에게 가족기능을 갖는 가정에서 성장하도록 하는 것이 차선의 양육방안이라 할 수 있다. 이러한 의미에서 국외입양은 우리 사회의 가정에서 양육되지 못하고 비록 사회적 · 문화적 배경이 다른 외국 가정이라 하더라도 가정양육의 기회가 부여된 점에서 긍정적으로 평가할 수 있는 것이다. 그러나 우리의 국력이 신장되고 경제적 · 사회적 여건에 비추어 볼 때 국외입양은 재검토되어야 할 것이다. 또한 국외입양 사업과 관련하여 입양아동 호송인당 과다한 아동의 호송문제와 입양대상 아동확보에 따른 의료기관 · 사회복지시설과 금품수수 사례, 그리고 국외입양 아동의 사후관리 미흡 등이 문제점으로 제기되고 있다.[16] 장인협은 국외입양과 관련하여 우리는 다음과 같이 자문 자답을 해 보아야 할 것이라고 하였다.[17]

첫째, 왜 아동들은 이 땅에서 태어나 낯선 땅에서 자라야 하는가? 모든 아동은 태어날 때부터 이름과 국적을 가질 권리가 있다(아동권리에 관한 국제협약 제7조 1항).

둘째, 왜 우리의 문제를 남에게 전가하려고 하는가? 미혼부모 아동, 결손가정 아동, 심신장애 아동들의 문제를 왜 자체적으로 해결하지 못하고 있는가? 징결한 싱도덕 윤리를 기반으로 했던 우리 사회의 문화 전통은 사라졌는가? 현재 해외 입양대상의 태반은 성의 개방물결로 인한 미혼모에게서 태어난 아동이다.

셋째, 왜 우리는 '아이를 팔아먹는다', '한국의 고아들 세계를 표류한다'라는 모욕적

16) 김지숙, 소외되고 버려진 어린 생명들에게 필요한 것은 따뜻한 가정, 국내입양 권장세미나, 한국여성단체협의회, 1990, p. 34.

17) 장인협, 국내입양의 활성화, 국내입양 권장세미나, 한국여성단체협의회, 1990, p. 13.

인 비난의 기사에 접해야 하는가?

넷째, 한국전쟁이 끝난지 40여 년이 지난 지금에도 경제발전과 고아수출의 불균형 현상이 계속되어야 할 것인가?

이와 같이 해외입양에서 도출될 수 있는 충격적인 문제들을 해결하는 일에 우리의 관심을 집중시켜야 하겠다. 특히 해외입양에서 공통적으로 나타나는 현상은 종족성과 관련된 정체성의 문제이다. 즉, 나는 누구인가? 내 피부색은 왜 황색인가? 등의 혼란을 극복하지 못하고 좌절에 빠지기 쉬우며, 상이한 문화적 충돌이나 충격으로서 문화화 과정에 있어서의 적응에 갈등을 겪을 수 있음을 감안하여야 하겠다.

국외입양은 국적을 가지고 있는 국가에서 양부모가 입양될 만한 가정을 구할 수 없고 보호받을 수 있는 적절한 방법이 없는 경우에만 아동보호의 최후의 대체수단으로 고려될 수 있다는 점을 인식해야 할 것이다(아동권리에 관한 국제협약 제21조 (b)항 참조).

2) 개선 방향

국외입양은 국내외적으로 비난이 제기되고 있으나 당장 전면 중단할 수 없는 어려움이 있다. 매년 발생되는 요보호아동이 1만 명에 이르고 있는데 이들을 시설보호, 국내입양 등으로 수용하는 데는 한계가 있기 때문이다. 따라서 국외입양 문제를 근본적으로 해결하기 위해서는 복지 조치 대상인 요보호아동의 발생 예방에 주력하면서 국내입양 등 가정보호 시책을 확대해 나가는데 있는 것이다. 정부는 이를 위해 국외입양과 관련한 문제점을 다음과 같이 개선 조치한 바 있다.[18]

첫째, 입양아동은 양부모가 직접 인수하거나 호송인당 2인 이내로 한정

둘째, 병원 · 의원 · 조산소 등 의료기관에서 발생한 사생아는 반드시 시 · 군 · 구나 아동보호소 등 행정기관에 신고

셋째, 요보호아동 중 국외입양은 보호소 입소 후 6개월 이상 국내입양을 알선 후 입양이 가능하도록 조치하였다. 아울러 매년 국외입양을 점차 감축하여야 하며 기존 국외가정에 입양된 아동에게는 모국의 문화를 전달하고 사회에 기여할 수 있도록 모국방문사업을 추진하고 국적취득과 양육상태 등 사후관리를 통하여 건전하게 성장되도록 추진해 나가고자 한다.

18) 김기업, 1990, pp. 23-24.

연구토의 문제

1. 국내입양을 활성화하기 위한 방안에 대해 생각해 보자.

2. 입양할 의사가 있는 부모들이 실제로 입양행동으로 실행하는 데 가장 큰 걸림돌이 되는 요인을 조사해 보고, 이에 대한 해결책을 생각해 보자.

3. 국내입양을 촉진할 수 있는 정책과 지원방안에 대해 생각해 보자.

4. 우리나라 해외입양의 비율이 감소될 수 있는 정책 및 국민들의 의식개선에 대해 생각해 보자.

제 18 장

시설보호사업

현대 산업사회에서 아동양육의 사회적 보호와 교육의 필요성이 점점 강하게 요청된다고 해서 가정의 고유기능이 결코 없어지는 것은 아니다. 아동은 가정에서 태어나고 키워지며 가정은 아동의 성장과 발달에 가장 중요한 환경임에는 틀림없다. 그러나 아동들이 이러한 환경을 가질 수 없거나 가정에서의 양육이 건전한 성장과 발달에 저해요인이 되는 경우에는 사회적 보호조치로서 시설보호 서비스를 필요로 한다.

시설보호 아동의 많은 문제점이 발견되어 1960년대에는 탈시설화 운동이 강력하게 대두되었다. 그럼에도 불구하고 한동안 계속하여 감소하고 있으나 아직도 282개의 아동복지시설에 18,426명(2007년 12월 31일 현재)의 아동이 수용 · 보호되어 있다. 그리하여 아동복지시설이 과잉 시설화되고 있으며 시설아동이 감소된 것은 입양사업의 활성화로 나타난 현상으로 보고 있다.[1] 효과적인 아동복지를 위하여는 현실적으로 예방과 치료사업이 모두 필요하다.

제1절 시설보호사업의 개념

시설보호사업이란 아동의 부모가 그 자녀를 양육할 의사나 충분한 능력이 없을 때 혈연관계가 없는 타인이 부모역할을 대리하여 일정한 시설에서 일시적 또는 장기적으로 집단보호하는 사업을 말한다. 즉, 혈연관계가 없는 한무리의 아동들이 역시 혈연관계가 없는 성인들의 보호 아래 숙식을 함께하며 생활하는 시설을 말한다.

메이어(Mayer), 리치만(Richman), 발세르작(Balcerzak)은 시설보호에 대해 '가족과 함께 생활할 수 없는 아동들을 집단적으로 양육하고 보호하는 것을 목적으로 특별히 시설을 설립하는 것인데, 그것은 거주하는 지역사회의 근접지역에 위치되어진다'라고 정의하였다.

선진국에서도 과거에는 시설보호사업이 주로 고아들을 집단으로 모아 장기간 보호하되, 단순히 수용하고 보호하는 수준에 그쳤었다. 그러나 오늘날의 세계적 경향을 보면 시설보호는 단순 보호에서 더 나아가 아동의 문제를 분석하고 적절한 해결책,

1) 표갑수, 아동청소년복지론, 청주대학교 출판부, 1994.

혹은 치료를 하여 아동 문제를 근본적으로 해결하려는 목적과 내용으로 전환되고 있다.

제2절 시설보호의 대상 아동

아동은 가능한 한 자기의 가정에서 부모와 함께 생활하면서 성장해야 하는 것이 아동복지의 원칙이지만 도저히 이러한 가정환경을 가질 수 없는 아동에게는 불가피하게 시설수용에 의한 집단보호 프로그램이 필요하게 된다.

시설보호가 필요한 아동들의 예를 프레데릭슨(Hazel Ferderichsen)은 다음과 같이 설명하였다.

(1) 부모의 질병이나 가족의 파탄 혹은 이혼 등의 이유로 부모로부터 격리되어야 하는 상황이지만 부모 외에 타인과 유대를 이루지 못할 여러 이유로 가정위탁보호를 할 수 없는 아동

(2) 신체가 심하게 부자유스러워 부모가 양육하기 어려운 아동

(3) 문화실조나 정서장애 등의 치료 과정에서 집단적인 생활 경험이 필요한 아동

(4) 성장과정에서 장애를 일으킨 아동으로서, 특수학교 교육도 불가능하여 시설에서의 보호와 수용이 필요한 아동

(5) 사회 전체에 나쁘게 영향을 끼칠 비행 아동이나 범죄 아동

(6) 이전에 같이 생활하던 위탁가정으로부터 크게 실망하였거나 매우 깊은 상처를 입어 가족생활이 적합하지 않은 아동

(7) 원래의 가족이나 위탁가정으로부터 이탈한 청소년 등이다.

제3절 시설보호의 종류

시설보호사업은 대체로 일시보호, 통원 및 수용형의 세 유형으로 대별되며 대상

아동의 특성에 따라 선택 · 활용된다.

카두신은 대상 아동의 특성에 따라 시설보호의 종류를 다음과 같이 분류하였다.

(1) 아동자체는 정상아동이지만 버려진 아동을 위한 시설, 즉 예전의 고아원과 유사한 보호시설

(2) 맹아, 농아, 지체부자유아동 등의 신체장애 아동을 가정과 완전 격리하여 보호하는 시설

(3) 정신지체 아동이나 정신적 결함이 큰 아동을 가정과 격리하여 보호하는 시설

(4) 범죄를 저지르는 아동 및 청소년을 감금하고 재활시키기 위한 시설로서 훈련원이나 소년원

(5) 정서적으로 상처받은 아동을 가정과 격리하여 거주시키며 치료하는 시설

2008년 10월에 입법예고된 「아동복지법」 제46조에 아동 · 청소년 복지 생활 시설을 다음과 같이 규정하고 있다.

① **양육시설** : 보호가 필요한 아동 · 청소년을 입소시켜 보호, 양육 및 자립지원을 제공하는 시설
② **일시보호시설** : 보호가 필요한 아동 · 청소년을 일시보호하며, 아동 · 청소년에 대한 앞으로의 양육대책을 수립하고 필요한 조치를 행하는 시설
③ **보호치료시설** : 비행을 행하거나 할 우려가 있는 아동 · 청소년으로서 보호자가 없거나 친권자나 후견인이 입소를 신청한 아동 · 청소년, 가정법원, 지방법원소년부지원에서 보호 위탁된 아동 · 청소년, 학대로 인해 부모로부터 일시 격리되어 치료가 필요한 아동 · 청소년 등에게 적절한 보호 및 치료를 행하는 시설
④ **공동생활가정** : 보호가 필요한 아동 · 청소년에게 가정과 같은 환경을 마련하여 보호를 행하는 시설
⑤ **직업훈련시설** : 아동 · 청소년복지시설에 입소되어 있는 15세 이상의 아동 · 청소년과 생활이 어려운 가정의 아동 · 청소년에 대하여 자활에 필요한 지식과 기능을 익히게 하는 시설

⑥ **자립지원시설** : 아동 · 청소년복지시설에서 퇴소한 자에게 취업 준비 기간 또는 취업 후 일정기간 보호하여 자립을 지원하는 시설

⑦ **아동 · 청소년쉼터** : 가출아동 · 청소년에게 일시적인 생활지원과 상담 및 보호, 가정 · 사회로의 복귀, 중 · 장기적인 자립, 문제행동의 수정과 심리치료 등을 제공하는 시설

제4절 시설보호사업의 장 · 단점

아동이 건전하게 성장 · 발달하기 위해서는 가정과 친어머니에 의한 양육이 가장 바람직하다는 연구결과에 의해 일반적으로 시설보호는 아동양육에서 부적합하다고 보고 있다. 특히 영 · 유아기 때의 시설보호는 바람직하지 않다고 보고 있다.

그러나 시설보호사업이 반드시 아동에게 부정적인 영향을 주는 것만은 아니다. 즉, 요보호아동을 수용 · 보호함으로써 생기는 문제점도 있지만 장점도 갖고 있다.

시설보호사업의 장점을 살펴보면 다음과 같다.

1. 시설보호사업의 장점

(1) 부모로부터 심리적 · 정서적으로 결핍된 점을 시설 내 다른 아동들과의 접촉이나 교육으로 인해 이를 보완하게 된다.

(2) 아동들에게 보다 광범위하고 다양한 부모상(parental figure)을 선택, 제공해 준다.

(3) 지역사회가 수용할 수 없고, 수용하지 못하는 모든 행동 특성을 보다 넓게 수용해 준다.

(4) 시설보호기관의 규칙이나 정규적인 계속적인 생활은 자기 통제력이 부족한 아동들에게 일시적인 충동을 억제하고 자신을 통제할 수 있게 한다.

(5) 통제력의 유지, 행동 특성의 수용면에 있어서 모든 아동들이 그 정도가 다르다는 것을 알게 되어 서로 무능력함을 보완하는 기회를 경험한다.

(6) 아동 자신이 또래집단의 일원으로서 자기 행동을 통제하는 힘을 가지고 있기 때문에, 시설보호기관에서의 집단통제는 아동 스스로 자기행동에 변화를 갖도록 동기를 제공해 준다.

(7) 시설보호기관에서는 아동의 생활경험을 면밀한 계획하에 개별적으로 제공하므로 치료의 기능을 크게 담당할 수 있다.

(8) 특별히 개인적인 치료가 필요한 아동의 요구를 충족시켜 준다.

(9) 청소년들을 위한 적절한 기능을 수행함으로써 사회 내의 청소년 문제해결에 도움을 준다.

2. 시설보호사업의 단점

시설보호사업의 단점을 살펴보면 다음과 같다.

(1) 과도한 집단생활로 인한 규율화로 개방적이고 따뜻한 인간관계 형성을 저해한다.

(2) 규칙적이고 기계적인 일과로 인해 개인의 자유와 자주성 및 창의성 등이 발휘되기 어렵다.

(3) 행동 반경의 제한으로 교우나 대인관계의 폭이 좁아진다.

(4) 경제적 경험의 기회가 매우 적고, 문화시설 및 기타 사회와의 접촉이 결여되기 쉽다.

(5) 충분한 정서적 욕구발산의 기회 및 발표 기회가 없어서 파괴적이고 부정적인 성격이 될 수 있다.

제5절 우리나라 시설보호사업의 현황과 과제

시설에서 보호된 후 이들이 가야 할 곳은 사회이다. 즉, 시설에 있는 동안 적절한 교육 및 기술습득 등을 통해 장차 가정생활을 영위해 나갈 준비를 갖추어야 한다.

그러나 시설에 너무 오랫동안 있게 되면 자칫 시설병에 걸려 가정생활에 대한 욕구나 이해가 희박해져서 성장한 후에 필연적으로 영위하게 될 가정생활에 대한 훈련의 기회를 놓칠 가능성이 크다. 우리나라 시설보호사업의 현황 및 과제를 살펴보면 다음과 같다.

1. 우리나라 요보호아동 발생 현황 및 보호내용

먼저 1990년도에서 2011년도까지 우리나라에서 발생하고 있는 요보호아동의 발생유형과 보호내용을 살펴보면 다음의 〈표 18－1〉과 같다.

표 18－1 요보호아동 발생유형 및 보호 내용(1990~2011)

구 분	계	발생유형					보호내용					
							시설보호			가정보호		
		기아	미혼모 아동	미아	비행, 가출, 부랑아	빈곤, 실직, 학대 등 기타	아동	장애아	미혼모	위탁보호	입양	소년소녀가정
1990	5,721	1,844	2,369	360	1,148	-	3,734	-	-	1,134	853	-
1995	4,576	1,227	1,285	149	1,915	-	2,819	-	-	505	472	780
2000	9,085	1,270	4,190	152	1,757	1,716	4,481	-	-	2,285	1,755	564
2001[2]	10,586	717	4,897	98	728	4,146	4,671	41	62	3,090	1,848	874
2002	10,057	634	4,337	74	749	4,263	4,547	57	59	2,177	2,544	673
2003	10,222	628	4,457	79	595	4,463	4,747	42	35	2,392	2,506	500
2004	9,393	481	4,004	62	581	4,265	4,680	38	64	2,212	2,100	299
2005	9,420	429	2,638	63	1,413	4,877	4,769	48	1	2,322	1,873	407
2006	9,034	230	3,022	55	802	4,925	4,313	55	-	3,101	1,259	308
2007	8,861	305	2,417	37	748	5,354	3,189	39	17	3,378	1,991	247
2008	9,284	202	2,349	151	706	5,876	4,258	39	667	2.838	1.304	178
2009	9,028	222	3,070	35	707	4,994	4,046	35	686	2.734	1.314	213
2010	8,590	191	2,804	210	772	4,613	4,842	23	623	2.124	1.393	231
2011	7,483	218	2,515	81	741	3,928	3,752	32	612	2.350	1.253	128

* 출처 : 보건복지가족부 홈페이지 정책통계포털(http://stat.mw.go.kr)

2) 부랑아시설 전환 및 누락된 홀트아동복지회의 요보호아동수 추가로 2001년 자료가 급격히 증가.

〈표 18－1〉에서 알 수 있듯이 우리나라 요보호아동들은 2000년도 이전까지는 주로 미혼모 아동, 비행, 가출아, 미아, 기아 등이었는데, 2000도년부터 빈곤, 실직, 학대아동 등 역기능적 가족의 형태에서 발생할 수 있는 일시적 요보호아동들이 새롭게 등장하였다. 즉 과거의 시설입소 아동은 고아가 대부분이었으나, 근래에는 결손가정 아동과 미혼모의 사생아들이 주종을 이루고 있는 사실에서도 당연히 가족복지의 정책적·예방적 사업이 선행되어야 한다. 그러므로 가족복지와 아동복지는 분리될 수 없는 것이므로 가정의 문제가 선결되도록 가족복지 정책을 강화 실시하여야 한다.

가족복지 정책으로는 가정의 빈곤이 아동에게 미치는 영향은 매우 심각한 것이어서 특히 빈곤가정에 대한 정부의 경제적 지원이 필요하다. 미국의 AFDC(Aid to Family with Dependent Children)와 같이 특별한 목적의 공적부조가 보다 광범하게 실시되어야 한다. 특히 한부모 가정(모자가정)은 여러 가지 불리한 특성이 집중적으로 나타나기 때문에 경제적 지원과 더불어 가정의 해체를 예방하고 부모의 기능을 강화시켜 주기 위한 전문적인 사회사업 서비스도 아울러 제공하여야 할 것이다.

또한 부모의 자녀에 대한 책임감을 일깨우고 역할수행을 촉구하는 계몽과 교육이 필요하다. 자녀에 대한 무관심이나 유기, 학대, 방임은 물론 자녀에 대한 지나친 기대와 보호, 간섭, 편애 등 아동가출의 원인이 되는 그릇된 부모의 가치관과 태도 및 행동특성을 수정하기 위한 서비스 등이 필요하다.

다음은 1980년도부터 2005년도까지의 우리나라 아동복지시설 수 및 보호아동 현황이다.

표 18－2 아동복지시설 수 및 보호아동 현황 내용(1980－2007년)

(단위 : 개소, 명)

구 분	시 설 수	입 소 자	퇴 소 자	연말현재 수용자
1980	971	119,751	117,239	72,982
1985	282	18,698	17,849	25,424
1990	278	8,730	9,811	23,450
1995	269	5,591	6,731	18,074
2000	269	8,567	8,688	17,720
2001	275	10,638	9,550	18,808
2002	277	8,911	9,043	18,676
2003	279	8,387	8,245	18,818

2004	279	8,026	7,831	19,014
2005	282	6,435	6,298	19,151
2006	282	6,564	6,898	18,817
2007	282	5,874	6,265	18,426

* 자료 : 보건복지부 아동정책과.

다음은 2010년도 12월 31일 현재 우리나라 아동복지시설의 종류별 시설 수와 수용 인원을 표로 나타낸 것이다.

표 18-3 아동복지시설[3] 보호아동 현황

2010. 12. 31 현재

구분	계(현원)		양육시설		직업훈련시설		보호치료시설		자립지원시설		일시보호시설		종합시설		아동상담소	전용시설	개인양육시설	
	시설	인원	시설	인원	시설	인원	시설	인원	시설	인원	시설	인원	시설	인원			시설	인원
계	280	17,119	238	15,787	2	69	11	495	12	235	14	402	3	131	7	3	25	340
서울	45	3,153	32	2,633	2	69	1	79	3	74	5	188	2	110	0	0	5	46
부산	22	1,963	19	1,893	0	0	1	36	1	28	1	6	0	0	1	0	2	36
대구	22	924	18	840	0	0	1	35	2	30	1	19	0	0	0	0	0	0
인천	11	707	9	678	0	0	0	0	0	0	2	29	0	0	3	1	0	0
광주	11	747	9	663	0	0	0	0	1	24	1	60	0	0	1	1	0	0
대전	13	653	11	500	0	0	1	140	1	13	0	0	0	0	0	0	1	13
울산	1	122	1	122	0	0	0	0	0	0	0	0	0	0	1	0	0	0
경기	32	2,030	27	1,852	0	0	3	80	0	0	2	98	0	0	1	0	0	0
강원	10	525	9	504	0	0	0	0	0	0	0	0	1	21	0	0	5	75
충북	12	740	10	699	0	0	1	29	1	12	0	0	0	0	0	0	1	17
충남	15	794	14	772	0	0	0	0	1	22	0	0	0	0	0	0	0	0
전북	16	909	14	829	0	0	1	61	1	19	0	0	0	0	0	0	1	29
전남	24	1,364	21	1,328	0	0	1	22	1	13	1	1	0	0	0	0	3	36
경북	16	946	15	945	0	0	0	0	0	0	1	1	0	0	0	0	5	64
경남	25	1,217	24	1,204	0	0	1	13	0	0	0	0	0	0	0	1	1	6
제주	5	325	5	325	0	0	0	0	0	0	0	0	0	0	0	0	1	18

※ 종합시설(보호시설을 갖춘 아동상담소)은 서울 2개소는 시설통계에 포함
※ 개인양육시설 12개소(정원 224명, 현원 177명, 종사자 43명) 시설통계에서 제외
* 출처 : 보건복지가족부 홈페이지 정책통계포털(http://stat.mw.go.kr)

3) 보호아동이 없는 아동상담소(41개소, 157명), 전용시설 인천(1), 광주(1), 경남(1) 총 3개(종사자수 4명), 아동복지관 1개(인천 4명)는 시설통계에서 제외.

2) 우리나라 시설보호사업의 내용

'2008년도 아동복지사업안내'에 제시된 우리나라 시설보호사업의 내용을 요약하면 다음과 같다[4].

(1) 기본방향

① 기존 아동양육시설의 성격에 아동상담, 보호 및 치료, 일시보호, 가정위탁, 입양, 급식, 프로그램 제공 등 추가하는 아동복지시설 기능 다양화 추진
- 아동복지시설의 특성과 여건에 따라 보호아동 보호 · 양육기능에서 지역사회아동을 위한 종합서비스 시설로 운영 추진

② 인건비와 운영비를 지원하되 지원기준 인건비를 제외한 직접경비, 공통경비, 간접경비를 통합, 총액기준으로 지원하여 예산집행의 탄력성 확보

③ 시설운영자의 자율성을 보장하고 예산집행의 효율성과 투명성 제고를 위한 행정지도 강화

(2) 아동복지시설 운영 내실화

1 아동복지시설 시설신고번호 부여

① 미신고 시설 양성화 및 체계적인 시설관리와 지원을 위하여 '07년부터 각 지자체별로 아동복지시설에 대한 시설신고번호를 부여하여 운영토록 함
(아동복지팀-3455, '06. 9. 25, 사회정책기획팀-4674, '06. 9. 12)

② 시설신고번호 부여 방안은 다음과 같다.
- 지역 – 시설유형 – 시설세부유형(2자리) – 설치신고일(8자리) – 일련번호(2자리) 순으로 표기
- 시설세부유형 코드는 아동복지법상의 시설종류에 의함

· 아동양육시설(01), 아동일시보호시설(02), 아동보호치료시설(03), 아동직업훈련시설(04), 자립지원시설(05), 아동단기보호시설(06), 아동상담소(07), 아동전용시설(08), 아동복지관(09), 공동생활가정(10), 지역아동센터(11)

※ 예 : 경기과천의 아동양육시설 : 경기–과천–아동–01–20060820–01

---

4) 보건복지가족부, 2008년도 아동복지사업안내, 2008, pp. 215-224.

③ 과거에 신고된 시설에 대해서도 위 기준에 따라 일괄적으로 신고번호를 부여하고 필요시 신고필증을 재교부

④ 각 시설에는 가급적 외부 시설간판에 동 번호를 표방하고 신고시설임을 알리도록 권고

2 일시보호시설 운영

일시보호시설이 없는 시 · 도는 지역 내에 아동복지시설 중에서 지역실정과 시설여건이 적합한 시설을 일시보호시설로 전환 또는 일시보호기능을 추가하여 아동의 특성과 자립에 적합한 보호양육방안 강구함

3 자립지원시설 운영

① 자립지원시설 운영이 미흡한 시 · 도는 시설환경 개선, 취업 · 상담 지원프로그램 운영 등의 활성화 방안을 마련하여 추진함

- 지자체 및 시설운영자는 시설 환경 개선을 적극 추진함
- 단순 숙식제공에서 자립지원센터, 노동부 고용관련기관 등과 연계하여 이용아동에 대한 적극적인 취업정보를 제공하는 시설로 운영 추진

② 자립지원시설이 없는 시 · 도(경기 등 6개 시 · 도)는 지역실정과 시설여건이 적합한 아동복지시설 등에서 운영하는 방안을 추진함

- 기존 아동복지시설 중에서 입소율이 낮거나 시설유휴공간이 있는 경우 지역의 아동수요 등을 감안하여 자립지원시설 추가 운영

※ 지자체는 자립생활관 운영비용을 추가 지원함

③ 자립지원시설에 대해 법정인원을 배치하고 예산이 지원될 수 있도록 함

4 아동보호치료시설, 아동직업훈련시설 운영 활성화

① 아동보호치료시설

- 지자체는 보육사 2교대 실시, 아동임상심리상담원 등 법정인원 배치, 시간외근로수당 지원 등을 적극 실시하여 종사자 처우개선 추진
- 생활아동에 대한 보호 · 치료를 통한 자립지원이 이루어질 수 있도록 효과적인 보호치료계획을 마련하여 추진함

- 아동보호치료시설 운영 내실화를 위해 관리운영비 권고기준 이상의 예산지원 필요

② **아동직업훈련시설**

- 지자체는 보육사 2교대 실시, 생활복지사 등 법정인원 배치, 시간외근로수당지원 등을 적극 실시하여 종사자 처우개선 추진
- 자활에 필요한 지식과 기능 습득을 통한 자립지원이 이루어질 수 있도록 효과적인 직업훈련계획을 마련하여 추진함
- 아동직업훈련시설 운영 내실화를 위해 관리운영비 권고기준 이상의 예산지원 필요

5 자립준비프로그램 운영 확대

① **시설입소 단계부터 아동발달 단계에 따른**(미취학 · 초 · 중 · 고 · 대학) **자립준비프로그램 운영**

- 시 · 도(시 · 군 · 구)는 입소때부터 자립지원프로그램이 실시될 수 있도록 프로그램 운영비 지원 등 재정적 지원과 기업체 등 지역사회를 연결해 주는 행정적 지원을 적극 추진함
- 시설은 입소부터 아동자립지원을 위한 아동의 개인별 특성을 파악하여 적합한 프로그램을 운영

② **자립지원프로그램 개발 · 보급 확대**

- 지자체 및 시설에서는 2007년도 보급한 자립준비프로그램을 적극 활용

6 아동복지시설 기능 다양화

① 아동복지생활시설은 요보호아동에 대한 전통적인 시설 보호양육 체계에서 벗어나 아동이 건강하고 행복하게 자랄 수 있는 시설 환경의 구축 및 지역사회 아동의 다양한 특성과 욕구에 맞는 기능 다각화를 추구해야 함

※ 아동복지시설 입소율(정원대비) : '06말 73.2%

② 시 · 도, 시 · 군 · 구는 아동복지생활시설이 기존의 집단생활시설 형태의 운영에서 벗어나 가정형 소숙사 형태로 전환 · 운영될 수 있도록 지원

- 소숙사 형태 운영실태를 파악하여 별도로 통계 분류하여 관리함으로써 집단시

설 위주의 부정적 이미지 개선

※ '06년 현재 256개 아동복지생활시설 중 집단시설 186개소, 소숙사 73개소

※ 집단시설 : 의식주를 공동으로 해결하며, 예산사용 및 물품관리 등 시설 관리도 공동으로 하는 경우

※ 소숙사 시설 : 시설 거주공간을 가정형태의 소숙사로 개선하여 의식주를 소숙사별로 해결하며, 예산사용 · 물품 등 운영관리도 시설 내에서 소숙사별로 하되, 전체적으로 시설 운영관리는 공동으로 하는 경우

③ 시 · 도, 시 · 군 · 구는 아동복지생활시설이 시설 소재 지역의 다양한 특성 및 아동욕구에 맞는 이용시설 기능을 추가하여 기능을 다양화할 수 있도록 지원

- 기존 아동양육시설의 성격에 아동상담, 일시보호, 가정위탁, 입양, 급식, 프로그램 제공 등의 기능을 추가하는 아동복지시설 기능 다양화 추진

※ 아동복지법(제16조) 상 아동복지시설의 고유업무 외 추가로 할 수 있는 사업 : 아동가정지원사업, 아동주간보호사업, 아동전문상담사업, 학대아동보호사업, 공동생활가정사업, 방과후 아동지도사업

예시)

· 도시지역 생활시설 : 보호 · 상담 · 치료 · 예체능 · 급식 등을 제공하는 종합적인 아동복지센터의 역할 수행

· 농어촌지역 생활시설 : 국제결혼가정 아동 등 다문화가정 아동, 조손가정아동 등 결손아동 등 지역특성에게 맞는 프로그램 운영(지역아동센터, 가정위탁 등)

- 각 지자체는 아동복지시설의 특성과 여건에 따라 보호아동 보호 · 양육기능에서 지역사회아동을 위한 종합서비스 시설로 운영할 필요가 있거나 운영이 가능한 시설을 적극 지원(예산, 인력, 시설 등 지원방안 강구)

(3) 긴급아동양육 실시

1 목적

부모의 이혼, 별거 · 가출, 부부간 심화된 불화, 신용불량 등으로 가정 내 아동양육이 곤란한 경우에 시설보호 등 긴급보호를 실시하여 아동을 보호

2 지원내용

시장 · 군수 · 구청장은 보호자, 부양의무자, 이웃 등의 긴급보호 신청시 아동복지시설 입소 및 국민기초생활보장 긴급급여 실시(1개월) 후, 국민기초생활수급자 선정기준 적합여부를 조사하여 가정위탁보호 및 시설(공동생활가정) 입소조치

3 행정사항

① 시장 · 군수 · 구청장은 시설입소가 필요한 경우에는 관내 또는 인근 시설로 하여금 일시 또는 단기보호기능을 수행하도록 지도하고 아동에 대하여는 국민기초생활수급자 선정 등에 철저를 기할 것

② 시장 · 군수 · 구청장은 긴급양육실시 결과를 매분기 시장 · 도지사에게 제출하고, 시장 · 도지사는 긴급아동양육을 실시한 경우에는 그 결과를 취합하여 보건복지가족부 장관에게 보고할 것

2. 우리나라 시설보호사업의 과제

우리나라의 구체적인 시설보호 과제는 한두 가지로 정리될 수 없을 뿐 아니라 시설설비가 너무 낡은 등의 근본적인 문제가 해결되지 못하고 있다.

시설보호의 과제는 다음과 같다[5].

1) 시설의 기능화

시설보호의 목적은 가정에서 자신의 욕구를 제대로 충족할 수 없는 아동들에게 집단생활 프로그램과 각 아동의 욕구에 따르는 특수 서비스를 실시하여 다양한 경험을 갖게 하는 데 있다. 즉, 이들은 시설보호를 통해서 정상적으로 성장할 수 있으며, 불만족스러웠던 경험의 영향을 교정, 변화시킬 수 있으며 아동의 인격발달이나 기능에 장애를 가져오게 한 사회적, 정서적 문제를 개선시킬 수 있다.

시설의 기능화의 결여는 시설병을 유발하게 하며, 사회 부적응 아동으로 육성하게 할 가능성이 많다는 것은 잘 알려진 사실이다. 앞으로의 시설사업은 종전의 운영방식 대신에 아동의 욕구와 관련되는 제 기능화를 중심으로 운영하여야 하겠다.

2) 시설 설비의 현대화

현대적인 시설로 전환하기 위해서는 기존 시설의 신개축과 아울러 시설물이나 비품

---

5) 장인협 · 오정수, 유아복지론, 1989, pp. 264-270.

을 구비해야 하겠다. 건물은 아동들에게 적절한 집단생활의 장으로서 안정감을 갖게 하는 것이라야 한다. 노후화된 기숙사와 같은 시설로는 오늘날의 아동의 욕구를 충족해 줄 수 없다.

3) 시설 직원의 전문 인력화

보다 새로운 유형의 시설 설립과 아울러 유능한 전문적 인력확보는 아동복지 분야의 중요한 과제이다.

4) 시설의 지역화

앞으로의 시설은 지금까지의 폐쇄적인 상황에서 지역사회에로의 개방적 상황으로 전환해야 하겠다. 시설아동이나 직원은 지역사회의 일원으로 존재함으로써 또한 지역사회의 아동이나 주민도 시설을 지역 고유의 사회적 기관으로 활용함으로써 상호공존 및 지역복지 발전에 이바지할 수 있다. 또한 이와 같이 시설과 지역사회가 긴밀한 관계를 맺게 될 때 지역사회의 자발적 힘을 최대한으로 활용하여 시설아동들의 복지증진에 기여할 수 있다.

이밖에 법령 개정, 제도의 합리적 운영, 시설병에 대한 대처방안, 시설에서 퇴소 후 사회에의 적응 프로그램 개발과 일반인들의 시설아동에 대한 편견을 없애는 노력이 필요하다.

연구토의 문제

1. 시설대상의 아동들의 다양한 문제점들을 토론해 보고, 아동양육시설은 어떻게 변화되어야 하는지 생각해 보자.

2. 시설보호사업 종사자들의 자질과 전문성을 높일 수 있는 방법에 대하여 구체적으로 생각해 보자.

3. 시설 내의 아동인권 침해를 방지하기 위해 부모의 책임성을 확보할 수 있는 방안에 대해 생각해 보자.

제 3 부

아동복지의 과제와 전망

제 19 장

아동복지의 과제와 전망

제1절 아동복지의 과제

아동은 가정에서 태어나 그들의 부모에 의해서 양육되어야 함은 아동복지의 기본원칙이다. 즉, 아동복지는 가정복지 없이는 절대 성립될 수 없는 분야이다. 이런 이론이 성립된다면 아동복지의 과제는 분명히 제기될 수 있을 것이다. 그러나 오늘의 사회적 상황은 이와 같이 중요한 아동의 가정양육 기회를 감소시켜 가고 있다.

즉, 과거의 가족 자체가 지녔던 많은 기능이 오늘날은 사회적 기능으로 전환되었다. 더욱이 가족의 가장 중요한 아동양육 기능마저도 사회적 양육기능으로 전환되고 있어 앞으로의 아동복지는 사회적인 서비스나 프로그램으로써 충족해야 할 단계에 돌입하고 있는 것이다.

인간의 생산과 소비활동의 대부분이 사회의 생산－소비체계에 의해 좌우되기 때문에 가정의 기능은 사회로 이양될 수밖에 없으며 아동보육의 사회적 기능도 앞으로는 더욱 더 확대될 전망이다. 또한 아동복지의 문제는 그 복지국가의 가치이념과도 밀접하게 관련되어 있다. 즉, 아동을 어느 정도로 인간답게 대우하느냐에 따라 그 사회의 건전도를 측정할 수 있을 것이다.

현대사회는 변화의 속도가 너무 빨라 마음만으로는 명실상부한 아동복지를 전개할 수가 없다. 따라서 머리와 가슴을 합해 아동복지 정책을 전개할 수 있도록 전문적이고 과학적이며 거시적인 개발 프로그램을 계속 편성해야 한다.

아동복지 문제가 따로 설정되지 않아도 될만큼 홍보 및 계몽을 철저히 하여 우리의 일상생활 속에 아동과 더불어, 그들과 함께 생각하고 대화할 수 있고 불우한 환경의 아동을 서슴없이 보살필 수 있는 구체적이고 과학적인 방안이 마련되어야 할 것이다.

바람직한 아동복지의 실현을 위해서 앞으로 해결해야 할 과제를 제시하면 다음과 같다.[1)]

---

1) 장인협 · 오정수, 유아복지론, 1989, pp. 291-296.

1. 부모에 대한 교육

문제아동의 배후에는 문제를 파생케 하는 부모의 무관심, 유기, 학대 등의 요인이 내재하고 있다.

급변하는 사회변천에 부응해서 부모들은 자녀들을 지도 · 양육할 수 있는 능력이 점차 상실되어 가고 있는 것이다. 그리하여 부모들 세대의 인생관, 가치관, 양육관, 교육관이 젊은 세대들의 표준이나 기대에 부응하지 못하며, 오히려 부모들의 기준으로서의 탄압적 동일시는 아동에게 반발과 이탈을 조장시킬 뿐이다.

따라서 각종 교육단체나 사회단체를 통해서 아동의 기본적 욕구충족에 관한 교육 및 홍보활동을 강화하고 가정의 기본욕구와 정부기관의 서비스를 효과적으로 연결할 수 있도록 폭넓고 체계적인 사회교육 프로그램으로서의 부모교육이 개발, 실시되어야 하겠다. 부모교육이 선행되지 않는 한 아동복지는 공염불에 지나지 않는다.

2. 아동복지에 대한 새로운 사고

사회 지도층에 있는 사람들을 우선적으로 교육하여 이들의 아동복지에 대한 사고를 새롭게 해야 한다. 아동복지는 우리나라에 있는 모든 아동을 대상으로 하므로 어느 특정인이나 전문인, 특정분야에 있는 사람들 소수만 가지고는 불가능하기 때문이다. 전 아동에 대한 교육정책, 빈곤한 아동에 대한 의료정책, 생활보호대책, 놀이기구 및 오락시설 등에 이르기까지 모두 합심하여 노력할 때 우리가 바라는 진정한 아동복지가 가능하게 된다.

아동이 있는 곳에서는 언제나 누구나 지도하고 상담에 응해 주고 도와 주려고 하는 사회가 되도록 특별히 행정당국에서는 노력해야 한다. 불량음식의 퇴치, 퇴폐적인 유흥업소의 정비, 여가 선용의 올바른 지도 등 모든 성인이 다 함께 내일의 사회를 위해 힘써야 한다.

3. 아동복지 기능의 확대 및 강화

정부가 국민의 안녕을 고려하는 전반적인 사회복지의 기능을 확대, 강화해야 할 시점이다. 특히 지금까지 아동복지사업의 수행이 사후 대책적으로 이루어져 왔다면 앞으로는 가정의 자녀 양육을 지지하는 서비스나 자녀 양육의 기능을 보완하는 서비스를 활성화시켜 아동을 양육하는 기본 단위인 가정을 튼튼하게 강화하고 가정의 약화된 부분을 보충하는데 초점을 두어야 할 것이다. 요보호아동들이 증가할 것을 대비하여 이에 대한 예방적 조치가 시급히 마련되고 수행되어져야 할 것이다.

4. 아동을 위한 놀이 및 과외활동 시설 확충

경제 성장에 따라 우리 지역사회는 급변하였다. 언덕 위에는 집들로 가득 찼고 냇가는 도로로 변하였으며, 아동들은 놀이 장소를 잃고 길목에서 위험과 사고에 직면하고 있다.

서울의 경우는 이미 초등학교 아동들의 놀이 장소는 물론이고 소풍갈 곳마저 없어져 30~40여의 제한된 곳으로만 가야 되므로 아동들이 관심과 흥미를 잃어가고 있다.

아동들에게 지역이란 단순한 물리적 놀이터일 뿐 아니라 그들 생활의 민주적이며 사회적 · 공동체적 의식발달의 기반이다. 아동들이 힘차게 뛰어 놀 수 있는 지역적 생활환경을 잃어가고 있다는 사실은 아동의 건전한 성장 · 발달을 저해하는 중요한 요인이 아닐 수 없다.

아동복지의 대상은 종전의 특수보호아동만이 아니라 일반 모든 아동이므로 이들을 위해서는 건전하지 못한 텔레비전 프로그램이나 불량 독서물 · 비디오를 추방하여 지역사회 환경개선에 만전을 기해야 할 것이다. 또한 어린이 놀이터, 아동회관, 어린이공원, 아동휴양, 숙박시설, 야영장, 기타 아동이 건전하게 육성될 수 있는 시설을 확충해 나가야만 할 것이다.

5. 보육사업의 질적인 향상

가족제도가 핵가족화되고, 여성의 노동이나 사회진출로 인해 영 · 유아의 보육문제가 새롭게 등장함에 따라 유치원과 보육시설이 확대 일로에 있다. 그러나 아동복지의 맥락에서 볼 때 수적인 증가만이 목적이 되어서는 안 될 것이며, 질적으로 우수한 시설이 되어야 할 것이다. 이를 위해서 잘 훈련받은 직원, 아동보육에 필요한 적절한 시설 및 설비, 보육의 기준이나 교육내용, 적정한 배치 등 양적인 증가에 따라 해결해야 할 많은 과제들이 있는 것이다.

6. 정서장애 아동을 위한 정신건강 서비스

많은 아동들이 행동면에서 문제(공격적, 자폐적, 신경증적 문제행동)를 지니고 있으며, 심한 경우에는 법적인 보호대상이 되어 어느덧 가정이나 사회환경에 적응하지 못하는 아동으로 나타나고 있다. 이들 문제아동의 성격과 경향을 살펴보면 가정적 환경요인, 경제적 요인, 정서적 요인, 교육문제, 건강문제, 사회적 영향(불량교우) 등이며 이 중에서도 정서적 요인이 으뜸이 되고 있다.

이들을 위해서 이미 선진국에서는 지역사회정신보건센터(Community Mental Health Center)나 아동진료소 혹은 정서장애인 단기치료센터를 설치하여 문제를 해결하고 있지만 우리의 경우는 이들에 대한 예방이나 진단 또는 치료가 매우 미약한 상태에 있다. 따라서 정서장애아동 시설을 마련하여 정신건강 서비스를 해야 할 것이다.

7. 장애아동의 조기진단 및 조기치료

아동의 신체나 정신의 크고 작은 장애에 대해서는 발견되는 대로 가능한 한 빠른 진단과 치료는 물론이고 적절한 서비스를 제공하여 가정이나 사회에 복귀하여 사회적 제 기능을 최대한으로 수행할 수 있게 하는 것이 중요한 과제 중의 하나이다. 해마다 장애인의 수는 증가일로에 있으므로 아동의 심신장애를 그대로 방치한다면 그만큼 개인적으로나 국가적으로 손실을 가져오게 되는 것이다.

선진 여러 나라에서는 장애인의 처우를 시설에 국한하지 않고 지역사회보호 서비스를 강조하여 지역 내 제반 서비스를 활용케 하며, 주로 사회복지기관이나 지역사회단체의 협조하에 행정기관이 주체가 되어 거택 서비스 및 시설 서비스의 알선, 장애인복지 센터 및 클럽 운영, 교육 · 오락 · 휴양 · 보건 · 사교 · 고용 등의 서비스 등 여러 가지 서비스를 제공해 주고 있다.

장애인을 가정과 수용시설에 계속 한정한다면 사회적으로 격리되어 성격 또한 비뚤어져 사회적응이나 자활능력을 상실하게 되므로 지역사회를 통한 보호나 서비스 부여가 절실히 요청된다고 보겠다.

따라서 의사, 사회사업가, 심리학자, 교육자 등이 협조하여 치료함으로써 이들을 재활케 하며 사회로의 통합을 촉진케 해야 할 것이다.

8. 입양 및 가정위탁 프로그램에 의한 적극적인 서비스 제공

모든 아동은 가능한 한 가정적 환경에서 성장 · 발달해야 한다는 원칙을 수용해야 한다. 해마다 많은 기아들이 출현하고 있는데 일차적으로 이들을 위해서는 가정적 환경을 마련해 주어야 한다.

이러한 관점에서 볼 때 입양을 우선으로 하여야 하겠으나 이 일이 여의치 않을 때에는 가정위탁(정부재원 지원에 의한) 서비스를 제공해 주어야 하며, 그 다음 대리보호 프로그램에서는 시설적 양육 서비스를 제공할 수 있는데 이것 또한 경시해서는 안 될 중요한 프로그램이다.

아동복지법 제10조 3, 4항에서도 위에서 언급한 바와 같이 대리양육을 원하는 연고자에 대하여 그 가정에서 보호 · 양육할 수 있도록 조치를 했고 또한 아동의 보호를 희망하는 자에게 보호를 위탁하는 제도를 마련했다. 그리하여 점차로 시설보호에서 가정위탁 보호로 전환해 나가는 방법도 아울러 추진해 나가야 하겠다.

9. 수용 · 보호시설에 대한 새로운 개념 및 기능 적용

시설에서 수용이나 생활보호 위주에서 벗어나 전문적인 예방, 치료, 재활, 교육, 상담 등의 기능을 강화하는 방향으로 발전시켜야 하며 동시에 이를 뒷받침할 수 있는 전문인력의 확보와 활용도 이루어져야 한다. 또한 시설의 체계적 분류, 통합 및 세분화 과업(수용형, 상담형, 통원형, 이용형 등)이 요청되며 시설 종별에 따른 위치, 구조, 설비, 기구 등을 확보해야겠다.

그리하여 시설에서도 아동의 양호와 교육을 일반가정 이상으로 보장하며 아동의 건전한 집단생활 환경을 통해서 성장을 기할 수 있도록 그 기능을 수행해야 할 것이다.

따라서 앞으로의 아동시설은 그들의 생활공동체로서 개성을 발전시켜 건전한 성장·발달을 보장할 수 있는 환경으로 변모시켜야 할 것이다.

10. 빈곤지역 아동들의 복지사업의 우선

취약한 농어촌이나 도시 변두리 지역에는 많은 아동들이 위험하고 불량한 환경에 방치된 채 성장하면서 그들의 부모를 따라 빈곤과 불우한 생활을 되풀이하는 악순환을 거듭하기 쉽다. 따라서 이들을 위해서는 과감한 공적 투자나 민간단체의 적극적인 협조로 복지사업을 전개해 나가야 할 것이다.

11. 아동복지 증진을 위한 예산 및 전문인력 증가

아동복지법이 개정되었지만 이를 뒷받침할 수 있는 예산의 할당 없이는 그 의미를 찾을 수 없다. 법에서는 포괄적으로 다양한 전문적 서비스를 주도록 규정하고 있지만 훌륭한 인적 자원을 확보할 수 있는 재원의 지원이 없이는 아동복지법에 큰 차질을 가져 올 것이다. 아동복지 재원의 확보나 강화를 위해서 정부나 민간단체는 각기 나름대로의 노력을 경주해야 할 것이다.

또한 아동복지 문제에 있어서 가장 중요하며 핵심적인 요소는 두 말할 것도 없이 전문가의 전문적인 서비스이다. 전문인력을 확충하고 아낌없는 지원을 통해 이들을 최대로 활용하는 것은 국가 경제사회의 생산적인 투자임에 틀림없다.

12. 아동복지의 발전을 위한 지속적인 연구

아동복지와 관련한 수요와 공급을 예측할 수 있는 연구가 지속적으로 실시되어야 한다. 요보호아동들의 정확한 통계를 통해서 이들에 대한 대책을 단기·중기·장기별로 사전에 준비하고 마련하여야 할 것이다.

제2절 아동복지의 전망

오늘날 우리 사회는 많은 변화를 해 왔고 또한 변화를 해가고 있다. 정치 · 사회 · 문화에 걸치는 모든 변화의 궁극적인 목표는 인류의 복지, 즉 '사회복지'인 것이다.

현대 아동복지사업이 당면하고 있는 여러 문제에 대한 전망을 해 보면 다음과 같다.[2)]

1. 아동복지에 대한 새로운 인식

오늘날 아동복지의 개념은 종전에 가졌던 막연한 자선적 혹은 인도적인 사고와는 달리 좀더 국가발전에 호응하는 이념, 즉 목적과 가치를 갖는 것으로, 그 사업을 위해 전문적 지식과 개념을 새롭게 해야 할 것이다.

아동복지의 목적은 국가발전의 원동력, 국가부강의 기본 및 국가안정의 바탕이라고 할 수 있는 것이다. 가치의 면에서 볼 때 아동복지는 인격완성의 기초를 마련해 주며, 아동들의 기본권을 보장해 주는 것이다. 또한 실천적 면에서도 아동복지는 사회복지의 한 분야로서 사회복지사의 적극적 활동분야라는 확신을 가진 좀더 많은 정규적인 훈련과 경험을 쌓은 아동복지 전문가들에 의해서 그 사업이 수행되어야 하겠다.

2. 다양한 아동복지 프로그램 개발

오늘날 아동복지의 대상은 특수아동으로부터 일반아동에 이르는 모든 아동을 포함하고 있다. 따라서 일반아동의 경우에 있어서도 그들의 건전한 성장 · 발달을 위하여 다양하고 적절한 프로그램과 서비스를 계속 개발해야 할 것이다.

예를 들면, 아동공원, 어린이 놀이터, 아동회관, 아동 도서관, 소년 · 소녀단, 유스호

2) 김상규, 사회복지론, 형설출판사, 1982, pp. 229-231.

스텔, YMCA, YWCA 활동 등을 들 수 있을 것이다. 한편 자신이나 자기 주위환경에 문제가 발생한 아동에 대해 문제해결의 방안을 널리 연구 개발해야 할 것이다.

예컨대, 아동복지사업을 부모들이 충분하게 수행하지 못하는 부모의 기능을 강화, 보완, 대리하는 것이라고 할 때, 가정위탁 보호, 입양, 가정상담, 가정조성사업, 보호사업, 아동상담 프로그램, 치료시설 서비스, 사회보장 등의 다양한 프로그램들이 개발되어야 할 것이다.

3. 아동복지 실천면에서의 새로운 방법과 기능의 활용

우리들은 지금까지 불우한 아동들의 의식주를 해결해 주는 데만 급급하였고, 사회적으로 적응할 수 있는 인격형성에 그 목표를 두어야 한다는 데는 무관심하였다.

선진국의 경우를 보더라도 아동의 시설보호사업에서 그 방법이나 기능에 많은 변화를 가져오고 있다. 즉, 어떤 시설은 문제아동치료센터 또는 직업이나 기술학교로 그 기능이 바뀌고 그 구조에 있어서도 가정단위적인 소숙사제도(cottage system)로 또는 집단가정(family group home) 등으로 바뀌어 종전의 의식주 중심사업에서 사회적인 적응력을 배양해 주는 방향으로 기능이 변천해 가고 있음을 찾아볼 수 있다.

우리나라의 경우 일반 육아시설에 있어서도 기능이나 방법이 새로이 검토되고 활용됨으로써 우리가 당면한 많은 청소년 문제, 특히 시설아동들의 고질적인 문제를 해결할 수 있을 것이라 생각한다. 또한 아동 전반에 관한 가정생활, 건강, 교육, 종교, 오락, 노동 및 기타 특수한 보호 등을 종합적으로 고려하는 프로그램이나 서비스를 주도록 해야 한다. 더 나아가 특히 방법면에서 단순한 보모중심적 형태에서 전문적인 사회복지 방법론을 채택한다면 더욱더 성공적인 아동복지를 이룩할 수 있을 것이다.

4. 공적 및 사적 기관운영의 조화적 발전

아동복지사업이 공적이어야 하느냐, 사적이어야 하느냐 하는 문제를 일률적으로 어느 것이 좋다고 규정짓기는 어려운 문제이나, 아동복지사업의 성격이나 경향에 따라서는 공적인 것이 주가 되고 사적인 것이 부가되거나 또는 그 반대의 경우가 되기도

하는데 이들은 서로 조화를 이루고 분담을 하여 발전해야 할 것이다.

그러나 현재 공적이어야 하는 아동복지분야가 지나치게 사적인 책임에로 전가되고 있거나 반대로 사적이어야 하는 분야가 지나치게 공적인 것에 의하여 좌우되고 있는 것은 문제라 하겠다.

일반적으로 국민의 광범위한 대상에 관련되는 사업 내용인 경우와 사적기관에서 할 수 없는 사업내용일 경우는 공적 사업으로 추진되는 것이 좋겠고 그와 반대되는 경우에는 사적 운영이 좋을 것이다. 아동복지행정이 잘 이루어져 나가고 있는 국가들의 경우, 가장 기본적인 프로그램은 모두 정부가 공적부조로 시행하고 있다.

5. 충족되지 않은 욕구개발과 그 평가활동의 촉진

우리들이 참된 아동복지를 실천하기 위해서는 다양한 욕구의 개발과 현존 프로그램의 정확한 평가작업을 통해서 올바른 아동복지 활동에 공헌할 수 있어야 한다.

(1) 내담자와 그들의 욕구(need)를 평가

(2) 아동에게 가장 적합한 위탁방법을 선택

(3) 우리가 얼마나 훌륭한 성과를 거두고 있는가 하는 것들을 계속적으로 조사 · 평가하여 과학적인 문제해결 방법을 통해서 그 문제를 해결해야 할 것이다.

6. 재원과 아동복지 전문인력의 확보

현재 아동복지사업에 쓰여지고 있는 재원의 할당은 아직도 부족하여 이에 대한 자립확보 방안의 강구가 시급하다. 또한 정부, 학교, 민간단체들로서 아동복지 전문요원의 선정 및 훈련과 이미 훈련받은 요원에 대한 법적인 면이나 자격면의 대책이 속히 수립되어야 하겠다.

연구토의 문제

1. 현재 우리나라가 당면한 아동복지 문제에 대해 생각해보고, 어떻게 해결해야 할지 토론해 보자.

2. 새롭게 개발될 수 있는 아동복지 영역에는 어떠한 것들이 있을지 생각해 보자.

3. 아동복지사업의 지방이양이 어떤 장·단점이 있는지 생각해 보자.

4. 21세기의 사회적 변화에 비추어 아동복지의 방향은 어떠해야 하는지 생각해 보자.

5. 현대의 아동복지는 앞으로 어떤 방향으로 변화되어야 하는지 생각해보자.

저자 소개

✍ 김연진

숙명여자대학교 아동복지학과 졸업 / 숙명여자대학교 대학원 아동복지학과 졸업(아동복지학 전공) / 숙명여자대학교 대학원 박사학위취득(아동복지 전공) / 영국 KingswayCollege 수학 / 숙대 · 경희대 · 외대 · 중앙대 · 숭실대 교육대학원 강사

현재 : 상지영서대학 유아교육과 교수

저서 : 영유아언어교육(공저, 태영출판사) / 부모교육의 이론과 실제(공저, 동문사) / 보육학개론(공저, 동문사) / 유아교육개론(공저, 창지사) / 유아아동발달(공저, 동문사) / 영유아 영양건강(상조사) / 유아정신건강(상조사) / 놀이치료(상조사) / 부모교육(공저, 태영출판사)

✍ 이상희

숙명여자대학교 아동복지학과 졸업 / 숙명여자대학교 교육대학원 졸업(유아교육 전공) / 숙명여자대학교 대학원 박사학위 취득(아동복지 전공) / 숙대 · 상명대 · 경민대 · 그리스도신대 · 한서대 교육대학원 강사 / 남서울대학교 아동복지학과 교수 / 더하트심리연구소 소장

현재 : 두원공과대학 아동복지학과 교수

저서 : 최신유아교육기관 운영관리(공저, 동문사) / 치료놀이Ⅱ, Ⅲ(공저, 형설출판사) / 애착결속을 다지는 지혜(공역, 시그마프레스) / 행복한 엄마와 자녀관계 증진 프로그램(태영출판사) / 보육학개론(공저, 태영출판사), 부모교육(공저, 태영출판사), 정신건강론(공저, 태영출판사)

아동복지의 이해 -개정2판

초판발행 2006년 8월 30일
개정12쇄 2016년 8월 15일

2016. 8.

저 자 김연진 · 이상희
발행인 김현태
발행처 태영출판사

주 소 (08301) 서울 구로구 구로동 104-10 동남오피스텔 201호
전 화 02 · 839-3757, 839-3752
팩 스 02 · 837-3754
등 록 2005년 5월 30일 제12-421호
http://www.taeyeongbook.co.kr
E-mail tys2005@hanmail.net
ISBN 978-89-6302-005-1 93370
정 가 19,000원

NAVER 태영출판사

＊ 잘못 만들어진 책은 교환해 드립니다.